# सर्वश्रेष्ठ कहानियां

मुंशी प्रेमचंद
रवींद्रनाथ टैगोर
शरत्‌चंद्र चट्टोपाध्याय

FiNGERPRINT!

प्रथम संस्करण: 2024

**FiNGERPRINT! HINDI**
**प्रकाश बुक्स इंडिया प्राइवेट लिमिटेड का एक प्रकाशन**

113/ए, दरियागंज, नई दिल्ली–110002
ईमेल: info@prakashbooks.com/sales@prakashbooks.com

Fingerprint Publishing
@FingerprintP
@fingerprintpublishingbooks
www.fingerprintpublishing.com

ISBN: 978 93 5856 966 7

### नीलम

धीरे स्वर में, बेआवाज़ बोलते हैं,
एक आत्मा की गूंज, मज़बूत और नम्र दोनों।
चंपा के बीच, हम उनकी खुशबू तलाशते हैं,
एक कोमल अनुस्मारक, यादों में, वे झांकते हैं।

"बूढ़ों के लिए अतीत के सुखों, वर्तमान के दु:खों और भविष्य के सर्वनाश से ज्यादा मनोरंजक और कोई प्रसंग नहीं होता।"

—मुंशी प्रेमचंद

"उच्चतम शिक्षा वह है जो हमें केवल जानकारी नहीं देती बल्कि हमारे जीवन को समस्त अस्तित्व के साथ सामंजस्य बिठाती है।"

—रवींद्रनाथ टैगोर

"हृदय में घृणा भर जाने पर मनुष्य मनचाहा काम करने का अधिकारी होता है।"

—शरत्चंद्र चट्टोपाध्याय

# अनुक्रमणिका

# मुंशी प्रेमचंद

## की
## सर्वश्रेष्ठ कहानियां

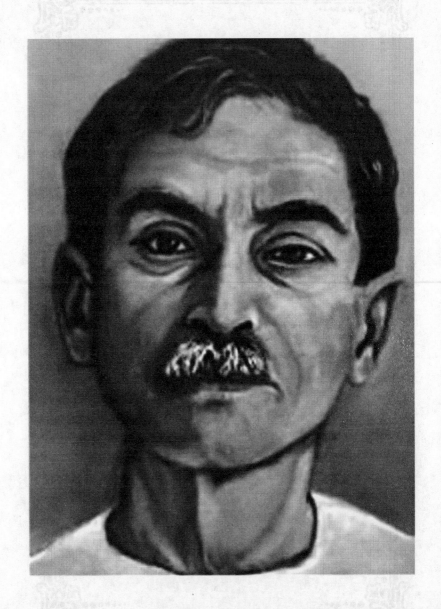

# धनपतराय से मुंशी प्रेमचंद तक

'कलम का सिपाही', 'कलम की शान', 'कलम का जादूगर', 'कथा सम्राट' और 'उपन्यास सम्राट' जैसी अनेक उपाधियों से अलंकृत मुंशी प्रेमचंद का जन्म वाराणसी के निकट 'लमही' नामक ग्राम में 31 जुलाई, 1881 को हुआ था। उनका वास्तविक नाम धनपतराय श्रीवास्तव था। उनके पिता अजायबराय डाकखाने में मुंशी के रूप में मामूली-सी नौकरी करते थे, जबकि उनकी माता आनंदी देवी एक सामान्य गृहिणी थीं।

धनपतराय की आयु जब मात्र 8 वर्ष थी तो उनकी माता का स्वर्गवास हो गया। 15 वर्ष की अल्पायु में धनपतराय का विवाह उनसे अधिक आयु की एक युवती से कर दिया गया। कदाचित् यह एक अनमेल विवाह था जिसे न चाहते हुए भी सामाजिक मर्यादा के लिए उन्हें स्वीकार करना पड़ा। विवाह के लगभग एक वर्ष बाद ही उनके पिता की मृत्यु हो गई। इस कारण घर का सारा बोझ उन्हें उठाना पड़ा। उस समय उनकी आर्थिक स्थिति अत्यंत दयनीय थी।

धनपतराय यानी प्रेमचंद ने प्रारंभिक शिक्षा के तौर पर अपने ही गांव लमही के एक छोटे-से मदरसे में मौलवी साहब से उर्दू और फारसी का ज्ञान प्राप्त किया। सन् 1890 में उन्होंने वाराणसी के क्वीन कॉलेज में एडमिशन लिया और सन् 1897 में इसी कॉलेज से दूसरी श्रेणी में मैट्रिक की परीक्षा उत्तीर्ण की। आर्थिक स्थिति अच्छी न होने के कारण उन्हें पढ़ाई छोड़ देनी पड़ी, लेकिन प्रतिकूल परिस्थितियों के बावजूद सन् 1919 में उन्होंने स्नातक की परीक्षा उत्तीर्ण की।

प्रेमचंद का पत्नी के साथ वैचारिक मतभेद होने के कारण दांपत्य जीवन सुखद न था। सन् 1905 में गृह-क्लेश होने पर उनकी पत्नी मायके चली गईं और फिर लौटकर नहीं आईं। प्रेमचंद ने भी पत्नी को लौटा लाने का प्रयास नहीं किया और अंततः इस अध्याय का पटाक्षेप हो गया।

प्रेमचंद आर्य समाज से अत्यंत प्रभावित थे और विधवा विवाह का समर्थन करते थे। इसी के प्रभाव में सन् 1906 में उन्होंने एक बाल विधवा शिवरानी देवी से विवाह कर लिया। शिवरानी देवी से उनकी 3 संतानें हुईं। इनमें दो बेटे श्रीपतराय और अमृतराय तथा एक बेटी कमला देवी थीं।

प्रेमचंद ने बिगड़ती घरेलू आर्थिक स्थिति को संभालने के लिए कड़ा संघर्ष किया। उन्होंने सबसे पहले एक वकील के यहां उसके बेटे को पढ़ाने के लिए

5 रुपये मासिक वेतन पर नौकरी की। धीरे-धीरे वे प्रत्येक विषय में पारंगत हो गए, बाद में इसी कारण उन्हें एक मिशनरी विद्यालय में प्रधानाचार्य के पद पर नियुक्ति मिली। स्नातक परीक्षा पास करने के बाद उन्हें शिक्षा विभाग में इंस्पेक्टर के पद पर नियुक्त किया गया। महात्मा गांधी से प्रभावित होने के कारण वे अधिक समय तक सरकारी नौकरी न कर सके और पद से त्यागपत्र देकर लेखन के माध्यम से देशसेवा में जुट गए।

प्रेमचंद आरंभिक दौर में अपने वास्तविक नाम धनपतराय के बजाय नवाबराय के नाम से लेखन कार्य करते थे। उनका **'नवाबराय'** नाम उनके चाचा महावीरराय द्वारा प्रेम से दिया गया संबोधन था। यद्यपि उन्होंने मात्र 13 वर्ष की आयु से ही लेखन कार्य आरंभ कर दिया था, तथापि उनके साहित्यिक जीवन का आरंभ सन् 1901 से माना जाता है। इस समय उन्होंने उर्दू में नाटक और उपन्यास लिखे।

प्रेमचंद का पहला अपूर्ण उपन्यास **'असरार-ए-मआबिद'** (देवस्थान रहस्य) उर्दू साप्ताहिक **'आवाज-ए-खल्क'** में 8 अक्तूबर, 1903 से 1 फरवरी, 1905 तक धारावाहिक रूप में लेखक नवाबराय के तौर पर प्रकाशित हुआ। उनका दूसरा उपन्यास उर्दू में **'हमखुरमा व हमसवाब'** और हिंदी में **'प्रेमा'** के नाम से सन् 1907 में प्रकाशित हुआ।

सन् 1910 में नवाबराय के नाम से प्रेमचंद की रचना **'सोज-ए-वतन'** (राष्ट्र का विलाप) अंग्रेज सरकार की आंख का शूल बन गई। हमीरपुर के जिला कलेक्टर ने प्रेमचंद को तलब करके उन पर सीधे-सीधे जनता को भड़काने का आरोप लगाया। उन्होंने **'सोज-ए-वतन'** की सभी प्रतियां जब्त कर लीं और सख्त हिदायत दी कि अब वे कुछ नहीं लिखेंगे। यदि उन्होंने शासनादेश का उल्लंघन किया तो उन्हें कारावास में डाल दिया जाएगा।

प्रेमचंद कलेक्टर साहब का यह शासनादेश सुनकर सन्न रह गए, तब उर्दू पत्रिका **'जमाना'** के संपादक और उनके मित्र मुंशी दयानारायण निगम ने उन्हें एक नए नाम से लेखन कार्य जारी रखने की सलाह दी। उन्होंने नए नाम के रूप में **'प्रेमचंद'** उपनाम भी सुझाया। अपने मित्र की सलाह मानते हुए इसके बाद प्रेमचंद ने इसी उपनाम को सदा-सर्वदा के लिए धारण कर लिया।

बहुमुखी प्रतिभा के धनी प्रेमचंद ने कहानी, उपन्यास, नाटक, समीक्षा, लेख, संस्मरण और संपादकीय जैसी विभिन्न विधाओं पर लेखनी चलाई। विशेष रूप से उनकी ख्याति कथाकार के रूप में हुई। उनके जीवनकाल में ही सुप्रसिद्ध उपन्यासकार शरत्चंद्र चट्टोपाध्याय ने प्रेमचंद को **'उपन्यास सम्राट'** कहकर संबोधित किया।

प्रेमचंद के उपन्यास और कहानियों में जीवन की यथार्थ वस्तुस्थिति, मार्मिक तथ्यों एवं गहन संवेदनाओं से ओत-प्रोत चरित्र-चित्रण मिलते हैं। प्रेमचंद के प्रमुख उपन्यास **'प्रेमा'** (1907), **'सेवासदन'** (1918), **'प्रेमाश्रम'** (1922), **'रंगभूमि'** (1925),

**'कायाकल्प'** (1926), **'निर्मला'** (1927), **'गबन'** (1931), **'कर्मभूमि'** (1932) और **'गोदान'** (1936) हैं। उनके अंतिम उपन्यास **'मंगलसूत्र'** पर लेखन कार्य चल ही रहा था कि लंबी बीमारी के बाद 8 अक्तूबर, 1936 को उनका देहावसान हो गया। इस उपन्यास का शेष भाग उनके पुत्र अमृतराय ने पूरा किया।

प्रेमचंद के प्रथम कहानी संग्रह 'सोज-ए-वतन' की पहली कहानी 'दुनिया का अनमोल रतन' को सामान्यत: उनकी प्रथम कहानी माना जाता है, लेकिन प्रेमचंद कहानी रचनावली के संकलनकर्ता डॉ. कमल किशोर गोयनका के अनुसार, 'जमाना' उर्दू पत्रिका में प्रकाशित 'इश्क-ए-दुनिया और हुब्ब-ए-वतन' (सांसारिक प्रेम और देश-प्रेम) प्रेमचंद की पहली प्रकाशित कहानी है।

प्रेमचंद के जीवनकाल में उनके कुल नौ कहानी संग्रह–**सप्त सरोज**, **नवनिधि**, **प्रेम पूर्णिमा**, **प्रेम पचीसी**, **प्रेम प्रतिमा**, **प्रेम द्वादशी**, **समरयात्रा**, **मानसरोवर** (भाग–1 व 2) और **कफन** प्रकाशित हुए। उनकी मृत्यु के उपरांत उनकी कहानियों को **'मानसरोवर'** शीर्षक से 8 भागों में प्रकाशित किया गया।

प्रेमचंद के नाम के साथ मुंशी संबोधन कब और कैसे जुड़ गया, इस बारे में यह मत दिया जाता है कि प्रेमचंद ने आरंभिक दौर में कुछ समय तक अध्यापन कार्य किया था। उस समय अध्यापक के लिए प्राय: **'मुंशीजी'** कहा जाता था। अत: प्रेमचंद को भी **'मुंशी प्रेमचंद'** कहा गया। एक अन्य मत के अनुसार, कायस्थों में नाम के आगे 'मुंशी' लिखने की परंपरा के कारण प्रेमचंद के प्रशंसकों ने उनके नाम के आगे भी मुंशी लिखकर उन्हें सम्मानित किया।

एक तार्किक और प्रामाणिक मत इस बारे में यह भी है कि **'हंस'** नामक पत्र प्रेमचंद और कन्हैयालाल माणिकलाल मुंशी के सह-संपादन में निकलता था। इस पत्र में संपादक के रूप में **'मुंशी, प्रेमचंद'** छपा होता था। यहां 'मुंशी' से अभिप्राय के.एम. मुंशी से था। कालांतर में **'मुंशी, प्रेमचंद'** का कौमा विस्मृत कर केवल **'मुंशी प्रेमचंद'** लिखा जाने लगा। इससे आभास हुआ कि प्रेमचंद ही मुंशी हैं। अब 'मुंशी' की उपाधि प्रेमचंद के नाम के साथ इतनी रूढ़ हो चुकी है कि मात्र 'मुंशी' से ही प्रेमचंद की विद्यमानता का बोध होने लगता है।

प्रेमचंद के विभिन्न उपन्यासों एवं कहानियों का न केवल भारतीय और विदेशी भाषाओं में अनुवाद हो चुका है, बल्कि उन पर बहुत-सी लोकप्रिय फिल्में और धारावाहिक भी बन चुके हैं। सन् 1938 में प्रेमचंद के उपन्यास **'सेवासदन'** पर, सन् 1963 में **'गोदान'** पर और सन् 1966 में **'गबन'** पर लोकप्रिय फिल्में बनीं। सन् 1977 में उनकी कहानी **'शतरंज के खिलाड़ी'** पर, सन् 1981 में **'सद्गति'** पर और सन् 1977 में **'कफन'** पर तेलुगु में बनी **'ओका उरी कथा'** फिल्में लोकप्रिय हुईं। सन् 1980 में उनके बहुचर्चित उपन्यास **'निर्मला'** पर बना धारावाहिक दर्शकों द्वारा बहुत सराहा गया।

प्रेमचंद यद्यपि आज हमारे बीच में नहीं हैं, तथापि उनका रचना-संसार भारत की ही नहीं, वरन् विश्व की अनेक भाषाओं में अमरत्व प्राप्त कर चुका है। विश्व के हर स्थान, हर वर्ग और हर व्यक्ति में प्रेमचंद की कोई-न-कोई कथावस्तु मंडराती, चहलकदमी करती नजर आती है। कोई भी पाठक इस अहसास को अपने आसपास, इर्द-गिर्द और नजदीक से महसूस करना चाहे तो प्रस्तुत पुस्तक **'प्रेमचंद की श्रेष्ठ कहानियां'** इसका जीता-जागता प्रमाण है।

# 1

## मां

श्रावण की अंधेरी भयानक रात थी। आकाश में श्याम मेघमालाएं, भीषण स्वप्न की भांति छाई हुई थीं। प्रकाश रह-रहकर आकाश की ओर देखता था मानो करुणा उन्हीं मेघमालाओं में छिपी बैठी हो। उसने निश्चय किया, सवेरा होते ही मां को खोजने चलूंगा और अगर...।

किसी ने द्वार खटखटाया। प्रकाश ने दौड़कर खोला, तो देखा, करुणा खड़ी है। उसका मुखमंडल इतना खोया हुआ, इतना करुण था, जैसे आज ही उसका सोहाग उठ गया हो, जैसे संसार में अब उसके लिए कुछ नहीं रहा, जैसे वह नदी के किनारे खड़ी अपनी लदी हुई नाव को डूबते देख रही हो और कुछ कर नहीं सकती।

आज बंदी छूटकर घर आ रहा है। करुणा ने एक दिन पहले ही घर लीप-पोत रखा था। इन तीन वर्षों में उसने कठिन तपस्या करके जो दस-पांच रुपये जमा कर रखे थे, वे सब पति के सत्कार और स्वागत की तैयारियों में खर्च कर दिए। पति के लिए धोतियों का नया जोड़ा लाई थी, नए कुरते बनवाए थे, बच्चे के लिए नए कोट और टोपी की आयोजना की थी। बार-बार बच्चे को गले लगाती और प्रसन्न होती। अगर इस बच्चे ने सूर्य की भांति उदय होकर उसके अंधेरे जीवन को प्रदीप्त न कर दिया होता, तो कदाचित् ठोकरों ने उसके जीवन का अंत कर दिया होता। पति के कारावास-दंड के तीन ही महीने बाद इस बालक का जन्म हुआ। उसी का मुंह देख-देखकर करुणा ने ये तीन साल काट दिए थे। वह सोचती—जब मैं

बालक को उनके सामने ले जाऊंगी, तो वे कितने प्रसन्न होंगे! उसे देखकर पहले तो चकित हो जाएंगे, फिर गोद में उठा लेंगे और कहेंगे—करुणा, तुमने यह रत्न देकर मुझे निहाल कर दिया। कैद के सारे कष्ट बालक की तोतली बातों में भूल जाएंगे, उनकी एक सरल, पवित्र, मोहक दृष्टि हृदय की सारी व्यथाओं को धो डालेगी। इस कल्पना का आनंद लेकर वह फूली न समाती थी।

वह सोच रही थी—आदित्य के साथ बहुत-से आदमी होंगे। जिस समय वे द्वार पर पहुंचेंगे, 'जय-जयकार' की ध्वनि से आकाश गूंज उठेगा। वह कितना स्वर्गिक दृश्य होगा! उन आदमियों के बैठने के लिए करुणा ने एक फटा-सा टाट बिछा दिया था, कुछ पान बना दिए थे और बार-बार आशामय नेत्रों से द्वार की ओर ताकती थी। पति की वह सुदृढ़, उदार, तेजपूर्ण मुद्रा बार-बार आंखों में फिर जाती थी। उनकी वे बातें बार-बार याद आती थीं, जो चलते समय उनके मुख से निकलती थीं, उनका वह धैर्य, वह आत्मबल, जो पुलिस के प्रहारों के सामने भी अटल रहा था, वह मुस्कराहट, जो उस समय भी उनके अधरों पर खेल रही थी; वह आत्माभिमान, जो उस समय भी उनके मुख से टपक रहा था, क्या करुणा के हृदय से कभी विस्मृत हो सकता था! उसका स्मरण आते ही करुणा के निस्तेज मुख पर आत्म-गौरव की लालिमा छा गई। यही वह अवलंब था, जिसने इन तीन वर्षों की घोर यातनाओं में भी उसके हृदय को आश्वासन दिया था। कितनी ही रातें फाकों से गुजरीं, बहुधा घर में दीपक जलने की नौबत भी न आती थी, पर दीनता के आंसू कभी उसकी आंखों से न गिरे। आज उन सारी विपत्तियों का अंत हो जाएगा। पति के प्रगाढ़ आलिंगन में वह सब कुछ हंसकर झेल लेगी। वह अनंत निधि पाकर फिर उसे कोई अभिलाषा न रहेगी।

गगन-पथ का चिरगामी लपका हुआ विश्राम की ओर चला जाता था, जहां संध्या ने सुनहरा फर्श सजाया था और उज्ज्वल पुष्पों की सेज बिछा रखी थी। उसी समय करुणा को एक आदमी लाठी टेकता आता दिखाई दिया मानो किसी जीर्ण मनुष्य की वेदना-ध्वनि हो। पग-पग पर रुककर खांसने लगता था। उसका सिर झुका हुआ था, करुणा उसका चेहरा न देख सकती थी, लेकिन चाल-ढाल से कोई बूढ़ा आदमी मालूम होता था; पर एक क्षण में जब वह समीप आ गया, तो करुणा पहचान गई। वह उसका प्यारा पति ही था, किंतु शोक! उसकी सूरत कितनी बदल गई थी। वह जवानी, वह तेज, वह चपलता, वह सुगठन—सब प्रस्थान कर चुके थे। केवल हड्डियों का एक ढांचा रह गया था। न कोई संगी, न साथी, न यार, न दोस्त। करुणा उसे पहचानते ही बाहर निकल आई, पर आलिंगन की कामना हृदय में दबकर रह गई। सारे मनसूबे धूल में मिल गए। सारा मनोल्लास आंसुओं के प्रवाह में बह गया, विलीन हो गया।

आदित्य ने घर में कदम रखते ही मुस्कराकर करुणा को देखा, पर उस मुस्कान में वेदना का एक संसार भरा हुआ था। करुणा ऐसी शिथिल हो गई मानो हृदय का स्पंदन

16

रुक गया हो। वह फटी हुई आंखों से स्वामी की ओर टकटकी बांधे खड़ी थी मानो उसे अपनी आंखों पर अब भी विश्वास न आता हो। स्वागत या दुःख का एक शब्द भी उसके मुंह से न निकला। बालक भी गोद में बैठा हुआ सहमी आंखों से इस कंकाल को देख रहा था और माता की गोद में चिपटा जाता था।

आखिर उसने कातर स्वर में कहा–"यह तुम्हारी क्या दशा है? बिलकुल पहचाने नहीं जाते!"

आदित्य ने उसकी चिंता को शांत करने के लिए मुस्कराने की चेष्टा करके कहा–"कुछ नहीं, जरा दुबला हो गया हूं। तुम्हारे हाथों का भोजन पाकर फिर स्वस्थ हो जाऊंगा।"

करुणा–छी! सूखकर कांटा हो गए। क्या वहां भरपेट भोजन नहीं मिलता? तुम कहते थे, राजनीतिक आदमियों के साथ बड़ा अच्छा व्यवहार किया जाता है और वे तुम्हारे साथी क्या हो गए, जो तुम्हें आठों पहर घेरे रहते थे और तुम्हारे पसीने की जगह खून बहाने को तैयार रहते थे?

आदित्य की त्योरियों पर बल पड़ गए, बोले–"यह बड़ा ही कटु अनुभव है करुणा! मुझे न मालूम था कि मेरे कैद होते ही लोग मेरी ओर से यों आंखें फेर लेंगे, कोई बात भी न पूछेगा। राष्ट्र के नाम पर मिटनेवालों का यही पुरस्कार है, यह मुझे न मालूम था। जनता अपने सेवकों को बहुत जल्द भूल जाती है, यह तो मैं जानता था, लेकिन अपने सहयोगी और सहायक इतने बेवफा होते हैं, इसका मुझे यह पहला ही अनुभव हुआ, लेकिन मुझे किसी से शिकायत नहीं। सेवा स्वयं अपना पुरस्कार है। मेरी भूल थी कि मैं इसके लिए यश और नाम चाहता था।"

करुणा–तो क्या वहां भोजन भी न मिलता था?

आदित्य–यह न पूछो करुणा, बड़ी करुण कथा है। बस, यही गनीमत समझो कि जीवित लौट आया। तुम्हारे दर्शन बदे थे, नहीं कष्ट तो ऐसे-ऐसे उठाए कि अब तक मुझे प्रस्थान कर जाना चाहिए था। मैं जरा लेटूंगा। खड़ा नहीं रहा जाता। दिन-भर में इतनी दूर आया हूं।

करुणा–चलकर कुछ खा लो, तो आराम से लेटो। (बालक को गोद में उठाकर) बाबूजी हैं बेटा, तुम्हारे बाबूजी। इनकी गोद में जाओ, तुम्हें प्यार करेंगे।

आदित्य ने आंसू-भरी आंखों से बालक को देखा और उनका एक-एक रोम उनका तिरस्कार करने लगा। अपनी जीर्ण दशा पर उन्हें कभी इतना दुःख न हुआ था। ईश्वर की असीम दया से यदि उनकी दशा संभल जाती, तो वे फिर कभी राष्ट्रीय आंदोलन के समीप न जाते। इस फूल-से बच्चे को यों संसार में लाकर दरिद्रता की आग में झोंकने का उन्हें क्या अधिकार था? वह अब लक्ष्मी की उपासना करेंगे और अपना क्षुद्र जीवन बच्चे के लालन-पालन के लिए अर्पित कर देंगे। उन्हें इस समय ऐसा ज्ञात हुआ कि बालक उन्हें उपेक्षा की दृष्टि से देख रहा है मानो कह

रहा है–'मेरे साथ आपने कौन-सा कर्तव्य-पालन किया?' उनकी सारी कामना, सारा प्यार बालक को हृदय से लगा देने के लिए अधीर हो उठा, पर हाथ फैल न सके। हाथों में शक्ति ही न थी।

करुणा बालक को लिये हुए उठी और थाली में कुछ भोजन निकालकर लाई। आदित्य ने क्षुधापूर्ण नेत्रों से थाली की ओर देखा मानो आज बहुत दिनों के बाद कोई खाने की चीज सामने आई है। जानता था कि कई दिनों के उपवास के बाद और आरोग्य की इस गई-गुजरी दशा में उसे जबान को काबू में रखना चाहिए, पर सब्र न कर सका–थाली पर टूट पड़ा और देखते-देखते थाली साफ कर दी।

करुणा सशंक हो गई। उसने दोबारा किसी चीज के लिए न पूछा। थाली उठाकर चली गई, पर उसका दिल कह रहा था–इतना तो कभी न खाते थे।

करुणा बच्चे को कुछ खिला रही थी कि एकाएक कानों में आवाज आई–"करुणा!"

करुणा ने आकर पूछा–"क्या तुमने मुझे पुकारा है?"

आदित्य का चेहरा पीला पड़ गया था और सांस जोर-जोर से चल रही थी। हाथों के सहारे वहीं टाट पर लेट गए थे।

करुणा उनकी यह हालत देखकर घबरा गई, बोली–"जाकर किसी वैद्य को बुला लाऊं?"

आदित्य ने हाथ के इशारे से उसे मना करके कहा–"व्यर्थ है करुणा! अब तुमसे छिपाना व्यर्थ है, मुझे तपेदिक हो गया है। कई बार मरते-मरते बच गया हूं। तुम लोगों के दर्शन बदे थे, इसलिए प्राण न निकलते थे। देखो प्रिये, रोओ मत।"

करुणा ने सिसकियों को दबाते हुए कहा–"मैं वैद्य को लेकर अभी आती हूं।"

आदित्य ने फिर सिर हिलाया–"नहीं करुणा, केवल मेरे पास बैठी रहो। अब किसी से कोई आशा नहीं है। डॉक्टरों ने जवाब दे दिया है। मुझे तो यह आश्चर्य है कि यहां पहुंच कैसे गया। न जाने कौन दैवी शक्ति मुझे वहां से खींच लाई। कदाचित् यह इस बुझते हुए दीपक की अंतिम झलक थी। आह! मैंने तुम्हारे साथ बड़ा अन्याय किया। इसका मुझे हमेशा दुःख रहेगा! मैं तुम्हें कोई आराम न दे सका। तुम्हारे लिए कुछ न कर सका। केवल सोहाग का दाग लगाकर और एक बालक के पालन का भार छोड़कर चला जा रहा हूं। आह!"

करुणा ने हृदय को दृढ़ करके कहा–"तुम्हें कहीं दर्द तो नहीं है? आग बना लाऊं? कुछ बताते क्यों नहीं?"

आदित्य ने करवट बदलकर कहा–"कुछ करने की जरूरत नहीं प्रिये! कहीं दर्द नहीं। बस, ऐसा मालूम हो रहा है कि दिल बैठा जाता है, जैसे पानी में डूबा जाता हूं। जीवन की लीला समाप्त हो रही है। दीपक को बुझते हुए देख रहा हूं। कह नहीं सकता, कब आवाज बंद हो जाए। जो कुछ कहना है, वह कह डालना चाहता हूं, क्यों वह लालसा ले जाऊं? मेरे एक प्रश्न का जवाब दोगी, पूछूं?"

करुणा के मन की सारी दुर्बलता, सारा शोक, सारी वेदना मानो लुप्त हो गई और उनकी जगह उस आत्मबल का उदय हुआ, जो मृत्यु पर हंसता है और विपत्ति के सांपों से खेलता है। रत्नजड़ित मखमली म्यान में जैसे तेज तलवार छिपी रहती है, जल के कोमल प्रवाह में जैसे असीम शक्ति छिपी रहती है, वैसे ही रमणी का कोमल हृदय साहस और धैर्य को अपनी गोद में छिपाए रहता है। क्रोध जैसे तलवार को बाहर खींच लेता है, विज्ञान जैसे जल-शक्ति का उद्घाटन कर लेता है, वैसे ही प्रेम रमणी के साहस और धैर्य को प्रदीप्त कर देता है।

करुणा ने पति के सिर पर हाथ रखते हुए कहा–"पूछते क्यों नहीं प्यारे!"

आदित्य ने करुणा के हाथों के कोमल स्पर्श का अनुभव करते हुए कहा–"तुम्हारे विचार में मेरा जीवन कैसा था? बधाई के योग्य? देखो, तुमने मुझसे कभी परदा नहीं रखा। इस समय भी स्पष्ट कहना। तुम्हारे विचार में मुझे अपने जीवन पर हंसना चाहिए या रोना चाहिए?"

करुणा ने उल्लास के साथ कहा–"यह प्रश्न क्यों करते हो प्रियतम? क्या मैंने तुम्हारी उपेक्षा कभी की है? तुम्हारा जीवन देवताओं का-सा जीवन था, निःस्वार्थ, निर्लिप्त और आदर्श! विघ्न-बाधाओं से तंग आकर मैंने तुम्हें कितनी ही बार संसार की ओर खींचने की चेष्टा की है; पर उस समय भी मन में जानती थी कि मैं तुम्हें ऊंचे आसन से गिरा रही हूं। अगर तुम माया-मोह में फंसे होते, तो कदाचित् मेरे मन को अधिक संतोष होता; लेकिन मेरी आत्मा को वह गर्व और उल्लास न होता, जो इस समय हो रहा है। मैं अगर किसी को बड़े-से-बड़ा आशीर्वाद दे सकती हूं, तो वह यही होगा कि उसका जीवन तुम्हारे जैसा हो।"

यह कहते-कहते करुणा का आभाहीन मुखमंडल ज्योतिर्मय हो गया मानो उसकी आत्मा दिव्य हो गई हो।

आदित्य ने सगर्व नेत्रों से करुणा को देखकर कहा–"बस, अब मुझे संतोष हो गया। करुणा, इस बच्चे की ओर से मुझे कोई शंका नहीं है। मैं उसे इससे अधिक कुशल हाथों में नहीं छोड़ सकता। मुझे विश्वास है कि जीवन-भर यह ऊंचा और पवित्र आदर्श सदैव तुम्हारे सामने रहेगा। अब मैं मरने को तैयार हूं।"

## 2

सात वर्ष बीत गए।

बालक प्रकाश अब दस साल का रूपवान, बलिष्ठ, प्रसन्नमुख कुमार था, बल का तेज, साहसी और मनस्वी। भय तो उसे छू भी नहीं गया था। करुणा का संतप्त हृदय उसे देखकर शीतल हो जाता। संसार करुणा को अभागिनी और दीन समझे। वह कभी भाग्य का रोना नहीं रोती। उसने उन आभूषणों को बेच डाला, जो पति के जीवन में उसे प्राणों से प्रिय थे और उस धन से कुछ गाएं और भैंसे मोल ले लीं। वह कृषक की बेटी थी और गो-पालन उसके लिए कोई नया व्यवसाय न था। इसी को उसने अपनी जीविका का साधन बनाया। विशुद्ध दूध कहां मयस्सर होता है? सब दूध हाथो-हाथ बिक जाता। करुणा को पहर रात से पहर रात तक काम में लगा रहना पड़ता, पर वह प्रसन्न थी। उसके मुख पर निराशा या दीनता की छाया नहीं, संकल्प और साहस का तेज है। उसके एक-एक अंग से आत्म-गौरव की ज्योति-सी निकल रही है; आंखों में एक दिव्य प्रकाश है, गंभीर, अथाह और असीम। सारी वेदनाएं, वैधव्य का शोक और विधि का निर्मम प्रहार—सब उस प्रकाश की गहराई में विलीन हो गया है।

प्रकाश पर वह जान देती है। उसका आनंद, उसकी अभिलाषा, उसका संसार उसका स्वर्ग—सब प्रकाश पर न्यौछावर है; पर यह मजाल नहीं कि प्रकाश कोई शरारत करे और करुणा आंखें बंद कर ले। नहीं, वह उसके चरित्र की बड़ी कठोरता से देख-भाल करती है। वह प्रकाश की मां नहीं, मां-बाप दोनों है। उसके पुत्र-स्नेह में माता की ममता के साथ पिता की कठोरता भी मिली हुई है। पति के अंतिम शब्द अभी तक उसके कानों में गूंज रहे हैं। वह आत्मोल्लास, जो उनके चेहरे पर झलकने लगा था, वह गर्वमय लाली, जो उनकी आंखों में छा गई थी, अभी तक उसकी आंखों में फिर रही है। निरंतर पति-चिंतन ने आदित्य को उसकी आंखों में प्रत्यक्ष कर दिया है। वह सदैव उनकी उपस्थिति का अनुभव किया करती है। उसे ऐसा जान पड़ता है कि आदित्य की आत्मा सदैव उसकी रक्षा करती रहती है। उसकी यही हार्दिक अभिलाषा है कि प्रकाश जवान होकर पिता का पथगामी हो।

संध्या हो गई थी। एक भिखारिन द्वार पर आकर भीख मांगने लगी। करुणा उस समय गउओं को पानी पिला रही थी। प्रकाश बाहर खेल रहा था। बालक ही तो ठहरा! शरारत सूझी। घर में गया और कटोरे में थोड़ा-सा भूसा लेकर बाहर निकला। भिखारिन ने अपनी झोली फैला दी। प्रकाश ने भूसा उसकी झोली में डाल दिया और जोर-जोर से तालियां बजाता हुआ भागा।

भिखारिन ने अग्निमय नेत्रों से देखकर कहा—"वाह रे लाड़ले! मुझसे हंसी करने चला है! यही मां-बाप ने सिखाया है! तब तो खूब कुल का नाम जगाओगे!"

करुणा उसकी बोली सुनकर बाहर निकल आई और पूछा–"क्या है माता? किसे कह रही हो?"

भिखारिन ने प्रकाश की तरफ इशारा करके कहा–"वह तुम्हारा लड़का है न! देखो, कटोरे में भूसा भरकर मेरी झोली में डाल गया है। चुटकी-भर आटा था, वह भी मिट्टी में मिल गया। कोई इस तरह दुखियों को सताता है? सबके दिन एक-से नहीं रहते! आदमी को घमंड न करना चाहिए।"

करुणा ने कठोर स्वर में पुकारा–"प्रकाश!"

प्रकाश लज्जित न हुआ। अभिमान से सिर उठाए हुए आया और बोला–"वह हमारे घर भीख क्यों मांगने आई है? कुछ काम क्यों नहीं करती?"

करुणा ने उसे समझाने की चेष्टा करके कहा–"शर्म नहीं आती, उल्टे और आंख दिखाते हो।"

प्रकाश–शर्म क्यों आए? यह क्यों रोज भीख मांगने आती है? हमारे यहां क्या कोई चीज मुफ्त आती है?

करुणा–तुम्हें कुछ न देना था तो सीधे से कह देते; जाओ। तुमने यह शरारत क्यों की?

प्रकाश–उनकी आदत कैसे छूटती?

करुणा ने बिगड़कर कहा–"तुम अब पिटोगे मेरे हाथों।"

प्रकाश–पिटूंगा क्यों? आप जबरदस्ती पीटेंगी? दूसरे मुल्कों में अगर कोई भीख मांगे, तो कैद कर लिया जाए। यह नहीं कि उल्टे भिखमंगों को और शह दी जाए।"

करुणा–जो अपंग है, वह कैसे काम करे?

प्रकाश–तो जाकर डूब मरे, जिंदा क्यों रहती है?

करुणा निरुत्तर हो गई। बुढ़िया को तो उसने आटा-दाल देकर विदा किया, किंतु प्रकाश का कुतर्क उसके हृदय में फोड़े के समान टीसता रहा। उसने यह धृष्टता, यह अविनय कहां सीखी? रात को भी उसे बार-बार यही ख्याल सताता रहा।

आधी रात के समीप एकाएक प्रकाश की नींद टूटी। लालटेन जल रही है और करुणा बैठी रो रही है। वह उठ बैठा और बोला–"अम्मां, अभी तुम सोई नहीं?"

करुणा ने मुंह फेरकर कहा–"नींद नहीं आई। तुम कैसे जग गए? प्यास तो नहीं लगी है?"

प्रकाश–नही अम्मां, न जाने क्यों आंख खुल गई। मुझसे आज बड़ा अपराध हुआ अम्मां!

करुणा ने उसके मुख की ओर स्नेह के नेत्रों से देखा।

प्रकाश–मैंने आज बुढ़िया के साथ बड़ी नटखट की। मुझे क्षमा करो, फिर कभी ऐसी शरारत न करूंगा।

यह कहकर वह रोने लगा। करुणा ने स्नेहार्द्र होकर उसे गले लगा लिया और उसके कपोलों का चुंबन करके बोली—"बेटा, मुझे खुश करने के लिए यह कह रहे हो या तुम्हारे मन में सचमुच पछतावा हो रहा है?"

प्रकाश ने सिसकते हुए कहा—"नहीं अम्मां, मुझे दिल से अफसोस हो रहा है। अबकी वह बुढ़िया आएगी, तो मैं उसे बहुत-से पैसे दूंगा।"

करुणा का हृदय मतवाला हो गया। ऐसा जान पड़ा, आदित्य सामने खड़े बच्चे को आशीर्वाद दे रहे हैं और कह रहे हैं, करुणा, क्षोभ मत कर, प्रकाश अपने पिता का नाम रोशन करेगा। तेरी संपूर्ण कामनाएं पूरी हो जाएंगी।

## 3

लेकिन प्रकाश के कर्म और वचन में मेल न था और दिनों के साथ उसके चरित्र का अंग प्रत्यक्ष होता जाता था। जहीन था ही, विश्वविद्यालय से उसे वजीफे मिलते थे, करुणा भी उसकी यथेष्ट सहायता करती थी, फिर भी उसका खर्च पूरा न पड़ता था। वह मितव्ययता और सरल जीवन पर विद्वत्ता से भरे हुए व्याख्यान दे सकता था, पर उसका रहन-सहन फैशन के अंधभक्तों से जौ-भर घटकर न था। प्रदर्शन की धुन उस पर हमेशा सवार रहती थी। उसके मन और बुद्धि में निरंतर द्वंद्व होता रहता था। मन जाति की ओर था, बुद्धि अपनी ओर। बुद्धि मन को दबाए रहती थी। उसके सामने मन की एक न चलती थी। जाति-सेवा ऊसर की खेती है। जहां बड़े-से-बड़ा उपहार जो मिल सकता है, वह है गौरव और यश; पर वह भी स्थायी नहीं, इतना अस्थिर कि क्षण में जीवन-भर की कमाई पर पानी फिर सकता है। अतएव उसका अंत:करण अनिवार्य वेग के साथ विलासमय जीवन की ओर झुकता था। यहां तक कि धीरे-धीरे उसे त्याग और निग्रह से घृणा होने लगी। वह दुरवस्था और दरिद्रता को हेय समझता था। उसके हृदय न था, भाव न थे, केवल मस्तिष्क था। मस्तिष्क में दर्द कहां? वहां तो तर्क हैं, मनसूबे हैं।

सिंध में बाढ़ आई। हजारों आदमी तबाह हो गए। विद्यालय ने वहां एक सेवा समिति भेजी। प्रकाश के मन में द्वंद्व होने लगा—जाऊं या न जाऊं? इतने दिनों अगर वह परीक्षा की तैयारी करे, तो प्रथम श्रेणी में पास हो। चलते समय उसने बीमारी का बहाना कर दिया। करुणा ने लिखा, तुम सिंध न गए, इसका मुझे दुख है। तुम बीमार रहते हुए भी वहां जा सकते थे। समिति में चिकित्सक भी तो थे! प्रकाश ने पत्र का उत्तर न दिया।

उड़ीसा में अकाल पड़ा। प्रजा मक्खियों की तरह मरने लगी। कांग्रेस ने पीड़ितों के लिए एक मिशन तैयार किया। उन्हीं दिनों विद्यालयों ने इतिहास के छात्रों को ऐतिहासिक खोज के लिए लंका भेजने का निश्चय किया। करुणा ने प्रकाश को

लिखा–तुम उड़ीसा जाओ, किंतु प्रकाश लंका जाने को लालायित था। वह कई दिन इसी दुविधा में रहा। अंत को सीलोन ने उड़ीसा पर विजय पाई। करुणा ने अबकी बार उसे कुछ न लिखा। चुपचाप रोती रही।

सीलोन से लौटकर प्रकाश छुट्टियों में घर गया। करुणा उससे खिंची-खिंची रहीं। प्रकाश मन में लज्जित हुआ और संकल्प किया कि अबकी बार कोई अवसर आया, तो अम्मां को अवश्य प्रसन्न करूंगा। यह निश्चय करके वह विद्यालय लौटा, लेकिन यहां आते ही फिर परीक्षा की फिक्र सवार हो गई। यहां तक कि परीक्षा के दिन आ गए; मगर इम्तिहान से फुरसत पाकर भी प्रकाश घर न गया। विद्यालय के एक अध्यापक काश्मीर सैर करने जा रहे थे। प्रकाश उन्हीं के साथ काश्मीर चल खड़ा हुआ। जब परीक्षा-फल निकला और प्रकाश प्रथम आया, तब उसे घर की याद आई! उसने तुरंत करुणा को पत्र लिखा और अपने आने की सूचना दी। माता को प्रसन्न करने के लिए उसने दो-चार शब्द जाति-सेवा के विषय में भी लिखे–अब मैं आपकी आज्ञा का पालन करने को तैयार हूं। मैंने शिक्षा-संबंधी कार्य करने का निश्चय किया है। इसी विचार से मैंने वह विशिष्ट स्थान प्राप्त किया है। हमारे नेता भी तो विद्यालयों के आचार्यों ही का सम्मान करते हैं। अभी तक इन उपाधियों के मोह से वे मुक्त नहीं हुए हैं। हमारे नेता भी योग्यता, सदुत्साह, लगन का उतना सम्मान नहीं करते, जितना उपाधियों का! अब मेरी इज्जत करेंगे और जिम्मेदारी का काम सौपेंगे, जो पहले मांगे भी न मिलता।

करुणा की आस फिर बंधी।

## 4

विद्यालय खुलते ही प्रकाश के नाम रजिस्ट्रार का पत्र पहुंचा। उन्होंने प्रकाश को इंग्लैंड जाकर विद्याभ्यास करने के लिए सरकारी वजीफे की मंजूरी की सूचना दी थी। प्रकाश पत्र हाथ में लिये हर्ष के उन्माद में जाकर मां से बोला–"अम्मां, मुझे इंग्लैंड जाकर पढ़ने के लिए सरकारी वजीफा मिल गया।"

करुणा ने उदासीन भाव से पूछा–"तो तुम्हारा क्या इरादा है?"

प्रकाश–मेरा इरादा? ऐसा अवसर पाकर भला कौन छोड़ता है!

करुणा–तुम तो स्वयंसेवकों में भरती होने जा रहे थे?

प्रकाश–तो आप समझती हैं, स्वयंसेवक बन जाना ही जाति-सेवा है? मैं इंग्लैंड से आकर भी तो सेवा-कार्य कर सकता हूं और अम्मां, सच पूछो, तो एक मजिस्ट्रेट अपने देश का जितना उपकार कर सकता है, उतना एक हजार स्वयंसेवक मिलकर भी नहीं कर सकते। मैं तो सिविल सर्विस की परीक्षा में बैठूंगा और मुझे विश्वास है कि सफल हो जाऊंगा।

करुणा ने चकित होकर पूछा–"तो क्या तुम मजिस्ट्रेट हो जाओगे?"

प्रकाश–सेवा-भाव रखनेवाला एक मजिस्ट्रेट कांग्रेस के एक हजार सभापतियों से ज्यादा उपकार कर सकता है। अखबारों में उसकी लंबी-लंबी तारीफें न छपेंगी, उसकी वक्तृताओं पर तालियां न बजेंगी, जनता उसके जुलूस की गाड़ी न खींचेगी और न विद्यालयों के छात्र उसको अभिनंदन-पत्र देंगे; पर सच्ची सेवा मजिस्ट्रेट ही कर सकता है।

करुणा ने आपत्ति के भाव से कहा–"लेकिन यही मजिस्ट्रेट तो जाति के सेवकों को सजाएं देते हैं, उन पर गोलियां चलाते हैं?"

प्रकाश–अगर मजिस्ट्रेट के हृदय में परोपकार का भाव है, तो वह नरमी से वही काम करता है, जो दूसरे गोलियां चलाकर भी नहीं कर सकते।

करुणा–मैं यह नहीं मानूंगी। सरकार अपने नौकरों को इतनी स्वाधीनता नहीं देती। वह एक नीति बना देती है और हर एक सरकारी नौकर को उसका पालन करना पड़ता है। सरकार की पहली नीति यह है कि वह दिन-दिन अधिक संगठित और दृढ़ हो। इसके लिए स्वाधीनता के भावों का दमन करना जरूरी है; अगर कोई मजिस्ट्रेट इस नीति के विरुद्ध काम करता है, तो वह मजिस्ट्रेट न रहेगा। वह हिंदुस्तानी था, जिसने तुम्हारे बाबूजी को जरा-सी बात पर तीन साल की सजा दे दी। इसी सजा ने उनके प्राण लिए बेटा, मेरी इतनी बात मानो। सरकारी पदों पर न गिरो। मुझे यह मंजूर है कि तुम मोटा खाकर और मोटा पहनकर देश की कुछ सेवा करो, इसके बदले कि तुम हाकिम बन जाओ और शान से जीवन बिताओ। यह समझ लो कि जिस दिन तुम हाकिम की कुरसी पर बैठोगे, उस दिन से तुम्हारा दिमाग हाकिमों का-सा हो जाएगा। तुम यही चाहेगे कि अफसरों में तुम्हारी नेकनामी और तरक्की हो। एक गंवारू मिसाल लो। लड़की जब तक मैके में क्वांरी रहती है, वह अपने को उसी घर की समझती है, लेकिन जिस दिन ससुराल चली जाती है, वह अपने घर को दूसरों का घर समझने लगती है। मां-बाप, भाई-बंद सब वही रहते हैं, लेकिन वह घर अपना नहीं रहता। यही दुनिया का दस्तूर है।

प्रकाश ने खीझकर कहा–"तो क्या आप यही चाहती हैं कि मैं जिंदगी-भर चारों तरफ ठोकरें खाता फिरूं?"

करुणा कठोर नेत्रों से देखकर बोली–"अगर ठोकर खाकर आत्मा स्वाधीन रह सकती है, तो मैं कहूंगी, ठोकर खाना अच्छा है।"

प्रकाश ने निश्चयात्मक भाव से पूछा–"तो आपकी यही इच्छा है?"

करुणा ने उसी स्वर में उत्तर दिया–"हां, मेरी यही इच्छा है।"

प्रकाश ने कुछ जवाब न दिया। उठकर बाहर चला गया और तुरंत रजिस्ट्रार को इनकारी-पत्र लिख भेजा; मगर उसी क्षण से मानो उसके सिर पर विपत्ति ने आसन जमा लिया। विरक्त और विमन अपने कमरे में पड़ा रहता, न कहीं घूमने जाता, न

किसी से मिलता। मुंह लटकाए भीतर आता और फिर बाहर चला जाता, यहां तक महीना गुजर गया। न चेहरे पर वह लाली रही, न वह ओज; आंखें अनाथों के मुख की भांति याचना से भरी हुईं, होंठ हंसना भूल गए, मानो उस इनकारी-पत्र के साथ उसकी सारी सजीवता, चपलता और सारी सरलता विदा हो गई। करुणा उसके मनोभाव समझती थी और उसके शोक को भुलाने की चेष्टा करती थी, पर रूठे देवता प्रसन्न न होते थे।

आखिर एक दिन उसने प्रकाश से कहा–"बेटा, अगर तुमने विलायत जाने की ठान ही ली है, तो चले जाओ। मना न करूंगी। मुझे खेद है कि मैंने तुम्हें रोका। अगर मैं जानती कि तुम्हें इतना आघात पहुंचेगा, तो कभी न रोकती। मैंने तो केवल इस विचार से रोका था कि तुम्हें जाति-सेवा में मग्न देखकर तुम्हारे बाबूजी की आत्मा प्रसन्न होगी। उन्होंने चलते समय यही वसीयत की थी।"

प्रकाश ने रुखाई से जवाब दिया–"अब क्या जाऊंगा! इनकारी-खत लिख चुका। मेरे लिए कोई अब तक बैठा थोड़े ही होगा। कोई दूसरा लड़का चुन लिया होगा और फिर करना ही क्या है? जब आपकी मर्जी है कि गांव-गांव की खाक छानता फिरूं, तो वही सही।"

करुणा का गर्व चूर-चूर हो गया। इस अनुमति से उसने बाधा का काम लेना चाहा था; पर सफल न हुई, बोली–"अभी कोई न चुना गया होगा। लिख दो, मैं जाने को तैयार हूं।"

प्रकाश ने झुंझलाकर कहा–"अब कुछ नहीं हो सकता। लोग हंसी उड़ाएंगे। मैंने तय कर लिया है कि जीवन को आपकी इच्छा के अनुकूल बनाऊंगा।"

करुणा–तुमने अगर शुद्ध मन से यह इरादा किया होता, तो यों न रहते। तुम मुझसे सत्याग्रह कर रहे हो; अगर मन को दबाकर, मुझे अपनी राह का कांटा समझकर तुमने मेरी इच्छा पूरी भी की, तो क्या? मैं तो जब जानती कि तुम्हारे मन में आप-ही-आप सेवा का भाव उत्पन्न होता। तुम आज ही रजिस्ट्रार साहब को पत्र लिख दो।

प्रकाश–अब मैं नहीं लिख सकता।

"तो इसी शोक में तने बैठे रहोगे?"

"लाचारी है।"

करुणा ने और कुछ न कहा। जरा देर में प्रकाश ने देखा कि वह कहीं जा रही है; मगर वह कुछ बोला नहीं। करुणा के लिए बाहर आना-जाना कोई असाधारण बात न थी; लेकिन जब संध्या हो गई और करुणा न आई, तो प्रकाश को चिंता होने लगी। अम्मां कहां गईं? यह प्रश्न बार-बार उसके मन में उठने लगा।

प्रकाश सारी रात द्वार पर बैठा रहा। भांति-भांति की शंकाएं मन में उठने लगीं। उसे अब याद आया, चलते समय करुणा कितनी उदास थी; उसकी आंखें कितनी

लाल थीं। ये बातें प्रकाश को उस समय क्यों न नजर आईं? वह क्यों स्वार्थ में अंधा हो गया था?

हां, अब प्रकाश को याद आया–माता ने साफ-सुथरे कपड़े पहने थे। उनके हाथ में छतरी भी थी। तो क्या वह कहीं बहुत दूर गई हैं? किससे पूछे? अनिष्ट के भय से प्रकाश रोने लगा।

श्रावण की अंधेरी भयानक रात थी। आकाश में श्याम मेघमालाएं, भीषण स्वप्न की भांति छाई हुई थीं। प्रकाश रह-रहकर आकाश की ओर देखता था मानो करुणा उन्हीं मेघमालाओं में छिपी बैठी हो। उसने निश्चय किया, सवेरा होते ही मां को खोजने चलूंगा और अगर...।

किसी ने द्वार खटखटाया। प्रकाश ने दौड़कर खोला, तो देखा, करुणा खड़ी है। उसका मुखमंडल इतना खोया हुआ, इतना करुण था, जैसे आज ही उसका सोहाग उठ गया हो, जैसे संसार में अब उसके लिए कुछ नहीं रहा, जैसे वह नदी के किनारे खड़ी अपनी लदी हुई नाव को डूबते देख रही हो और कुछ कर नहीं सकती।

प्रकाश ने अधीर होकर पूछा–"अम्मां, कहां चली गई थीं? बहुत देर लगाई?"

करुणा ने भूमि की ओर ताकते हुए जवाब दिया–"एक काम से गई थी। देर हो गई।" यह कहते हुए उसने प्रकाश के सामने एक बंद लिफाफा फेंक दिया।

प्रकाश ने उत्सुक होकर लिफाफा उठा लिया। ऊपर ही विद्यालय की मुहर थी। तुरंत ही लिफाफा खोलकर पढ़ा। हल्की-सी लालिमा चेहरे पर दौड़ गई, पूछा–"यह तुम्हें कहां मिल गया अम्मा?"

करुणा–तुम्हारे रजिस्ट्रार के पास से लाई हूं।

"क्या तुम वहां चली गई थी?"

"और क्या करती?"

"कल तो गाड़ी का समय न था?"

"मोटर ले ली थी।"

प्रकाश एक क्षण तक मौन खड़ा रहा, फिर कुंठित स्वर में बोला–"जब तुम्हारी इच्छा नहीं है तो मुझे क्यों भेज रही हो?"

करुणा ने विरक्त भाव से कहा–"इसलिए कि तुम्हारी जाने की इच्छा है। तुम्हारा यह मलिन वेश नहीं देखा जाता। अपने जीवन के बीस वर्ष तुम्हारी हितकामना पर अर्पित कर दिए; अब तुम्हारी महत्त्वाकांक्षा की हत्या नहीं कर सकती। तुम्हारी यात्रा सफल हो, यही हमारी हार्दिक अभिलाषा है।"

करुणा का कंठ रुंध गया और कुछ न कह सकी।

**5**

प्रकाश उसी दिन से यात्रा की तैयारियां करने लगा। करुणा के पास जो कुछ था, वह सब खर्च हो गया। कुछ ऋण भी लेना पड़ा। नए सूट बने, सूटकेस लिए गए। प्रकाश अपनी धुन में मस्त था। कभी किसी चीज की फरमाइश लेकर आता, कभी किसी चीज की।

करुणा इस एक सप्ताह में इतनी दुर्बल हो गई है, उसके बालों पर कितनी सफेदी आ गई है, चेहरे पर कितनी झुर्रियां पड़ गई हैं, यह उसे कुछ न नजर आता। उसकी आंखों में इंग्लैंड के दृश्य समाए हुए थे। महत्त्वाकांक्षा आंखों पर परदा डाल देती है।

प्रस्थान का दिन आया। आज कई दिनों के बाद धूप निकली थी। करुणा स्वामी के पुराने कपड़ों को बाहर निकाल रही थी। उनकी गाढ़े की चादरें, खद्दर के कुरते, पाजामें और लिहाफ अभी तक संदूक में संचित थे। प्रतिवर्ष वे धूप में सुखाए जाते और झाड़-पोंछकर रख दिए जाते थे। करुणा ने आज फिर उन कपड़ों को निकाला, मगर सुखाकर रखने के लिए नहीं गरीबों में बांट देने के लिए। वह आज पति से नाराज है। वह लुटिया, डोर और घड़ी, जो आदित्य की चिरसंगिनी थीं और जिनकी बीस वर्ष से करुणा ने उपासना की थी, आज निकालकर आंगन में फेंक दी गई; वह झोली जो बरसों आदित्य के कंधों पर आरूढ़ रह चुकी थी, आज कूड़े में डाल दी गई; वह चित्र जिसके सामने बीस वर्ष से करुणा सिर झुकाती थी, आज वही निर्दयता से भूमि पर डाल दिया गया। पति का कोई स्मृति-चिह्न वह अब अपने घर में नहीं रखना चाहती। उसका अंतःकरण शोक और निराशा से विदीर्ण हो गया है और पति के सिवा वह किस पर क्रोध उतारे? कौन उसका अपना है? वह किससे अपनी व्यथा कहे? किसे अपनी छाती चीरकर दिखाए? वे होते तो क्या प्रकाश दासता की जंजीर गले में डालकर फूला न समाता? उसे कौन समझाए कि आदित्य भी इस अवसर पर पछताने के सिवा और कुछ न कर सकते थे।

प्रकाश के मित्रों ने आज उसे विदाई का भोज दिया था। वहां से वह संध्या समय कई मित्रों के साथ मोटर पर लौटा। सफर का सामान मोटर पर रख दिया गया, तब वह अंदर आकर मां से बोला—"अम्मां, जाता हूं। बंबई पहुंचकर पत्र लिखूंगा। तुम्हें मेरी कसम, रोना मत और मेरे खतों का जवाब बराबर देना।"

जैसे किसी लाश को बाहर निकालते समय संबंधियों का धैर्य छूट जाता है, रुके हुए आंसू निकल पड़ते हैं और शोक की तरंगें उठने लगती हैं, वही दशा करुणा की हुई। कलेजे में एक हाहाकार हुआ, जिसने उसकी दुर्बल आत्मा के एक-एक अणु को कंपा दिया। मालूम हुआ, पांव पानी में फिसल गया है और वह लहरों में बही जा रही है। उसके मुख से शोक या आशीर्वाद का एक शब्द भी न निकला। प्रकाश ने उसके

चरण छुए, अश्रु-जल से माता के चरणों को पखारा, फिर बाहर चला। करुणा पाषाण मूर्ति की भांति खड़ी थी।

सहसा ग्वाले ने आकर कहा–"बहूजी, भइया चले गए। बहुत रोते थे।"

तब करुणा की समाधि टूटी। देखा, सामने कोई नहीं है। घर में मृत्यु का-सा सन्नाटा छाया हुआ है और मानो हृदय की गति बंद हो गई है।

सहसा करुणा की दृष्टि ऊपर उठ गई। उसने देखा कि आदित्य अपनी गोद में प्रकाश की निर्जीव देह लिये खड़े रो रहे हैं। करुणा पछाड़ खाकर गिर पड़ी।

## 6

करुणा जीवित थी, पर संसार से उसका कोई नाता न था। उसका छोटा-सा संसार, जिसे उसने अपनी कल्पनाओं के हृदय में रचा था, स्वप्न की भांति अनंत में विलीन हो गया था। जिस प्रकाश को सामने देखकर वह जीवन की अंधेरी रात में भी हृदय में आशाओं की संपत्ति लिए जी रही थी, वह बुझ गया और संपत्ति लुट गई। अब न कोई आश्रय था और न उसकी जरूरत। जिन गउओं को वह दोनों वक्त अपने हाथों से दाना-चारा देती और सहलाती थी, वे अब खूंटे पर बंधी निराश नेत्रों से द्वार की ओर ताकती रहती थीं। बछड़ों को गले लगाकर पुचकारने वाला अब कोई न था, जिसके लिए दूध दुहे, मट्ठा निकाले। खानेवाला कौन था? करुणा ने अपने छोटे-से संसार को अपने ही अंदर समेट लिया था।

किंतु एक ही सप्ताह में करुणा के जीवन ने फिर रंग बदला। उसका छोटा-सा संसार फैलते-फैलते विश्वव्यापी हो गया। जिस लंगर ने नौका को तट से एक केंद्र पर बांध रखा था, वह उखड़ गया। अब नौका सागर के अशेष विस्तार में भ्रमण करेगी, चाहे वह उद्दाम तरंगों के वक्ष में ही क्यों न विलीन हो जाए।

करुणा द्वार पर आ बैठती और मुहल्ले-भर के लड़कों को जमा करके दूध पिलाती। दोपहर तक मक्खन निकालती और वह मक्खन मुहल्ले के लड़के खाते। फिर भांति-भांति के पकवान बनाती और कुत्तों को खिलाती। अब यही उसका नित्य का नियम हो गया। चिड़ियां, कुत्ते, बिल्लियां चींटे-चीटियां सब अपने हो गए। प्रेम का वह द्वार अब किसी के लिए बंद न था। उस अंगुल-भर जगह में, जो प्रकाश के लिए भी काफी न थी, अब समस्त संसार समा गया था।

एक दिन प्रकाश का पत्र आया। करुणा ने उसे उठाकर फेंक दिया, फिर थोड़ी देर के बाद उसे उठाकर फाड़ डाला और चिड़ियों को दाना चुगाने लगी; मगर जब निशा-योगिनी ने अपनी धूनी जलाई और वेदनाएं उससे वरदान मांगने के लिए विकल हो-होकर चलीं, तो करुणा की मनोवेदना भी सजग हो उठी–प्रकाश

का पत्र पढ़ने के लिए उसका मन व्याकुल हो उठा। उसने सोचा, प्रकाश मेरा कौन है? मेरा उससे क्या प्रयोजन? हां, प्रकाश मेरा कौन है? हृदय ने उत्तर दिया, प्रकाश तेरा सर्वस्व है, वह तेरे उस अमर प्रेम की निशानी है, जिससे तू सदैव के लिए वंचित हो गई। वह तेरा प्राण है, तेरे जीवन-दीपक का प्रकाश, तेरी वंचित कामनाओं का माधुर्य, तेरे अश्रु-जल में विहार करने वाला हंस। करुणा उस पत्र के टुकड़ों को जमा करने लगी मानो उसके प्राण बिखर गए हों। एक-एक टुकड़ा उसे अपने खोए हुए प्रेम का एक पदचिह्न-सा मालूम होता था। जब सारे पुरजे जमा हो गए, तो करुणा दीपक के सामने बैठकर उसे जोड़ने लगी, जैसे कोई वियोगी हृदय प्रेम के टूटे हुए तारों को जोड़ रहा हो। हाय री ममता! वह अभागिन सारी रात उन पुरजों को जोड़ने में लगी रही। पत्र दोनों ओर लिखा था, इसलिए पुरजों को ठीक स्थान पर रखना और भी कठिन था। कोई शब्द, कोई वाक्य बीच में गायब हो जाता। उस एक टुकड़े को वह फिर खोजने लगती। सारी रात बीत गई, पर पत्र अभी तक अपूर्ण था।

दिन चढ़ आया, मुहल्ले के लौंडे मक्खन और दूध की चाह में एकत्र हो गए, कुत्तों और बिल्लियों का आगमन हुआ, चिड़ियां आ-आकर आंगन में फुदकने लगीं, कोई ओखली पर बैठी, कोई तुलसी के चौतरे पर, पर करुणा को सिर उठाने तक की फुरसत नहीं।

दोपहर हुआ, करुणा ने सिर न उठाया। न भूख थी, न प्यास, फिर संध्या हो गई, पर वह पत्र अभी तक अधूरा था। पत्र का आशय समझ में आ रहा था–प्रकाश का जहाज कहीं-से-कहीं जा रहा है। उसके हृदय में कुछ उठा हुआ है। क्या उठा हुआ है, यह करुणा न सोच सकी? करुणा पुत्र की लेखनी से निकले हुए एक-एक शब्द को पढ़ना और उसे हृदय पर अंकित कर लेना चाहती थी।

इस भांति तीन दिन गुजर गए। संध्या हो गई थी। तीन दिन की जागी आंखें जरा झपक गईं। करुणा ने देखा, एक लंबा-चौड़ा कमरा है, उसमें मेजें और कुर्सियां लगी हुई हैं, बीच में ऊंचे मंच पर कोई आदमी बैठा हुआ है। करुणा ने ध्यान से देखा, प्रकाश था।

एक क्षण में एक कैदी उसके सामने लाया गया, उसके हाथ-पांव में जंजीर थी, कमर झुकी हुई, यह आदित्य थे।

करुणा की आंखें खुल गईं। आंसू बहने लगे। उसने पत्र के टुकड़ों को फिर समेट लिया और उसे जलाकर राख कर डाला। राख की एक चुटकी के सिवा वहां कुछ न रहा, जो उसके हृदय को विदीर्ण किए डालती थी। इसी एक चुटकी राख में उसका गुड़ियोंवाला बचपन, उसका संतप्त यौवन और उसका तृष्णामय वैधव्य सब समा गया।

प्रात:काल लोगों ने देखा, पक्षी पिंजड़े से उड़ चुका था! आदित्य का चित्र अब भी उसके शून्य हृदय से चिपटा हुआ था। भग्नहृदय पति की स्नेह-स्मृति में विश्राम कर रहा था और प्रकाश का जहाज यूरोप चला जा रहा था।

# 2

# शांति

मैं विस्मय से गोपा का मुंह देखने लगा। तो इसे यह शोक-समाचार मिल चुका है, फिर भी यह शांति और अविचल धैर्य! बोला–"अच्छा किया, न गई रोना ही तो था।"

"हां, और क्या? रोई यहां भी, लेकिन तुमसे सच कहती हूं, दिल से नहीं रोई। न जाने कैसे आंसू निकल आए। मुझे तो सुन्नी की मौत से प्रसन्नता हुई। दुखिया अपनी मान-मर्यादा लिए संसार से विदा हो गई, नहीं तो न जाने क्या-क्या देखना पड़ता, इसलिए और भी प्रसन्न हूं कि उसने अपनी आन निभा दी। स्त्री के जीवन में प्यार न मिले तो उसका अंत हो जाना ही अच्छा। तुमने सुन्नी की मुद्रा देखी थी? लोग कहते हैं, ऐसा जान पड़ता था–मुस्करा रही है। मेरी सुन्नी सचमुच देवी थी।

स्वर्गीय देवनाथ मेरे अभिन्न मित्रों में थे। आज भी जब उनकी याद आती है, तो वह रंगरेलियां आंखों में फिर जाती है और कहीं एकांत में जाकर जरा देर रो लेता हूं। हमारे और उनके बीच में दो-ढाई सौ मील का अंतर था। मैं लखनऊ में था, वह दिल्ली में; लेकिन ऐसा शायद ही कोई महीना जाता हो कि हम आपस में न मिल पाते हों। वह स्वच्छंद प्रकृति के विनोदप्रिय, सहृदय, उदार और मित्रों पर प्राण देनेवाले आदमी थे, जिन्होंने अपने और पराए में कभी भेद नहीं किया।

संसार क्या है और यहां लौकिक व्यवहार का कैसा निर्वाह होता है, यह उस व्यक्ति ने कभी न जानने की चेष्टा की। उनके जीवन में ऐसे कई अवसर आए,

जब उन्हें आगे के लिए होशियार हो जाना चाहिए था। मित्रों ने उनकी निष्कपटता से अनुचित लाभ उठाया और कई बार उन्हें लज्जित भी होना पड़ा; लेकिन उस भले आदमी ने जीवन से कोई सबक न लेने की कसम खा ली थी। उनके व्यवहार ज्यों-के-त्यों रहे—"जैसे भोलानाथ जिये, वैसे ही भोलानाथ मरे, जिस दुनिया में वे रहते थे वह निराली दुनिया थी, जिसमें संदेह, चालाकी और कपट के लिए स्थान न था—सब अपने थे, कोई गैर न था।

मैंने बार-बार उन्हें सचेत करना चाहा, पर इसका परिणाम आशा के विरुद्ध हुआ। मुझे कभी-कभी चिंता होती थी कि उन्होंने इसे बंद न किया, तो नतीजा क्या होगा? लेकिन विडंबना यह थी कि उनकी स्त्री गोपा भी कुछ उसी सांचे में ढली हुई थी। हमारी देवियों में जो एक चातुरी होती है, जो सदैव ऐसे उड़ाऊ पुरुषों की असावधानियों पर 'ब्रेक' का काम करती है, उससे वह वंचित थी। यहां तक कि वस्त्राभूषण में भी उसे विशेष रुचि न थी।

जब मुझे देवनाथ के स्वर्गारोहण का समाचार मिला और मैं भागा हुआ दिल्ली गया, तो घर में बरतन-भांडे और मकान के सिवा और कोई संपत्ति न थी और अभी उनकी उम्र ही क्या थी, जो संचय की चिंता करते। चालीस भी तो पूरे न हुए थे। यों तो लड़कपन उनके स्वभाव में ही था; लेकिन इस उम्र में प्राय: सभी लोग कुछ बेफ़िक्र रहते हैं। पहले एक लड़की हुई थी, इसके बाद दो लड़के हुए। दोनों लड़के तो बचपन में ही दगा दे गए थे। लड़की बच रही थी और यही इस नाटक का सबसे करुण दृश्य था। जिस तरह का इनका जीवन था, उसको देखते हुए इस छोटे-से परिवार के लिए दो सौ रुपये महीने की जरूरत थी। दो-तीन साल में लड़की का विवाह भी करना होगा। कैसे क्या होगा, मेरी बुद्धि कुछ काम न करती थी।

इस अवसर पर मुझे यह बहुमूल्य अनुभव हुआ कि जो लोग सेवा भाव रखते हैं और जो स्वार्थ-सिद्धि को जीवन का लक्ष्य नहीं बनाते, उनके परिवार को आड़ देनेवालों की कमी नहीं रहती। यह कोई नियम नहीं है, क्योंकि मैंने ऐसे लोगों को भी देखा है, जिन्होंने जीवन में बहुतों के साथ अच्छे सलूक किए; पर उनके पीछे उनके बाल-बच्चों की किसी ने बात तक न पूछी, लेकिन चाहे कुछ हो, देवनाथ के मित्रों ने प्रशंसनीय औदार्य से काम लिया और गोपा के निर्वाह के लिए स्थायी धन जमा करने का प्रस्ताव किया। दो-एक सज्जन जो रंडुवे थे, उससे विवाह करने को तैयार थे, किंतु गोपा ने भी उसी स्वाभिमान का परिचय दिया, जो हमारी देवियों का जौहर है और इस प्रस्ताव को अस्वीकार कर दिया। मकान बहुत बड़ा था। उसका एक भाग किराए पर उठा दिया। इस तरह उसको 50 रुपये माहवार मिलने लगे। वह इतने में ही अपना निर्वाह कर लेगी। जो कुछ खर्च था, वह सुन्नी की जात से था। गोपा के लिए तो जीवन में अब कोई अनुराग ही न था।

## 2

इसके एक महीने बाद मुझे कारोबार के सिलसिले में विदेश जाना पड़ा और वहां मेरे अनुमान से कहीं अधिक–दो साल लग गए। गोपा के पत्र बराबर जाते रहते थे, जिससे मालूम होता था, वे आराम से हैं, कोई चिंता की बात नहीं है। मुझे पीछे ज्ञात हुआ कि गोपा ने मुझे भी गैर समझा और वास्तविक स्थिति छिपाती रही।

विदेश से लौटकर मैं सीधा दिल्ली पहुंचा। द्वार पर पहुंचते ही मुझे भी रोना आ गया। मृत्यु की प्रतिध्वनि-सी छाई हुई थी। जिस कमरे में मित्रों के जमघट रहते थे, उसके द्वार बंद थे, मकड़ियों ने चारों ओर जाले तान रखे थे। देवनाथ के साथ वह श्री लुप्त हो गई थी। पहली नजर में मुझे तो ऐसा भ्रम हुआ कि देवनाथ द्वार पर खड़े मेरी ओर देखकर मुस्करा रहे हैं। मैं मिथ्यावादी नहीं हूं और आत्मा की दैहिकता में मुझे संदेह है, लेकिन उस वक्त एक बार मैं चौंक जरूर पड़ा। हृदय में एक कंपन-सा उठा; लेकिन दूसरी नजर में प्रतिमा मिट चुकी थी। द्वार खुला। गोपा के सिवा खोलनेवाला ही कौन था? मैंने उसे देखकर दिल थाम लिया। उसे मेरे आने की सूचना थी और मेरे स्वागत की प्रतीक्षा में उसने नई साड़ी पहन ली थी और शायद बाल भी गुंथा लिए थे; पर इन दो वर्षों के समय ने उस पर जो आघात किए थे, उन्हें क्या करती? नारियों के जीवन में यह वह अवस्था है, जब रूप-लावण्य अपने पूरे विकास पर होता है, जब उसमें अल्हड़पन, चंचलता और अभिमान की जगह आकर्षण, माधुर्य और रसिकता आ जाती है; लेकिन गोपा का यौवन बीत चुका था। उसके मुख पर झुर्रियां और विषाद की रेखाएं अंकित थीं, जिन्हें उसकी प्रयत्नशील प्रसन्नता भी न मिटा सकती थी। केशों पर सफेदी दौड़ चली थी और एक-एक अंग बूढ़ा हो रहा था।

मैंने करुण स्वर में पूछा–"क्या तुम बीमार थीं, गोपा?"

गोपा ने आंसू पीकर कहा–"नहीं तो, मुझे कभी सिरदर्द भी नहीं हुआ।"

"तो तुम्हारी यह क्या दशा है? बिलकुल बूढ़ी हो गई हो।"

"तो जवानी लेकर करना ही क्या है? मेरी उम्र भी तो पैंतीस के ऊपर हो गई!"

"पैंतीस की उम्र तो बहुत नहीं होती।"

"हां, उनके लिए जो बहुत दिन जीना चाहते हैं। मैं तो चाहती हूं जितनी जल्द हो सके, जीवन का अंत हो जाए। बस सुन्नी के ब्याह की चिंता है। इससे छुट्टी पा जाऊं; मुझे जिंदगी की परवाह न रहेगी।"

अब मालूम हुआ कि जो सज्जन इस मकान में किराएदार हुए थे, वे थोड़े दिनों के बाद तब्दील होकर चले गए और तब से कोई दूसरा किराएदार न आया। मेरे हृदय में बरछी-सी चुभ गई। इतने दिन इन बेचारों का निर्वाह कैसे हुआ, यह कल्पना ही दुःखद थी।

मैंने विरक्त मन से कहा–"लेकिन तुमने मुझे सूचना क्यों न दी? क्या मैं बिलकुल गैर हूं?"

गोपा ने लज्जित होकर कहा–"नहीं-नहीं, यह बात नहीं है। तुम्हें गैर समझूंगी तो अपना किसे समझूंगी? मैंने समझा, परदेश में तुम खुद अपने झमेले में पड़े होंगे, तुम्हें क्यों सताऊं? किसी-न-किसी तरह दिन कट ही गए। घर में और कुछ न था, तो थोड़े-से गहने तो थे ही। अब सुनीता के विवाह की चिंता है। पहले मैंने सोचा था, इस मकान को निकाल दूंगी, बीस-बाईस हजार मिल जाएंगे। विवाह भी हो जाएगा और कुछ मेरे लिए बचा भी रहेगा; लेकिन बाद को मालूम हुआ कि मकान पहले ही रेहन हो चुका है और सूद मिलाकर उस पर बीस हजार हो गए हैं। महाजन ने इतनी ही दया क्या कम की कि मुझे घर से निकाल न दिया। इधर से तो अब कोई आशा नहीं है। बहुत हाथ-पांव जोड़ने पर संभव है, महाजन से दो-ढाई हजार मिल जाएं। इतने में क्या होगा? इसी फिक्र में घुली जा रही हूं, लेकिन मैं भी इतनी मतलबी हूं, न तुम्हें हाथ-मुंह धोने को पानी दिया, न कुछ जलपान लाई और अपना दुखड़ा ले बैठी। अब आप कपड़े उतारिए और आराम से बैठिए। कुछ खाने को लाऊं, खा लीजिए, तब बातें हों। घर पर तो सब कुशल है?"

मैंने कहा–"मैं तो सीधे बंबई से यहां आ रहा हूं। घर कहां गया!"

गोपा ने मुझे तिरस्कार-भरी आंखों से देखा, पर उस तिरस्कार की आड़ में घनिष्ठ आत्मीयता बैठी झांक रही थी। मुझे ऐसा जान पड़ा, उसके मुख की झुर्रियां मिट गई हैं। पीछे मुख पर हल्की-सी लाली दौड़ गई। उसने कहा–"इसका फल यह होगा कि तुम्हारी देवीजी तुम्हें कभी यहां न आने देंगी।"

"मैं किसी का गुलाम नहीं हूं।"

"किसी को अपना गुलाम बनाने के लिए पहले खुद भी उसका गुलाम बनना पड़ता है।"

शीतकाल की संध्या देखते-ही-देखते दीपक जलाने लगी। सुन्नी लालटेन लेकर कमरे में आई। दो साल पहले की अबोध और कृशतनु बालिका रूपवती युवती हो गई थी, जिसकी हर एक चितवन, हर एक बात उसकी गौरवशील प्रकृति का पता दे रही थी। जिसे मैं गोद में उठाकर प्यार करता था, उसकी तरफ आज आंखें न उठा सका और वह जो मेरे गले से लिपटकर प्रसन्न होती थी, आज मेरे सामने खड़ी भी न रह सकी। जैसे मुझसे कोई वस्तु छिपाना चाहती है और जैसे मैं उस वस्तु को छिपाने का अवसर दे रहा हूं।

मैंने पूछा–"अब तुम किस दरजे में पहुंची सुन्नी?"

उसने सिर झुकाए हुए जवाब दिया–"दसवें में हूं।"

"घर का भी कुछ काम-काज करती हो?"

"अम्मां जब करने भी दें।"

गोपा बोली–"मैं नहीं करने देती या खुद किसी काम के नगीच नहीं जाती?"

सुन्नी मुंह फेरकर हंसती हुई चली गई। मां की दुलारी लड़की थी। जिस दिन वह गृहस्थी का काम करती, उस दिन शायद गोपा रो-रोकर आंखें फोड़ लेती। वह खुद

लड़की को कोई काम न करने देती थी, मगर सबसे शिकायत करती थी कि वह कोई काम नहीं करती। यह शिकायत भी उसके प्यार का ही एक करिश्मा था। हमारी मर्यादा हमारे बाद भी जीवित रहती है।

मैं भोजन करके लेटा, तो गोपा ने फिर सुन्नी के विवाह की तैयारियों की चर्चा छेड़ दी। इसके सिवा उसके पास और बात ही क्या थी! लड़के तो बहुत मिलते हैं, लेकिन कुछ हैसियत भी तो हो। लड़की को यह सोचने का अवसर क्यों मिले कि दादा होते तो शायद मेरे लिए इससे अच्छा घर-वर ढूंढते, फिर गोपा ने डरते-डरते लाला मदारीलाल के लड़के का जिक्र किया।

मैंने चकित होकर उसकी तरफ देखा। मदारीलाल पहले इंजीनियर थे, अब पेंशन पाते थे। लाखों रुपया जमा कर लिए थे, पर अब तक उनके लोभ की भूख न बुझी थी। गोपा ने घर भी वह छांटा, जहां उसकी रसाई कठिन थी।

मैंने आपत्ति की—"मदारीलाल तो बड़ा दुर्जन मनुष्य है।"

गोपा ने दांतों तले जीभ दबाकर कहा—"अरे नहीं भैया, तुमने उन्हें पहचाना न होगा। मेरे ऊपर बड़े दयालु हैं। कभी-कभी आकर कुशल समाचार पूछ जाते हैं। लड़का ऐसा होनहार है कि मैं तुमसे क्या कहूं! फिर उनके यहां कमी किस बात की है? यह ठीक है कि पहले वे खूब रिश्वत लेते थे; लेकिन यहां धर्मात्मा कौन है? कौन अवसर पाकर छोड़ देता है? मदारीलाल ने तो यहां तक कह दिया कि वह मुझसे दहेज नहीं चाहते, केवल कन्या चाहते हैं। सुन्नी उनके मन में बैठ गई है।"

मुझे गोपा की सरलता पर दया आई; लेकिन मैंने सोचा, क्यों इसके मन में किसी के प्रति अविश्वास उत्पन्न करूं। संभव है, मदारीलाल वह न रहे हों, चित्त की भावनाएं बदलती भी रहती हैं।

मैंने अर्ध सहमत होकर कहा—"मगर यह तो सोचो, उनमें और तुममें कितना अंतर है। शायद अपना सर्वस्व अर्पण करके भी उनका मुंह सीधा न कर सको।"

लेकिन गोपा के मन में बात जम गई थी। सुन्नी को वह ऐसे घर में चाहती थी, जहां वह रानी बनकर रहे।

दूसरे दिन प्रातःकाल मैं मदारीलाल के पास गया और उनसे मेरी जो बातचीत हुई, उसने मुझे मुग्ध कर दिया। किसी समय वे लोभी रहे होंगे, इस समय तो मैंने उन्हें बहुत ही सहृदय उदार और विनयशील पाया, बोले—"भाई साहब, मैं देवनाथजी से परिचित हूं। आदमियों में रतन थे। उनकी लड़की मेरे घर आए, यह मेरा सौभाग्य है। आप उनकी मां से कह दें, मदारीलाल उनसे किसी चीज की इच्छा नहीं रखता। ईश्वर का दिया हुआ मेरे घर में सब कुछ है, मैं उन्हें जेरबार नहीं करना चाहता।"

मेरे दिल का बोझ उतर गया। हम सुनी-सुनाई बातों से दूसरों के संबंध में कैसी मिथ्या धारणा कर लिया करते हैं, इसका बड़ा शुभ अनुभव हुआ। मैंने आकर गोपा को बधाई दी। यह निश्चय हुआ कि गर्मियों में विवाह कर दिया जाए।

# 3

ये चार महीने गोपा ने विवाह की तैयारियों में काटे। मैं महीने में एक बार अवश्य उससे मिल आता था; पर हर बार खिन्न होकर लौटता। गोपा ने अपनी कुल मर्यादा का न जाने कितना महान आदर्श अपने सामने रख लिया था। पगली इस भ्रम में पड़ी हुई थी कि उसका उत्साह नगर में अपनी यादगार छोड़ जाएगा। यह न जानती थी कि यहां ऐसे तमाशे रोज होते हैं और आए दिन भुला दिए जाते हैं। शायद वह संसार से यह श्रेय लेना चाहती थी कि इस गई-बीती दशा में भी, लुटा हुआ हाथी नौ लाख का है। पग-पग पर उसे देवनाथ की याद आती। वे होते तो यह काम यों न होता, यों होता और तब रोती।

मदारीलाल सज्जन हैं, यह सत्य है, लेकिन गोपा का अपनी कन्या के प्रति भी कुछ धर्म है। कौन उसके दस-पांच लड़कियां बैठी हुई हैं। वह तो दिल खोलकर अरमान निकालेगी! सुन्नी के लिए उसने जितने गहने और जोड़े बनवाए थे, उन्हें देखकर मुझे आश्चर्य होता था। जब देखो-कुछ-न-कुछ सी रही है, कभी सुनारों की दुकान पर बैठी हुई है, कभी मेहमानों के आदर-सत्कार का आयोजन कर रही है। मुहल्ले में ऐसा बिरला ही कोई संपन्न मनुष्य होगा, जिससे उसने कुछ कर्ज न लिया हो। वह इसे कर्ज समझती थी, पर देने वाले दान समझकर देते थे। सारा मुहल्ला उसका सहायक था। सुन्नी अब मुहल्ले की लड़की थी। गोपा की इज्जत सबकी इज्जत है और गोपा के लिए तो नींद और आराम हराम था। दर्द से सिर फटा जा रहा है, आधी रात हो गई, मगर वह बैठी कुछ-न-कुछ सी रही है या इस कोठी का धान उस कोठी कर रही है। कितनी वात्सल्य से भरी आकांक्षा थी, जो देखने वालों में श्रद्धा उत्पन्न कर देती थी।

अकेली औरत और वह भी आधी जान की। क्या-क्या करे! जो काम दूसरों पर छोड़ देती है, उसी में कुछ-न-कुछ कसर रह जाती है, पर उसकी हिम्मत है कि किसी तरह हार नहीं मानती।

पिछली बार उसकी दशा देखकर मुझसे रहा न गया, बोला–"गोपा देवी, अगर मरना ही चाहती हो, तो विवाह हो जाने के बाद मरो। मुझे भय है कि तुम उससे पहले ही न चल दो।"

गोपा का मुरझाया हुआ मुख प्रमुदित हो उठा, बोली–"उसकी चिंता न करो भैया! विधवा की आयु बहुत लंबी होती है। तुमने सुना नहीं, रांड मरे न खंडहर ढहे, लेकिन मेरी कामना यही है कि सुन्नी का ठिकाना लगाकर मैं भी चल दूं। अब और जीकर क्या करूंगी? सोचो! क्या करूं, अगर किसी तरह का विघ्न पड़ गया तो किसकी बदनामी होगी! इन चार महीनों में मुश्किल से घंटा-भर सोती हूंगी। नींद ही नहीं आती, पर मेरा चित्त प्रसन्न है। मैं मरूं या जीऊं, मुझे यह संतोष तो होगा कि सुन्नी के लिए उसका बाप जो कर सकता था, वह मैंने कर दिया। मदारीलाल ने अपनी सज्जनता दिखाई, तो मुझे भी तो अपनी नाक रखनी है।"

एक देवी ने आकर कहा–"बहन, जरा चलकर देख लो, चाशनी ठीक हो गई है या नहीं।"

गोपा उसके साथ चाशनी की परीक्षा करने गई और एक क्षण के बाद आकर बोली–"जी चाहता है, सिर पीट लूं। तुमसे जरा बात करने लगी, उधर चाशनी इतनी कड़ी हो गई कि लडडू दांतों से लड़ेंगे। किससे क्या कहूं!"

मैंने चिढ़कर कहा–"तुम व्यर्थ का झंझट कर रही हो। क्यों नहीं किसी हलवाई को बुलाकर मिठाइयों का ठेका दे देती, फिर तुम्हारे यहां मेहमान ही कितने आएंगे, जिनके लिए यह तूमार बांध रही हो। दस-पांच की मिठाई उनके लिए बहुत होगी।"

गोपा ने व्यथित नेत्रों से मेरी ओर देखा। मेरी यह आलोचना उसे बुरी लगी। इन दिनों उसे बात-बात पर क्रोध आ जाता था, बोली–"भैया, तुम ये बातें न समझोगे। तुम्हें न मां बनने का अवसर मिला, न पत्नी बनने का। सुन्नी के पिता का कितना नाम था, कितने आदमी उनके दम से जीते थे, क्या यह तुम नहीं जानते! वह पगड़ी मेरे ही सिर तो बंधी है। तुम्हें विश्वास न आएगा, नास्तिक जो ठहरे, पर मैं तो उन्हें सदैव अपने अंदर बैठा पाती हूं, जो कुछ कर रहे हैं, वह कर रहे हैं। मैं मंदबुद्धि स्त्री भला अकेली क्या कर देती? वही मेरे सहायक हैं, वही मेरे प्रकाश हैं। यह समझ लो कि यह देह मेरी है, पर इसके अंदर जो आत्मा है, वह उनकी है। जो कुछ हो रहा है, उनके पुण्य आदेश से हो रहा है। तुम उनके मित्र हो–तुमने अपने सैकड़ों रुपये खर्च किए और इतना हैरान हो रहे हो। मैं तो उनकी सहगामिनी हूं, लोक में भी, परलोक में भी।"

मैं अपना-सा मुंह लेकर रह गया।

## 4

जून में विवाह हो गया। गोपा ने बहुत कुछ दिया और अपनी हैसियत से बहुत ज्यादा दिया, लेकिन फिर भी उसे संतोष न हुआ। आज सुन्नी के पिता होते तो न जाने क्या करते! बराबर रोती रही।

जाड़ों में मैं फिर दिल्ली गया। मैंने समझा कि अब गोपा सुखी होगी। लड़की का घर और वर दोनों आदर्श हैं। गोपा को इसके सिवा और क्या चाहिए! लेकिन सुख उसके भाग्य में ही न था।

अभी कपड़े भी न उतारने पाया था कि उसने अपना दुखड़ा शुरू कर दिया–"भैया, घर-द्वार सब अच्छा है, सास-ससुर भी अच्छे हैं, लेकिन जमाई निकम्मा निकला। सुन्नी बेचारी रो-रोकर दिन काट रही है। तुम उसे देखो, तो पहचान न सको। उसकी परछाई मात्र रह गई है। अभी कई दिन हुए, आई हुई थी। उसकी दशा देखकर छाती फटती थी, जैसे जीवन में अपना पथ खो बैठी हो। न तन-बदन की सुध है, न कपड़े-लत्ते की। मेरी सुन्नी की दुर्गत होगी, यह तो स्वप्न में भी न सोचा था। बिलकुल गुमसुम हो गई

है। कितना पूछा–'बेटी, तुमसे वह क्यों नहीं बोलता, किस बात पर नाराज है?' लेकिन कुछ जवाब ही नहीं देती। बस, आंखों से आंसू बहते हैं, मेरी सुन्नी कुएं में गिर गई।"

मैंने कहा–"तुमने उसके घर वालों से पता नहीं लगाया?"

"लगाया क्यों नहीं भैया, सब हाल मालूम हो गया। लौंडा चाहता है, मैं चाहे जिस राह जाऊं, सुन्नी मेरी पूजा करती रहे। सुन्नी भला इसे क्यों सहने लगी? उसे तो तुम जानते हो, कितनी अभिमानी है। वह उन स्त्रियों में नहीं है, जो पति को देवता समझती हैं और उसका दुर्व्यवहार सहती रहती है। उसने सदैव दुलार और प्यार पाया है। बाप भी उस पर जान देता था। मैं आंख की पुतली समझती थी। पति मिला छैला, जो आधी-आधी रात तक मारा-मारा फिरता है। दोनों में क्या बात हुई, यह कौन जान सकता है, लेकिन दोनों में कोई गांठ पड़ गई है। न वह सुन्नी की परवाह करता है, न सुन्नी उसकी परवाह करती है, मगर वह तो अपने रंग में मस्त है, सुन्नी प्राण दिए देती है। उसके लिए सुन्नी की जगह मुन्नी है, सुन्नी के लिए उसकी उपेक्षा है और रुदन है।"

मैंने कहा–"लेकिन तुमने सुन्नी को समझाया नहीं। उस लौंडे का क्या बिगड़ेगा? इसकी तो जिंदगी खराब हो जाएगी।"

गोपा की आंखों में आंसू भर आए, बोली–"भैया, किस दिल से समझाऊं? सुन्नी को देखकर तो मेरी छाती फटने लगती है। बस यही जी चाहता है कि इसे अपने कलेजे में ऐसे रख लूं कि कोई कड़ी आंख से देख भी न सके। सुन्नी फूहड़ होती, कटुभाषिणी होती, आरामतलब होती, तो समझाती भी। क्या यह समझाऊं कि तेरा पति गली-गली मुंह काला करता फिरे, फिर भी तू उसकी पूजा किया कर? मैं तो खुद यह अपमान न सह सकती। स्त्री-पुरुष में विवाह की पहली शर्त यह है कि दोनों सोलहों आने एक-दूसरे के हो जाएं। ऐसे पुरुष तो कम हैं, जो स्त्री को जौ-भर विचलित होते देखकर शांत रह सकें, पर ऐसी स्त्रियां बहुत हैं, जो पति को स्वच्छंद समझती हैं। सुन्नी उन स्त्रियों में नहीं है। वह अगर आत्म-समर्पण करती है तो आत्म-समर्पण चाहती भी है और यदि पति में यह बात न हुई, तो वह उससे कोई संपर्क न रखेगी, चाहे उसका सारा जीवन रोते कट जाए।"

यह कहकर गोपा भीतर गई और एक सिंगारदान लाकर उसके अंदर के आभूषण दिखाती हुई बोली–"सुन्नी इसे अबकी बार यहीं छोड़ गई, इसीलिए आई थी। ये वे गहने हैं, जो मैंने न जाने कितना कष्ट सहकर बनवाए थे। इनके पीछे महीनों मारी-मारी फिरी थी। यों कहो कि भीख मांगकर जमा किए थे। सुन्नी अब इनकी ओर आंख उठाकर भी नहीं देखती! पहने तो किसके लिए? सिंगार करे तो किस पर? पांच संदूक कपड़ों के दिए थे। कपड़े सीते-सीते मेरी आंखें फूट गईं। ये सब कपड़े उठाती लाई। इन चीजों से उसे घृणा हो गई है। बस, कलाई में दो चूड़ियां और एक उजली साड़ी; यही उसका सिंगार है।"

मैंने गोपा को सांत्वना दी–"मैं जाकर केदारनाथ से मिलूंगा। देखूं तो, वह किस रंग-ढंग का आदमी है।"

गोपा ने हाथ जोड़कर कहा–"नहीं, भूलकर भी न जाना; सुन्नी सुनेगी तो प्राण ही दे देगी। अभिमान की पुतली ही समझो उसे। रस्सी समझ लो, जिसके जल जाने पर भी बल नहीं जाते। जिन पैरों से उसे ठुकरा दिया है, उन्हें वह कभी न सहलाएगी। उसे अपना बनाकर कोई चाहे तो लौंडी बना ले, लेकिन शासन तो उसने मेरा न सहा, दूसरों का क्या सहेगी!"

मैंने गोपा से उस वक्त कुछ न कहा, लेकिन अवसर पाते ही लाला मदारीलाल से मिला। मैं रहस्य का पता लगाना चाहता था। संयोग से पिता और पुत्र, दोनों ही एक जगह पर मिल गए। मुझे देखते ही केदार ने इस तरह झुककर मेरे चरण छुए कि मैं उसकी शालीनता पर मुग्ध हो गया। तुरंत भीतर गया और चाय, मुरब्बा और मिठाइयां लाया। इतना सौम्य, इतना सुशील, इतना विनम्र युवक मैंने न देखा था। यह भावना ही न हो सकती थी कि इसके भीतर और बाहर में कोई अंतर हो सकता है। जब तक रहा, सिर झुकाए बैठा रहा। उच्छृंखलता तो उसे छू भी नहीं गई थी।

जब केदार टेनिस खेलने गया, तो मैंने मदारीलाल से कहा–"केदार बाबू तो बहुत सच्चरित्र जान पड़ते हैं, फिर स्त्री-पुरुष में इतना मनोमालिन्य क्यों हो गया है?"

मदारीलाल ने एक क्षण विचार करके कहा–"इसका कारण इसके सिवा और क्या बताऊं कि दोनों अपने मां-बाप के लाड़ले हैं और प्यार लड़कों को अपने मन का बना देता है। मेरा सारा जीवन संघर्ष में कटा। अब जाकर जरा शांति मिली है। भोग-विलास का कभी अवसर ही न मिला। दिन-भर परिश्रम करता था, संध्या को पड़कर सो जाता था। स्वास्थ्य भी अच्छा न था, इसलिए बार-बार यह चिंता सवार रहती थी कि संचय कर लूं। ऐसा न हो कि मेरे पीछे बाल-बच्चे भीख मांगते फिरे। नतीजा यह हुआ कि इन महाशय को मुफ्त का धन मिला। सनक सवार हो गई। शराब उड़ने लगी, फिर ड्रामा खेलने का शौक हुआ। धन की कमी थी ही नहीं, उस पर मां-बाप के अकेले बेटे। उनकी प्रसन्नता ही हमारे जीवन का स्वर्ग थी। पढ़ना-लिखना तो दूर रहा, विलास की इच्छा बढ़ती गई। रंग और गहरा हुआ, अपने जीवन का ड्रामा खेलने लगे। मैंने यह रंग देखा तो मुझे चिंता हुई। सोचा, ब्याह कर दूं, ठीक हो जाएगा। गोपा देवी का पैगाम आया, तो मैंने तुरंत स्वीकार कर लिया। मैं सुन्नी को देख चुका था। सोचा, ऐसी रूपवती पत्नी पाकर इनका मन स्थिर हो जाएगा, पर वह भी लाड़ली लड़की थी–हठीली, अबोध, आदर्शवादिनी। सहिष्णुता तो उसने सीखी ही न थी। समझौते का जीवन में क्या मूल्य है, इसकी उसे खबर ही नहीं। लोहा लोहे से लड़ गया। वह अभिमान से पराजित करना चाहती है, यह उपेक्षा से–यही रहस्य है और साहब मैं तो बहू को ही अधिक दोषी समझता हूं। लड़के प्राय: मनचले होते हैं। लड़कियां स्वभाव से ही सुशील होती हैं और अपनी जिम्मेदारी समझती हैं। उसमें ये गुण ही नहीं। डोंगा कैसे पार होगा, ईश्वर ही जाने।"

सहसा सुन्नी अंदर से आ गई। बिलकुल अपने चित्र की रेखा-सी मानो मनोहर संगीत की प्रतिध्वनि हो। कुंदन तपकर भस्म हो गया था। मिटी हुई आशाओं का इससे

अच्छा चित्र नहीं हो सकता। उलाहना देती हुई बोली–"आप न जाने कब से बैठे हुए हैं, मुझे खबर तक नहीं और शायद आप बाहर-ही-बाहर चले भी जाते?"

मैंने आंसुओं के वेग को रोकते हुए कहा–"नहीं सुन्नी, यह कैसे हो सकता था? तुम्हारे पास आ ही रहा था कि तुम स्वयं आ गई।"

मदारीलाल कमरे से बाहर जाकर अपनी कार की सफाई करने लगे। शायद मुझे सुन्नी से बात करने का अवसर देना चाहते थे।

सुन्नी ने पूछा–"अम्मां तो अच्छी तरह हैं?"

"हां, अच्छी हैं। तुमने अपनी यह क्या गत बना रखी है?"

"मैं अच्छी तरह से हूं।"

"यह बात क्या है? तुम लोगों में यह क्या अनबन है? गोपा देवी प्राण दिए डालती हैं। तुम खुद मरने की तैयारी कर रही हो। कुछ तो विचार से काम लो।"

सुन्नी के माथे पर बल पड़ गए–"आपने नाहक यह विषय छेड़ दिया चाचाजी! मैंने तो यह सोचकर अपने मन को समझा लिया कि मैं अभागिन हूं। बस, उसका निवारण मेरे बूते से बाहर है। मैं उस जीवन से मृत्यु को कहीं अच्छा समझती हूं, जहां अपनी कदर न हो। मैं व्रत के बदले में व्रत चाहती हूं। जीवन का कोई दूसरा रूप मेरी समझ में नहीं आता। इस विषय में किसी तरह का समझौता करना मेरे लिए असंभव है। नतीजे की मैं परवाह नहीं करती।"

"लेकिन...।"

"नहीं चाचाजी, इस विषय में अब कुछ न कहिए, नहीं तो मैं चली जाऊंगी।"

"आखिर सोचो तो...।"

"मैं सब सोच चुकी और तय कर चुकी। पशु को मनुष्य बनाना मेरी शक्ति से बाहर है।"

इसके बाद मेरे लिए अपना मुंह बंद करने के सिवा और क्या रह गया था?

## 5

मई का महीना था। मैं मसूरी गया हुआ था कि गोपा का तार पहुंचा–"तुरंत आओ, जरूरी काम है।"

मैं घबरा तो गया, लेकिन इतना निश्चित था कि कोई दुर्घटना नहीं हुई है। दूसरे दिन दिल्ली जा पहुंचा। गोपा मेरे सामने आकर खड़ी हो गई–निस्पंद, मूक, निष्प्राण, जैसे तपेदिक की रोगी हो।

मैंने पूछा–"कुशल तो है, मैं तो घबरा उठा था।"

उसने बुझी हुई आंखों से देखा और बोली–"सच!"

"सुन्नी तो कुशल से है?"

"हां, अच्छी तरह है।"

"और केदारनाथ?"

"वह भी अच्छी तरह है।"

"तो फिर माजरा क्या है?"

"कुछ तो नहीं।"

"तुमने तार दिया और कहती हो–कुछ तो नहीं?"

"दिल घबरा रहा था, इससे तुम्हें बुला लिया। सुन्नी को किसी तरह समझाकर यहां लाना है। मैं तो सब कुछ करके हार गई।"

"क्या इधर कोई नई बात हो गई?"

"नई तो नहीं है, लेकिन एक तरह से नई ही समझो, केदार एक एक्ट्रेस के साथ कहीं भाग गया। एक सप्ताह से उसका कहीं पता नहीं है। सुन्नी से कह गया है–जब तक तुम रहोगी, घर में नहीं आऊंगा। सारा घर सुन्नी का शत्रु हो रहा है, लेकिन वह वहां से टलने का नाम नहीं लेती। सुना है, केदार अपने बाप के दस्तखत बनाकर कई हजार रुपये बैंक से ले गया है।"

"तुम सुन्नी से मिली थीं?"

"हां, तीन दिन से बराबर जा रही हूं।"

"वह नहीं आना चाहती, तो रहने क्यों नहीं देती?"

"वहां घुट-घुटकर मर जाएगी।"

मैं उन्हीं पैरों लाला मदारीलाल के घर चला। हालांकि मैं जानता था कि सुन्नी किसी तरह न आएगी, मगर वहां पहुंचा तो देखा कुहराम मचा हुआ है। मेरा कलेजा धक से रह गया। वहां तो अर्थी सज रही थी। मुहल्ले के सैकड़ों आदमी जमा थे। घर में से 'हाय! हाय!' की क्रंदन ध्वनि आ रही थी। यह सुन्नी का शव था।

मदारीलाल मुझे देखते ही मुझसे उन्मत की भांति लिपट गए और बोले–"भाई साहब, मैं तो लुट गया। लड़का भी गया, बहू भी गई, जिंदगी ही गारत हो गई।"

मालूम हुआ कि जब से केदार गायब हो गया था, सुन्नी और भी ज्यादा उदास रहने लगी थी। उसने उसी दिन अपनी चूड़ियां तोड़ डाली थीं और मांग का सिंदूर पोंछ डाला था। सास ने जब आपत्ति की, तो उनको अपशब्द कहे। मदारीलाल ने समझाना चाहा तो उन्हें भी जली-कटी सुनाई। ऐसा अनुमान होता था–उन्माद हो गया है। लोगों ने उससे बोलना छोड़ दिया था। आज प्रातःकाल यमुना स्नान करने गई। अंधेरा था, सारा घर सो रहा था, किसी को नहीं जगाया। जब दिन चढ़ गया और बहू घर में न मिली, तो उसकी तलाश होने लगी। दोपहर को पता लगा कि यमुना गई है। लोग उधर भागे। वहां उसकी लाश मिली। पुलिस आई, शव की परीक्षा हुई। अब जाकर शव मिला है। मैं कलेजा थामकर बैठ गया। हाय, अभी थोडे दिन पहले जो सुंदरी पालकी पर सवार होकर आई थी, आज वह चार के कंधे पर जा रही है!

मैं अर्थी के साथ हो लिया और वहां से लौटा, तो रात के दस बज गए थे। मेरे पांव कांप रहे थे। मालूम नहीं, यह खबर पाकर गोपा की क्या दशा होगी! प्राणांत न हो

जाए, मुझे यही भय हो रहा था। सुन्नी उसके प्राण थी। उसके जीवन का केंद्र थी। उस दुखिया के उद्यान में यही पौधा बच रहा था। उसे वह हृदय-रक्त से सींच-सींचकर पाल रही थी। उसके वसंत का सुनहरा स्वप्न ही उसका जीवन था। उसमें कोंपलें निकलेंगी, फूल खिलेंगे, फल लगेंगे, चिड़िया उसकी डाली पर बैठकर अपने सुहाने राग गाएंगी, किंतु आज निष्ठुर नियति ने उस जीवन सूत्र को उखाड़कर फेंक दिया और अब उसके जीवन का कोई आधार न था। वह बिंदु ही मिट गया था, जिस पर जीवन की सारी रेखाएं आकर एकत्र हो जाती थीं।

दिल को दोनों हाथों से थामे, मैंने जंजीर खटखटाई। गोपा एक लालटेन लिये निकली। मैंने गोपा के मुख पर एक नए आनंद की झलक देखी।

मेरी शोक-मुद्रा देखकर उसने मातृवत् प्रेम से मेरा हाथ पकड़ लिया और बोली–"आज तो तुम्हारा सारा दिन रोते ही कटा। अर्थी के साथ बहुत-से आदमी रहे होंगे। मेरे जी में भी आया कि चलकर सुन्नी के अंतिम दर्शन कर लूं, लेकिन मैंने सोचा, जब सुन्नी ही न रही, तो उसकी लाश में क्या रखा है! न गई।"

मैं विस्मय से गोपा का मुंह देखने लगा। तो इसे यह शोक-समाचार मिल चुका है, फिर भी यह शांति और अविचल धैर्य! बोला–"अच्छा किया, न गई रोना ही तो था।"

"हां, और क्या? रोई यहां भी, लेकिन तुमसे सच कहती हूं, दिल से नहीं रोई। न जाने कैसे आंसू निकल आए। मुझे तो सुन्नी की मौत से प्रसन्नता हुई। दुखिया अपनी मान-मर्यादा लिए संसार से विदा हो गई, नहीं तो न जाने क्या-क्या देखना पड़ता, इसलिए और भी प्रसन्न हूं कि उसने अपनी आन निभा दी। स्त्री के जीवन में प्यार न मिले तो उसका अंत हो जाना ही अच्छा। तुमने सुन्नी की मुद्रा देखी थी? लोग कहते हैं, ऐसा जान पड़ता था–मुस्करा रही है। मेरी सुन्नी सचमुच देवी थी। भैया, आदमी इसलिए थोड़े ही जीना चाहता है कि रोता रहे। जब मालूम हो गया कि जीवन में दु:ख के सिवा कुछ नहीं है, तो आदमी जीकर क्या करे! किसलिए जिए? खाने और सोने और मर जाने के लिए?

यह मैं नहीं कहती कि मुझे सुन्नी की याद न आएगी और मैं उसे याद करके रोऊंगी नहीं, लेकिन वह शोक के आंसू न होंगे। बहादुर बेटे की मां उसकी वीरगति पर प्रसन्न होती है। सुन्नी की मौत में क्या कुछ कम गौरव है? मैं आंसू बहाकर उस गौरव का अनादर कैसे करूं? वह जानती है और चाहे सारा संसार उसकी निंदा करे, उसकी माता सराहना ही करेगी। उसकी आत्मा से यह आनंद भी छीन लूं? लेकिन अब रात ज्यादा हो गई है। ऊपर जाकर सो रहो। मैंने तुम्हारी चारपाई बिछा दी है, मगर देखो, अकेले पड़े-पड़े रोना नहीं। सुन्नी ने वही किया, जो उसे करना चाहिए था। उसके पिता होते, तो आज सुन्नी की प्रतिमा बनाकर पूजते।"

मैं ऊपर जाकर लेटा, तो मेरे दिल का बोझ बहुत हल्का हो गया था, किंतु रह-रहकर यह संदेह हो जाता था कि गोपा की यह शांति उसकी अपार व्यथा का ही रूप तो नहीं है?

# 3

# झांकी

"खैर चलो, कहीं झांकी देखने चलते हैं। सेठ घूरेमल के मंदिर में ऐसी झांकी बनी है कि देखते ही बनता है। ऐसे-ऐसे शीशे और बिजली के सामान सजाए हैं कि आंखें झपक उठती हैं। सिंहासन के ठीक सामने ऐसा फौवारा लगाया है कि उसमें से गुलाबजल की फुहारें निकलती हैं। मेरा तो चोला मस्त हो गया। सीधे तुम्हारे पास दौड़ा चला आ रहा हूं। बहुत झांकियां देखी होंगी तुमने, लेकिन यह और ही चीज है। आलम फटा पड़ता है। सुनते हैं, दिल्ली से कोई चतुर कारीगर आया है—उसी की यह करामात है।"

मैंने उदासीन भाव से कहा—"मेरी तो जाने की इच्छा नहीं है भाई! सिर में जोर का दर्द है।"

"तब तो जरूर चलो—दर्द भाग न जाए तो कहना।"

कई दिनों से घर में कलह मचा हुआ था। मां अलग मुंह फुलाए बैठी हुई थी, स्त्री अलग। घर की वायु में जैसे विष भरा हुआ था। रात को भोजन नहीं बना, दिन को मैंने स्टोव पर खिचड़ी डाली; पर खाई किसी ने नहीं। बच्चों को भी आज भूख न थी। छोटी लड़की कभी मेरे पास आकर खड़ी हो जाती, कभी माता के पास, कभी दादी के पास; पर कहीं उसके लिए प्यार की बातें न थीं। कोई उसे गोद में न उठाता था मानो उसने भी अपराध किया हो। लड़का शाम को स्कूल से आया। किसी ने उसे कुछ खाने को न दिया, न उससे बोला, न कुछ पूछा। दोनों बरामदे में मन मारे बैठे हुए थे और शायद सोच रहे थे—घर में आज क्यों लोगों के हृदय उनसे इतने फिर गए हैं।

भाई-बहन दिन में कितनी बार लड़ते हैं, रोना-पीटना भी कई बार हो जाता है; पर ऐसा कभी नहीं होता कि घर में खाना न पके या कोई किसी से बोले नहीं। यह कैसा झगड़ा है कि चौबीस घंटे गुजर जाने पर भी शांत नहीं होता, यह शायद उनकी समझ में न आता था।

झगड़े की जड़ कुछ न थी। अम्मां ने मेरी बहन के घर तीजा भेजने के लिए जिन सामानों की सूची लिखाई, वह पत्नी जी को घर की स्थिति देखते हुए अधिक मालूम हुई। अम्मां खुद समझदार हैं। उन्होंने थोड़ी-बहुत काट-छांट कर दी थी; लेकिन पत्नी जी के विचार से और काट-छांट होनी चाहिए थी। पांच साड़ियों की जगह तीन रहें, तो क्या बुराई है?

खिलौने इतने क्या होंगे, इतनी मिठाई की क्या जरूरत! उनका कहना था—जब रोजगार में कुछ मिलता नहीं; दैनिक कार्यों में खींचतान करनी पड़ती है, दूध-घी के बजट में तकलीफ हो गई, तो फिर तीजे में क्यों इतनी उदारता की जाए?

पहले घर में दिया जलाकर तब मस्जिद में जलाते हैं। यह नहीं कि मस्जिद में तो दिया जला दें और घर अंधेरा पड़ा रहे। इसी बात पर सास-बहू में तकरार हो गई, फिर शाखें फूट निकलीं। बात कहां से कहां जा पहुंची, गड़े हुए मुर्दे उखाड़े गए। अन्योक्तियों की बारी आई, व्यंग्य का दौर शुरू हुआ और मौनालंकार पर समाप्त हो गया।

मैं बड़े संकट में था। अगर अम्मां की तरफ से कुछ कहता हूं, तो पत्नी जी रोना-धोना शुरू करती हैं, अपने नसीबों को कोसने लगती हैं। पत्नी की-सी कहता हूं तो जन-मुरीद की उपाधि मिलती है, इसलिए बारी-बारी से दोनों पक्षों का समर्थन करता जाता था; पर स्वार्थवश मेरी सहानुभूति पत्नी के साथ ही थी। खुलकर अम्मां से कुछ न कहा जा सकता था; पर दिल में समझ रहा था कि ज्यादती इन्हीं की है। दुकान का यह हाल है कि कभी-कभी बोहनी भी नहीं होती। असामियों से टका वसूल नहीं होता, तो इन पुरानी लकीरों को पीटकर क्यों अपनी जान संकट में डाली जाए!

बार-बार इस गृहस्थी के जंजाल पर तबियत झुंझलाती थी। घर में तीन तो प्राणी हैं और उनमें भी प्रेम भाव नहीं! ऐसी गृहस्थी में तो आग लगा देनी चाहिए।

कभी-कभी ऐसी सनक सवार हो जाती थी कि सबको छोड़-छाड़कर कहीं भाग जाऊं। जब अपने सिर पड़ेगा, तब इनको होश आएगा; तब मालूम होगा कि गृहस्थी कैसे चलती है। क्या जानता था कि यह विपत्ति झेलनी पड़ेगी, नहीं तो विवाह का नाम ही न लेता। तरह-तरह के कुत्सित भाव मन में आ रहे थे। कोई बात नहीं, अम्मां मुझे परेशान करना चाहती हैं। बहू उनके पांव नहीं दबाती, उनके सिर में तेल नहीं डालती, तो इसमें मेरा क्या दोष? मैंने उसे मना तो नहीं कर दिया है!

मुझे तो सच्चा आनंद होगा, यदि सास-बहू में इतना प्रेम हो जाए; लेकिन यह मेरे वश की बात नहीं कि दोनों में प्रेम डाल दूं। अगर अम्मां ने अपनी सास की साड़ी धोई है, उनके पांव दबाए हैं, उनकी घुड़कियां खाई हैं, तो आज वह पुराना हिसाब बहू से

क्यों चुकाना चाहती हैं? उन्हें क्यों नहीं दिखाई देता कि अब समय बदल गया है? बहुएं अब भयवश सास की गुलामी नहीं करतीं। प्रेम से चाहे उनके सिर के बाल नोच लो, लेकिन जो रोब दिखाकर उन पर शासन करना चाहो, तो वे दिन लद गए।

सारे शहर में जन्माष्टमी का उत्सव हो रहा था। मेरे घर में संग्राम छिड़ा हुआ था। संध्या हो गई थी; पर घर अंधेरा पड़ा था। मनहूसियत छाई हुई थी। मुझे अपनी पत्नी पर क्रोध आया। लड़ती हो, लड़ो; लेकिन घर में अंधेरा क्यों कर रखा है? जाकर कहा–"क्या आज घर में चिराग न जलेंगे?"

पत्नी ने मुंह फुलाकर कहा–"जला क्यों नहीं लेते–तुम्हारे हाथ नहीं हैं?"

मेरी देह में आग लग गई, बोला–"तो क्या जब तुम्हारे चरण नहीं आए थे, तब घर में चिराग न जलते थे?"

अम्मां ने आग को हवा दी–"नहीं, तब घर के सब लोग अंधेरे ही में पड़े रहते थे।"

पत्नी जी को अम्मां की इस टिप्पणी ने जामे से बाहर कर दिया, बोलीं–"जलाते होंगे मिट्टी की कुप्पी! लालटेन तो मैंने नहीं देखी–मुझे इस घर में आए दस साल हो गए।"

मैंने डांटा–"अच्छा चुप रहो, बहुत बढ़ो नहीं।"

"ओहो! तुम तो ऐसा डांट रहे हो, जैसे मुझे मोल लाए हो?"

"मैं कहता हूं, चुप रहो!"

"क्यों चुप रहूं? अगर एक कहोगे, तो दो सुनोगे।"

"इसी का नाम पतिव्रत है?"

"जैसा मुंह होता है, वैसे ही बीड़े मिलते हैं!"

मैं परास्त होकर बाहर चला आया और अंधेरी कोठरी में बैठा हुआ उस मनहूस घड़ी को कोसने लगा। जब इस कुलच्छनी से मेरा विवाह हुआ था। इस अंधकार में भी दस साल का जीवन सिनेमा-चित्रों की भांति मेरे नेत्रों के सामने दौड़ गया। उसमें कहीं प्रकाश की झलक न थी, कहीं स्नेह की मृदुता न थी।

## 2

सहसा मेरे मित्र पंडित जयदेवजी ने द्वार पर पुकारा–"अरे, आज यह अंधेरा क्यों कर रखा है जी? कुछ सूझता ही नहीं। कहां हो?"

मैंने कोई जवाब न दिया। सोचा, यह आज कहां से आकर सिर पर सवार हो गए!

जयदेव ने फिर पुकारा–"अरे, कहां हो भाई? बोलते क्यों नहीं? कोई घर में है या नहीं?"

कहीं से कोई जवाब न मिला।

जयदेव ने द्वार को इतनी जोर से झंझोड़ा कि मुझे भय हुआ, कहीं दरवाजा चौखट-बाजू समेत गिर न पड़े, फिर भी मैं बोला नहीं। मुझे उनका आना खल रहा था।

जयदेव चले गए। मैंने आराम की सांस ली–बारे शैतान टला, नहीं तो घंटों सिर खाता।

मगर पांच ही मिनट में फिर किसी के पैरों की आहट मिली और अबकी बार टार्च के तीव्र प्रकाश से मेरा सारा कमरा भर उठा। जयदेव ने मुझे बैठे देखकर कुतूहल से पूछा–"तुम कहां गए थे जी? घंटों चीखा, किसी ने जवाब तक न दिया। यह आज क्या मामला है? चिराग क्यों नहीं जले?"

मैंने बहाना किया–"क्या जाने, मेरे सिर में दर्द था, दुकान से आकर लेटे, तो नींद आ गई।"

"और सोए तो घोड़ा बेचकर, मुर्दों से शर्त लगाकर?"

"हां यार, नींद आ गई।"

"मगर घर में चिराग तो जलाना चाहिए था या उसका रिट्रेंचमेंट कर दिया?"

"आज घर में लोग व्रत से हैं। हाथ न खाली होगा।"

"खैर चलो, कहीं झांकी देखने चलते हैं। सेठ घूरेमल के मंदिर में ऐसी झांकी बनी है कि देखते ही बनता है। ऐसे-ऐसे शीशे और बिजली के सामान सजाए हैं कि आंखें झपक उठती हैं। सिंहासन के ठीक सामने ऐसा फौवारा लगाया है कि उसमें से गुलाबजल की फुहारें निकलती हैं। मेरा तो चोला मस्त हो गया। सीधे तुम्हारे पास दौड़ा चला आ रहा हूं। बहुत झांकियां देखी होंगी तुमने, लेकिन यह और ही चीज है। आलम फटा पड़ता है। सुनते हैं, दिल्ली से कोई चतुर कारीगर आया है–उसी की यह करामात है।"

मैंने उदासीन भाव से कहा–"मेरी तो जाने की इच्छा नहीं है भाई! सिर में जोर का दर्द है।"

"तब तो जरूर चलो–दर्द भाग न जाए तो कहना।"

"तुम तो यार, बहुत दिक करते हो। इसी मारे मैं चुपचाप पड़ा था कि किसी तरह यह बला टले; लेकिन तुम सिर पर सवार हो गए–कह दिया, मैं न जाऊंगा।"

"और मैंने कह दिया–मैं जरूर ले जाऊंगा।"

मुझ पर विजय पाने का मेरे मित्रों को बहुत आसान नुस्खा याद है। यों हाथा-पाई, धींगा-मुश्ती, धौल-धप्पे में किसी से पीछे रहने वाला नहीं हूं, लेकिन किसी ने मुझे गुदगुदाया और परास्त हुआ, फिर मेरी कुछ नहीं चलती। मैं हाथ जोड़ने लगता हूं, घिघियाने लगता हूं और कभी-कभी रोने भी लगता हूं। जयदेव ने वही नुस्खा आजमाया और उसकी जीत हो गई। संधि की वही शर्त ठहरी कि मैं चुपके से झांकी देखने चला चलूं।

### 3

सेठ घूरेलाल उन आदमियों में से हैं, जिनका प्रात: को नाम ले लो, तो दिन-भर भोजन न मिले। उनके मक्खीचूसपने की सैकड़ों ही दंतकथाएं नगर में प्रचलित हैं। कहते हैं, एक बार मारवाड़ का एक भिखारी उनके द्वार पर डट गया कि भिक्षा लेकर ही जाऊंगा।

सेठजी भी अड़ गए कि भिक्षा न दूंगा, चाहे कुछ हो। मारवाड़ी उन्हीं के देश का था। कुछ देर तो उनके पूर्वजों का बखान करता रहा, फिर उनकी निंदा करने लगा, अंत में द्वार पर लेट गया। सेठजी ने रत्ती-भर परवाह न की। भिक्षुक भी अपनी धुन का पक्का था। सारा दिन द्वार पर बे-दाना-पानी पड़ा रहा और अंत में वहीं मर गया, तब सेठजी पसीजे और उसकी क्रिया इतनी धूम-धाम से की कि बहुत कम किसी ने की होगी। भिक्षुक का सत्याग्रह सेठजी के लिए वरदान हो गया। उनके अंतःकरण में भक्ति का जैसे स्रोत खुल गया। उन्होंने अपनी सारी संपत्ति धर्मार्थ अर्पण कर दी।

हम लोग ठाकुरदारे में पहुंचे, तो दर्शकों की भीड़ लगी हुई थी। कंधे से कंधा छिलता था। आने और जाने के मार्ग अलग थे, फिर भी हमें आधे घंटे के बाद भीतर जाने का अवसर मिला। जयदेव सजावट देख-देखकर लोट-पोट हुए जाते थे, पर मुझे ऐसा मालूम होता था कि इस बनावट और सजावट के मेले में कृष्ण की आत्मा कहीं खो गई है। उनकी वह रत्नजड़ित, बिजली से जगमगाती मूर्ति देखकर मेरे मन में ग्लानि उत्पन्न हुई। इस रूप में भी प्रेम का निवास हो सकता है?

मैंने तो रत्नों में दर्प और अहंकार ही भरा देखा है। मुझे उस वक्त यही याद न रही कि यह एक करोड़पति सेठ का मंदिर है और धनी मनुष्य धन में लोटने वाले ईश्वर की ही कल्पना कर सकता है। धनी ईश्वर में ही उसकी श्रद्धा हो सकती है। जिसके पास धन नहीं, वह उसकी दया का पात्र हो सकता है, श्रद्धा का कदापि नहीं।

मंदिर में जयदेव को सभी जानते हैं। उन्हें तो सभी जगह सभी जानते हैं। मंदिर के आंगन में संगीत-मंडली बैठी हुई थी। केलकरजी अपने गंधर्व-विद्यालय के शिष्यों के साथ तंबूरा लिये बैठे थे। पखावज, सितार, सरोद, वीणा और जाने कौन-कौन बाजे, जिनके नाम भी मैं नहीं जानता, उनके शिष्यों के पास थे। कोई गीत बजाने की तैयारी हो रही थी। जयदेव को देखते ही केलकरजी ने पुकारा! मै भी तुफैल में जा बैठा। एक क्षण में गीत शुरू हुआ। समां बंध गया। जहां इतना शोर-गुल था कि तोप की आवाज भी न सुनाई देती, वहां जैसे माधुर्य के उस प्रवाह ने हर किसी को अपने में डुबा लिया। जो जहां था, वहीं मंत्र-मुग्ध-सा खड़ा था।

मेरी कल्पना कभी इतनी सचित्र और सजीव न थी। मेरे सामने न वह बिजली की चकाचौंध थी, न वह रत्नों की जगमगाहट और न वह भौतिक विभूतियों का समारोह। मेरे सामने वही यमुना का तट था, गुल्म-लताओं का घूंघट मुंह पर डाले हुए। वही मोहिनी गउएं थीं, वही गोपियों की जल-क्रीड़ा, वही वंशी की मधुर ध्वनि, वही शीतल चांदनी और वही प्यारा नंदकिशोर! जिसकी मुख-छवि में प्रेम और वात्सल्य की ज्योति थी, जिसके दर्शनों ही से हृदय निर्मल हो जाते थे।

**4**

मैं इसी आनंद-विस्मृति की दशा में था कि कंसर्ट बंद हो गया और आचार्य केलकर के एक किशोर शिष्य ने ध्रुपद अलापना शुरू किया। कलाकारों की आदत है कि शब्दों को

कुछ इस तरह तोड़-मरोड़ देते हैं कि अधिकांश सुननेवालों की समझ में नहीं आता कि क्या गा रहे हैं। इस गीत का एक शब्द भी मेरी समझ में न आया; लेकिन कंठ-स्वर में कुछ ऐसा मादकता भरा लालित्य था कि प्रत्येक स्वर मुझे रोमांचित कर देता था। कंठ-स्वर में इतनी जादू-भरी शक्ति है, इसका मुझे आज कुछ अनुभव हुआ। मन में एक नए संसार की सृष्टि होने लगी, जहां आनंद-ही-आनंद है, प्रेम-ही-प्रेम, त्याग-ही-त्याग।

ऐसा जान पड़ा, दुःख केवल चित्त की एक वृत्ति है, सत्य है केवल आनंद। एक स्वच्छ, करुणा भरी कोमलता, जैसे मन को मसोसने लगी। ऐसी भावना मन में उठी कि वहां जितने सज्जन बैठे हुए थे, सब मेरे अपने हैं, अभिन्न हैं, फिर अतीत के गर्भ से मेरे भाई की स्मृति-मूर्ति निकल आई।

मेरा छोटा भाई बहुत दिन हुए, मुझसे लड़कर, घर की जमा-जथा लेकर रंगून भाग गया था और वहीं उसका देहांत हो गया था। उसके पाशविक व्यवहारों को याद करके मैं उन्मत्त हो उठता था। उसे जीता पा जाता तो शायद उसका खून पी जाता, पर इस समय स्मृति-मूर्ति को देखकर मेरा मन जैसे मुखरित हो उठा। उसे आलिंगन करने के लिए व्याकुल हो गया। उसने मेरे साथ, मेरी स्त्री के साथ, माता के साथ, मेरे बच्चे के साथ, जो-जो कटु, नीच और घृणास्पद व्यवहार किए थे, वे सब मैं भूल गया। मन में केवल यही भावना थी—मेरा भैया कितना दुःखी है।

मुझे इस भाई के प्रति कभी इतनी ममता न हुई थी, फिर तो मन की वह दशा हो गई, जिसे विह्वलता कह सकते हैं! शत्रु भाव जैसे मन से मिट गया था। जिन-जिन प्राणियों से मेरा बैर भाव था, जिनसे गाली-गलौज, मार-पीट मुकदमेबाजी सब कुछ हो चुकी थी, वे सभी जैसे मेरे गले से लिपट-लिपटकर हंस रहे थे, फिर विद्या (पत्नी) की मूर्ति मेरे सामने आ खड़ी हुई—वह मूर्ति जिसे दस साल पहले मैंने देखा था—उन आंखों में वही विकल कंपन था, वही संदिग्ध विश्वास, कपोलों पर वही लज्जा-लालिमा, जैसे प्रेम सरोवर से निकला हुआ कोई कमल पुष्प हो। वही अनुराग, वही आवेश, वही याचना-भरी उत्सुकता, जिसमें मैंने उस न भूलने वाली रात को उसका स्वागत किया था, एक बार फिर मेरे हृदय में जाग उठी। मधुर स्मृतियों का जैसे स्रोत-सा खुल गया। जी ऐसा तड़पा कि इसी समय जाकर विद्या के चरणों पर सिर रगड़कर रोऊं और रोते-रोते बेसुध हो जाऊं।

मेरी आंखें सजल हो गईं। मेरे मुंह से जो कटु शब्द निकले थे, वे सब जैसे मेरे ही हृदय में गड़ने लगे। इसी दशा में, जैसे ममतामयी माता ने आकर मुझे गोद में उठा लिया। बालपन में जिस वात्सल्य का आनंद उठाने की मुझमें शक्ति न थी, वह आनंद आज मैंने उठाया।

गाना बंद हो गया। सब लोग उठ-उठकर जाने लगे। मैं कल्पना-सागर में ही डूबा रहा।

सहसा जयदेव ने पुकारा—"चलते हो या बैठे ही रहोगे?"

# 4

# ज्योति

चूड़ियों की झंकार सुनाई दी। रुपिया आ रही है! हां; वही है।

रुपिया उसके सिरहाने आकर बोली–"सो गए क्या मोहन? घड़ी-भर से तुम्हारी राह देख रही हूं। आए क्यों नहीं?"

मोहन नींद का मक्कर किए पड़ा रहा।

रुपिया ने उसका सिर हिलाकर फिर कहा–"क्या सो गए मोहन?"

उन कोमल उंगलियों के स्पर्श में क्या सिद्धि थी, कौन जाने! मोहन की सारी आत्मा उन्मत्त हो उठी। उसके प्राण मानो बाहर निकलकर रुपिया के चरणों में समर्पित हो जाने के लिए उछल पड़े। देवी वरदान के लिए सामने खड़ी है। सारा विश्व जैसे नाच रहा है। उसे मालूम हुआ, जैसे उसका शरीर लुप्त हो गया है, केवल वह एक मधुर स्वर की भांति विश्व की गोद में चिपटा हुआ उसके साथ नृत्य कर रहा है।

रुपिया ने कहा–"अभी से सो गए क्या जी?"

विधवा हो जाने के बाद बूटी का स्वभाव बहुत कटु हो गया था। जब बहुत जी जलता तो अपने मृत पति को कोसती–"आप तो सिधार गए, मेरे लिए यह जंजाल छोड़ गए। जब इतनी जल्दी जाना था, तो ब्याह न जाने किसलिए किया? घर में भूनी भांग नहीं, चले थे ब्याह करने!"

वह चाहती तो दूसरी सगाई कर लेती। अहीरों में इसका रिवाज है। देखने-सुनने में भी बुरी न थी। दो-एक आदमी तैयार भी थे, लेकिन बूटी पतिव्रता

49

कहलाने के मोह को न छोड़ सकी–और यह सारा क्रोध उतरता था, बड़े लड़के मोहन पर, जो अब सोलह साल का था।

सोहन अभी छोटा था और मैना लड़की थी। ये दोनों अभी किसी लायक न थे। अगर ये तीनों न होते, तो बूटी को क्यों इतना कष्ट होता! जिसका थोड़ा-सा काम कर देती, वही रोटी-कपड़ा दे देता। जब चाहती किसी के सिर बैठ जाती। अब अगर वह कहीं बैठ जाए, तो लोग यही कहेंगे कि तीन-तीन बच्चों के होते इसे यह क्या सूझी!

मोहन भरसक उसका भार हल्का करने की चेष्टा करता। गायों-भैसों की सानी-पानी, दुहना-मथना यह सब कर लेता, लेकिन बूटी का मुंह सीधा न होता था। वह रोज एक-न-एक खुचड़ निकालती रहती। मोहन ने भी उसकी घुड़कियों की परवाह करना छोड़ दिया था।

पति उसके सिर गृहस्थी का यह भार पटककर क्यों चला गया, उसे यही गिला था। बेचारी का सर्वनाश ही कर दिया। न खाने का सुख मिला, न पहनने-ओढ़ने का, न और किसी बात का।

इस घर में क्या आई मानो भट्टी में पड़ गई। उसकी वैधव्य-साधना और अतृप्त भोग-लालसा में सदैव द्वंद्व-सा मचा रहता था। उसकी जलन में उसके हृदय की सारी मृदुता जलकर भस्म हो गई थी।

पति के पीछे और कुछ नहीं तो बूटी के पास चार-पांच सौ के गहने थे, लेकिन एक-एक करके सब उसके हाथ से निकल गए।

उसी मुहल्ले में उसकी बिरादरी में, कितनी ही औरतें थीं, जो उससे जेठी होने पर भी गहने झमकाकर, आंखों में काजल लगाकर, मांग में सेंदुर की मोटी-सी रेखा डालकर मानो उसे जलाया करती थीं, इसलिए अब उनमें से कोई विधवा हो जाती, तो बूटी को खुशी होती और यह सारी जलन वह लड़कों पर निकालती, विशेषकर मोहन पर।

वह शायद सारे संसार की स्त्रियों को अपने ही रूप में देखना चाहती थी। कुत्सा में उसे विशेष आनंद मिलता था। उसकी वंचित लालसा, जल न पाकर ओस चाट लेने में ही संतुष्ट होती थी; फिर यह कैसे संभव था कि वह मोहन के विषय में कुछ सुने और पेट में डाल ले।

मोहन ज्यों ही संध्या समय दूध बेचकर घर आया बूटी ने कहा–"देखती हूं, तू अब सांड बनने पर उतारू हो गया है।"

मोहन ने प्रश्न के भाव से देखा–"कैसा सांड! बात क्या है?"

"तू रूपिया से छिप-छिपकर नहीं हंसता-बोलता? उस पर कहता है कैसा सांड? तुझे लाज नहीं आती? घर में पैसे-पैसे की तंगी है और वहां उसके लिए पान लाए जाते हैं, कपड़े रंगाए जाते हैं।"

मोहन ने विद्रोह का भाव धारण किया–"अगर उसने मुझसे चार पैसे के पान मांगे तो क्या करता? कहता कि पैसे दे, तो लाऊंगा? अपनी धोती रंगने को दी, उससे रंगाई मांगता?"

"मुहल्ले में एक तू ही धन्ना सेठ है! और किसी से उसने क्यों न कहा?"

"यह वह जाने, मैं क्या बताऊं?"

"तुझे अब छैला बनने की सूझती है। घर में भी कभी एक पैसे का पान लाया?"

"यहां पान किसके लिए लाता?"

"क्या तेरे लेखे घर में सब मर गए?"

"मैं न जानता था, तुम पान खाना चाहती हो।"

"संसार में एक रुपिया ही पान खाने जोग है?"

"शौक-सिंगार की भी तो उमिर होती है।"

बूटी जल उठी। उसे बुढ़िया कह देना उसकी सारी साधना पर पानी फेर देना था। बुढ़ापे में उन साधनों का महत्त्व ही क्या?

जिस त्याग-कल्पना के बल पर वह स्त्रियों के सामने सिर उठाकर चलती थी, उस पर इतना कुठाराघात!

इन्हीं लड़कों के पीछे उसने अपनी जवानी धूल में मिला दी। उसके आदमी को मरे आज पांच साल हुए, तब उसकी चढ़ती जवानी थी। तीन बच्चे भगवान ने उसके गले मढ़ दिए, नहीं तो अभी वह है कै दिन की? चाहती तो आज वह भी होंठ लाल किए, पांव में महावर लगाए, अनवट-बिछुए पहने मटकती फिरती।

यह सब कुछ उसने इन लड़कों के कारण त्याग दिया और आज मोहन उसे बुढ़िया कहता है! रुपिया उसके सामने खड़ी कर दी जाए, तो चुहिया-सी लगे, फिर भी वह जवान है और बूटी बुढ़िया है!

वह बोली–"हां, और क्या? मेरे लिए तो अब फटे चीथड़े पहनने के दिन हैं। जब तेरा बाप मरा तो मैं रुपिया से दो-चार साल ही बड़ी थी। उस वक्त कोई घर लेती तो, तुम लोगों का कहीं पता न लगता। गली-गली भीख मांगते फिरते, लेकिन मैं कह देती हूं, अगर तू फिर उससे बोला तो या तो तू ही घर में रहेगा या मैं ही रहूंगी।"

मोहन ने डरते-डरते कहा–"मैं उसे बात दे चुका हूं अम्मा!"

"कैसी बात?"

"सगाई की।"

"अगर रुपिया मेरे घर में आई तो झाडू मारकर निकाल दूंगी। यह सब उसकी मां की माया है। वह कुटनी मेरे लड़के को मुझसे छीने लेती है। रांड से इतना भी नहीं देखा जाता। चाहती है कि उसे सौत बनाकर छाती पर बैठा दे।"

मोहन ने व्यथित कंठ से कहा–"अम्मां, ईश्वर के लिए चुप रहो। क्यों अपना पानी आप खो रही हो? मैंने तो समझा था, चार दिन में मैना अपने घर चली जाएगी, तुम अकेली पड़ जाओगी, इसलिए उसे लाने की बात सोच रहा था। अगर तुम्हें बुरा लगता है तो जाने दो।"

"तू आज से यहीं आंगन में सोया कर।"

"और गाएं-भैंसें बाहर पड़ी रहेंगी?"

"पड़ी रहने दे, कोई डाका नहीं पड़ा जाता।"

"मुझ पर तुझे इतना संदेह है?"

"हां!"

"तो मैं यहां न सोऊंगा।"

"तो निकल जा घर से।"

"हां, तेरी यही इच्छा है तो निकल जाऊंगा।"

मैना ने भोजन पकाया तो मोहन ने कहा–"मुझे भूख नहीं है!"

बूटी उसे मनाने न आई।

मोहन का युवक-हृदय माता के इस कठोर शासन को किसी तरह स्वीकार नहीं कर सकता। उसका घर है, ले ले। अपने लिए वह कोई दूसरा ठिकाना ढूंढ निकालेगा।

रुपिया ने उसके रूखे जीवन में एक स्निग्धता भर ही दी थी। जब वह एक अव्यक्त कामना से चंचल हो रहा था, जीवन कुछ सूना-सूना लगता था, रुपिया ने नव-वसंत की भांति आकर उसे पल्लवित कर दिया। मोहन को जीवन में एक मीठा स्वाद मिलने लगा। कोई काम करना होता, पर ध्यान रुपिया की ओर लगा रहता। सोचता, उसे क्या दे दे कि वह प्रसन्न हो जाए! अब वह कौन-सा मुंह लेकर उसके पास जाए? क्या उससे कहे कि अम्मां ने मुझे तुझसे मिलने को मना किया है? अभी कल ही तो बरगद के नीचे दोनों में कैसी-कैसी बातें हुई थीं।

मोहन ने कहा था–'रूपा, तुम इतनी सुंदर हो, तुम्हारे सौ गाहक निकल आएंगे। मेरे घर में तुम्हारे लिए क्या रखा है?'

इस पर रुपिया ने जो जवाब दिया था, वह तो संगीत की तरह अब भी उसके प्राण में बसा हुआ था–'मैं तो तुमको चाहती हूं मोहन, अकेले तुमको। परगने के चौधरी हो जाव, तब भी मोहन हो; मजूरी करो, तब भी मोहन हो।'

उसी रुपिया से आज वह जाकर कहे कि मुझे अब तुमसे कोई सरोकार नहीं है!

नहीं, यह नहीं हो सकता। उसे घर की परवाह नहीं है। वह रुपिया के साथ मां से अलग रहेगा। इस जगह न सही, किसी दूसरे मुहल्ले में सही। इस वक्त भी रुपिया उसकी राह देख रही होगी। कैसे अच्छे बीड़े लगाती है। कहीं अम्मां सुन पाएं कि वह रात को रुपिया के द्वार पर गया था, तो परान ही दे दें। दे दें परान! अपने भाग तो नहीं बखानतीं कि ऐसी देवी बहू मिली जाती है। न जाने क्यों रुपिया से इतना चिढ़ती है। वह जरा पान खा लेती है, जरा साड़ी रंगकर पहनती है। बस, यही तो।

चूड़ियों की झंकार सुनाई दी। रुपिया आ रही है! हां; वही है।

रुपिया उसके सिरहाने आकर बोली–"सो गए क्या मोहन? घड़ी-भर से तुम्हारी राह देख रही हूं। आए क्यों नहीं?"

मोहन नींद का मक्कर किए पड़ा रहा।

रुपिया ने उसका सिर हिलाकर फिर कहा–"क्या सो गए मोहन?"

उन कोमल उंगलियों के स्पर्श में क्या सिद्धि थी, कौन जाने! मोहन की सारी आत्मा उन्मत्त हो उठी। उसके प्राण मानो बाहर निकलकर रुपिया के चरणों में समर्पित हो जाने के लिए उछल पड़े। देवी वरदान के लिए सामने खड़ी है। सारा विश्व जैसे नाच रहा है। उसे मालूम हुआ, जैसे उसका शरीर लुप्त हो गया है, केवल वह एक मधुर स्वर की भांति विश्व की गोद में चिपटा हुआ उसके साथ नृत्य कर रहा है।

रुपिया ने कहा–"अभी से सो गए क्या जी?"

मोहन बोला–"हां, जरा नींद आ गई थी रूपा! तुम इस वक्त क्या करने आईं? कहीं अम्मा देख लें, तो मुझे मार ही डालें।"

"तुम आज आए क्यों नहीं?"

"आज अम्मां से लड़ाई हो गई।"

"क्या कहती थीं?"

"कहती थीं, रुपिया से बोलेगा तो मैं परान दे दूंगी।"

"तुमने पूछा नहीं, रुपिया से क्यों चिढ़ती हो?"

"अब उनकी बात क्या कहूं रूपा? वह किसी का खाना-पहनना नहीं देख सकतीं। अब मुझे तुमसे दूर रहना पड़ेगा।"

"मेरा जी तो न मानेगा।"

"ऐसी बात करोगी, तो मैं तुम्हें लेकर भाग जाऊंगा।"

"तुम मेरे पास एक बार रोज आया करो। बस, इसके अलावा और मैं कुछ नहीं चाहती।"

"और अम्मां जो बिगड़ेंगी?"

"तो मैं समझ गई। तुम मुझे प्यार नहीं करते।"

"मेरा बस होता, तो तुमको अपने परान में रख लेता।"

इसी समय घर के किवाड़ खटके और रुपिया भाग गई।

## 2

मोहन दूसरे दिन सोकर उठा तो उसके हृदय में आनंद का सागर-सा भरा हुआ था। वह सोहन को बराबर डांटता रहता था। सोहन आलसी था। घर के काम-धंधे में जी न लगाता था।

मोहन को देखते ही सोहन साबुन छिपाकर वहां से भाग जाने का अवसर खोजने लगा।

मोहन ने मुस्कराकर कहा–"धोती बहुत मैली हो गई है सोहन? धोबी को क्यों नहीं दे देते?"

सोहन को इन शब्दों में स्नेह की गंध आई।

"धोबिन पैसे मांगती है।"

"तो पैसे अम्मां से क्यों नहीं मांग लेते?"

"अम्मां कौन पैसे दिए देती हैं?"

"तो मुझसे ले लो!"

यह कहकर उसने एक इकन्नी उसकी ओर फेंक दी। सोहन प्रसन्न हो गया। भाई और माता दोनों ही उसे धिक्कारते रहते थे। बहुत दिनों बाद आज उसे स्नेह की मधुरता का स्वाद मिला। इकन्नी उठा ली और धोती को वहीं छोड़कर गाय को खोलकर ले चला।

मोहन ने कहा—"रहने दो, मैं इसे लिये जाता हूं।"

सोहन ने पगहिया मोहन को देकर फिर पूछा—"तुम्हारे लिए चिलम रख लाऊं?"

जीवन में आज पहली बार सोहन ने भाई के प्रति ऐसा सद्भाव प्रकट किया था। इसमें क्या रहस्य है, यह मोहन की समझ में नहीं आया, बोला—"आग हो तो रख आओ।"

मैना सिर के बाल खोले आंगन में बैठी घरौंदा बना रही थी। मोहन को देखते ही उसने घरौंदा बिगाड़ दिया और आंचल से बाल छिपाकर रसोईघर में बरतन उठाने चली।

मोहन ने पूछा—"क्या खेल रही थी मैना?"

मैना डरती हुई बोली—"कुछ नहीं तो।"

"तू तो बहुत अच्छे घरौंदे बनाती है। जरा बना, देखूं।"

मैना का रुआंसा चेहरा खिल उठा। प्रेम के शब्द में कितना जादू है! मुंह से निकलते ही जैसे सुगंध फैल गई। जिसने सुना, उसका हृदय खिल उठा। जहां भय था, वहां विश्वास चमक उठा। जहां कटुता थी, वहां अपनापा छलक पड़ा। चारों ओर चेतनता दौड़ गई। कहीं आलस्य नहीं, कहीं खिन्नता नहीं।

मोहन का हृदय आज प्रेम से भरा हुआ है—उसमें सुगंध का विकर्षण हो रहा है।

मैना घरौंदा बनाने बैठ गई।

मोहन ने उसके उलझे हुए बालों को सुलझाते हुए कहा—"तेरी गुड़िया का ब्याह कब होगा मैना? नेवता दे, कुछ मिठाई खाने को मिले।"

मैना का मन आकाश में उड़ने लगा। जब भैया पानी मांगे, तो वह लोटे को राख से खूब चमाचम करके पानी ले जाएगी।

मैना बोली—"अम्मां पैसे नहीं देतीं। गुड्डा तो ठीक हो गया है। टीका कैसे भेजूं?"

"कितने पैसे लेगी?"

"एक पैसे के बतासे लूंगी और एक पैसे का रंग। जोड़े तो रंगे जाएंगे कि नहीं?"

"तो दो पैसे में तेरा काम चल जाएगा?"

"हां, दो पैसे दे दो भैया, तो मेरी गुड़िया का ब्याह बड़ी धूमधाम से हो जाए।"

मोहन ने दो पैसे हाथ में लेकर मैना को दिखाए। मैना लपकी, मोहन ने हाथ ऊपर उठाया, मैना ने हाथ पकड़कर नीचे खींचना शुरू किया। मोहन ने उसे गोद में उठा लिया।

मैना ने पैसे ले लिये और गोद से नीचे उतरकर नाचने लगी, फिर अपनी सहेलियों को विवाह का नेवता देने के लिए भागी।

उसी वक्त बूटी गोबर का झांवा लिये आ पहुंची। मोहन को खड़े देखकर वह कठोर स्वर में बोली–"अभी तक मटरगस्ती ही हो रही है। भैंस कब दुही जाएगी?"

आज बूटी को मोहन ने विद्रोह-भरा जवाब न दिया। उसके मन में जैसे माधुर्य का कोई सोता-सा खुल गया हो। माता को गोबर का बोझ लिये देखकर उसने झांवा उसके सिर से उतार लिया।

बूटी ने पूर्ववत् कठोर स्वर में कहा–"रहने दे, रहने दे, जाकर भैंस दुह। मैं तो गोबर लिये जाती हूं।"

"अम्मां! तुम इतना भारी बोझ क्यों उठा लेती हो? मुझे क्यों नहीं बुला लेतीं?"

माता का हृदय वात्सल्य से गद्गद हो उठा।

"तू जा, अपना काम देख–मेरे पीछे क्यों पड़ता है!"

"गोबर निकालने का काम मेरा है।"

"और दूध कौन दुहेगा?"

"वह भी मैं करूंगा!"

"तू इतना बड़ा जोधा है कि सारे काम कर लेगा!"

"जितना कहता हूं, उतना कर लूंगा।"

"तो मैं क्या करूंगी?"

"तुम लड़कों से काम लो, जो तुम्हारा धर्म है।"

"मेरी सुनता है कोई?"

## 3

आज मोहन बाजार से दूध पहुंचाकर लौटा, तो पान, कत्था, सुपारी, एक छोटा-सा पानदान और थोड़ी-सी मिठाई लाया।

बूटी बिगड़कर बोली–"आज पैसे कहीं फालतू मिल गए थे क्या? इस तरह उड़ाएगा तो कै दिन निबाह होगा?"

"मैंने तो एक पैसा भी नहीं उड़ाया अम्मां! पहले मैं समझता था, तुम पान खातीं ही नहीं।"

"तो अब मैं पान खाऊंगी!"

"हां, और क्या! जिसके दो-दो जवान बेटे हों, क्या वह इतना शौक भी न करे?"

बूटी के सूखे कठोर हृदय में कहीं से कुछ हरियाली निकल आई, एक नन्ही-सी कोंपल थी; उसके अंदर कितना रस था। उसने मैना और सोहन को एक-एक मिठाई दे दी और एक मोहन को देने लगी।

"मिठाई तो लड़कों के लिए लाया था अम्मां!"

"और तू तो बूढ़ा हो गया, क्यों?"

"इन लड़कों के सामने तो बूढ़ा ही हूं।"

"लेकिन मेरे सामने तो लड़का ही है।"

मोहन ने मिठाई ले ली। मैना ने मिठाई पाते ही गप से मुंह में डाल ली थी। वह केवल मिठाई का स्वाद जीभ पर छोड़कर कब की गायब हो चुकी थी। मोहन की ओर ललचाई आंखों से देखने लगी।

मोहन ने आधा लड्डू तोड़कर मैना को दे दिया।

एक मिठाई दोने में बची थी। बूटी ने उसे मोहन की तरफ बढ़ाकर कहा–"लाया भी तो इतनी-सी मिठाई–यह ले ले।"

मोहन ने आधी मिठाई मुंह में डालकर कहा–"वह तुम्हारा हिस्सा है अम्मां!"

"तुम्हें खाते देखकर मुझे जो आनंद मिलता है, उसमें मिठास से ज्यादा स्वाद है।"

उसने आधी मिठाई सोहन और आधी मोहन को दे दी; फिर पानदान खोलकर देखने लगी।

आज जीवन में पहली बार बूटी को यह सौभाग्य प्राप्त हुआ। धन्य भाग कि पति के राज में जिस विभूति के लिए तरसती रही, वह लड़के के राज में मिली। पानदान में कई कुल्हियां हैं और देखो, दो छोटी-छोटी चिमचियां भी हैं; ऊपर कड़ा लगा हुआ है, जहां चाहो, लटकाकर ले जाओ। ऊपर की तश्तरी में पान रखे जाएंगे।

ज्यों ही मोहन बाहर चला गया, उसने पानदान को मांज-धोकर उसमें चूना, कत्था भरा, सुपारी काटी, पान को भिगोकर तश्तरी में रखा, तब एक बीड़ा लगाकर खाया। उस बीड़े के रस ने जैसे उसके वैधव्य की कटुता को स्निग्ध कर दिया। मन की प्रसन्नता व्यवहार में उदारता बन जाती है। अब वह घर में नहीं बैठ सकती। उसका मन इतना गहरा नहीं कि इतनी बड़ी विभूति उसमें जाकर गुम हो जाए।

एक पुराना आईना पड़ा हुआ था। बूटी ने उसमें मुंह देखा। होंठों पर लाली है। मुंह लाल करने के लिए उसने थोड़े ही पान खाया है।

धनिया ने आकर कहा–"काकी, तनिक रस्सी दे दो–मेरी रस्सी टूट गई है।"

कल बूटी ने साफ कह दिया होता, मेरी रस्सी गांव-भर के लिए नहीं है। रस्सी टूट गई है तो बनवा लो, लेकिन आज उसने धनिया को रस्सी निकालकर प्रसन्न मुख से दे दी और सद्भाव से पूछा–"लड़के के दस्त बंद हुए कि नहीं धनिया?"

धनिया ने उदास मन से कहा–"नहीं काकी, आज तो दिन-भर दस्त आए। जाने दांत आ रहे हैं।"

"पानी भर ले तो चल जरा देखूं, दांत ही हैं कि कुछ और फसाद है। किसी की नजर-वजर तो नहीं लगी?"

"अब क्या जाने काकी, कौन जाने किसी की आंख फूटी हो?"

"चोंचाल लड़कों को नजर का बड़ा डर रहता है।"

"जिसने चुमकारकर बुलाया, झट उसकी गोद में चला जाता है। ऐसा हंसता है कि तुमसे क्या कहूं!"

"कभी-कभी मां की नजर भी लग जाया करती है।"

"नहीं काकी, भला कोई अपने लड़के को नजर लगाएगा!"

"यही तो तू समझती नहीं। नजर आप ही लग जाती है।"

धनिया पानी लेकर आई, तो बूटी उसके साथ बच्चे को देखने चली।

"तू अकेली है। आजकल घर के काम-धंधे में तो तुझे बड़ी दिक्कत होती होगी।"

"नहीं काकी, रुपिया आ जाती है, घर का कुछ काम कर देती है, नहीं अकेले तो मेरी मरन हो जाती।"

बूटी को बड़ा आश्चर्य हुआ। रुपिया को उसने केवल तितली समझ रखा था।

"रुपिया?"

"हां काकी, बेचारी बड़ी सीधी है। झाड़ू लगा देती है, चौका-बरतन कर देती है और लड़के को भी संभालती है। गाढ़े समय कौन, किसी की बात पूछता है काकी!"

"उसे तो अपने मिस्सी-काजल से छुट्टी न मिलती होगी।"

"यह तो अपनी-अपनी रुचि है काकी! मुझे तो इस मिस्सी-काजल वाली ने जितना सहारा दिया, उतना किसी भक्तिन ने न दिया। बेचारी रात-भर जागती रही। मैंने कुछ दे तो नहीं दिया। हां, जब तक जीऊंगी, उसका जस गाऊंगी।"

"तू उसके गुन अभी नहीं जानती धनिया! पान के लिए पैसे कहां से आते हैं? किनारदार साड़ियां कहां से आती हैं?"

"मैं इन बातो में नहीं पड़ती काकी! फिर शौक-सिंगार करने को किसका जी नहीं चाहता? खाने-पहनने की यही तो उमिर है।"

धनिया ने बच्चे को खटोले पर सुला दिया। बूटी ने बच्चे के सिर पर हाथ रखा, पेट में धीरे-धीरे उंगली गड़ाकर देखा, फिर नाभी पर हींग का लेप करने को कहा।

इसी बीच रुपिया बेनिया लाकर उसे झलने लगी।

बूटी ने कहा—"ला, बेनिया मुझे दे दे।"

"मैं डुला दूंगी तो क्या छोटी हो जाऊंगी?"

"तू दिन-भर यहां काम-धंधा करती है—थक गई होगी।"

"तुम इतनी भलीमानस हो और यहां लोग कहते थे, वह बिना गाली के बात नहीं करती। मारे डर के तुम्हारे पास न आई।"

बूटी मुस्काराई।

"लोग झूठ तो नहीं कहते।"

"मैं आंखों की देखी मानूं कि कानों की सुनी?"

बूटी ने सोचा–'दूसरी लड़की होती, तो मेरी ओर से मुंह फेर लेती। मुझे जलाती, मुझसे ऐंठती। इसे तो जैसे कुछ मालूम ही न हो। हो सकता है कि मोहन ने इससे कुछ कहा ही न हो। हां, यही बात है।'

आज रुपिया बूटी को बड़ी सुंदर लगी। ठीक तो है, अभी शौक-सिंगार न करेगी तो कब करेगी?

शौक-सिंगार इसलिए बुरा लगता है कि ऐसे आदमी अपने भोग-विलास में मस्त रहते हैं। किसी के घर में आग लग जाए, उनसे मतलब नहीं। उनका काम तो खाली दूसरों को रिझाना है, जैसे अपने रूप की दुकान सजाए, राह-चलतों को बुलाती हों कि जरा इस दुकान की सैर भी करते जाइए, लेकिन उपकारी प्राणियों का सिंगार बुरा नहीं लगता। नहीं, बल्कि और अच्छा लगता है। इससे मालूम होता है कि इसका रूप जितना सुंदर है, उतना ही मन भी सुंदर है; फिर कौन नहीं चाहता कि लोग उनके रूप का बखान करें। किसे दूसरों की आंखों में छुप जाने की लालसा नहीं होती? बूटी का यौवन कब का विदा हो चुका; फिर भी यह लालसा उसे बनी हुई है। कोई उसे रस-भरी आंखों से देख लेता है, तो उसका मन कितना प्रसन्न हो जाता है। जमीन पर पांव नहीं पड़ते, फिर रूपा तो अभी जवान है।

उस दिन से रूपा प्रायः दो-एक बार नित्य बूटी के घर आती। बूटी ने मोहन से आग्रह करके उसके लिए अच्छी-सी साड़ी मंगवा दी।

अगर रूपा कभी बिना काजल लगाए या बेरंगी साड़ी पहने आ जाती, तो बूटी कहती–'बहू-बेटियों को यह जोगिया भेस अच्छा नहीं लगता। यह भेस तो हम जैसी बूढ़ियों के लिए है।'

रूपा ने एक दिन कहा–"तुम बूढ़ी काहे से हो गई अम्मां! लोगों को इशारा मिल जाए, तो भौंरों की तरह तुम्हारे द्वार पर धरना देने लगें।"

बूटी ने मीठे तिरस्कार के साथ कहा–"चल, मैं तेरी मां की सौत बनकर जाऊंगी?"

"अम्मां तो बूढ़ी हो गईं।"

"तो क्या तेरे दादा अभी जवान बैठे हैं?"

"हां ऐसा, बड़ी अच्छी मिट्टी है उनकी।"

बूटी ने उसकी ओर रस-भरी आंखों से देखकर पूछा–"अच्छा बता, मोहन से तेरा ब्याह कर दूं?"

रूपा लजा गई। मुख पर गुलाब की आभा दौड़ गई।

आज मोहन दूध बेचकर लौटा तो बूटी ने कहा–"कुछ रुपये-पैसे जुटा, मैं रूपा से तेरी बातचीत कर रही हूं।"

# 5

## लांछन

जुगनू की नीति में स्त्रियों के शृंगार का केवल एक उद्देश्य था–पति को लुभाना, इसलिए सोहागिनों के सिवा शृंगार और सभी के लिए वर्जित था! अभी खुरशेद कुरसी पर बैठने भी न पाई थी कि जूतों की चरमर सुनाई दी और एक क्षण में विलियम किंग ने कमरे में कदम रखा। उसकी आंखें चढ़ी हुई मालूम होती थीं और कपड़ों से शराब की गंध आ रही थी। उसने बेधड़क मिस खुरशेद को छाती से लगा लिया और बार-बार उसके कपोलों के चुंबन लेने लगा।

मिस खुरशेद ने अपने को उसके कर-पाश से छुड़ाने की चेष्टा करके कहा–"चलो हटो, शराब पीकर आए हो।"

किंग ने उसे और चिमटाकर कहा–"आज तुम्हें भी पिलाऊंगा प्रिये! तुमको पीना होगा, फिर हम दोनों लिपटकर सोएंगे। नशे में प्रेम कितना सजीव हो जाता है, इसकी परीक्षा कर लो।"

अगर संसार में ऐसा प्राणी होता, जिसकी आंखें लोगों के हृदयों के भीतर घुस सकतीं, तो ऐसे बहुत कम स्त्री-पुरुष होंगे, जो उसके सामने सीधी आंखें करके ताक सकते! महिला-आश्रम की जुगनूबाई के विषय में लोगों की धारणा कुछ ऐसी ही हो गई थी। वह बेपढ़ी-लिखी, गरीब, बूढ़ी औरत थी, देखने में बड़ी सरल, बड़ी हंसमुख; लेकिन जैसे किसी चतुर प्रूफरीडर की निगाह गलतियों ही पर जा पड़ती है; उसी तरह उसकी आंखें भी बुराइयों ही पर पहुंच जाती थीं।

शहर में ऐसी कोई महिला न थी; जिसके विषय में दो-चार लुकी-छिपी बातें उसे न मालूम हों। उसका ठिगना, स्थूल शरीर, सिर के खिचड़ी बाल, गोल मुंह, फूले-फूले गाल, छोटी-छोटी आंखें उसके स्वभाव की प्रखरता और तेजी पर परदा-सा डाले रहती थीं; लेकिन जब वह किसी की कुत्सा करने लगती, तो उसकी आकृति कठोर हो जाती, आंखें फैल जातीं और कंठ-स्वर कर्कश हो जाता। उसकी चाल में बिल्लियों का-सा संयम था; दबे पांव धीरे-धीरे चलती, पर शिकार की आहट पाते ही, जंप मारने को तैयार हो जाती थी।

उसका काम था, महिला-आश्रम में महिलाओं की सेवा-टहल करना; पर महिलाएं उसकी सूरत से कांपती थीं। उसका आतंक था कि ज्यों ही वह कमरे में कदम रखती, होंठों पर खेलती हुई हंसी जैसे रो पड़ती थी। चहकने वाली आवाजें जैसे बुझ जाती थीं मानो उनके मुख पर लोगों को अपने पिछले रहस्य अंकित नजर आते हों। पिछले रहस्य! कौन है, जो अपने अतीत को किसी भयंकर जंतु के समान कटघरों में बंद करके न रखना चाहता हो।

धनियों को चोरों के भय से निद्रा नहीं आती, मानियों को उसी भांति मान की रक्षा करनी पड़ती है। वह जंतु, जो पहले कीट के समान अल्पाकार रहा होगा, दिनों के साथ दीर्घ और सबल होता जाता है। यहां तक कि हम उसकी याद ही से कांप उठते हैं और अपने ही कारनामों की बात होती तो अधिकांश देवियां जुगनू को दुत्कारतीं; पर यहां तो मैके और ससुराल, ननियाल, ददियाल, फुफियाल और मौसियाल–चारों ओर की रक्षा करनी थी और जिस किले में इतने द्वार हों, उसकी रक्षा कौन कर सकता है? वहां तो हमला करने वाले के सामने मस्तक झुकाने में ही कुशल है।

जुगनू के दिल में हजारों मुरदे गड़े पड़े थे और वह जरूरत पड़ने पर उन्हें उखाड़ दिया करती थी। जहां किसी महिला ने दून की ली या शान दिखाई, वहां जुगनू की त्योरियां बदलीं। उसकी एक कड़ी निगाह अच्छे-अच्छे को दहला देती थी; मगर यह बात न थी कि स्त्रियां उससे घृणा करती हों। नहीं, सभी बड़े चाव से उससे मिलतीं और उसका आदर-सत्कार करतीं। अपने पड़ोसियों की निंदा सनातन से मनुष्य के लिए मनोरंजन का विषय रही है और जुगनू के पास इसका काफी सामान था।

## 2

नगर में इंदुमती महिला पाठशाला नाम का एक लड़कियों का हाईस्कूल था। हाल में मिस खुरशेद उसकी हेड मिस्ट्रेस होकर आई थीं। शहर में महिलाओं का दूसरा क्लब न था। मिस खुरशेद एक दिन आश्रम में आईं। ऐसी ऊंचे दर्जे की शिक्षा पाई हुई आश्रम में कोई देवी न थी। उनकी बड़ी आवभगत हुई। पहले ही दिन मालूम हो गया, मिस खुरशेद के आने से आश्रम में एक नए जीवन का संचार होगा। कुछ इस तरह दिल खोलकर हरेक से मिलीं, कुछ ऐसी दिलचस्प बातें कीं कि सभी देवियां मुग्ध हो गईं। गाने में चतुर थीं। व्याख्यान भी खूब देती थीं और अभिनय-कला में तो उन्होंने लंदन में नाम कमा लिया था। ऐसी सर्वगुण-संपन्न देवी का आना आश्रम का सौभाग्य था। गुलाबी गोरा रंग, कोमल गाल, मदभरी आंखें, नए फैशन के कटे हुए केश, एक-एक अंग सांचे में ढला हुआ; मादकता की इससे अच्छी प्रतिमा न बन सकती थी।

मिस खुरशेद ने चलते समय मिसेज टंडन को, जो आश्रम की प्रधान थीं, एकांत में बुलाकर पूछा—"वह बुढ़िया कौन है?"

जुगनू कई बार कमरे में आकर मिस खुरशेद को अन्वेषण की आंखों से देख चुकी थी मानो कोई शहसवार किसी नई घोड़ी को देख रहा हो।

मिसेज टंडन ने मुस्कराकर कहा—"यहां ऊपर का काम करने के लिए नौकर है। कोई काम हो तो बुलाऊं?"

मिस खुरशेद ने धन्यवाद देकर कहा—"जी नहीं, कोई विशेष काम नहीं है। मुझे चालबाज मालूम होती है। यह भी देख रही हूं कि वह सेविका नहीं स्वामिनी है।"

मिसेज टंडन तो जुगनू से जली बैठी ही थीं, इनके वैधव्य को लांछित करने के लिए, वह उन्हें सदा-सोहागिन कहा करती थी। मिस खुरशेद से उसकी जितनी बुराई हो सकी, वह की और उससे सचेत रहने का आदेश दिया।

मिस खुरशेद ने गंभीर होकर कहा—"तब तो भयंकर स्त्री है, तभी सब देवियां इससे कांपती हैं। आप इसे निकाल क्यों नहीं देतीं? ऐसी चुड़ैल को एक दिन न रखना चाहिए।"

मिसेज टंडन ने अपनी मजबूरी बताई—"निकाल कैसे दूं; जिंदा रहना मुश्किल हो जाए। हमारा भाग्य उसकी मुट्ठी में है। दो-चार दिन में उसके जौहर आपके सामने खुलेंगे। मैं तो डरती हूं, कहीं आप भी उसके पंजे में न फंस जाएं! उसके सामने भूलकर भी किसी पुरुष से बातें न कीजिएगा। इसके गोयंदे न जाने कहां-कहां लगे हुए हैं। नौकर से मिलकर भेद यह ले, डाकिये से मिलकर चिट्ठियां यह देखे, लड़कों को फुसलाकर घर का हाल यह पूछे। इस रांड को खुफिया पुलिस में जाना चाहिए था। यहां न जाने क्यों आ मरी!"

मिस खुरशेद चिंतित हो गईं मानो इस समस्या को हल करने की फिक्र में हों। एक क्षण बाद बोलीं–"अच्छा, मैं इसे ठीक करूंगी। अगर न निकाल दूं, तो कहना।"

मिसेज टंडन–निकाल देने ही से क्या होगा? उसकी जबान तो न बंद होगी। तब तो वह और भी निडर होकर कीचड़ फेंकेगी।

मिस खुरशेद ने निश्चिंत स्वर में कहा–"मैं उसकी जबान भी बंद कर दूंगी बहन! आप देख लीजिएगा। टके की औरत, यहां बादशाहत कर रही है। मैं यह बर्दाश्त नहीं कर सकती।"

वह चली गई, तो मिसेज टंडन ने जुगनू को बुलाकर कहा–"इस नई मिस साहब को देख। यहां प्रिंसिपल हैं।"

जुगनू ने द्वेष भरे हुए स्वर में कहा–"आप देखें। मैं ऐसी सैकड़ों छोकरियां देख चुकी हूं। आंखों का पानी जैसे मर गया हो।"

मिसेज टंडन धीरे से बोली–"तुम्हें कच्चा ही खा जाएंगी। उनसे डरती रहना। कह गई हैं, मैं इसे ठीक करके छोडूंगी। मैंने सोचा, तुम्हें चेता दूं। ऐसा न हो, उसके सामने कुछ ऐसी-वैसी बातें कह बैठो।"

जुगनू ने मानो तलवार खींचकर कहा–"मुझे चेताने का काम नहीं, उन्हें चेता दीजिएगा। यहां का आना न बंद कर दूं, तो अपने बाप की नहीं। वे घूमकर दुनिया देख आई हैं, तो यहां घर बैठे दुनिया देख चुकी हूं।"

मिसेज टंडन–मैंने समझा दिया भाई, आगे तुम जानो और तुम्हारा काम जाने।

जुगनू–आप चुपचाप देखती जाइए। कैसा तिगनी का नाच नचाती हूं। इसने अब तक ब्याह क्यों नहीं किया? उमिर तो तीस के लगभग होगी?

मिसेज टंडन ने रद्दा जमाया–"कहती हैं, मैं शादी करना ही नहीं चाहती। किसी पुरुष के हाथ क्यों अपनी आजादी बेचूं?"

जुगनू ने आंखें नचाकर कहा–"कोई पूछता ही न होगा। ऐसी बहुत-सी क्वांरियां देख चुकी हूं। सत्तर चूहे खाकर बिल्ली चली हज्ज को!"

और कई लौंडियां आ गईं और बात का सिलसिला बंद हो गया।

## 3

दूसरे दिन सवेरे जुगनू मिस खुरशेद के बंगले पर पहुंची। मिस खुरशेद हवा खाने गई हुई थीं।

खानसामा ने पूछा–"कहां से आती हो?"

जुगनू–यहीं रहती हूं बेटा! मेमसाहब कहां से आई हैं, तुम तो इनके पुराने नौकर होंगे?

खानसामा–नागपुर से आई हैं! मेरा घर भी वहीं है। दस साल से इनके साथ हूं।

जुगनू–किसी ऊंचे खानदान की होंगी? वह तो रंग-ढंग से ही मालूम होता है।

खानसामा–खानदान तो कुछ ऐसा ऊंचा नहीं–हां, तकदीर की अच्छी हैं। इनकी मां अभी तक मिशन में 30/- पाती हैं। ये पढ़ने में तेज थीं, वजीफा मिल गया, विलायत चली गईं, बस तकदीर खुल गई। अब तो अपनी मां को बुलानेवाली हैं, लेकिन वह बुढ़िया शायद ही आए। ये गिरजे-विरजे नहीं जातीं, इससे दोनों में पटती नहीं।

जुगनू–मिजाज की तेज मालूम होती हैं।

खानसामा–नहीं; यों तो बहुत नेक हैं, गिरजे नहीं जातीं। तुम क्या नौकरी की तलाश में हो? करना चाहो, तो कर लो, एक आया रखना चाहती हैं।

जुगनू–नहीं बेटा, मैं अब क्या नौकरी करूंगी। इस बंगले में पहले जो मेमसाहब रहती थीं, वह मुझ पर बड़ी निगाह रखती थीं। मैंने समझा, चलूं नई मेमसाहब को आसीरबाद दे आऊं।

खानसामा–ये आसीरबाद लेनेवाली मेमसाहब नहीं हैं। ऐसों से बहुत चिढ़ती हैं। कोई मंगता आया और उसे डांट बताई। कहती हैं, बिना काम किए किसी को जिंदा रहने का हक नहीं है। भला चाहती हो, तो चुपके से राह लो।

जुगनू–तो यह कहो, इनका कोई धरम-करम नहीं, फिर भला गरीबों पर क्यों दया करने लगीं?

जुगनू को अपनी दीवार खड़ी करने के लिए काफी सामान मिल गया था–नीच खानदान की है, मां से नहीं पटती; धर्म से विमुख है। पहले धावे में इतनी सफलता कुछ कम न थी। चलते-चलते खानसामा से इतना और पूछा–"इनके साहब क्या करते हैं?"

खानसामा ने मुस्कराकर कहा–"इनकी तो अभी शादी ही नहीं हुई। साहब कहां से होंगे?"

जुगनू ने बनावटी आश्चर्य से कहा–"अरे, अब तक ब्याह ही नहीं हुआ? हमारे यहां तो दुनिया हंसने लगे।"

खानसामा–अपना-अपना रिवाज है। इनके यहां तो कितनी ही औरतें उम्र-भर ब्याह नहीं करतीं!

जुगनू ने मार्मिक भाव से कहा–"ऐसी क्वांरियों को मैं बहुत देख चुकी। हमारी बिरादरी में कोई इस तरह रहे, तो थुड़ी-थुड़ी हो जाए। मुदा इनके यहां जो जी में आए करे, कोई नहीं पूछता।"

इतने में मिस खुरशेद आ पहुंचीं। गुलाबी जाड़ा पड़ने लगा था। मिस साहब साड़ी के ऊपर ओवरकोट पहने हुए थीं। एक हाथ में छतरी थी, दूसरे में छोटे कुत्ते की जंजीर। प्रभात की शीतल वायु में व्यायाम ने कपोलों को ताजा और सुर्ख कर दिया था।

जुगनू ने झुककर सलाम किया, पर उन्होंने उसे देखकर भी न देखा। अंदर जाते ही खानसामा को बुलाकर पूछा—"यह औरत क्या करने आई है?"

खानसामा ने जूते का फीता खोलते हुए कहा—"भिखारिन है हुजूर! पर औरत समझदार है। मैंने कहा, यहां नौकरी करेगी, तो राजी नहीं हुई। पूछने लगी, इनके साहब क्या करते हैं? जब मैंने बता दिया, तो इसे बड़ा ताज्जुब हुआ और होना ही चाहिए—हिंदुओं में तो दुधमुंहे बालकों तक का विवाह हो जाता है।"

खुरशेद ने जांच की—"और क्या कहती थी?"

"और तो कोई बात नहीं हुजूर!"

"अच्छा, उसे मेरे पास भेज दो!"

## 4

जुगनू ने ज्यों ही कमरे में कदम रखा, मिस खुरशेद ने कुरसी से उठकर स्वागत किया—"आइए मांजी! मैं जरा सैर करने चली गई थी। आपके आश्रम में तो सब कुशल है?"

जुगनू एक कुरसी का तकिया पकड़कर खड़ी-खड़ी बोली—"कुशल है मिस साहब! मैंने कहा, आपको आसीरबाद दे आऊं। मैं आपकी चेरी हूं। जब कोई काम पड़े, मुझे याद कीजिएगा। यहां अकेले तो हुजूर को अच्छा न लगता होगा?"

मिस खुरशेद—मुझे अपने स्कूल की लड़कियों के साथ बड़ा आनंद मिलता है, वे सब मेरी ही लड़कियां हैं।

जुगनू ने मातृ-भाव से सिर हिलाकर कहा—"यह ठीक है मिस साहब, पर अपना, अपना ही है। दूसरा अपना हो जाए, तो अपनों के लिए कोई क्यों रोए!"

सहसा एक सुंदर सजीला युवक रेशमी सूट धारण किए जूते चरमर करता हुआ अंदर आया। मिस खुरशेद ने इस तरह दौड़कर प्रेम से उसका अभिवादन किया मानो जामे में फूली न समाती हों।

जुगनू उसे देखकर कोने में दुबक गई।

खुरशेद ने युवक से गले मिलकर कहा—"प्यारे! मैं कब से तुम्हारी राह देख रही हूं। (जुगनू से) मांजी, आप जाएं, फिर कभी आना। ये हमारे परम मित्र विलियम किंग हैं। हम और ये बहुत दिनों तक साथ-साथ पढ़े हैं।"

जुगनू चुपके से निकलकर बाहर आई। खानसामा खड़ा था तो उससे पूछा—"यह लौंडा कौन है?"

खानसामा ने सिर हिलाया—"मैंने इसे आज ही देखा है। शायद अब क्वांरपन से जी ऊबा! अच्छा तरहदार जवान है।"

जुगनू—दोनों इस तरह टूटकर गले मिले हैं कि मैं तो लाज के मारे गड़ गई। ऐसा

चूमा-चाटी तो जोरू-खसम में भी नहीं होती। दोनों लिपट गए। लौंडा तो मुझे देखकर कुछ झिझकता था; पर तुम्हारी मिस साहब तो जैसे मतवाली हो गई थीं।

खानसामा ने मानो अमंगल के आभास से कहा–"मुझे तो कुछ बेढब मुआमला नजर आता है।"

जुगनू तो यहां से सीधे मिसेज टंडन के घर पहुंची। इधर मिस खुरशेद और युवक में बातें होने लगीं।

मिस खुरशेद ने कहकहा मारकर कहा–"तुमने अपना पार्ट खूब खेला लीला, बुढ़िया सचमुच चौंधिया गई!"

लीला–मैं तो डर रही थी कि कहीं बुढ़िया भांप न जाए।

मिस खुरशेद–मुझे विश्वास था, वह आज जरूर आएगी। मैंने दूर ही से उसे बरामदे में देखा और तुम्हें सूचना दी। आज आश्रम में बड़े मजे रहेंगे। जी चाहता है, महिलाओं की कनफुसकियां सुनती! देख लेना, सभी उसकी बातों पर विश्वास करेंगी।

लीला–तुम भी तो जान-बूझकर दलदल में पांव रख रही हो।

मिस खुरशेद–मुझे अभिनय में मजा आता है। दिल्लगी रहेगी। बुढ़िया ने बड़ा जुल्म कर रखा है। जरा उसे सबक देना चाहती हूं। कल तुम इसी वक्त इसी ठाठ से फिर आ जाना। बुढ़िया कल फिर आएगी। उसके पेट में पानी न हजम होगा। नहीं, ऐसा क्यों? जिस वक्त वह आएगी, मैं तुम्हें खबर कर दूंगी। बस, तुम छैला बनी हुई पहुंच जाना।

5

आश्रम में उस दिन जुगनू को दम मारने की फुर्सत न मिली। उसने सारा वृत्तांत मिसेज टंडन से कहा। मिसेज टंडन दौड़ी हुई आश्रम पहुंचीं और अन्य महिलाओं को खबर सुनाई। जुगनू उसकी तसदीक करने के लिए बुलाई गई। जो महिला आती, वह जुगनू के मुंह से यह कथा सुनती। हर एक रिहर्सल में कुछ-कुछ रंग और चढ़ जाता। यहां तक कि दोपहर होते-होते सारे शहर के सभ्य समाज में वह खबर गूंज उठी।

एक देवी ने पूछा–"यह युवक है कौन?"

मिसेज टंडन–सुना तो, उनके साथ का पढ़ा हुआ है। दोनों में पहले से कुछ बातचीत रही होगी। वही तो मैं कहती थी कि इतनी उम्र हो गई, यह क्वांरी कैसे बैठी है? अब कलई खुली।

जुगनू–और कुछ हो या न हो, जवान तो बांका है।

टंडन–यह हमारी विद्वान बहनों का हाल है।

जुगनू–मैं तो उसकी सूरत देखते ही ताड़ गई थी। धूप में बाल नहीं सुफेद किए हैं।

टंडन–कल फिर जाना।

जुगनू–कल नहीं, मैं आज रात ही को जाऊंगी, लेकिन रात को जाने के लिए कोई बहाना जरूरी था। मिसेज टंडन ने आश्रम के लिए एक किताब मंगवा भेजी। रात को नौ बजे जुगनू मिस खुरशेद के बंगले पर जा पहुंची। संयोग से लीलावती उस वक्त मौजूद थी; बोली–"बुढ़िया तो बेतरह पीछे पड़ गई।"

मिस खुरशेद–मैंने तुमसे कहा था, उसके पेट में पानी न पचेगा। तुम जाकर रूप भर आओ, तब तक मैं बातों में लगाती हूं। शराबियों की तरह अंट-संट बकना शुरू करना। मुझे भगा ले जाने के प्रस्ताव भी करना, बस यों बन जाना जैसे अपने होश में नहीं हो।

लीला मिशन में डॉक्टर थी। उसका बंगला भी पास ही था। वह चली गई, तो मिस खुरशेद ने जुगनू को बुलाया।

जुगनू ने एक पुरजा उसको देकर कहा–"मिसेज टंडन ने यह किताब मांगी है। मुझे आने में देर हो गई। मैं इस वक्त आपको कष्ट न देती; पर सवेरे ही वे मुझसे मांगेंगी। हजारों रुपये महीने की आमदनी है मिस साहब, मगर एक-एक कौड़ी दांत से पकड़ती हैं। इनके द्वारे पर भिखारी को भीख तक नहीं मिलती।"

मिस खुरशेद ने पुरजा देखकर कहा–"इस वक्त तो यह किताब नहीं मिल सकती, सुबह ले जाना। तुमसे कुछ बातें करनी हैं। बैठो, मैं अभी आती हूं।"

वह परदा उठाकर पीछे के कमरे में चली गई और वहां से कोई पंद्रह मिनट में एक सुंदर रेशमी साड़ी पहने, इत्र में बसी हुई, मुंह पर पाउडर लगाए निकली। जुगनू ने उसे आंखें फाड़कर देखा–'ओ हो! यह श्रृंगार! शायद इस समय वह लौंडा आनेवाला होगा, तभी ये तैयारियां हैं। नहीं तो सोने के समय क्वांरियों को बनाव-संवार की क्या जरूरत?'

जुगनू की नीति में स्त्रियों के श्रृंगार का केवल एक उद्देश्य था–पति को लुभाना, इसलिए सोहागिनों के सिवा श्रृंगार और सभी के लिए वर्जित था! अभी खुरशेद कुरसी पर बैठने भी न पाई थी कि जूतों की चरमर सुनाई दी और एक क्षण में विलियम किंग ने कमरे में कदम रखा। उसकी आंखें चढ़ी हुई मालूम होती थीं और कपड़ों से शराब की गंध आ रही थी। उसने बेधड़क मिस खुरशेद को छाती से लगा लिया और बार-बार उसके कपोलों के चुंबन लेने लगा।

मिस खुरशेद ने अपने को उसके कर-पाश से छुड़ाने की चेष्टा करके कहा–"चलो हटो, शराब पीकर आए हो।"

किंग ने उसे और चिमटाकर कहा–"आज तुम्हें भी पिलाऊंगा प्रिये! तुमको पीना होगा, फिर हम दोनों लिपटकर सोएंगे। नशे में प्रेम कितना सजीव हो जाता है, इसकी परीक्षा कर लो।"

मिस खुरशेद ने इस तरह जुगनू की उपस्थिति का उसे संकेत किया कि जुगनू पर नजर पड़ जाए, पर किंग नशे में मस्त था, जुगनू की तरफ देखा ही नहीं।

मिस खुरशेद ने रोष के साथ अपने को अलग करके कहा—"तुम इस वक्त आपे में नहीं हो। इतने उतावले क्यों हुए जाते हो? क्या मैं कहीं भागी जा रही हूं?"

किंग—इतने दिनों तक चोरों की तरह आया हूं, आज से मैं खुले खजाने आऊंगा।

खुरशेद—तुम तो पागल हो रहे हो। देखते नहीं हो, कमरे में कौन बैठा हुआ है?

किंग ने हकबकाकर जुगनू की तरफ देखा और झिझककर बोला—"यह बुढ़िया यहां कब आई? तू यहां क्यों आई बुड्ढी! शैतान की बच्ची! यहां भेद लेने आती है? हमको बदनाम करना चाहती है? मैं तेरा गला घोंट दूंगा। ठहर भागती कहां है? मैं तुझे जिंदा न छोड़ूंगा!"

जुगनू बिल्ली की तरह कमरे से निकली और सिर पर पांव रखकर भागी। उधर कमरे से कहकहे उठ-उठकर छत को हिलाने लगे।

जुगनू उसी वक्त मिसेज टंडन के घर पहुंची, उसके पेट में बुलबुले उठ रहे थे; पर मिसेज टंडन सो गई थीं। वहां से निराश होकर उसने कई दूसरे घरों की कुंडी खटखटाई; पर कोई द्वार न खुला और दुखिया को सारी रात इसी तरह काटनी पड़ी मानो कोई रोता हुआ बच्चा गोद में हो। प्रात:काल वह आश्रम में जा कूदी।

कोई आधा घंटे में मिसेज टंडन भी आईं। उन्हें देखकर उसने मुंह फेर लिया।

मिसेज टंडन ने पूछा—"रात क्या तुम मेरे घर आई थी? इस वक्त मुझसे महाराज ने कहा।"

जुगनू ने विरक्त भाव से कहा—"प्यासा ही तो कुएं के पास जाता है। कुआं थोड़े ही प्यासे के पास आता है। मुझे आग में झोंककर आप दूर हट गईं। भगवान ने मेरी रक्षा की, नहीं तो कल जान ही चली गई थी।"

मिसेज टंडन ने उत्सुकता से कहा—"क्या, हुआ क्या, कुछ कहो तो? मुझे तुमने जगा क्यों न लिया? तुम तो जानती हो, मेरी आदत सवेरे सो जाने की है।"

"महाराज ने घर में घुसने ही न दिया। जगा कैसे लेती? आपको इतना तो सोचना चाहिए था कि वह वहां गई है, तो आती होगी? घड़ी-भर बाद ही सोतीं, तो क्या बिगड़ जाता; पर आपको किसी की क्या परवाह!"

"तो क्या हुआ, मिस खुरशेद मारने दौड़ीं?"

"वह नहीं मारने दौड़ीं, उनका वह जो खसम है, वह मारने दौड़ा। लाल आंखें निकाले आया और मुझसे कहा, निकल जा। जब तक मैं निकलूं, तब तक हंटर खींचकर दौड़ ही तो पड़ा। मैं सिर पर पांव रखकर न भागती तो चमड़ी उधेड़ डालता और वह रांड बैठी तमाशा देखती रही। दोनों में पहले से सधी-बदी थी। ऐसी कुलटाओं का मुंह देखना पाप है। बेसवा भी इतनी निर्लज्ज न होगी।"

जरा देर में और देवियां आ पहुंचीं। यह वृत्तांत सुनने के लिए सभी उत्सुक हो रही थीं। जुगनू की कैंची अविश्रांत रूप से चलती रही। महिलाओं को इस वृत्तांत में इतना आनंद आ रहा था कि कुछ न पूछो। एक-एक बात को खोद-खोदकर पूछती थीं। घर

के काम-धंधे भूल गए, खाने-पीने की सुधि भी न रही और एक बार सुनकर उनकी तृप्ति न होती थी, बार-बार वही कथा नए आनंद से सुनती थीं।

मिसेज टंडन ने अंत में कहा—"हमें आश्रम में ऐसी महिलाओं को लाना अनुचित है। आप लोग इस प्रश्न पर विचार करें।"

मिसेज पांड्या ने समर्थन किया—"हम आश्रम को आदर्श से गिराना नहीं चाहते। मैं तो कहती हूं, ऐसी औरत किसी संस्था की प्रिंसिपल बनने के योग्य नहीं।"

मिसेज बांगड़ा ने फरमाया—"जुगनूबाई ने ठीक कहा था, ऐसी औरत का मुंह देखना भी पाप है। उससे साफ कह देना चाहिए, आप यहां तशरीफ न लाएं।"

अभी यह खिचड़ी पक रही थी कि आश्रम के सामने एक मोटर आकर रुकी। महिलाओं ने सिर उठा-उठाकर देखा, गाड़ी में मिस खुरशेद और विलियम किंग बैठे हुए थे।

जुगनू ने मुंह फैलाकर हाथ से इशारा किया, वही लौंडा है। महिलाओं का संपूर्ण समूह चिक के सामने आने के लिए विकल हो गया।

मिस खुरशेद ने मोटर से उतरकर हुड बंद कर दिया और आश्रम के द्वार की ओर चलीं। महिलाएं भाग-भागकर अपनी-अपनी जगह आ बैठीं।

मिस खुरशेद ने कमरे में कदम रखा। किसी ने स्वागत न किया। मिस खुरशेद ने जुगनू की ओर नि:संकोच आंखों से देखकर मुस्कराते हुए कहा—"कहिए बाईजी, रात आपको चोट तो नहीं आई?"

जुगनू ने बहुतेरी दीदा-दिलेर स्त्रियां देखी थीं; पर इस ढिठाई ने उसे चकित कर दिया। चोर हाथ में चोरी का माल लिये, साह को ललकार रहा था।

जुगनू ने ऐंठकर कहा—"जी न भरा हो, तो अब पिटवा दो। सामने ही तो है।"

खुरशेद—वे इस वक्त तुमसे अपना अपराध क्षमा कराने आए हैं। रात वे नशे में थे।

जुगनू ने मिसेज टंडन की ओर देखकर कहा—"और आप भी तो कुछ कम नशे में नहीं थीं।"

खुरशेद ने व्यंग्य समझकर कहा—"मैंने आज तक कभी नहीं पी, मुझ पर झूठा इलजाम मत लगाओ।"

जुगनू ने लाठी मारी—"शराब से भी बड़ी नशे की चीज है कोई; वह उसी का नशा होगा। उन महाशय को परदे में क्यों ढक दिया। देवियां भी तो उनकी सूरत देखतीं।"

मिस खुरशेद ने शरारत की—"सूरत तो उनकी लाख-दो लाख में एक है।"

मिसेज टंडन ने आशंकित होकर कहा—"नहीं, उन्हें यहां लाने की जरूरत नहीं! आश्रम को हम बदनाम नहीं करना चाहते।"

मिस खुरशेद ने आग्रह किया—"मुआमले को साफ करने के लिए उनका आप लोगों के सामने आना जरूरी है। एकतरफा फैसला आप क्यों करती हैं?"

मिसेज टंडन ने टालने के लिए कहा–"यहां कोई मुकदमा थोड़े ही पेश है!"

मिस खुरशेद–वाह! मेरी इज्जत में बट्टा लगा जा रहा है और आप कहती हैं, कोई मुकदमा नहीं है? मिस्टर किंग आएंगे और आपको उनका बयान सुनना होगा।

मिसेज टंडन को छोड़कर और सभी महिलाएं किंग को देखने के लिए उत्सुक थीं। किसी ने विरोध न किया।

खुरशेद ने द्वार पर आकर ऊंची आवाज से कहा–"तुम जरा यहां चले आओ!"

हुड खुला और मिस लीलावती रेशमी साड़ी पहने मुस्कराती हुई निकल आई।

आश्रम में सन्नाटा छा गया। देवियां विस्मित आंखों से लीलावती को देखने लगीं।

जुगनू ने आंखें चमकाकर कहा–"उन्हें कहां छिपा दिया आपने?"

खुरशेद–छूमंतर से उड़ गए। जाकर गाड़ी देख लो।"

जुगनू लपककर गाड़ी के पास गई और खूब देख-भालकर मुंह लटकाए हुए लौटी।

मिस खुरशेद ने पूछा–"क्या हुआ, मिला कोई?"

जुगनू–मैं यह तिरिया-चरित्तर क्या जानूं! (लीलावती को गौर से देखकर) और मरदों को साड़ी पहनाकर आंखो में धूल झोंक रही हो। यही तो हैं, वह रात वाले साहब!

खुरशेद–खूब पहचानती हो?

जुगनू–हां-हां, क्या अंधी हूं?

मिसेज टंडन–क्या पागलों-सी बातें करती हो जुगनू, ये तो डॉक्टर लीलावती हैं।

जुगनू–(उंगली चमकाकर) चलिए-चलिए, लीलावती हैं। साड़ी पहनकर औरत बनते लाज भी नहीं आती! तुम रात को इनके घर नहीं थे?

लीलावती ने विनोद-भाव से कहा–"मैं कब इनकार कर रही हूं। इस वक्त लीलावती हूं। रात को विलियम किंग बन जाती हूं। इसमें बात ही क्या है!"

देवियों को अब यथार्थ की लालिमा दिखाई दी। चारों तरफ कहकहे पड़ने लगे। कोई तालियां बजाती थीं, कोई डॉक्टर लीलावती की गरदन से लिपट जाती थीं; कोई मिस खुरशेद की पीठ पर थपकियां देती थीं। कई मिनट तक हू-हक मचता रहा।

जुगनू का मुंह उस लालिमा में बिलकुल जरा-सा निकल आया। जबान बंद हो गई। ऐसा चरका उसने कभी न खाया था। इतनी जलील कभी न हुई थी।

मिसेज मेहरा ने डांट बताई–"अब बोलो दाई, लगी मुंह में कालिख कि नहीं?"

मिसेज बांगड़ा–इसी तरह सबको बदनाम करती है।

लीलावती–आप लोग भी तो जो यह कहती है, उस पर विश्वास कर लेती हैं।

इस हरबोंग में जुगनू को किसी ने जाते न देखा। अपने सिर पर यह तूफान उठते देखकर उसे चुपके से सरक जाने में ही अपनी कुशल मालूम हुई। पीछे के द्वार से निकली और गलियों-गलियों भागी।

मिस खुरशेद ने कहा–"जरा उससे पूछो; मेरे पीछे क्यों पड़ गई थी?"

मिसेज टंडन ने पुकारा, पर जुगनू कहां! तलाश होने लगी। जुगनू गायब!

उस दिन से शहर में फिर किसी ने जुगनू की सूरत नहीं देखी। आश्रम के इतिहास में यह मुआमला आज भी उल्लेख और मनोरंजन का विषय बना हुआ है।

# 6

# तावान

"मुझमें तावान देने की सामर्थ्य नहीं है। आपसे मैं सत्य कहता हूं, मेरे घर में दो दिन से चूल्हा नहीं जला। घर की जो जमा-जथा थी, वह सब बेचकर खा गया। अब आपने तावान लगा दिया, दुकान बंद करनी पड़ी। घर पर कुछ माल बेचने लगा। वहां स्यापा बैठ गया। अगर आपकी यही इच्छा हो कि हम सब दाने बगैर मर जाएं, तो मार डालिए और मुझे कुछ नहीं कहना है।"

छकौड़ी जो बात कहने घर से चला था, वह उसके मुंह से न निकली। उसने देख लिया कि यहां कोई उस पर विचार करनेवाला नहीं है।

प्रधानजी ने गंभीर भाव से कह–"तावान तो देना ही पड़ेगा। अगर तुम्हें छोड़ दूं, तो इसी तरह और लोग भी करेंगे, फिर विलायती कपड़े की रोकथाम कैसे होगी?"

छकौड़ीलाल ने दुकान खोली और कपड़े के थानों को निकाल-निकालकर रखने लगा, तभी एक महिला दो स्वयंसेवकों के साथ उसकी दुकान छेकने आ पहुंची। छकौड़ी के प्राण निकल गए।

महिला ने तिरस्कार करके कहा–"क्यों लाला, तुमने सील तोड़ डाली न? अच्छी बात है, देखें तुम कैसे एक गिरह कपड़ा भी बेच लेते हो! भले आदमी, तुम्हें शर्म नहीं आती कि देश में यह संग्राम छिड़ा हुआ है और तुम विलायती कपड़ा बेच रहे हो, डूब मरना चाहिए। औरतें तक घरों से निकल पड़ी हैं, फिर

भी तुम्हें लज्जा नहीं आती! तुम जैसे कायर देश में न होते तो उसकी यह अधोगति न होती!"

छकौड़ी ने वास्तव में कल कांग्रेस की सील तोड़ डाली थी। यह तिरस्कार सुनकर उसने सिर नीचा कर लिया। उसके पास कोई सफाई न थी; कोई जवाब न था। उसकी दुकान बहुत छोटी थी। लेहने पर कपड़े लाकर बेचा करता था। यही जीविका थी, इसी पर वृद्धा माता, रोगिणी स्त्री और पांच बेटे-बेटियों का निर्वाह होता था।

जब स्वराज्य संग्राम छिड़ा और सभी बजाज विलायती कपड़ों पर मुहरें लगवाने लगे, तो उसने भी मुहर लगवा ली। दस-पांच थान स्वदेशी कपड़ों के उधार लाकर दुकान पर रख लिये; पर कपड़ों का मेल न था; इसलिए बिक्री कम होती थी। कोई भूला-भटका गाहक आ जाता, तो रुपया-आठ आने की बिक्री हो जाती। दिन-भर दुकान में तपस्या-सी करके पहर रात को घर लौट जाता था। गृहस्थी का खर्च इस बिक्री में क्या चलता! कुछ दिन कर्ज-वर्ज लेकर काम चलाया, फिर गहने बेचने की नौबत आई। यहां तक कि अब घर में कोई ऐसी चीज न बची, जिससे दो-चार महीने पेट का भूत सिर से टल जाता। उधर स्त्री का रोग असाध्य होता जाता था। बिना किसी कुशल डॉक्टर को दिखाए काम न चल सकता था। इसी चिंता में डूब-उतरा रहा था कि विलायती कपड़े का एक गाहक मिल गया, जो एकमुश्त दस रुपये का माल लेना चाहता था। इस प्रलोभन को वह न रोक सका।

स्त्री ने सुना, तो कानों पर हाथ रखकर बोली–"मैं मुहर तोड़ने को कभी न कहूंगी। डॉक्टर तो कुछ अमृत पिला न देगा। तुम नक्कू क्यों बनो? बचना होगा बच जाऊंगी, मरना होगा मर जाऊंगी, बेआबरुई तो न होगी। मैं जीकर ही घर का क्या उपकार कर रही हूं। और सबको दिक कर रही हूं। देश को स्वराज्य मिले, लोग सुखी हों, बला से मैं मर जाऊंगी! हजारों आदमी जेल जा रहे हैं, कितने घर तबाह हो गए, तो क्या सबसे ज्यादा प्यारी मेरी ही जान है?"

पर छकौड़ी इतना पक्का न था। अपना बस चलते वह स्त्री को भाग्य के भरोसे न छोड़ सकता था। उसने चुपके से मुहर तोड़ डाली और लागत के दामों दस रुपये के कपड़े बेच लिये।

अब डॉक्टर को कैसे ले जाए?

स्त्री से क्या परदा रखता! उसने जाकर साफ-साफ सारा वृत्तांत कह सुनाया और डॉक्टर को बुलाने चला।

स्त्री ने उसका हाथ पकड़कर कहा–"मुझे डॉक्टर की जरूरत नहीं। अगर तुमने जिद की, तो मैं दवा की तरफ आंख भी न उठाऊंगी।"

छकौड़ी और उसकी मां ने रोगिणी को बहुत समझाया, पर वह डॉक्टर को बुलाने पर राजी न हुई। छकौड़ी ने दसों रुपये उठाकर घर-कुइयां में फेंक दिए और बिना कुछ

खाए-पीए, किस्मत को रोता-झींकता दुकान पर चला आया। उसी वक्त पिकेट करने वाले आ पहुंचे और उसे फटकारना शुरू कर दिया।

पड़ोस के दुकानदार ने कांग्रेस कमेटी में जाकर चुगली खाई थी।

## 2

छकौड़ी ने महिला के लिए अंदर से लोहे की एक टूटी, बेरंग कुरसी निकाली और लपककर उनके लिए पान लाया। जब वह पान खाकर कुरसी पर बैठीं, तो उसने अपने अपराध के लिए क्षमा मांगी! बोला–"बहनजी, बेशक मुझसे यह अपराध हुआ है; लेकिन मैंने मजबूर होकर मुहर तोड़ी। अबकी बार मुझे मुआफी दीजिए, फिर ऐसी खता न होगी।"

देशसेविका ने थानेदारों के रोब के साथ कहा–"यों अपराध क्षमा नहीं हो सकता। तुम्हें इसका तावान देना पड़ेगा। तुमने कांग्रेस के साथ विश्वासघात किया है और इसका तुम्हें दंड मिलेगा। आज ही बायकाट कमेटी में यह मामला पेश होगा।"

छकौड़ी बहुत ही विनीत, बहुत ही सहिष्णु था; लेकिन चिंताग्नि में तपकर उसका हृदय उस दशा को पहुंच गया था, जब एक चोट भी चिंगारियां पैदा करती है, तिनककर बोला–"तावान तो मैं न दे सकता हूं, न दूंगा। हां, दुकान भले ही बंद कर दूं और दुकान भी क्यों बंद करूं, अपना माल है, जिस जगह चाहूं, बेच सकता हूं। अभी जाकर थाने में लिखा दूं, तो बायकाट कमेटी को भागने की राह न मिले। जितना ही दबता हूं; उतना ही आप लोग दबाती हैं।"

महिला ने सत्याग्रह शक्ति के प्रदर्शन का अवसर पाकर कहा–"हां, जरूर पुलिस में रपट करो। मैं तो चाहती हूं, तुम रपट करो। तुम उन लोगों को यह धमकी दे रहे हो, जो तुम्हारे ही लिए अपने प्राणों का बलिदान कर रहे हैं। तुम इतने स्वार्थांध हो कि अपने स्वार्थ के लिए देश का अनहित करते तुम्हें लज्जा नहीं आती? उस पर मुझे पुलिस की धमकी देते हो! बायकाट कमेटी जाए या रहे; पर तुम्हें तावान देना पड़ेगा; अन्यथा दुकान बंद करनी पड़ेगी।"

यह कहते-कहते महिला का चेहरा गर्व से तेजवान हो गया। कई आदमी जमा हो गए और सब-के-सब छकौड़ी को बुरा-भला कहने लगे। छकौड़ी को भी मालूम हो गया कि पुलिस की धमकी देकर उसने बहुत बड़ा अविवेक किया है। लज्जा और अपमान से उसकी गरदन झुक गई और मुंह जरा-सा निकल आया, फिर उसने गरदन नहीं उठाई।

सारा दिन गुजर गया और धेले की बिक्री न हुई। आखिर हारकर उसने दुकान बंद कर दी और घर चला आया।

दूसरे दिन प्रातःकाल बायकाट कमेटी ने एक स्वयंसेवक द्वारा उसे सूचना दे दी कि कमेटी ने उसे 101/- का दंड दिया है।

## 3

छकौड़ी इतना जानता था कि कांग्रेस की शक्ति के सामने वह सर्वथा अशक्त है। उसकी जबान से जो धमकी निकल गई, उस पर उसे घोर पश्चाताप हुआ; लेकिन तीर कमान से निकल चुका था। दुकान खोलना व्यर्थ था। वह जानता था, उसकी धेले की भी बिक्री न होगी। 101/- देना उसके बूते से बाहर की बात थी! दो-तीन दिन चुपचाप बैठा रहा। एक दिन रात को दुकान खोलकर सारी गांठें घर उठा लाया और चुपके-चुपके बेचने लगा। पैसे की चीज धेले में लुटा रहा था और वह भी उधार! जीने के लिए कुछ आधार तो चाहिए!

मगर उसकी यह चाल भी कांग्रेस से छिपी न रही। चौथे ही दिन गोइंदों ने कांग्रेस को खबर पहुंचा दी। उसी दिन तीसरे पहर छकौड़ी के घर की पिकेटिंग शुरू हो गई। अबकी बार सिर्फ पिकेटिंग शुरू न थी, स्यापा भी था। पांच-छः स्वयंसेविकाएं और इतने ही स्वयंसेवक द्वार पर स्यापा करने लगे।

छकौड़ी आंगन में सिर झुकाए खड़ा था। कुछ अक्ल काम न करती थी, इस विपत्ति को कैसे टाले? रोगिणी स्त्री सायबान में लेटी हुई थी, वृद्धा माता उसके सिरहाने बैठी पंखा झल रही थी और बच्चे बाहर स्यापे का आनंद उठा रहे थे।

स्त्री ने कहा–"इन सबसे पूछते नहीं, खाएं क्या?"

छकौड़ी बोला–"किससे पूछूं, जब कोई सुने भी!"

"जाकर कांग्रेसवालों से कहो, हमारे लिए कुछ इंतजाम कर दें, हम अभी कपड़ों को जला देंगे। ज्यादा नहीं, 25/- महीना दे दें।"

"वहां भी कोई न सुनेगा।"

"तुम जाओगे भी या यहीं से कानून बघारने लगे?"

"क्या जाऊं, उल्टे और लोग हंसी उड़ाएंगे। यहां तो जिसने दुकान खोली, उसे दुनिया लखपति ही समझने लगती है।"

"तो खड़े-खड़े ये गालियां सुनते रहोगे?"

"तुम्हारे कहने से चला जाऊं; मगर वहां ठिठोली के सिवा और कुछ न होगा।"

"हां, मेरे कहने से जाओ। जब कोई न सुनेगा, तो हम भी कोई और राह निकालेंगे।"

छकौड़ी ने मुंह लटकाए कुरता पहना और इस तरह कांग्रेस दफ्तर चला, जैसे कोई मरणासन्न रोगी को देखने के लिए वैद्य को बुलाने जाता है।

# 4

कांग्रेस कमेटी के प्रधान ने परिचय के बाद पूछा–"तुम्हारे ही ऊपर तो बायकाट कमेटी ने 101/- का तावान लगाया है?"

"जी हां!"

"तो रुपया कब दोगे?"

"मुझमें तावान देने की सामर्थ्य नहीं है। आपसे मैं सत्य कहता हूं, मेरे घर में दो दिन से चूल्हा नहीं जला। घर की जो जमा-जथा थी, वह सब बेचकर खा गया। अब आपने तावान लगा दिया, दुकान बंद करनी पड़ी। घर पर कुछ माल बेचने लगा। वहां स्यापा बैठ गया। अगर आपकी यही इच्छा हो कि हम सब दाने बगैर मर जाएं, तो मार डालिए और मुझे कुछ नहीं कहना है।"

छकौड़ी जो बात कहने घर से चला था, वह उसके मुंह से न निकली। उसने देख लिया कि यहां कोई उस पर विचार करनेवाला नहीं है।

प्रधानजी ने गंभीर भाव से कह–"तावान तो देना ही पड़ेगा। अगर तुम्हें छोड़ दूं, तो इसी तरह और लोग भी करेंगे, फिर विलायती कपड़े की रोकथाम कैसे होगी?"

"मैं आपसे जो कह रहा हूं, उस पर आपको विश्वास नहीं आता?"

"मैं जानता हूं, तुम मालदार आदमी हो।"

"मेरे घर की तलाशी ले लीजिए।"

"मैं इन चकमों में नहीं आता।"

छकौड़ी ने उद्दंड होकर कहा–"तो यह कहिए कि आप देश-सेवा नहीं कर रहे हैं, गरीबों का खून चूस रहे हैं! पुलिसवाले कानूनी पहलू से लेते हैं, आप गैर-कानूनी पहलू से लेते हैं। नतीजा एक है। आप भी अपमान करते हैं, वे भी अपमान करते हैं। मैं कसम खा रहा हूं कि मेरे घर में खाने के लिए दाना नहीं है, मेरी स्त्री खाट पर पड़ी-पड़ी मर रही है, फिर भी आपको विश्वास नहीं आता। आप मुझे कांग्रेस का काम करने के लिए नौकर रख लीजिए। 25/- महीना दीजिएगा। इससे ज्यादा अपनी गरीबी का और क्या प्रमाण दूं? अगर मेरा काम संतोष के लायक न हो, तो एक महीने के बाद मुझे निकाल दीजिएगा। यह समझ लीजिए कि जब मैं आपकी गुलामी करने को तैयार हुआ हूं, तो इसीलिए कि मुझे दूसरा कोई आधार नहीं है। हम व्यापारी लोग; अपना बस चलते, किसी की चाकरी नहीं करते। जमाना बिगड़ा हुआ है, नहीं तो 101/- के लिए इतना हाथ-पांव न जोड़ता।"

प्रधानजी हंसकर बोले–"यह तो तुमने नई चाल चली!"

"चाल नहीं चल रहा हूं, अपनी विपत्ति-कथा कह रहा हूं।"

"कांग्रेस के पास इतने रुपये नहीं हैं कि वह मोटों को खिलाती फिरे।"

"अब भी आप मुझे मोटा कहे जाएंगे?"

"तुम मोटे हो ही!"

"मुझ पर जरा भी दया न कीजिएगा?"

प्रधान ज्यादा गहराई से बोले–"छकौड़ीलालजी, मुझे पहले तो इसका विश्वास नहीं आता कि आपकी हालत इतनी खराब है और अगर विश्वास आ भी जाए, तो भी मैं कुछ कर नहीं सकता। इतने महान आंदोलन में कितने ही घर तबाह हुए और होंगे। हम लोग सभी तबाह हो रहे हैं। आप समझते हैं; हमारे सिर कितनी बड़ी जिम्मेदारी है। आपका तावान मुआफ कर दिया जाए, तो कल ही आपके बीसियों भाई अपनी मुहरें तोड़ डालेंगे और हम उन्हें किसी तरह कायल न कर सकेंगे। आप गरीब हैं, लेकिन आपके सभी भाई तो गरीब नहीं हैं, तब तो सभी अपनी गरीबी के प्रमाण देने लगेंगे। मैं किस-किस की तलाशी लेता फिरूंगा? इसलिए जाइए, किसी तरह रुपये का प्रबंध कीजिए और दुकान खोलकर कारोबार कीजिए। ईश्वर चाहेगा, तो वह दिन भी आएगा, जब आपका नुकसान पूरा होगा।

## 5

छकौड़ी घर पहुंचा तो अंधेरा हो गया था। अभी तक उसके द्वार पर स्यापा हो रहा था। घर में जाकर स्त्री से बोला–"आखिर वही हुआ, जो मैं कहता था। प्रधानजी को मेरी बातों पर विश्वास ही नहीं आया।"

स्त्री का मुरझाया हुआ बदन उत्तेजित हो उठा। वह उठ खड़ी हुई और बोली–"अच्छी बात है, हम उन्हें विश्वास दिला देंगे। मैं अब कांग्रेस दफ्तर के सामने ही मरूंगी। मेरे बच्चे उसी दफ्तर के सामने विकल हो-होकर तड़पेंगे। कांग्रेस हमारे साथ सत्याग्रह करती है, तो हम भी उसके साथ सत्याग्रह करके दिखा दें। मैं इसी मरी हुई दशा में भी कांग्रेस को तोड़ डालूंगी। जो अभी इतने निर्दयी हैं, वे कुछ अधिकार पा जाने पर न्याय करेंगे? एक इक्का बुला लो, खाट की जरूरत नहीं। वहीं सड़क किनारे मेरी जान निकलेगी। जनता ही के बल पर तो वे कूद रहे हैं। मैं दिखा दूंगी, जनता तुम्हारे साथ नहीं, मेरे साथ है।"

इस अग्निकुंड के सामने छकौड़ी की गर्मी शांत हो गई। कांग्रेस के साथ इस रूप में सत्याग्रह करने की कल्पना ही से वह कांप उठा। सारे शहर में हलचल मच जाएगी। हजारों आदमी आकर यह दशा देखेंगे। संभव है, कोई हंगामा ही हो जाए।

ये सभी बातें इतनी भयंकर थीं कि छकौड़ी का मन कातर हो गया। उसने स्त्री को शांत करने की चेष्टा करते हुए कहा–"इस तरह चलना उचित नहीं है अंबे! मैं एक बार प्रधानजी से फिर मिलूंगा। अब रात हुई, स्यापा भी बंद हो जाएगा। कल देखी जाएगी। अभी तो तुमने पथ्य भी नहीं लिया। प्रधानजी बेचारे बड़े असमंजस में पड़े हुए हैं। कहते हैं, अगर आपके साथ रियायत करूं, तो फिर कोई शासन ही न रह जाएगा।

मोटे-मोटे आदमी भी मुहरें तोड़ डालेंगे और जब कुछ कहा, जाएगा, तो आपकी नजीर पेश कर देंगे।"

अंबा एक क्षण अनिश्चित दशा में खड़ी छकौड़ी का मुंह देखती रही, फिर धीरे से खाट पर बैठ गई। उसकी उत्तेजना गहरे विचार में लीन हो गई। कांग्रेस की और अपनी जिम्मेदारी का ख्याल आ गया। प्रधानजी के कथन में कितना सत्य था; यह उससे छिपा न रहा।

उसने छकौड़ी से कहा–"तुमने आकर यह बात न कही थी।"

छकौड़ी बोला–"उस वक्त मुझे इसकी याद न थी।"

"यह प्रधानजी ने कहा है या तुम अपनी तरफ से मिला रहे हो?"

"नहीं, उन्होंने खुद कहा, मैं अपनी तरफ से क्यों मिलाता?"

"बात तो उन्होंने ठीक ही कही!"

"हम तो मिट जाएंगे!"

"हम तो यों ही मिटे हुए हैं!"

"रुपये कहां से आएंगे? भोजन के लिए तो ठिकाना ही नहीं, दंड कहां से दें?"

"और कुछ नहीं है; घर तो है। इसे रेहन रख दो और अब विलायती कपड़े भूलकर भी न बेचना। सड़ जाएं, कोई परवाह नहीं। तुमने सील तोड़कर यह आफत सिर ली। मेरी दवा-दारू की चिंता न करो। ईश्वर की जो इच्छा होगी, वह होगा। बाल-बच्चे भूखों मरते हैं, मरने दो। देश में करोड़ों आदमी ऐसे हैं, जिनकी दशा हमारी दशा से भी खराब है। हम न रहेंगे, देश तो सुखी होगा।"

छकौड़ी जानता था, अंबा जो कहती है, वह करके रहती है, कोई उज्र नहीं सुनती। वह सिर झुकाए, अंबा पर झुंझलाता हुआ घर से निकलकर महाजन के घर की ओर चला।

# रवींद्रनाथ टैगोर

## की
## सर्वश्रेष्ठ कहानियां

# नोबेल पुरस्कार विजेता विश्वकवि रवींद्रनाथ टैगोर

भारत के राष्ट्रीय गान 'जन-गण-मन' और बांग्लादेश के राष्ट्रीय गान 'आमार शोनार बांग्ला' के रचयिता, नोबेल पुरस्कार विजेता विश्वकवि, सुप्रसिद्ध साहित्यकार, लेखक, चित्रकार और समाजसेवी रवींद्रनाथ टैगोर का जन्म एक बंगाली परिवार में 7 मई, 1861 को हुआ था। इनके पिता देवेंद्रनाथ टैगोर सरल, सौम्य और साधु प्रकृति के व्यक्ति थे। उनकी साधुता से प्रभावित होकर लोग उन्हें 'महर्षि' कहकर संबोधित किया करते थे। उनकी माता शारदा देवी उदार प्रकृति की, किंतु अनुशासनप्रिय और कुशल गृहिणी थीं। रवींद्रनाथ टैगोर अपने माता-पिता की चौदहवीं संतान थे। उनका परिवार सुखी, संपन्न और समृद्ध था, इसीलिए उनके पालन-पोषण में किसी प्रकार की कठिनाई नहीं आई।

रवींद्रनाथ टैगोर बाल्यकाल से ही अद्भुत प्रतिभा के धनी थे। उन्होंने मात्र आठ वर्ष की आयु से ही कविता लिखना आरंभ कर दिया था। उनकी प्रारंभिक शिक्षा घर पर ही एक निजी शिक्षक के द्वारा आरंभ हुई। ओरिएंटल सेमिनरी, नॉर्मल स्कूल और सेंट जेवियर स्कूल आदि से उन्होंने प्रारंभिक शिक्षा पूर्ण की। महर्षि देवेंद्रनाथ उन्हें बैरिस्टर बनाना चाहते थे और बैरिस्टरी की पढ़ाई उन दिनों भारत के बजाय ब्रिटेन में ही होती थी। अतः सन् 1878 में उन्हें बैरिस्टरी की पढ़ाई के लिए इंग्लैंड भेजा गया। उनका इंग्लैंड के ब्रिजटोन पब्लिक स्कूल में एडमिशन करा दिया गया, लेकिन बैरिस्टरी की पढ़ाई में उनकी रुचि न थी। इसी कारण पढ़ाई अधूरी छोड़कर सन् 1880 में वे भारत लौट आए।

सन् 1883 में 22 वर्ष की अवस्था में रवींद्रनाथ टैगोर का विवाह बेनी माधव राय चौधरी की 11 वर्षीय पुत्री भवतारिणी देवी से हुआ। यह विडंबना ही थी कि अपने समय के सर्वाधिक रोमांटिक और महान साहित्यकार का विवाह एक अत्यंत सीधी-सादी और लगभग अनपढ़ लड़की से संपन्न हुआ, लेकिन रवींद्रनाथ ने इस पर रत्ती-भर भी अफसोस प्रकट न किया। रवींद्रनाथ जैसे आज्ञाकारी और विनीत पुत्र से यही अपेक्षा की जा सकती थी कि वे अपने पिता महर्षि देवेंद्रनाथ की पसंद को हृदय से स्वीकार करें और उन्होंने ऐसा ही किया। महर्षि की यह पसंद बाद में रवींद्रनाथ के लिए बहुत बड़ा आशीर्वाद सिद्ध हुई। इस सीधी-सरलमना पत्नी ने निष्ठा और यत्नपूर्वक सुख-सुविधाओं का जो सामान रवींद्रनाथ के लिए उपलब्ध कराया, वह एक पढ़ी-लिखी और रूप-विलास से परिपूर्ण नारी शायद ही जुटा पाती। रवींद्रनाथ ने सर्वगुणसंपन्न अपनी पत्नी भवतारिणी का विवाह के बाद नाम बदलकर मृणालिनी रखा।

अब रवींद्रनाथ टैगोर पूर्णतया साहित्य-सेवा की ओर प्रवृत्त हो चुके थे। प्रकृति के प्रति उनका गहरा अनुराग था। प्रकृति-प्रेम के कारण ही सन् 1890 में वे पत्नी मृणालिनी और अपने बच्चों को लेकर सियालदह आ गए। यहीं पर उनकी जमींदारी थीं। यहां उन्होंने अपने बच्चों की पढ़ाई के लिए एक अंग्रेज शिक्षक नियुक्त किया हुआ था, लेकिन बचपन से ही उनके मन में मौजूदा शिक्षा-व्यवस्था की त्रुटियां भरी हुई थीं। वास्तव में वे बच्चों के लिए स्वच्छंद, स्वतंत्र और सम्मानजनक शिक्षा प्रदान करने की इच्छा रखते थे। उनका मानना था कि प्रकृति ही सबसे बड़ी शिक्षक है। उन्होंने अपनी संतानों को भी प्रकृति के अभयारण्य में शिक्षा पाने के लिए स्वच्छंद छोड़ दिया था।

सियालदह में ही सन् 1891 में रवींद्रनाथ ने एक विलक्षण नाटिका 'चित्रांगदा' का सृजन किया। यह रचना बाद में 'चित्रा' शीर्षक से अंग्रेजी में प्रकाशित हुई। इसमें अर्जुन और राजकुमारी चित्रा के प्रेम, सौंदर्य और यथार्थपरक जीवन के विभिन्न पक्षों को प्रस्तुत किया गया था।

बंगाल के ग्रामीणांचल में वास करते हुए रवींद्रनाथ अपने देश, धर्म, संस्कृति और समाज के अत्यंत निकट आ गए थे। इसी परिवेश में रहते हुए उन्हें अपने देश के किसानों, मजदूरों एवं निरीह जनता की निर्बलता और विवशता के दर्शन हुए, जो बाद में उनकी लेखनी का विषय भी बने।

सन् 1894 के बाद के वर्षों में रवींद्रनाथ टैगोर की काव्य कृतियों में **'सोनार तरी'** (सोने की नाव), **'उर्वशी के प्रति'**, **'स्वर्ग हइते विदाई'** (स्वर्ग से विदा), **'एबार फिराओ मोरे'** (मुझे वापस कर दो), **'नदी'**, **'कल्पना'** और एकांकी काव्य नाटिका **'विदाई अभिशाप'** प्रमुख हैं। सन् 1896 में कविताओं का एक शानदार संकलन **'चैताली'**, एक पूर्णांक नाटिका **'मालिनी'**, हास्य-व्यंग्य पर आधारित रचनाओं में **'बैकुंठेर खाता'** (बैकुंठ का खाता) और **'चिरकुमार सभा'** उल्लेखनीय हैं। सन् 1900 में उनकी कृति **'क्षणिका'** और सन् 1901 में सौ कविताओं का संग्रह **'नैवेद्य'** प्रकाशित हुई।

बहुआयामी व्यक्तित्व के धनी रवींद्रनाथ टैगोर ने कविता, कहानी, नाटक, लेख, निबंध, व्यंग्य, आलोचना, उपन्यास और संस्मरण जैसी साहित्य की अनेक विधाओं पर लेखनी चलाई। सन् 1910 में बांग्ला भाषा में उनकी सुप्रसिद्ध पुस्तक **'गीतांजलि'** प्रकाशित हुई। इसे साहित्य का विश्व-प्रसिद्ध सम्मान 'नोबेल पुरस्कार' प्रदान किया गया। विश्वकवि रवींद्रनाथ टैगोर ऐसे पहले व्यक्ति थे, जो यूरोपवासी न होते हुए भी नोबेल पुरस्कार विजेता बने।

रवींद्रनाथ टैगोर के नाटकों, उपन्यासों और कहानियों में जन-सामान्य की गहन समस्याओं और संवेदनाओं को यथार्थपरक मार्मिकता के साथ उजागर किया गया है। इनकी प्रमुख रचनाओं में **'राजर्षि'** (1887), **'आंख की किरकिरी'** (1903), **'नौका डूबी'** (1906), **'गोरा'** (1910), **'घर और बाहर'** (1916),

'शेषेर कविता' (1929), 'योगायोग' (1929), 'दो बहनें' (1933) और 'चार अध्याय' (1934) आदि विशेष रूप से उल्लेखनीय हैं।

रवींद्रनाथ टैगोर की अनेक रचनाओं पर फिल्में और टी.वी. धारावाहिक बन चुके हैं। सन् 1945-46 में सुप्रसिद्ध निर्देशक नितिन बोस ने उनके उपन्यास 'नौका डूबी' पर 'मिलन' नामक फिल्म बनाई, जो दिलीप कुमार की भूमिका वाली पहली हिट फिल्म थी। सन् 2011 में इसी उपन्यास के मूल शीर्षक 'नौका डूबी' पर रितुपर्णो घोष ने राइमा और रिया सेन को लेकर पुन: एक फिल्म का निर्माण किया। सन् 1997 में रवींद्रनाथ टैगोर के उपन्यास 'चार अध्याय' पर नंदिनी घोषाल व सुमंत चट्टोपाध्याय के अभिनय और कुमार साहनी के निर्देशन में एक फिल्म का निर्माण किया गया। सन् 2003 में रितुपर्णो घोष ने 'आंख की किरकिरी' पर 'चोखेर बाली' नामक फिल्म बनाई। इसी प्रकार उनकी सुप्रसिद्ध कहानी 'काबुलीवाला' पर निर्माता बिमल राय ने सन् 1961 में सराहनीय फिल्म बनाई।

रवींद्रनाथ टैगोर राष्ट्रीय शिक्षा पद्धति पर भी स्वतंत्र विचार रखते थे। शिक्षा के संबंध में दीर्घकाल से उनके मन में एक धुंधली-सी छवि बनी हुई थी जिसे उन्होंने 'शांति निकेतन' की स्थापना करके मूर्त रूप प्रदान किया।

शिक्षा और शिक्षक की अवधारणा को स्पष्ट करते हुए रवींद्रनाथ टैगोर लिखते हैं—"शिशुओं को शिक्षा देने के लिए 'स्कूल' नाम के जिस यंत्र का निर्माण हुआ है, उसके द्वारा मानव-शिशु की शिक्षा बिलकुल भी पूरी नहीं हो सकती। सच्ची शिक्षा के लिए आश्रम की आवश्यकता पड़ती है, जहां समग्र जीवन की सजीव पृष्ठभूमि मौजूद होती है। शिक्षक (गुरु) तपोवन के केंद्रस्थल में विराजते हैं। वे यंत्र नहीं, मनुष्य होते हैं। उनका मनुष्यत्व निष्क्रिय नहीं, सक्रिय होता है, क्योंकि वे मनुष्यत्व के लक्ष्य की पूर्ति के लिए प्रयत्नशील रहते हैं। इसी तपस्या के गतिशील धाराप्रवाह में शिष्य के चरित्र को गतिशील बनाने की कोशिश करने का, उनके लिए अपनी साधना का ही एक अंग है। शिष्यों के जीवन को यह जो प्रेरणा मिलती है, उसके मूल में गुरु की संगति है। नित्य जागरूक मानव-चित्र का यह जो सत्संग है, यही आश्रम की शिक्षण पद्धति का सबसे मूल्यवान उपादान है। यह सत्संग अध्यापन का कोई विषय, पद्धति का उपकरण नहीं होता। गुरु का मन हर क्षण अपने आविष्कार में लगा रहता है, इसलिए अपने आपको भी वह दूसरों को दे देता है। जिस प्रकार सच्चे ऐश्वर्य का परिचय त्याग की स्वाभाविकता में है, उसी प्रकार प्राप्ति का आनंद दान देने के आनंद में अपनी यथार्थता प्रमाणित करना है।"

गुरुकुल पद्धति से शिक्षा को प्रचारित-प्रसारित करने के लिए गुरुदेव रवींद्रनाथ टैगोर ने 23 सितंबर, 1921 को शांति निकेतन के 'विश्व भारती विश्वविद्यालय' का औपचारिक उद्घाटन किया। एक ट्रस्ट बनाकर शांति निकेतन की समस्त संपत्ति और अब तक प्रकाशित मूल बांग्ला रचनाओं के कॉपीराइट गुरुदेव ने विश्वविद्यालय को भेंट कर दिए।

ब्रिटिश क्राउन ने विश्वकवि रवींद्रनाथ टैगोर की विशिष्ट साहित्यिक सेवाओं को ध्यान में रखते हुए उन्हें 'नाइटहुड' की उपाधि से सम्मानित किया, लेकिन सन् 1919 में जलियांवाला बाग नरसंहार के विरोधस्वरूप उन्होंने इस सम्मान को लौटा दिया।

विश्व-प्रसिद्ध कवि, लेखक, नाटककार, संगीतज्ञ और शिक्षाविद् के साथ ही दार्शनिक के रूप में भी रवींद्रनाथ टैगोर की ख्याति विश्व-भर में फैल चुकी थी। वे महात्मा गांधी, मुसोलिनी और आइंस्टीन जैसी वैश्विक हस्तियों से भेंट करने का सम्मान एवं गौरव प्राप्त कर चुके थे। 7 अगस्त, 1941 को नोबेल पुरस्कार विजेता विश्वकवि रवींद्रनाथ टैगोर संपूर्ण विश्व को साहित्य के आलोक से प्रकाशित करके ब्रह्मलीन हो गए।

# 1

# अनधिकार प्रवेश

जयकाली ने तुरंत ही अग्रसर होकर उसे रोक दिया और द्रुत गति से मंदिर का मुख्य द्वार अंदर से बंद कर दिया।

सुरापान से उन्मत्त डोम दल मंदिर के द्वार पर आकर चिल्लाने लगे। उन्हें उनका बलि-पशु वापस चाहिए!

जयकाली बंद द्वार के पीछे से ही चिल्लाकर बोली—"जाओ, यहां से भाग जाओ! मेरा मंदिर अपवित्र मत करो!"

डोम दल लौट गया। जयकाली ब्राह्मणी अपने राधानाथजी के मंदिर में एक अशुचि प्राणी को आश्रय देगी, यह प्रत्यक्ष देखकर भी किसी को अपनी आंखों पर विश्वास नहीं हो रहा था।

इस सामान्य-सी एक घटना ने अखिल जगत के महादेवता को भले ही परम प्रसन्न किया होगा, किंतु समाज नामधारी अति क्षुद्र देवता इससे बहुत क्षुब्ध हो गए।

एक सुबह सड़क के पास खड़े होकर एक लड़का दूसरे लड़के के साथ एक अत्यंत साहसिक कार्य से संबंधित शर्त रख रहा था। ठाकुरबाड़ी की पुष्प-वाटिका से फूल तोड़ सकेगा या नहीं—यही उनके तर्क का विषय था।

एक लड़का बोला—"फूल तोड़ सकेगा।"

दूसरा लड़का बोला—"कभी नहीं तोड़ सकेगा।"

यह काम सुनने में तो बहुत सरल है, लेकिन करना उतना सहज नहीं। ऐसा क्यों है, यह समझाने के लिए थोड़ा और विस्तार से बताना आवश्यक है।

स्वर्गवासी माधवचंद्र तर्कवाचस्पति की विधवा पत्नी जयकाली देवी राधानाथजी के मंदिर की उत्तराधिकारिणी थी। अध्यापक महाशय को तर्कवाचस्पति की उपाधि मिली जरूर थी, लेकिन वे कभी अपनी पत्नी के सामने यह सिद्ध नहीं कर पाए थे। कुछ पंडितों का कहना था कि उनकी उपाधि सार्थक हुई थी, क्योंकि सारे तर्क और वाक्य सब कुछ उनकी पत्नी के हिस्से में ही आए थे और वे पति रूप में इसका फल भोग रहे थे।

सत्य तो यह था कि जयकाली ज्यादा बात नहीं करती थी, लेकिन बहुधा सिर्फ दो बातों में, कभी-कभी तो मौन रहकर भी बड़ी-बड़ी बात करने वालों की बोलती बंद कर देती थी।

जयकाली दीर्घाकार, बलिष्ठ देहयष्टि, तीक्ष्ण नासिकायुक्त प्रखर बुद्धि वाली महिला थीं। उनके पति के जीवित रहते ही उन्हें प्राप्त देवोत्तर संपत्ति उनके हाथ से निकली जा रही थी, किंतु विधवा जयकाली ने अपनी समस्त बकाया संपत्ति वसूल कर उसकी सीमा-रेखा भी तय कर दी। जो उसका प्राप्य है, कोई भी उसमें से एक रत्ती भी उससे वंचित नहीं कर सकता था।

इस महिला में बहुमात्रा में पौरुष होने के कारण उसका कोई संगी-साथी नहीं था। दूसरी स्त्रियां उससे भय खाती थीं। परनिंदा, छोटी बात या फिर बात-बात पर रोना-धोना उसके लिए असहनीय था। इतना ही नहीं, पुरुष भी उससे भय ही खाते थे, क्योंकि ग्रामवासी चंडीमंडप में बैठकर आलस्य से भरे गपबाजी में जो दिन बिताते थे, उसे वह मौन घृणापूर्ण कटाक्ष द्वारा धिक्कारती थी, जो उनके स्थूल जड़त्व को भी भेदकर उनके हृदय में छेद कर देती थी।

प्रबल रूप में घृणा करना और उसी रूप में उसे प्रकट करने की असाधारण क्षमता थी, उस प्रौढ़ा विधवा में। उसकी विचारदृष्टि में यदि कोई अपराधी ठहरता तो उसे बिना बातों के भी भाव-भंगिमा से ही दग्ध कर देती थी।

वह गांव के सारे कार्यक्रमों, आपदा-विपदा में उपस्थिति रहती। हर जगह वह अपने लिए एक गौरवपूर्ण सर्वोच्च स्थान बिना चेष्टा के ही प्राप्त कर लेती थी। जहां भी उसकी उपस्थिति रहेगी, सबके बीच उसे ही प्रधान का पद मिलेगा, इस विषय में न उसे और न ही दूसरों को कोई संदेह रहता।

वह रोगी सेवा में सिद्धहस्त थी, लेकिन रोगी उससे यमराज की भांति डरता। रोगमुक्त होने के लिए नियम पालन में लेश-मात्र भी उल्लंघन करने पर जयकाली देवी की क्रोधाग्नि रोगी को बुखार से भी अधिक तप्त कर देती थी। दीर्घाकार यह महिला गांव के मस्तक पर विधाता के कठोर नियम-दंड की तरह सदैव उपस्थित रहती; कोई उसकी अवहेलना नहीं कर सकता था और न ही उससे प्रेम करता था। गांव के प्रत्येक व्यक्ति से उसका योगसूत्र था, लेकिन फिर भी उसके जैसी एकाकी महिला और कोई नहीं थी।

जयकाली देवी नि:संतान थी। मातृ-पितृहीन अपने भाई की दो संतानों को वह लालन-पालन के लिए अपने घर ले आई थी। घर में कोई पुरुष अभिभावक न होने के कारण उन दोनों पर कड़ा अनुशासन नहीं था और स्नेहांध बुआ के प्रेम से दोनों बिगड़ते जा रहे हैं–ऐसी बात कोई नहीं कह सकता था। उन दोनों में से बड़े की उम्र अट्ठारह वर्ष थी। कभी-कभी उसके विवाह के प्रस्ताव भी आते थे और परिणयसूत्र में बंधने के प्रति उस किशोर का मन भी कदाचित् उदासीन नहीं था, लेकिन उसकी बुआ ने इस सुख-वासना को एक दिन के लिए भी प्रश्रय नहीं दिया। अन्य महिलाओं की भांति किशोर नव दंपती के नव प्रेमोद्गम दृश्य उसकी कल्पना में बहुत उपभोग्य, मनोरम जैसा कुछ नहीं था और उसका भतीजा विवाह कर दूसरे पुरुषों की तरह दिन-भर घर में पड़े रहकर पत्नी के प्रेम आह्लाद में खा-पीकर मोटा होता रहे, ये संभावना उसके सम्मुख असंभव प्रतीत होती थी। वह बहुत कड़े शब्दों में कहती–"पुलिन पहले उपार्जन करना शुरू करे, उसके बाद ही बहू घर आएगी।" बुआ के इतने कठोर शब्द सुन आगंतुकों का हृदय फट जाता।

ठाकुरबाड़ी (मंदिर) जयकाली देवी के लिए सर्वप्रमुख और यत्नशील धन था। भगवान के शयन, स्नान-आहार में तिल-मात्र की त्रुटि भी उसे असहनीय थी। पुजारी ब्राह्मण भी अपने दो देवताओं की अपेक्षा इस मानवी से सबसे ज्यादा भय खाते थे। पहले एक समय था, जब स्वयं देवता के नाम से निकला हिस्सा भी उन्हें पूरा नहीं मिलता था। कारण, पुजारी ब्राह्मण की एक और पूजक-मूर्ति गोपनीय मंदिर में थी; उसका नाम निस्तारिणी था। छुपाकर घी-दूध, छैना, मैदा, नैवेद्य स्वर्ग और नर्क में बराबर बांट दिया करता था, लेकिन आजकल जयकाली के सामने देवता को उनके हिस्से का सोलह आना पूरा ही भोग चढ़ा दिया जाता है, उपदेवता को जीविका के लिए अब अन्यत्र उपाय देखना पड़ रहा है।

जयकाली की सेवा और यत्न से मंदिर प्रांगण साफ-सुथरा झकझक करता है–कहीं एक तिनका भी पड़ा नहीं रहता। प्रांगण के पार्श्व में माधवी लता उग आई है। उसका यदि एक भी सूखा पत्ता गिरे तो जयकाली तुरंत उसे उठाकर बाहर फेंक देती है। मंदिर की परिपाटी–'शुद्धता और पवित्रता में लेश-मात्र भी व्यवधान होने पर जयकाली देवी उसे सहन नहीं कर पाती थी। पहले गांव के लड़के छुपा-छुपी खेलते हुए इसी प्रांगण में आश्रय लेते थे, लेकिन अब यह सुयोग संभव नहीं। पर्व-उत्सव के अतिरिक्त मंदिर के प्रांगण में ऊधम मचाने की अनुमति किसी को नहीं। कभी-कभी बकरी शावक भी घुस आते थे–पौधे, लता-पत्ते खाकर अपनी भूख मिटाने के लिए, लेकिन अब यहां पांव धरने पर दंड-प्रहार खाकर मिमियाते हुए भागना पड़ता है।

अनाचारी व्यक्ति, चाहे वह परम आत्मीय संबंधी ही क्यों न हो, उसका मंदिर प्रांगण में प्रवेश नहीं हो सकता था। जयकाली की एक भगिनी का पति, जो खान-पान में धर्मच्युत, मांस-लोलुप था, आत्मीयतापूर्वक भेंट करने आया, किंतु जयकाली के

त्वरित प्रवेश-विरोध प्रदर्शन पर सगी बहन से संबंध विच्छेद हो गया। इस मंदिर से संबंधित अनावश्यक अतिरिक्त सतर्कता सामान्य व्यक्तियों के बीच पागलपन ही माना जाता था।

जयकाली हर जगह कठोर, दृढ़ और स्वतंत्र थी, मात्र इस मंदिर में वह संपूर्ण आत्म-समर्पित थी। इस मूर्ति के सामने जयकाली जननी, पत्नी, दासी के साथ ही सतर्क, सुकोमल, सुंदर और नम्र थी। एकमात्र इस मंदिर प्रस्तर और अंदर विराजे देवता के सामने ही जयकाली का निगूढ़ नारी-स्वभाव चरितार्थ होता था, यही उसका स्वामी, पुत्र और समस्त संसार बन गया था।

इतना जानने के बाद पाठक अब समझ सकते हैं कि मंदिर के प्रांगण से फूल तोड़कर दिखाने की प्रतिज्ञा करने वाले लड़के के साहस की सचमुच कोई सीमा नहीं थी। वह जयकाली का छोटा भतीजा नलिन था। वह अपनी बुआ को बहुत अच्छी तरह जानता है, फिर भी उसकी दुर्दांत प्रकृति, बुआ के अनुशासन के वश में नहीं आई। जहां भी विपदा हो, उसका आकर्षण भी वहीं होता और जहां अनुशासन, वहीं उसका मन उसे तोड़ने को चंचल हो उठता। जनश्रुति है, नलिन की बुआ भी अपने बाल्यकाल में उसी के स्वभाव के अनुरूप थी।

जयकाली उस समय मातृ स्नेहमिश्रित भक्ति भाव सहित देवता की ओर दृष्टि टिकाए दालान में बैठकर माला का जाप कर रही थी।

लड़का दबे पांव चुपचाप पीछे से आकर माधवी लता के नीचे खड़ा हो गया। देखा, निचली शाखाओं के फूल देवता को चढ़ाने के लिए तोड़ लिए गए हैं, तब बहुत ही धीरे-धीरे वह सावधानी से मंच पर चढ़ गया। ऊंची डाल पर छोटी-छोटी कलियां लगी हुई थीं, उन्हें ही तोड़ने के लिए उसने अपने शरीर और बांहों को ऊपर उठाना शुरू ही किया था कि जीर्ण मंच मचमच की आवाज के साथ टूटकर टुकड़े-टुकड़े हो गया। मंच से झूलती लताएं और नलिन दोनों ही एक साथ भूमिसात् हो गए।

जयकाली दौड़कर आई और अपने भतीजे के कांड की दर्शक बनी। जोर से उसकी बांह पकड़ उसे जमीन से उठाया।

नलिन को काफी चोट आई थी, लेकिन उन चोटों को पर्याप्त सजा नहीं कहा जा सकता, क्योंकि वह अज्ञात रूप से मिल गई थी, ऐसा जयकाली देवी का विचार था, इसलिए उस चोटिल लड़के पर बुआ की कठोर मुष्टि का प्रहार भी पड़ने लगा। लड़के की आंख से एक बूंद आंसू नहीं टपका, तब उसे खींचते हुए एक कमरे में लाकर बंद कर दिया गया। इतना ही नहीं, आज शाम का खाना भी न देने का आदेश हो गया।

खाना बंद होने का आदेश सुन दासी लीलामति छलछलाती आंखों के साथ बच्चे को क्षमा कर देने का अनुरोध करने लगी, किंतु जयकाली का मन नहीं पसीजा। उस

घर में ऐसा कोई दु:साहसी नहीं था, जो ब्राह्मणी के आदेश की अवमानना कर उस भूखे बच्चे को कुछ भी छुपाकर खिला सके।

जयकाली नया मंच बनाने का आदेश देकर पुन: माला का जाप करने दालान में आकर बैठ गई।

कुछ देर बाद लीलामति पुन: उपस्थित हुई, बोली—"लड़का भूख से रो रहा है, उसे कुछ खाने के लिए दे दूं?"

अविचलित एक शब्द में उत्तर मिला—"नहीं!"

लीलामति चुपचाप लौट गई। पास ही एक कमरे में बंद नलिन के रोने का करुण स्वर धीरे-धीरे क्रोध गर्जना में परिवर्तित होने लगा।

अंत में बहुत देर बाद उसका कातर रुद्ध कंठ-स्वर माला जपती हुई बुआ के कान तक पहुंचा।

नलिन का रुदन जब थककर मौनप्राय हो गया, ठीक तभी एक दूसरे प्राणी की डरी हुई कातर ध्वनि सुनाई पड़ने लगी और उसके साथ ही एकसाथ दौड़ते हुए चीत्कार करते कुछ लोगों की कलरव ध्वनि मंदिर के सम्मुख उपस्थित हुई।

सहसा मंदिर के प्रांगण में पद-ध्वनि हुई। जयकाली ने पीछे मुड़कर देखा, भूमि तक माधवी लता हिल रही है।

मृदु स्वर में जयकाली ने आवाज दी—"नलिन!"

कोई उत्तर नहीं मिला। समझी, किसी प्रकार बंदीगृह से पलायन कर फिर से उन्हें तंग करने यहां पहुंच गया है।

अपनी मुस्कान होंठों में दबाकर वह स्वयं को छुपाते हुए प्रांगण में उतर आई।

लताकुंज के पास जाकर पुन: आवाज लगाई—"नलिन!"

कोई उत्तर नहीं मिला। एक शाखा हटाकर जयकाली ने देखा, एक शूकर प्राणभय से आक्रांत होकर घने लताकुंज में आश्रय लेकर छुपा हुआ है।

जो लताकुंज इष्टदेवता के वृंदावन का प्रतिरूप है, जिसकी खिली हुई कलियों की सुगंध गोपियों की श्वास-सुरभि की याद दिलाती है और कालिंदी तट के सुखविहार, सौंदर्यस्वप्न को जाग्रत करती है—जयकाली के प्राणों से भी अधिक यत्न से पवित्र बनाए रखे इस नंदन भूमि पर अकस्मात् ऐसी वीभत्स घटना घट गई!

पुजारी लाठी हाथ में लेकर दौड़ा आया।

जयकाली ने तुरंत ही अग्रसर होकर उसे रोक दिया और द्रुत गति से मंदिर का मुख्य द्वार अंदर से बंद कर दिया।

सुरापान से उन्मत्त डोम दल मंदिर के द्वार पर आकर चिल्लाने लगे। उन्हें उनका बलि-पशु वापस चाहिए!

जयकाली बंद द्वार के पीछे से ही चिल्लाकर बोली—"जाओ, यहां से भाग जाओ! मेरा मंदिर अपवित्र मत करो!"

डोम दल लौट गया। जयकाली ब्राह्मणी अपने राधानाथजी के मंदिर में एक अशुचि प्राणी को आश्रय देगी, यह प्रत्यक्ष देखकर भी किसी को अपनी आंखों पर विश्वास नहीं हो रहा था।

इस सामान्य-सी एक घटना ने अखिल जगत के महादेवता को भले ही परम प्रसन्न किया होगा, किंतु समाज नामधारी अति क्षुद्र देवता इससे बहुत क्षुब्ध हो गए।

# 2

# अनमोल भेंट

रायचरण ने अनुकूल बाबू के पांव पकड़ते हुए कहा–"सरकार, मुझे न निकालिए, मैंने आपका बच्चा नहीं चुराया था, बल्कि परमात्मा ने चुराया था।"

अनुकूल बाबू को गंवार की इस बात पर और भी अधिक क्रोध आ गया। वे बोले–"नहीं, अब मैं तुम पर विश्वास नहीं कर सकता। तुमने मेरे साथ कृतघ्नता की है।"

रायचरण ने फिर कहा–"सरकार, मेरा कुछ अपराध नहीं।"

अनुकूल बाबू त्यौरियों पर बल डालकर कहने लगे–"फिर किसका अपराध है?"

रायचरण ने उत्तर दिया–"मेरे भाग्य का।"

परंतु शिक्षित व्यक्ति भाग्य का अस्तित्व स्वीकार नहीं कर सकता।

रायचरण बारह वर्ष की आयु से अपने मालिक का बच्चा खिलाने के लिए नौकर हुआ था। उसके पश्चात् काफी समय बीत गया। नन्हा बच्चा रायचरण की गोद से निकलकर स्कूल में प्रविष्ट हुआ, स्कूल से कॉलेज में पहुंचा और पढ़-लिखकर वह एक सरकारी संस्थान में नौकरी पर लग गया। रायचरण अब भी बच्चा ही खिलाता था और यह बच्चा उसकी गोद के पाले हुए अनुकूल बाबू का पुत्र था।

बच्चा घुटनों के बल चलकर बाहर निकल जाता। जब रायचरण दौड़कर उसे पकड़ता तो वह रोता और अपने नन्हे-नन्हे हाथों से रायचरण को मारता।

रायचरण हंसकर कहता–'हमारा भैया भी बड़ा होकर जज साहब बनेगा।' जब वह रायचरण को 'चन्ना' कहकर पुकारता तो उसका हृदय बहुत हर्षित होता। रायचरण दोनों हाथ पृथ्वी पर टेककर घोड़ा बनता और बच्चा उसकी पीठ पर सवार हो जाता।

इन्हीं दिनों अनुकूल बाबू की बदली परयां नदी के किनारे एक जिले में हो गई। नए स्थान की ओर जाते हुए कलकत्ता से उन्होंने अपने बच्चे के लिए मूल्यवान आभूषण और कपड़ों के अतिरिक्त एक छोटी-सी सुंदर गाड़ी भी खरीदी।

वर्षा ऋतु थी। कई दिनों से मूसलाधर वर्षा हो रही थी। ईश्वर-ईश्वर करते हुए बादल फटे। संध्या का समय था। बच्चे ने बाहर जाने के लिए आग्रह किया। रायचरण उसे गाड़ी में बिठाकर बाहर ले गया। खेतों में पानी खूब भरा हुआ था। बच्चे ने फूलों का गुच्छा देखकर जिद की। रायचरण ने उसे बहलाना चाहा, किंतु वह न माना। विवश होकर रायचरण बच्चे का मन रखने के लिए घुटनों-घुटनों पानी में जाकर फूल तोड़ने लगा। कई बार उसके पांव कीचड़ में बुरी तरह धंस गए।

बच्चा तनिक देर मौन गाड़ी में बैठा रहा, फिर उसका ध्यान लहराती हुई नदी की ओर गया। वह चुपके से गाड़ी से उतरा। वहीं पास ही पड़ी एक लकड़ी उठाई और भयानक नदी के तट पर पहुंचकर उसकी लहरों से खेलने लगा। नदी के शोर में ऐसा मालूम होता था कि नदी की चंचल और मुंहजोर जल-परियां सुंदर बच्चे को अपने साथ खेलने के लिए बुला रही हैं।

रायचरण फूल लेकर वापस आया तो देखा गाड़ी खाली है। उसने इधर-उधर देखा तो उसके पैरों के नीचे से धरती निकल गई। वह पागलों की भांति चहुं ओर देखने लगा। वह बार-बार बच्चे का नाम लेकर पुकारता था, लेकिन उत्तर में 'चन्ना' की मधुर ध्वनि न आती थी।

चारों ओर अंधेरा छा गया। बच्चे की माता को चिंता होने लगी। उसने चारों ओर आदमी दौड़ाए। कुछ व्यक्ति लालटेन लिये हुए नदी के किनारे खोजने पहुंचे। रायचरण उन्हें देखकर उनके चरणों में गिर पड़ा। उन्होंने उससे प्रश्न करने आरंभ किए, किंतु वह प्रत्येक प्रश्न के उत्तर में यही कहता–'मुझे कुछ मालूम नहीं।'

यद्यपि प्रत्येक व्यक्ति की यह सम्मति थी कि छोटे बच्चे को परयां नदी ने अपने आंचल में छिपा लिया है, किंतु फिर भी हृदय में विभिन्न प्रकार की शंकाएं उत्पन्न हो रही थीं। एक शंका यह भी थी कि उसी संध्या को निर्वासितों का एक समूह नगर से गया था और मां को संदेह था कि रायचरण ने कहीं बच्चे को निर्वासितों के हाथों न बेच दिया हो। वह रायचरण को अलग ले गई और उससे विनती करते हुए कहने लगी–"रायचरण, तुम मुझसे जितना रुपया चाहो, ले लो, किंतु परमात्मा के लिए मेरी दशा पर तरस खाकर मेरा बच्चा मुझको वापस कर दो।"

रायचरण कुछ उत्तर न दे सका, केवल माथे पर हाथ मारकर मौन हो गया।

स्वामिनी ने क्रोध और आवेश की दशा में उसे घर से बाहर निकाल दिया। अनुकूल बाबू ने पत्नी को बहुत समझाया, किंतु माता के हृदय से शंकाएं दूर न हुई। वह बराबर यही कहती रही–"मेरा बच्चा सोने के आभूषण पहने हुए था, अवश्य इसने...।"

रायचरण अपने गांव वापस चला आया। उसकी कोई संतान न थी और न ही संतान होने की कोई संभावना थी, किंतु साल की समाप्ति पर उसके घर पुत्र ने जन्म लिया; परंतु पत्नी सूतिका-गृह में ही मर गई। घर में एक विधवा बहन थी। उसने बच्चे के पालन-पोषण का भार अपने ऊपर लिया।

जब बच्चा घुटनों के बल चलने लगा, वह घरवालों की नजर बचाकर बाहर निकल जाता। रायचरण जब उसे दौड़कर पकड़ता तो वह चंचलता से उसे मारता। उस समय रायचरण के नेत्रों के सामने अपने उस नन्हें मालिक की सूरत फिर जाती, जो परयां नदी की लहरों में लुप्त हो गया था।

बच्चे की जबान खुली तो वह बाप को 'बाबा' और बुआ को 'मामा' इस ढंग से कहता था, जिस ढंग से रायचरण का नन्हा मालिक बोलता था। रायचरण उसकी आवाज से चौंक उठता। उसे पूर्ण विश्वास था कि उसके मालिक ने उसके घर में जन्म लिया है।

इस विचार को निर्धारित करने के लिए उसके पास तीन प्रमाण थे। एक तो यह कि वह नन्हे मालिक की मृत्यु के थोड़े ही समय पश्चात् उत्पन्न हुआ। दूसरे यह कि उसकी पत्नी वृद्ध हो गई थी और संतान-उत्पत्ति की कोई आशा न थी। तीसरा यह कि बच्चे के बोलने का ढंग और उसकी संपूर्ण भाव-भंगिमाएं नन्हे मालिक से मिलती-जुलती थीं।

वह हर समय बच्चे की देखभाल में संलग्न रहता। उसे भय था कि उसका नन्हा मालिक फिर कहीं गायब न हो जाए। वह बच्चे के लिए एक गाड़ी लाया और अपनी पत्नी के आभूषण बेचकर बच्चे के लिए आभूषण बनवा दिए। वह उसे गाड़ी में बिठाकर प्रतिदिन वायु-सेवन के लिए बाहर ले जाता था।

धीरे-धीरे दिन बीतते गए और बच्चा बड़ा हो गया, परंतु इस लाड़-चाव में वह बहुत बिगड़ गया था। किसी से सीधे मुंह बात न करता। गांव के लड़के उसे लाट साहब कहकर छेड़ते।

जब लड़का शिक्षा पाने के योग्य हुआ तो रायचरण अपनी छोटी-सी जमीन बेचकर कलकत्ता आ गया। उसने दौड़-धूप करके नौकरी खोजी और फलन का स्कूल में दाखिल करवा दिया। उसे पूर्ण विश्वास था कि बड़ा होकर फलन अवश्य जज बनेगा।

अब फलन की आयु होते-होते बारह वर्ष हो गई। अब वह खूब पढ़-लिख सकता था। उसका स्वास्थ्य अच्छा और सूरत-शक्ल भी बहुत अच्छी थी। उसे बनाव-शृंगार की भी बड़ी चिंता रहती थी। जब देखो, दर्पण हाथ में लिये वह बाल बना रहा होता।

वह अपव्ययी भी बहुत था। पिता की सारी आय व्यर्थ की विलास-सामग्री में व्यय कर देता। रायचरण उससे प्रेम तो पिता की भांति करता था, किंतु प्रायः उसका बर्ताव उस लड़के से ऐसा ही था, जैसे मालिक के साथ नौकर का होता है। उसका फलन भी उसे पिता न समझता था। दूसरी बात यह थी कि रायचरण स्वयं को फलन का पिता प्रकट भी न करता था।

छात्रावास के विद्यार्थी रायचरण के गंवारपन का उपहास करते और फलन भी उन्हीं के साथ सम्मिलित हो जाता।

रायचरण ने जमीन बेचकर जो कुछ रुपया प्राप्त किया था, वह अब लगभग सारा समाप्त हो चुका था। उसका साधारण वेतन फलन के खर्चों के लिए कम था। वह प्रायः अपने पिता से जेब-खर्च और विलास की सामग्री तथा अच्छे-अच्छे वस्त्रों के लिए झगड़ता रहता था।

आखिर एक युक्ति रायचरण के मस्तिष्क में आई–उसने नौकरी छोड़ दी और उसके पास जो कुछ शेष रुपया था, फलन को सौंपकर बोला–"फलन, मैं एक आवश्यक कार्य से गांव जा रहा हूं, बहुत जल्द वापस आ जाऊंगा। तुम किसी बात से घबराना नहीं।"

## 2

रायचरण सीधा उस स्थान पर पहुंचा, जहां अनुकूल बाबू जज के ओहदे पर लगे हुए थे। उनके और कोई दूसरी संतान न थी, इस कारण उनकी पत्नी हर समय चिंतित रहती थी।

अनुकूल बाबू कचहरी से वापस आकर कुर्सी पर बैठे हुए थे और उनकी पत्नी संतानोत्पत्ति के लिए बाजारू दवा बेचने वाले से जड़ी-बूटियां खरीद रही थी।

काफी दिनों के पश्चात् वह अपने वृद्ध नौकर रायचरण को देखकर आश्चर्यचकित हुई, पुरानी सेवाओं का विचार करके उसे रायचरण पर तरस आ गया और उससे पूछा–"क्या तुम फिर नौकरी करना चाहते हो?"

रायचरण ने मुस्कराकर उत्तर दिया–"मैं अपनी मालकिन के चरण छूना चाहता हूं।"

अनुकूल बाबू रायचरण की आवाज सुनकर कमरे से निकल आए। रायचरण की शक्ल देखकर उनके कलेजे का जख्म ताजा हो गया और उन्होंने मुख फेर लिया।

रायचरण ने अनुकूल बाबू को संबोधित करके कहा–"सरकार, आपके बच्चे को परयां ने नहीं, बल्कि मैंने चुराया था।"

अनुकूल बाबू ने आश्चर्य से कहा–"तुम यह क्या कह रहे हो? क्या मेरा बच्चा वास्तव में जिंदा है?"

उसकी पत्नी ने उछलकर कहा–"भगवान के लिए बताओ, मेरा बच्चा कहां है?"

रायचरण ने कहा–"आप संतोष रखें, आपका बच्चा इस समय भी मेरे पास है।"

अनुकूल बाबू की पत्नी ने रायचरण से अत्यधिक विनती करते हुए कहा–"मुझे बताओ।"

रायचरण ने कहा–"मैं उसे परसों ले आऊंगा।"

## 3

रविवार का दिन था। जज साहब अपने मकान में बेचैनी से रायचरण की प्रतीक्षा कर रहे थे। कभी वे कमरे में इधर-उधर टहलने लगते और कभी थोड़े समय के लिए आरामकुर्सी पर बैठ जाते। आखिर दस बजे के लगभग रायचरण ने फलन का हाथ पकड़े हुए कमरे में प्रवेश किया।

अनुकूल बाबू की घरवाली फलन को देखते ही दीवानों की भांति उसकी ओर लपकी और उसे बड़े जोर से गले लगा लिया। उनके नेत्रों से अश्रुओं का समुद्र उमड़ पड़ा। कभी वह उसे प्यार करती, कभी आश्चर्य से उसकी सूरत तकने लग जाती। फलन सुंदर था और उसके कपड़े भी अच्छे थे।

अनुकूल बाबू के हृदय में भी पुत्र-प्रेम का आवेश उत्पन्न हुआ, किंतु जरा-सी देर के बाद उनके पितृ-प्रेम का स्थान कानून भावना ने ले लिया और उन्होंने रायचरण से पूछा–"भला इसका प्रमाण क्या है कि यह बच्चा मेरा है?"

रायचरण ने उत्तर दिया–"इसका उत्तर मैं क्या दूं सरकार! इस बात का ज्ञान तो परमात्मा के सिवा और किसी को नहीं हो सकता कि मैंने ही आपका बच्चा चुराया था।"

जब अनुकूल बाबू ने देखा कि उनकी पत्नी फलन को कलेजे से लगाए हुए है, तो प्रमाण मांगना व्यर्थ है। इसके अतिरिक्त उन्हें ध्यान आया कि इस गंवार को ऐसा सुंदर बच्चा कहां मिल सकता था और झूठ बोलने से क्या लाभ हो सकता है!

सहसा उन्हें अपने वृद्ध नौकर की बेध्यानी याद आ गई और कानूनी मुद्रा में बोले–"रायचरण, अब तुम यहां नहीं रह सकते।"

रायचरण ने ठंडी उसांस भरकर कहा–"सरकार, अब मैं कहां जाऊं? बूढ़ा हो गया हूं, अब मुझे कोई नौकर भी न रखेगा। भगवान के लिए अपने द्वार पर पड़ा रहने दीजिए।"

अनुकूल बाबू की पत्नी बोली–"रहने दो, हमारा क्या नुकसान है? हमारा बच्चा भी इसे देखकर प्रसन्न रहेगा।"

अनुकूल बाबू की कानूनी नस भड़की हुई थी। उन्होंने तुरंत उत्तर दिया–"नहीं, इसका अपराध बिलकुल क्षमा नहीं किया जा सकता।"

रायचरण ने अनुकूल बाबू के पांव पकड़ते हुए कहा–"सरकार, मुझे न निकालिए, मैंने आपका बच्चा नहीं चुराया था, बल्कि परमात्मा ने चुराया था।"

अनुकूल बाबू को गंवार की इस बात पर और भी अधिक क्रोध आ गया। वे बोले–"नहीं, अब मैं तुम पर विश्वास नहीं कर सकता। तुमने मेरे साथ कृतघ्नता की है।"

रायचरण ने फिर कहा–"सरकार, मेरा कुछ अपराध नहीं।"

अनुकूल बाबू त्यौरियों पर बल डालकर कहने लगे–"फिर किसका अपराध है?"

रायचरण ने उत्तर दिया–"मेरे भाग्य का।"

परंतु शिक्षित व्यक्ति भाग्य का अस्तित्व स्वीकार नहीं कर सकता।

फलन को जब मालूम हुआ कि वह वास्तव में एक धनी व्यक्ति का पुत्र है, तो उसे भी रायचरण की इस चेष्टा पर क्रोध आया कि उसने इतने दिनों तक क्यों उसे कष्ट में रखा, लेकिन रायचरण को देखकर उसे दया भी आई। उसने अनुकूल बाबू से कहा–"पिताजी, इसको क्षमा कर दीजिए। यदि आप इसको अपने साथ नहीं रखना चाहते, तो इसकी थोड़ी पेंशन कर दें।"

अपने ही बेटे की यह बात सुनने के बाद रायचरण अंतिम बार फलन को देखकर अनुकूल बाबू की कोठी से निकलकर चुपचाप कहीं चला गया।

महीना समाप्त होने पर अनुकूल बाबू ने रायचरण के गांव कुछ रुपया भेजा, किंतु मनीऑर्डर वापस आ गया, क्योंकि गांव में अब इस नाम का कोई व्यक्ति न था।

# 3

# अतिथि

चारु समझती थी कि तारापद विशेष रूप से उन्हीं का तारापद था–अत्यंत गुप्त रूप में संरक्षणीय; अन्य साधारण जन केवल उसका थोड़ा-बहुत आभास-मात्र पाएंगे, फिर भी किसी भी तरह उसका सामीप्य न पा सकेंगे, दूर से ही उसके रूप-गुण पर मुग्ध होंगे और चारुशशि को धन्यवाद देते रहेंगे। यही अद्भुत दुर्लभ, दैवलब्ध ब्राह्मण बालक सोनामणि के लिए सहज उपलब्ध क्यों हुआ? हम यदि उसे इतना यत्न करके न लाते, इतने यत्न से न रखते तो सोनामणि आदि उसका दर्शन कहां से पातीं? सोनामणि का 'भैया' शब्द सुनते ही उसके शरीर में आग लग गई।

चारु जिस तारापद को मन-ही-मन विद्वेष बाणों से जर्जर करने की चेष्टा करती रही है, उसी के एकाधिकार को लेकर इतना प्रबल उद्वेग क्यों? किसकी सामर्थ्य है, जो यह समझे?

कांठलिया के जमींदार मतिलाल बाबू नौका से सपरिवार अपने घर जा रहे थे। रास्ते में दोपहर के समय नदी के किनारे की एक मंडी के पास नौका बांधकर वे भोजन बनाने का आयोजन करने लगे। इसी बीच एक ब्राह्मण बालक ने आकर पूछा–"बाबू, तुम लोग कहां जा रहे हो?"

सवाल करने वाले की उम्र पंद्रह-सोलह से अधिक न होगी।

मति बाबू ने उत्तर दिया–"कांठालिया।"

ब्राह्मण बालक ने कहा–"मुझे रास्ते में नंदीग्राम उतार देंगे आप?"

बाबू ने स्वीकृति प्रकट करते हुए पूछा–"तुम्हारा क्या नाम है?"

ब्राह्मण बालक ने कहा–"मेरा नाम तारापद है।"

गौरवर्ण बालक देखने में बड़ा सुंदर था। उसकी बड़ी-बड़ी आंखों और मुस्कराते हुए अधरों पर सुललित सुकुमारता झलक रही थी। वस्त्र के नाम पर उसके पास एक मैली धोती थी। नग्न हुई देह में किसी प्रकार का बाहुल्य न था मानो किसी शिल्पी ने बड़े यत्न से निर्दोष, सुडौल रूप से गढ़ा हो मानो वह पूर्व जन्म में तापस बालक रहा हो और निर्मल तपस्या के प्रभाव से उसकी देह का बहुत-सा अतिरिक्त भाग क्षय होकर एक समान अर्जित ब्राह्मण्य-श्री परिस्फुट हो उठी हो।

मतिलाल बाबू ने बड़े स्नेह से उससे कहा–"बेटा, स्नान कर आओ–भोजनादि यहीं होगा।"

तारापद बोला–"ठहरिए!" और वह तत्क्षण नि:संकोच भोजन के आयोजन में सहयोग देने लगा।

मतिलाल बाबू का नौकर गैर-बंगाली था, मछली आदि काटने में वह इतना निपुण नहीं था; तारापद ने उसका काम स्वयं लेकर थोड़े ही समय में अच्छी तरह से संपन्न कर दिया और दो-एक तरकारी को भी बड़ी कुशलता से तैयार कर दिया। भोजन बनाने का कार्य समाप्त होने पर तारापद ने नदी में स्नान करके पोटली खोली और एक सफेद वस्त्र धारण किया; काठ की एक छोटी-सी कंघी लेकर सिर के बड़े-बड़े बाल माथे पर से हटाकर गरदन पर डाल लिये और स्वच्छ जनेऊ का धागा छाती पर लटकाकर नौका पर बैठे मति बाबू के पास जा पहुंचा।

मति बाबू उसे नौका के भीतर ले गए। वहां मति बाबू की स्त्री और उनकी नौ वर्षीय कन्या बैठी थी। मति बाबू की स्त्री अन्नपूर्णा इस सुंदर बालक को देखकर स्नेह से उच्छवसित हो उठी और मन-ही-मन कह उठी–'अहा! किसका बच्चा है, कहां से आया है? इसकी मां इसे छोड़कर किस प्रकार जीती होगी?'

यथासमय मति बाबू और इस लड़के के लिए पास-पास दो आसन डाले गए। लड़का ऐसा भोजन-प्रेमी न था, अन्नपूर्णा ने उसका अल्प आहार देखकर मन में सोचा कि लजा रहा है; उससे यह-वह खाने के लिए बहुत अनुरोध करने लगीं; किंतु जब वह भोजन से निवृत्त हो गया, तो उसने कोई भी अनुरोध न माना। देखा गया, लड़का हर काम अपनी इच्छा के अनुसार करता, लेकिन ऐसे सहज भाव से करता कि उसमें किसी भी प्रकार की जिद या हठ का आभास न मिलता। उसके व्यवहार में लज्जा के लक्षण लेश-मात्र भी दिखाई नहीं पड़े।

सबके भोजनादि के बाद अन्नपूर्णा ने तारापद को पास बिठाया और प्रश्नों द्वारा उसका इतिहास जानने की कोशिश करने लगी, लेकिन कुछ भी विस्तृत विवरण का पता न चल सका। बस इतनी-सी बात जानी जा सकी कि लड़का सात-आठ बरस की उम्र में ही स्वेच्छा से घर छोड़कर भाग आया था।

अन्नपूर्णा ने प्रश्न किया–"तुम्हारी मां नहीं है?"

तारापद ने कहा–"हैं।"

अन्नपूर्णा ने पूछा–"वे तुम्हें प्यार नहीं करतीं?"

इसे अत्यंत विचित्र प्रश्न समझकर हंसते हुए तारापद ने कहा–"प्यार क्यों नहीं करेंगी!"

अन्नपूर्णा ने प्रश्न किया–"तो फिर तुम उन्हें छोड़कर क्यों आए?"

तारापद बोला–"उनके और भी चार लड़के और तीन लड़कियां हैं।"

बालक के इस विचित्र उत्तर से व्यथित होकर अन्नपूर्णा ने कहा–"ओ मां, यह कैसी बात है! पांच उंगलियां हैं, तो क्या एक उंगली त्यागी जा सकती है?"

तारापद की उम्र कम थी, उसका इतिहास भी उसी के अनुपात में संक्षिप्त था; किंतु लड़का बिलकुल असाधारण था। वह अपने माता-पिता का चौथा पुत्र था। शैशव में ही पितृहीन हो गया था। बहु-संतान वाले घर में भी तारापद सबको अत्यंत प्यारा था। मां, भाई-बहन और मुहल्ले के सभी लोगों से वह स्नेह-लाभ करता था। यहां तक कि गुरुजी भी उसे मारते नहीं थे। मारते भी तो बालक के अपने-पराए सभी उससे वेदना का अनुभव करते। ऐसी अवस्था में उसका घर छोड़ने का कोई कारण नहीं था। एक उपेक्षित रोगी लड़का, जो हमेशा चोरी करके पेड़ों से फल और गृहस्थों से उसका चौगुना प्रतिफल पाता घूमता-फिरता। वह भी अपनी परिचित ग्राम-सीमा के भीतर अपनी कष्ट देने वाली मां के पास पड़ा रहा, लेकिन समस्त ग्राम का दुलारा यह लड़का एक बाहरी यात्रा-दल में शामिल होकर निर्ममता से ग्राम छोड़कर भाग खड़ा हुआ।

सब लोग उसका पता लगाकर उसे गांव लौटा लाए। उसकी मां ने उसे छाती से लगाकर आंसुओं से आर्द्र कर दिया। उसकी बहनें रोने लगीं। उसके बड़े भाई ने पुरुष-अभिभावक का कठिन कर्तव्य-पालन करने के उद्देश्य से उस पर मृदु भाव से शासन करने का यत्न करके अंत में अनुतप्त चित्त से खूब प्रश्रय और पुरस्कार दिया। मुहल्ले की लड़कियों ने उसे घर-घर बुलाकर खूब प्यार किया और नाना ने प्रलोभनों से उसे वश में करने की चेष्टा की, किंतु बंधन, यही नहीं, स्नेह का बंधन भी उसे सहन नहीं हुआ, उसके जन्म-नक्षत्र ने उसे गृहहीन कर रखा था। वह जब भी देखता कि नदी में कोई विदेशी नौका अपनी रस्सी घिसटाती जा रही है, गांव के विशाल पीपल के वृक्ष के तले किसी दूर देश के किसी संन्यासी ने आश्रय लिया है अथवा बनजारे नदी के किनारे ढालू मैदान में छोटी-छोटी चटाइयां बांधकर खपच्चियां छीलकर टोकरियां बनाने में लगे हैं, तब अज्ञात बाह्य पृथ्वी को स्नेहहीन स्वाधीनता के लिए उसका मन बेचैन हो उठता। लगातार दो-तीन बार भागने के बाद उसके कुटुंबियों और गांव के लोगों ने उसकी आशा छोड़ दी।

पहले उसने एक यात्रा-दल का साथ पकड़ा। जब अधिकारी उसे पुत्र के समान स्नेह करने लगे और जब वह दल के छोटे-बड़े सभी का प्रिय पात्र हो गया, यही नहीं,

जिस घर में यात्रा होती, उस घर के मालिक, विशेषकर घर का महिला वर्ग जब विशेष रूप से उसे बुलाकर उसका आदर-मान करने लगा, तब एक दिन किसी से बिना कुछ कहे वह भटककर कहां चला गया–इसका फिर कोई पता न चल सका।

तारापद हिरन के छौने के समान बंधन भीरु था और हिरन के ही समान संगीत-प्रेमी भी। यात्रा के संगीत ने ही उसे पहले घर से विरक्त किया था। संगीत का स्वर उसकी समस्त धमनियों में कंपन पैदा कर देता और संगीत की ताल पर उसके सर्वांग में आंदोलन उपस्थित हो जाता। जब वह बिलकुल बच्चा था, तब भी वह संगीत-सभाओं में जिस प्रकार संयत-गंभीर प्रौढ़ भाव से आत्म-विस्मृत होकर बैठा-बैठा झूमने लगता। उसे देखकर प्रवीण लोगों के लिए हंसी संवरण करना कठिन हो जाता। केवल संगीत ही क्यों, वृक्षों के घने पत्तों के ऊपर, जब श्रावण की वृष्टि-धारा पड़ती, आकाश में मेघ गरजते, पवन अरण्य में मातृहीन दैत्य-शिशु की भांति क्रंदन करता रहता, तब उसका चित्त मानो उच्छृंखल हो उठता, निस्तब्ध दोपहर में, आकाश से बड़ी दूर से आती चील की पुकार, वर्षा ऋतु की संध्या में मेढ़कों का कलरव, गहन रात में शृंगालों की चीत्कार-ध्वनि–सभी उसे अधीर कर देते। संगीत के इस मोह से आकृष्ट होकर वह शीघ्र ही एक पांचाली दल (लोकगीत गायकों का दल) में भर्ती हो गया। मंडली का अध्यक्ष उसे बड़े यत्न से गाना सिखाने और पांचाली कंठस्थ कराने में प्रवृत्त हुआ और उसे अपने वृक्ष-पिंजर के पक्षी की भांति प्रिय समझकर स्नेह करने लगा। पक्षी ने थोड़ा-बहुत गाना सीखा और एक दिन तड़के उड़कर चला गया।

अंतिम बार वह कलाबाजी दिखाने वालों के दल में शामिल हुआ। ज्येष्ठ के अंतिम दिनों से लेकर आषाढ़ के समाप्त होने तक, इस अंचल में जगह-जगह क्रमानुसार समवेत् रूप से अनुष्ठित मेले लगते। उनके उपलक्ष्य में यात्रा करने वालों के दो-तीन दल पांचाली गायक, कवि, नर्तकियां एवं अनेक प्रकार की दुकानें छोटी-छोटी नदियों, उपनदियों के रास्ते नौकाओं द्वारा एक मेले के समाप्त होने पर दूसरे मेले में घूमती रहतीं। पिछले वर्ष से कलकत्ता की एक छोटी कलाबाज-मंडली इस पर्यटनशील मेले के मनोरंजन में योग दे रही थी। तारापद ने पहले तो नौकारूढ़ दुकानदारों के साथ मिलकर पान की गिलौरियां बेचने का भार लिया, बाद में अपने स्वाभाविक कौतूहल के कारण इस कारण कलाबाज-दल के अद्‌भुत व्यायाम-नैपुण्य से आकृष्ट होकर उसमें प्रवेश किया। तारापद ने अपने आप अभ्यास करके अच्छी तरह वंशी बजाना सीख लिया था–करतब दिखाने के समय वह द्रुत ताल पर लखनवी ठुमरी के सुर में वंशी बजाता–यही उसका एकमात्र काम था।

उसका आखिरी पलायन इसी दल से हुआ था। उसने सुना था कि नंदीग्राम के जमींदार बाबू बड़ी धूमधाम से एक शौकिया यात्रा-दल बना रहे हैं–अतः वह अपनी छोटी-सी पोटली लेकर नंदीग्राम की यात्रा की तैयारी कर रहा था, इसी समय उसकी भेंट मति बाबू से हो गई।

एक के बाद एक नाना दलों में शामिल होकर भी तारापद ने अपनी स्वाभाविक कल्पना-प्रवण प्रकृति के कारण किसी भी दल की विशेषता प्राप्त नहीं की थी। वह अंत:करण से बिलकुल निर्लिप्त और मुक्त था। संसार में उसने हमेशा से कई बेहूदी बातें सुनीं और अनेक अशोभन दृश्य देखे, किंतु उन्हें उसके मन में संचित होने का रत्ती-भर अवकाश न मिला। उस लड़के का ध्यान किसी ओर था ही नहीं। अन्यान्य बंधनों की भांति किसी प्रकार का अभ्यास-बंधन भी उसके मन को बाध्य न कर सका। वह उस संसार में पंकिल जल के ऊपर शुभ्रपक्ष राजहंस की भांति तैरता फिरता। कौतूहलवश भी वह जितनी बार डुबकी लगाता, उसके पंख न तो भीग पाते थे, न मलिन हो पाते थे। इसी कारण इस गृह-त्यागी लड़के के मुख पर एक शुभ स्वाभाविक तारुण्य अम्लान भाव से झलकता रहता। उसकी यही मुखश्री देखकर प्रवीण, दुनियादार मतिलाल बाबू ने बिना कुछ पूछे, बिना संदेह किए बड़े प्यार से उसका आह्वान किया था।

## 2

भोजन समाप्त होने पर नौका चल पड़ी। अन्नपूर्णा बड़े स्नेह से ब्राह्मण बालक से उसके घर की बातें, उसके स्वजन-कुटुंबियों का समाचार पूछने लगीं। तारापद ने अत्यंत संक्षेप में उनका उत्तर देकर बाहर आकर परित्राण पाया। बाहर परिपूर्णता की अंतिम सीमा तक भरकर वर्षा नदी ने अपने आत्म-विस्मृत उद्दाम चंचलता से प्रकृति माता को मानो उद्विग्न कर दिया था। मेघ-मुक्त धूप में नदी किनारे की अर्धनिमग्न काशतृण-श्रेणी एवं उसके ऊपर सरस सघन ईख के खेत और उससे भी परवर्ती प्रदेश में दूर-दिगंत चुंबित नीलांजन-वर्ग वनरेखा, सभी-कुछ मानो किसी काल्पनिक कथा की सोने की छड़ी[1] के स्पर्श से सद्य:जाग्रत नवीन सौंदर्य की भांति मौन नीलाकाश की मुग्ध दृष्टि के सम्मुख परिस्फुटित हो उठा हो; सभी कुछ मानो सजीव स्पंदित, प्रगल्भ प्रकाश में उद्भासित, नवीनता से मसृण और प्राचुर्य से परिपूर्ण हो।

तारापद ने नौका की छत पर पाल की छाया में जाकर आश्रय लिया। ढालदार हरा मैदान, पानी से भरे पाट के खेत, गहन श्याम लहराते हुए आमन (हेमंतकालीन धान) धान, घाट से गांव की ओर जाने वाले संकरे रास्ते, सघन वन-वेष्टित छायामय गांव—एक के बाद एक उसकी आंखों के सामने से निकलने लगे। जल, स्थल, आकाश—चारों ओर की यह गतिशीलता, सजीवता, मुखरता, आकाश-पृथ्वी की यह व्यापकता और विचित्रता

---

1. प्रसिद्ध लोककथा है कि एक राजकुमार ने सोने की छड़ी छुआकर सोई हुई राजकुमारी को जगा दिया था और चांदी की छड़ी छुआने से वह सो जाती थी। सोने की छड़ी प्रेम की जाग्रत अवस्था का प्रतीक है।

एवं निर्लिप्त सुदूरता, यह अत्यंत विस्तृत, चिरस्थायी, निर्निमेष, नीरव, वाक्य-विहीन विश्व तरुण बालक के परमात्मीय थे; पर फिर भी वह इस चंचल मानव को क्षण-भर के लिए भी स्नेह-बाहुओं में बांध रखने की कोशिश नहीं करता था। नदी के किनारे बछड़े पूंछ उठाए दौड़ रहे थे। गांव का टट्टू-घोड़ा रस्सी से बंधे अपने अगले पैरों के बल कूदता हुआ घास चरता फिर रहा था। मछरंग पक्षी मछुआरों के जाल बांधने के बांस के डंडे से बड़े वेग से पानी में झप से कूदकर मछली पकड़ रहा था। लड़के पानी में खेल रहे थे, लड़कियां उच्च स्वर से हंसती हुई बातें करती छाती तक गहरे पानी में अपना वस्त्रांचल फैलाकर दोनों हाथों से उसे धो रही थीं। आंचल कमर में खोंसे मछुआरिनें डलिया लेकर मछुआरों से मछली खरीद रही थीं–इन सबको वह चिरनूतन अश्रांत कौतूहल से बैठा देख रहा था। उसकी दृष्टि की पिपासा किसी भी तरह निवृत्त नहीं होती थी।

नौका की छत पर जाकर तारापद ने धीरे–धीरे खिवैया, मांझियों से बातचीत छेड़ दी। बीच-बीच में आवश्यकतानुसार वह मल्लाहों के हाथ से लग्गी लेकर खुद ही ठेलने लग जाता; मांझियों को जब तंबाखू पीने की जरूरत पड़ती, तब वह स्वयं जाकर हाल संभाल लेता। जब जिधर हाल मोड़ना आवश्यक होता, वह दक्षतापूर्वक संपन्न कर देता।

संध्या होने से कुछ पूर्व अन्नपूर्णा ने तारापद को बुलाकर पूछा–"रात में तुम क्या खाते हो?"

तारापद बोला–"जो मिल जाता है, वही खा लेता हूं; रोज खाता भी नहीं।"

इस सुंदर ब्राह्मण बालक की आतिथ्य-ग्रहण करने की उदासीनता अन्नपूर्णा को थोड़ी कष्टकर प्रतीत हुई। उनकी बड़ी इच्छा थी कि खिला-पिलाकर, पहना-ओढ़ाकर इस गृहच्युत यात्री बालक को संतुष्ट करें, किंतु किससे वह संतुष्ट होगा, यह वे नहीं जान सकीं। नौकरों को बुलाकर गांव से दूध-मिठाई आदि खरीदकर मंगाने में अन्नपूर्णा ने धूम मचा दी। तारापद ने पेट-भर भोजन तो किया, किंतु दूध नहीं पिया। मौन स्वभाव मतिलाल बाबू तक ने उससे दूध पीने का अनुरोध किया।

उसने संक्षेप में कहा–"मुझे अच्छा नहीं लगता।"

नदी पर दो-तीन दिन बीत गए। तारापद ने भोजन बनाने, सौदा खरीदने से लेकर नौका चलाने तक सब कामों में स्वेच्छा और तत्परता से योगदान दिया। जो भी दृश्य उसकी आंखों के सामने आता, उसी ओर तारापद की कौतूहलपूर्ण दृष्टि दौड़ जाती; जो भी काम उसके हाथ लग जाता, उसी की ओर वह अपने आप आकर्षित हो जाता। उसकी दृष्टि, उसके हाथ, उसका मन सर्वदा ही गतिशील बने रहते। इसी कारण वह इस नित्य चलायमान प्रकृति के समान सर्वदा निश्चिंत और उदासीन रहता; किंतु सर्वदा क्रियासक्त भी। यूं तो हर मनुष्य की अपनी एक स्वतंत्र अधिष्ठान भूमि होती है, किंतु तारापद इस अनंत नीलांबरवाही विश्व-प्रवाह की एक आनंदोज्ज्वल तरंग

था–भूत, भविष्यत् के साथ उसका कोई संबंध न था। आगे बढ़ते जाना ही उसका एकमात्र कार्य था।

इधर बहुत दिन तक नाना संप्रदायों के साथ योग देने के कारण अनेक प्रकार की मनोरंजनी विद्याओं पर उसका अधिकार हो गया था। किसी भी प्रकार की चिंता से आच्छन्न न रहने के कारण उसके निर्मल स्मृतिपटल पर सारी बातें अद्‌भुत सहज ढंग से अंकित हो जातीं। पांचाली कत्थकता, कीर्तन-गान, यात्राभिनय के लंबे अवतरण उसे कंठस्थ थे। मतिलाल बाबू अपनी नित्य-प्रति की प्रथा के अनुसार, एक दिन संध्या समय अपनी पत्नी और कन्या को रामायण पढ़कर सुना रहे थे, लव-कुश की कथा की भूमिका चल रही थी, तभी तारापद अपना उत्साह संवरण न कर पाने के कारण नौका की छत से उतर आया और बोला–"किताब रहने दें। मैं लव-कुश का गीत सुनाता हूं, आप सुनते चलिए!"

यह कहकर उसने लव-कुश की पांचाली शुरू कर दी। बांसुरी के समान मृदुल, उन्मुक्त स्वर वायुमंडल में गूंजने लगा। उस नदी-नीर के संध्याकाश में हास्य, करुणा एवं संगीत का एक अपूर्व रस-स्रोत प्रवाहित होने लगा। दोनों निस्तब्ध किनारे कौतूहलपूर्ण हो उठे, पास से जो नौकाएं गुजर रही थीं, उनमें बैठे लोग उत्कंठित होकर उसी ओर कान लगाए हुए थे। जब गीत समाप्त हो गया, तो सभी ने व्यथित चित्त से लंबी सांस लेकर सोचा, इतनी जल्दी गीत क्यों समाप्त हो गया?

सजल नयन अन्नपूर्णा की इच्छा हुई कि उस लड़के को गोद में बिठाकर और छाती से लगाकर उसका माथा चूम ले। मतिलाल बाबू सोचने लगे, यदि इस लड़के को किसी प्रकार अपने पास रख सकूं तो पुत्र का अभाव पूरा हो जाए–केवल छोटी बालिका चारुशशि का अंतःकरण ईर्ष्या और विद्वेष से परिपूर्ण हो उठा।

## 3

चारुशशि अपने माता-पिता की इकलौती संतान और उनके स्नेह की एकमात्र अधिकारिण ी थी। उसकी धुन और हठ की कोई सीमा न थी। खाने, पहनने, बाल बनाने के संबंध में उसका स्वतंत्र मत था; किंतु उसके मन में तनिक भी स्थिरता नहीं थी। जिस दिन कहीं निमंत्रण होता, उस दिन उसकी मां को भय रहता कि कहीं लड़की साज-सिंगार को लेकर कोई असंभव जिद न कर बैठे। यदि दैवात् कभी केश-बंधन उसके मन के अनुकूल न हुआ तो उस दिन चाहे जितनी बार बाल खोलकर जितने प्रकार से बांधे जाते, वह किसी तरह संतुष्ट न होती और अंत में रोना-धोना मच जाता। हर बात में यही दशा थी, पर कभी-कभी जब चित्त प्रसन्न रहता तो उसे किसी भी प्रकार की कोई आपत्ति न होती। उस समय वह प्रचुर मात्रा में स्नेह प्रकट करके अपनी मां से लिपट-चूमकर हंसती हुई उसे एकदम परेशान कर डालती। यह छोटी बालिका एक दुर्भेद्य पहेली थी।

यह बालिका मन-ही-मन विषम ईर्ष्या से ग्रस्त होकर तारापद का निरादर करने लगी। उसने माता-पिता को भी पूरी तरह से उद्विग्न कर डाला। भोजन के समय रोते हुए भोजन के पात्र को ठेलकर फेंक देती, खाना उसे रुचिकर नहीं लगता; नौकरानी को मारती और सभी बातों में अकारण शिकायत करती रहती। जैसे-जैसे तारापद की विद्याएं, उसका एवं अन्य सबका मनोरंजन करने लगीं, वैसे-वैसे मानो उसका क्रोध बढ़ने लगा। तारापद में कोई गुण है, इसे उसका मन स्वीकार ही न करता और उसका प्रमाण जब प्रबल होने लगा तो उसके असंतोष की मात्रा भी बढ़ गई। तारापद ने जिस दिन लव-कुश का गीत सुनाया, उस दिन अन्नपूर्णा ने सोचा, संगीत से वन के पशु तक वश में आ जाते हैं, आज शायद मेरी लड़की का मन पिघल गया है। उसने बेटी से पूछा—"चारु, कैसा लगा?"

उसने कोई उत्तर दिए बिना बड़े जोर से सिर हिला दिया। भाषा में इस मुद्रा का भाषांतर करने पर यह रूप जरा भी अच्छा नहीं लगा और न कभी अच्छा लगेगा।

चारु के मन में ईर्ष्या का उदय हुआ है, यह समझकर उसकी मां ने चारु के सामने तारापद के प्रति स्नेह प्रकट करना कम कर दिया। संध्या के बाद जब चारु जल्दी-जल्दी खाना खाकर सो जाती, तब अन्नपूर्णा नौका-कक्ष के दरवाजे के पास आकर बैठती और मति बाबू और तारापद बाहर बैठते। अन्नपूर्णा के अनुरोध पर तारापद गाना शुरू करता। उसके गाने से जब नदी के किनारे की विश्रामनिरता ग्राम-श्री संध्या के विपुल अंधकार में मुग्ध निस्तब्ध हो जाती और अन्नपूर्णा का कोमल हृदय स्नेह और सौंदर्य रस से छलकने लगता, तब सहसा चारु बिछौने से उठकर तेजी से आकर सरोष रोती हुई कहती—"मां, तुमने यह क्या शोर मचा रखा है! इससे मुझे नींद नहीं आती।"

माता-पिता उसे अकेला सुलाकर तारापद को घेरकर संगीत का आनंद ले रहे हैं, यह चारु को एकदम असह्य हो उठता था। इस दीप्त कृष्णनयना बालिका की स्वाभाविक उग्रता तारापद को बड़ी मनोरंजक प्रतीत होती। उसने इसे कहानी सुनाकर, गाना गाकर, वंशी बजाकर वश में करने की बहुत चेष्टा की; किंतु अपनी किसी भी प्रकार वह सफल नहीं हुआ। केवल जब मध्याह्न में तारापद नदी में स्नाने करने उतरता, परिपूर्ण जलराशि में अपनी गौरवर्ण सरल कमनीय देह को तैरने की अनेक प्रकार की क्रीड़ाओं में संचालित करता, तरुण जल-देवता के समान शोभा पाता, तब बालिका का कौतूहल आकर्षित हुए बिना न रहता। वह इसी समय की प्रतीक्षा करती रहती; किंतु अपनी आंतरिक इच्छा का किसी को भी पता न चलने देती और यह अशिक्षित, अभिनेत्री ध्यानपूर्वक ऊनी गुलूबंद बुनने का अभ्यास करती हुई बीच-बीच में मानो अत्यंत उपेक्षा भरी दृष्टि से तारापद की संतरण-लीला देखा करती।

## 4

नंदीग्राम कब छूट गया, तारापद को पता न चला। विशाल नौका अत्यंत मृदु-मंद गति से कभी पाल तानकर, कभी रस्सी खींचकर अनेक नदियों की शाखा-प्रशाखाओं में होकर चलने लगी; नौकारोहियों के दिन भी इन सब नदी-उपनदियों के समान शांति-सौंदर्यपूर्ण वैचित्र्य के बीच सहज सौम्य गति से मृदुल कल-कल स्वर में प्रवाहित होने लगे। किसी को किसी प्रकार की जल्दी नहीं थी; दोपहर को स्नानाहार में बहुत समय व्यतीत होता और इधर संध्या होते-न-होते बड़े दिखने वाले किसी गांव के किनारे, घाट के समीप अथवा वन के पास नौका बांध दी जाती।

इस प्रकार दसेक दिन में नौका कांठालिया पहुंची। जमींदार के आगमन से घर से पालकी और टट्टू-घोड़ों का समागम हुआ और हाथ में बांस की लाठी धारण किए सिपाही-चौकीदारों के दल ने बार-बार बंदूक की खाली आवाज से गांव के उत्कंठित काक समाज को मुखर कर दिया।

इस सारे समारोह में समय लगा। इस बीच तारापद ने तेजी के साथ नौका से उतरकर एक बार सारे गांव का चक्कर लगा डाला। किसी को दादा, किसी को काका, किसी को दीदी, किसी को मौसी कहकर दो-तीन घंटे में सारे गांव के साथ सौहार्द बंधन स्थापित कर लिया। कहीं भी उसके लिए स्वभावत: कोई बंधन नहीं था। इससे तारापद ने देखते-देखते थोड़े दिनों में ही गांव के समस्त हृदयों पर अधिकार कर लिया।

इतनी आसानी से हृदय-हरण करने का कारण यह था कि तारापद हर एक के साथ उसका अपना बनकर स्वाभाविक रूप से योग दे सकता था। वह किसी भी प्रकार के विशेष संस्कारों के द्वारा बंधा हुआ नहीं था, अतएव सभी अवस्थाओं में और सभी कामों में उसमें एक प्रकार की सहज प्रवीणता थी। बालकों के लिए वह बिलकुल स्वाभाविक बालक था और उनसे श्रेष्ठ और स्वतंत्र, वृद्धों के लिए वह बालक न रहता, किंतु पुरखा भी नहीं; चरवाहों के साथ चरवाहा था, फिर भी ब्राह्मण। हर एक के हर काम में वह चिरकाल के सहयोगी के समान अभ्यस्त भाव से हस्तक्षेप करता। हलवाई की दुकान पर बैठकर साल के पत्ते से संदेश पर बैठी मक्खियां उड़ाने लग जाता। मिठाइयां बनाने में भी पक्का था, करघे का मर्म भी उसे थोड़ा-बहुत मालूम था, कुम्हार का चाक चलाना भी उसके लिए बिलकुल नया नहीं था।

तारापद ने सारे गांव को वश में कर लिया, बस केवल ग्रामवासिनी बालिका की ईर्ष्या वह अभी तक नहीं जीत पाया था। यह बालिका उग्र भाव से उसके बहुत दूर निर्वासन की कामना करती थी—यही जानकर शायद तारापद इस गांव में इतने दिन आबद्ध बना रहा।

किंतु बालिकावस्था में भी नारी के अंतर रहस्य का भेद जानना बहुत कठिन है—चारुशशि ने इसका प्रमाण दिया।

ब्राह्मण पुरोहिताइन की कन्या सोनामणि पांच वर्ष की अवस्था में विधवा हो गई थी; वह चारु की समवयस्क सहेली थी। अस्वस्थ होने के कारण वह घर लौटी सहेली से कुछ दिनों तक भेंट न कर सकी। स्वस्थ होकर जिस दिन भेंट करने आई, उस दिन प्राय: अकारण ही दोनों सहेलियों में कुछ मनो-मालिन्य की नौबत आ गई।

चारु ने अत्यंत विस्तार से बात आरंभ की थी। उसने सोचा था कि तारापद नामक अपने नवार्जित परम रत्न को जुटाने की बात का विस्तारपूर्वक वर्णन करके वह अपनी सहेली के कौतूहल एवं विस्मय को सप्तम पर चढ़ा देगी, किंतु जब उसने सुना कि सोनामणि उसे 'भाई' कहकर पुकारती है और तारापद ने केवल बांसुरी पर कीर्तन का सुर सुनाकर माता और पुत्री का मनोरंजन ही नहीं किया है, बल्कि सोनामणि के अनुरोध पर उसके लिए अपने हाथों से बांस की एक बांसुरी भी बना दी है और न जाने कितने दिनों से वह उसे ऊंची डाल से फल और कंटक-शाखा से फूल तोड़कर देता रहा है, तब चारु के अंत:करण को मानो तप्तशूल बंधने लगा।

चारु समझती थी कि तारापद विशेष रूप से उन्हीं का तारापद था—अत्यंत गुप्त रूप में संरक्षणीय; अन्य साधारण जन केवल उसका थोड़ा-बहुत आभास-मात्र पाएंगे, फिर भी किसी भी तरह उसका सामीप्य न पा सकेंगे, दूर से ही उसके रूप-गुण पर मुग्ध होंगे और चारुशशि को धन्यवाद देते रहेंगे। यही अद्भुत दुर्लभ, दैवलब्ध ब्राह्मण बालक सोनामणि के लिए सहज उपलब्ध क्यों हुआ? हम यदि उसे इतना यत्न करके न लाते, इतने यत्न से न रखते तो सोनामणि आदि उसका दर्शन कहां से पातीं? सोनामणि का 'भैया' शब्द सुनते ही उसके शरीर में आग लग गई।

चारु जिस तारापद को मन-ही-मन विद्वेष बाणों से जर्जर करने की चेष्टा करती रही है, उसी के एकाधिकार को लेकर इतना प्रबल उद्वेग क्यों? किसकी सामर्थ्य है, जो यह समझे?

उसी दिन किसी अन्य तुच्छ बात के सहारे सोनामणि के साथ चारु की गहरी कट्टी हो गई और वह तारापद के कमरे में जाकर उसकी प्रिय वंशी लेकर, उस पर कूद-कूदकर उसे कुचलती हुई निर्दयतापूर्वक तोड़ने लगी।

चारु जब प्रचंड रोष में इस वंशी-ध्वंस कार्य में व्यस्त थी, तभी तारापद ने कमरे में प्रवेश किया। बालिका की यह प्रलय-मूर्ति देखकर उसे आश्चर्य हुआ। वह बोला—"चारु, मेरी वंशी क्यों तोड़ रही हो?"

चारु रक्तिम नेत्रों और लाल मुख से बोली—"ठीक कर रही हूं, अच्छा कर रही हूं।" यह कहकर वह टूटी हुई वंशी को और दो-चार अनावश्यक लातें मारकर उच्छ्वसित कंठ से रोती हुई कमरे से बाहर चली गई।

तारापद ने वंशी उठाकर उलट-पलटकर देखी, उसमें अब कोई दम नहीं था। अकारण ही अपनी पुरानी वंशी की यह आकस्मिक दुर्गति देखकर वह अपनी हंसी न रोक सका।

चारुशशि दिनोंदिन तारापद के परम कौतूहल का विषय बनती जा रही थी। उसके कौतूहल का एक और क्षेत्र था–मतिलाल बाबू की लाइब्रेरी में तस्वीरों वाली अंग्रेजी की किताबें। बाहरी जगत से उसका यथेष्ट परिचय हो गया था, किंतु तस्वीरों के इस जगत में वह किसी प्रकार भी अच्छी तरह प्रवेश नहीं कर पाता था। कल्पना द्वारा वह अपने मन में बहुत कुछ जमा लेता, किंतु इससे उसका मन किसी भी प्रकार तृप्त न होता।

तस्वीरों की पुस्तकों के प्रति तारापद का यह आग्रह देखकर एक दिन मतिलाल बाबू बोले–"अंग्रेजी सीखोगे? तब तुम इन सारी तस्वीरों का अर्थ समझ लोगे!"

तारापद ने तुरंत कहा–"सीखूंगा।"

मति बाबू बड़े खुश हुए। उन्होंने गांव के एंट्रेंस स्कूल के हेडमास्टर रामरतन बाबू को प्रतिदिन संध्या समय इस लड़के को अंग्रेजी पढ़ाने के लिए नियुक्त कर दिया।

## 5

तारापद अपनी प्रखर स्मरणशक्ति एवं अखंड मनोयोग के साथ अंग्रेजी शिक्षा में प्रवृत्त हुआ मानो वह किसी नवीन दुर्गम राज्य में भ्रमण करने निकला हो। उसने पुराने जगत के साथ कोई संपर्क न रखा; मुहल्ले के लोग अब उसे न देख पाते। जब वह संध्या से पहले निर्जन नदी तट पर तेजी से टहलते हुए पाठ कंठस्थ करता, तब उसका उपासक बालक-संप्रदाय दूर से खिन्नचित्त होकर संभ्रमपूर्वक उसका निरीक्षण करता, उसके पाठ में बाधा डालने का साहस न कर पाता।

चारु भी आजकल उसे बहुत नहीं देख पाती थी। पहले तारापद अंत:पुर में जाकर अन्नपूर्णा की स्नेह दृष्टि के सामने बैठकर भोजन करता था, किंतु इसके कारण कभी-कभी देर हो जाती थी, इसीलिए उसने मति बाबू से अनुरोध करके अपने भोजन की व्यवस्था बाहर ही करा ली थी।

अन्नपूर्णा ने व्यथित होकर इस पर आपत्ति प्रकट की थी, किंतु अध्ययन के प्रति बालक का उत्साह देखकर अत्यंत संतुष्ट होकर उन्होंने इस नई व्यवस्था का अनुमोदन कर दिया।

सहसा चारु भी जिद कर बैठी–"मैं भी अंग्रेजी सीखूंगी।"

उसके माता-पिता ने अपनी कन्या के इस प्रस्ताव को पहले तो परिहास का विषय समझकर स्नेहमिश्रित हंसी उड़ाई, किंतु कन्या ने इस प्रस्ताव के परिहास्य अंश को प्रचुर अश्रु जलधारा से तुरंत पूर्ण रूप से धो डाला। अंत में इन स्नेह-दुर्बल निरुपाय

अभिभावकों ने बालिका के प्रस्ताव को गंभीरता से स्वीकार कर लिया। तारापद के साथ-साथ चारु भी मास्टर से पढ़ने लगी।

पढ़ना-लिखना इस अस्थिर चित्त बालिका के स्वभाव के विपरीत था। वह स्वयं तो कुछ न सीख पाई, बस तारापद की पढ़ाई में विघ्न डालने लगी। वह पिछड़ जाती, पाठ कंठस्थ न करती, किंतु फिर भी वह किसी प्रकार तारापद से पीछे रहना न चाहती। तारापद के उससे आगे निकलकर नया पाठ लेने पर वह बहुत रुष्ट होती, यहां तक कि रोने-धोने से भी बाज न आती थी। तारापद के पुरानी पुस्तक समाप्त कर नई पुस्तक खरीदने पर उसके लिए भी नई पुस्तक खरीदनी पड़ती। तारापद छुट्टी के समय स्वयं कमरे में बैठकर लिखता और पाठ कंठस्थ करता, यह उस ईर्ष्यालु बालिका से सहन न होता। वह छिपकर उसके लिखने की कॉपी पर स्याही उड़ेल देती, कलम चुराकर रख देती, यहां तक कि किताब में जिसका अभ्यास करना होता, उस अंश को फाड़ आती। तारापद बालिका की यह सारी धृष्टता आमोदपूर्वक सहता; असह्य होने पर मारता, किंतु किसी प्रकार भी उस पर नियंत्रण नहीं कर सका।

दैवात् एक उपाय निकल आया। एक दिन बहुत खीझकर निरुपाय तारापद स्याही से रंगी अपनी लिखने की कॉपी फाड़-फेंककर गंभीर खिन्न मुद्रा में बैठा था; दरवाजे के समीप खड़ी चारु ने सोचा, आज मार पड़ेगी, किंतु उसकी प्रत्याशा पूर्ण नहीं हुई। तारापद बिना कुछ कहे चुपचाप बैठा रहा। बालिका कमरे के भीतर-बाहर चक्कर काटने लगी। बारंबार उसके इतने समीप से निकलती कि तारापद चाहता तो अनायास ही उसकी पीठ पर थप्पड़ जमा सकता था, किंतु वह वैसा न करके गंभीर ही बना रहा। बालिका बड़ी मुश्किल में पड़ गई। किस प्रकार क्षमा-प्रार्थना करनी होती है, उस विद्या का उसने कभी अभ्यास न किया था, अतएव उसका अनुतप्त क्षुद्र हृदय अपने सहपाठी से क्षमा-याचना करने के लिए अत्यंत कातर हो उठा। अंत में कोई उपाय न देखकर फटी हुई लेख-पुस्तिका का टुकड़ा लेकर तारापद के पास बैठकर खूब बड़े-बड़े अक्षरों में लिखा–'मैं फिर कभी किताब पर स्याही नहीं फैलाऊंगी।' लिखना समाप्त करके वह उस लेख की ओर तारापद का ध्यान आकर्षित करने के लिए अनेक प्रकार की चंचलता प्रदर्शित करने लगी।

यह देखकर तारापद हंसी न रोक सका–वह हंस पड़ा। इस पर बालिका लज्जा और क्रोध से अधीर होकर कमरे में भाग गई। जिस कागज के टुकड़े पर उसने अपने हाथ से दीनता प्रकट की थी, उसे अनंतकाल के लिए अनंत जगत से बिलकुल लोप कर पाती तो उसके हृदय का गहरा क्षोभ मिट जाता।

उधर संकुचित सोनामणि एक-दो दिन अध्ययनशाला के बाहर घूम-फिर और झांककर चली गई। सहेली चारुशशि के साथ सब बातों में उसका विशेष बंधुत्व था, किंतु तारापद के संबंध में वह चारु को अत्यंत भय और संदेह से देखती थी। चारु जिस समय अंत:पुर में थी, उसी समय पता लगाकर सोनामणि संकोच करती हुई तारापद के

द्वार के पास आ खड़ी हुई। तारापद ने किताब से मुंह उठाकर सस्नेह कहा–"क्यों सोना! क्या समाचार है? मौसी कैसी हैं?"

सोनामणि बोली–"बहुत दिन से आए नहीं, मां ने तुमको एक बार घर आने के लिए कहा है। कमर में दर्द होने के कारण वे तुम्हें देखने नहीं आ सकतीं।"

इसी बीच सहसा चारु आ गई। सोनामणि घबरा गई, वह मानो छिपकर अपनी सहेली की संपत्ति चुराने आई हो। चारु आवाज को सप्तम पर पहुंचाकर, भौंह चढ़ाकर और मुंह बनाकर कहने लगी–"ऐ सोना, तू पढ़ने के समय हल्ला मचाने आती है, मैं अभी जाकर पिताजी से कह दूंगी।"

वह मानो स्वयं तारापद की एक प्रवीण अभिभाविका हो, उसके पढ़ने-लिखने में लेश-मात्र भी बाधा न पड़े और मानो दिन-रात बस इसी पर उसकी दृष्टि रहती हो, किंतु वह स्वयं किस अभिप्राय से असमय ही तारापद के पढ़ने के कमरे में आकर उपस्थित हुई थी, यह अंतर्यामी से छिपा नहीं था। तारापद भी उसे अच्छी तरह जानता था, किंतु बेचारी सोनामणि ने डरकर उसी क्षण हजारों झूठी कैफियतें दीं; अंत में जब चारु ने घृणापूर्वक उसे 'मिथ्यावादिनी' कहकर संबोधित किया तो वह लज्जित, शंकित और पराजित होकर व्यथित चित्त से लौट गई। दयार्द्र तारापद ने उसे बुलाकर कहा–"सोना, आज संध्या के समय मैं तेरे घर आऊंगा, अच्छा!"

चारु सर्पिणी के समान फुफकारती हुई उठकर बोली–"हां, जाओगे! तुम्हें पाठ तैयार नहीं करना है? मैं मास्टर साहब से कह दूंगी!"

चारु की इस धमकी से न डरकर तारापद एक-दो दिन संध्या के समय पुरोहितजी के घर गया था। तीसरी या चौथी बार चारु ने कोरी धमकी न देकर धीरे-धीरे एक बार बाहर से तारापद के कमरे के दरवाजे की सांकल चढ़ाकर मां के मसाले के बक्से का ताला लाकर लगा दिया। सारी संध्या तारापद को इसी बंदी अवस्था में रखकर भोजन के समय द्वार खोला। गुस्से के कारण तारापद कुछ बोला नहीं और बिना खाए चले जाने की तैयारी करने लगा। उस समय वह अनुतप्त व्याकुल बालिका हाथ जोड़कर विनयपूर्वक बारंबार कहने लगी–"तुम्हारे पैरों पड़ती हूं, फिर ऐसा नहीं करूंगी। तुम्हारे पैर पड़ती हूं, तुम खाना खाकर जाना!" उससे भी जब तारापद वश में न आया तो वह अधीर होकर रोने लगी; संकट में पड़कर तारापद लौटकर भोजन करने बैठ गया।

चारु ने कितनी बार अकेले में प्रतिज्ञा की कि वह तारापद के साथ सद्-व्यवहार करेगी, फिर कभी उसे एक क्षण के लिए भी परेशान न करेगी, किंतु सोनामणि आदि अन्य पांच जनों के बीच आ पड़ते ही न जाने कब, कैसे उसका मिजाज बिगड़ जाता और वह किसी भी प्रकार आत्म-नियंत्रण न कर पाती। कुछ दिन जब ऊपर-ऊपर से वह भलमनसाहत बरतती, तब किसी आगामी उत्कट-विप्लव के लिए तारापद सतर्कतापूर्वक प्रस्तुत हो जाता। आक्रमण हठात् तूफान, तूफान के बाद प्रचुर अश्रुवारि वर्षा और उसके बाद प्रसन्न-स्निग्ध शांति।

## 6

इस तरह लगभग दो वर्ष बीत गए। इतने लंबे समय तक तारापद कभी किसी के पास बंधकर नहीं रहा। शायद पढ़ने-लिखने में उसका मन एक अपूर्व आकर्षण में बंध गया था; लगता है, वयोवृद्धि के साथ उसकी प्रकृति में भी परिवर्तन आरंभ हो गया था और स्थिर बैठे रहकर संसार के सुख-स्वच्छंदता का भोग करने की ओर उसका मन लग रहा था। कदाचित् उसकी सहपाठिनी बालिका की स्वाभाविक दुर्जनता और चंचल सौंदर्य अलक्षित भाव से उसके हृदय पर बंधन फैला रहा था।

इधर चारु की अवस्था ग्यारह पार कर गई। मति बाबू ने खोजकर अपनी पुत्री के विवाह के लिए दो-तीन अच्छे रिश्ते जुटाए। कन्या की अवस्था विवाह के योग्य है, यह जानकर मति बाबू ने उसका अंग्रेजी पढ़ना और बाहर निकलना बंद कर दिया।

इस आकस्मिक अवरोध पर घर के भीतर चारु ने भारी आंदोलन उपस्थित कर दिया।

तब अन्नपूर्णा ने एक दिन मति बाबू को बुलाकर कहा–"पात्र के लिए तुम इतनी खोज क्यों करते फिर रहे हो? तारापद लड़का तो अच्छा है और तुम्हारी लड़की भी उसे पसंद है।"

यह सुनकर मति बाबू ने बड़ा विस्मय प्रकट किया, कहा–"भला यह कभी हो सकता है! तारापद का कुल-शील कुछ भी तो ज्ञात नहीं है। मैं अपनी इकलौती लड़की को किसी अच्छे घर में देना चाहता हूं।"

एक दिन रायडांगा के बाबुओं के घर से कुछ लोग लड़की देखने आए। वस्त्राभूषण पहनाकर चारु को बाहर लाने की चेष्टा की गई, लेकिन वह सोने के कमरे का द्वार बंद करके बैठ गई–किसी प्रकार भी बाहर न निकली। मति बाबू ने कमरे के बाहर से बहुत अनुनय-विनय की, बहुत फटकारा, लेकिन किसी प्रकार भी कोई परिणाम न निकला। अंत में बाहर आकर रायडांगा के दूतों से बहाना बनाकर कहना पड़ा कि एकाएक कन्या बहुत बीमार हो गई है, आज दिखाई की रस्म नहीं हो सकेगी। उन्होंने सोचा लड़की में शायद कोई दोष है, इसी से इस चतुराई का सहारा लिया गया है।

तब मति बाबू विचार करने लगे, तारापद लड़का देखने-सुनने में सब तरह से अच्छा है। मैं उसे घर ही में रख सकूंगा–ऐसा होने से अपनी एकमात्र लड़की को पराए घर नहीं भेजना पड़ेगा। यह भी सोचा कि उनकी अशांत-अबाध्य लड़की की दुर्जनता उनकी स्नेहपूर्ण आंखों को कितनी ही क्षम्य प्रतीत हो, लेकिन ससुरालवाले सहन नहीं करेंगे।

पति-पत्नी ने सोच-विचारकर तारापद के घर उसके कुल का हाल-चाल जानने के लिए आदमी भेजा। समाचार आया कि वंश तो अच्छा है, किंतु दरिद्र है। तब मति बाबू ने लड़के की मां एवं भाई के पास विवाह का प्रस्ताव भेजा। उन्होंने आनंद से उच्छ्वसित होकर सम्मति देने में मुहूर्त-भर की भी देर न की।

कांठालिया के मति बाबू और अन्नपूर्णा विवाह के मुहूर्त के बारे में विचार करने लगे, किंतु स्वाभाविक गोपनताप्रिय, सावधान मति बाबू ने बात को गोपनीय रखा।

चारु को बंद करके न रखा जा सका। वह बीच-बीच में बर्गी (प्राचीन मराठा अश्वारोही लुटेरों का सैन्य दल) के हंगामे के समान तारापद के पढ़ने के कमरे में जा पहुंचती। कभी रोष, कभी प्रेम और कभी विराग के द्वारा उसके अध्ययन-क्रम की शांति को अकस्मात् तरंगित कर देती। इससे आजकल इस निर्लिप्त और मुक्त स्वभाव वाले ब्राह्मण के मन में बीच-बीच में कुछ समय के लिए विद्युत्स्पंदन के समान एक अपूर्व चंचलता का संचार हो जाता। जिस व्यक्ति का हल्का चित्त सर्वदा अक्षुण्ण भाव से काल-स्रोत की तरंग-शिखरी पर उतरकर सामने बह जाता, वह आजकल प्रायः अन्यमनस्क होकर विचित्र दिवास्वप्न के जाल में उलझ जाता। वह प्रायः पढ़ना-लिखना छोड़कर मति बाबू की लाइब्रेरी में प्रवेश करके तस्वीरों वाली पुस्तकों के पन्ने पलटता रहता। उन तस्वीरों के मिश्रण से जिस कल्पनालोक की रचना होती, वह पहले की अपेक्षा बहुत स्वतंत्र और अधिक रंगीन था। चारु का विचित्र आचरण देखकर वह अब पहले के समान परिहास न कर पाता; ऊधम करने पर उसे मारने की बात मन में उदय भी न होती। अपने में यह गूढ़ परिवर्तन, यह आबद्ध-आसक्त भाव से अपने निकट एक नूतन स्वप्न के समान लगने लगा।

श्रावण में विवाह का शुभ दिन निश्चित करके मति बाबू ने तारापद की मां और भाइयों को बुलावा भेजा। तारापद को यह नहीं बताया। कलकत्ता के फौजी बैंड को पेशगी देने के लिए मुख्तार को आदेश दिया और सामान की सूची भेज दी।

आकाश में वर्षा के नए बादल आ गए। गांव की नदी इतने दिन तक सूखी पड़ी थी; बीच-बीच में केवल किसी-किसी गड्ढे में ही पानी भरा रहता था। छोटी-छोटी नौकाएं उस पंकिल जल में डूबी पड़ी थीं और नदी की सूखी धार में बैलगाड़ियों के आवागमन से गहरी लीकें खुद गई थीं—ऐसे समय एक दिन पिता के घर से लौटी पार्वती के समान न जाने कहां से द्रुतगामिनी जलधारा कल-हास्य करती हुई गांव के शून्य वक्ष पर उपस्थित हुई—नंगे बालक-बालिकाएं किनारे आकर ऊंचे स्वर के साथ नृत्य करने लगे मानो वे अतृप्त आनंद से बारंबार जल में कूद-कूदकर नदी को आलिंगन कर पकड़ने लगे हों। कुटी में निवास करने वाली अपनी परिचित प्रिय संगिनी को देखने के लिए बाहर निकल आईं—शुष्क निर्जीव ग्राम में न जाने कहां से आकर एक प्रबल विपुल प्राण-हिल्लोल ने प्रवेश किया। देश-विदेश से छोटी-बड़ी लदी हुई नौकाएं आने लगीं—बाजार का घाट संध्या समय विदेशी मल्लाहों के संगीत से ध्वनित हो उठा। दोनों किनारे के गांव पूरे वर्ष एकाकी कोने में अपनी साधारण गृहस्थी लिए दिन बिताते हैं। वर्षा के समय बाहरी विशाल पृथ्वी विचित्र पण्योपहार लेकर गैरिक वर्ण जलस्थ में बैठकर इन ग्राम-कन्याओं की खोज-खबर लेने आती है; इस समय जगत के साथ आत्मीयता के गर्व से कुछ दिन के लिए उनकी लघुता नष्ट हो जाती है; सब सचल,

सजग और सजीव हो उठते हैं एवं मौन निस्तब्ध प्रदेश में सुदूर राज्य की कलालाप ध्वनि आकर चारों दिशाओं को आंदोलित कर देती है।

इसी समय कुडूलकाटा में नाग बाबुओं के इलाके में विख्यात रथ-यात्रा का मेला लगा। ज्योत्स्ना-संध्या में तारापद ने घाट पर जाकर देखा, कोई नौका-चरखी लिये, कोई यात्रा करने वालों की मंडली लिये, कोई बिक्री का सामान लिये प्रबल नवीन स्रोत की धारा में तेजी से मेले की ओर चली जा रही है। यात्रा का दल सारंगी के साथ गीत गा रहा है और हा-हा-हा की ध्वनि गूंज उठती है। पश्चिमी प्रदेश की नौका के मल्लाह केवल मृदंग और करताल लिये उन्मत्त-उत्साह से बिना संगीत के खचमच शब्द से आकाश को विदीर्ण कर रहे हैं–उद्दीपनों की सीमा नहीं थी। पूर्व क्षितिज से देखते-देखते सघन मेघराशि ने प्रकांड काला पाल तानकर आकाश के बीच में खड़ा कर दिया, चांद ढक गया–पूर्व की वायु वेग से बहने लगी। मेघ के पीछे मेघ दौड़ पड़े, नदी में जल कल-कल हास्य से बढ़कर उमड़ने लगा–नदी-तीरवर्ती आंदोलित वनश्रेणी में अंधकार पुंजीभूत हो उठा, मेढ़कों ने टर्राना शुरू कर दिया, झिल्ली की ध्वनि जैसे करांत लेकर अंधकार को चीरने लगी मानो सामने आज समस्त जगत की रथ-यात्रा हो, चक्र घूम रहा है, ध्वजा फहरा रही है, पृथ्वी कांप रही है, मेघ उड़ रहे हैं, वायु दौड़ रही है, नदी बह रही है, नौका चल रही है, गान-स्वर गूंज रहे हैं। गुरु गंभीर ध्वनि में देखते-ही-देखते मेघ गरजने लगे, विद्युत आकाश को चीर-चीरकर चकाचौंध उत्पन्न करने लगी, सुदूर अंधकार में से मूसलधार वर्षा की गंध आने लगी। केवल नदी के एक किनारे पर एक ओर कांठालिया ग्राम अपनी कुटी के द्वार बंद करके दीया बुझाकर चुपचाप सोने लगा।

दूसरे दिन तारापद की माता और भाई आकर कांठालिया में उतरे। उसी दिन कलकत्ता से विविध सामग्री से भरी तीन बड़ी नौकाएं कांठालिया के जमींदार की कचहरी के घाट पर आकर लगीं एवं उसी दिन बहुत सवेरे सोनामणि कागज में थोड़ा अमावट एवं पत्ते के दोने में कुछ अचार लेकर डरती-डरती तारापद के पढ़ने के कमरे के द्वार पर चुपचाप आ खड़ी हुई, किंतु उस दिन तारापद नहीं दिखाई दिया। स्नेह, प्रेम, बंधुत्व के षड्यंत्र-बंधन उसे चारों ओर से पूरी तरह से घेरें, इसके पहले ही वह ब्राह्मण बालक समस्त ग्राम का हृदय चुराकर एकाएक वर्षा की मेघांधकारणपूर्ण रात्रि में आसक्तिविहीन और उदासीन जननी विश्वपृथ्वी के पास चला गया।

# 4

# आधी रात में

मूर्च्छा भंग होने पर मैंने देखा, मैं अपने कमरे में बिस्तर पर लेटा हूं। पत्नी ने पूछा–'तुम्हें अचानक यह क्या हुआ?'

मैंने कांपते हुए कहा–'तुमने सुना नहीं, समस्त आकाश को परिपूर्ण करती हुई एक हा-हा करती हंसी ध्वनित हुई थी?'

पत्नी ने हंसकर कहा–'वह हंसी थोड़े ही थी। पंक्ति बांधकर पक्षियों का एक बहुत बड़ा झुंड उड़ा था, उन्हीं के पंखों का शब्द सुनाई दिया था। तुम इतने से ही डर जाते हो?'

दिन के समय मैं स्पष्ट समझ गया कि वह सचमुच पक्षियों के झुंड के उड़ने का ही शब्द था। इस ऋतु में उत्तर दिशा में हंस-शृंखला नदी के कछार में दाना चुगने के लिए आती है, किंतु संध्या हो जाने पर यह विश्वास टिक नहीं पाता था।

"डॉक्टर! डॉक्टर!" किसी ने पुकारा।

"परेशान कर डाला! इतनी रात गए...।" आंखें खोलकर देखा, तो अपने दक्षिणाचरण बाबू थे। मैंने हड़बड़ाकर उठकर टूटी पीठ की चौकी घसीटकर उन्हें बैठने को दी और उद्विग्न भाव से मुंह की ओर देखा। घड़ी देखी–रात के ढाई बजे थे।

दक्षिणाचरण बाबू ने विस्फारित नेत्रों से कहा–"आज रात को फिर वही उपद्रव मच गया है–तुम्हारी औषधि कुछ काम नहीं आई।"

मैंने कुछ संकोच के साथ कहा—"मालूम होता है, आपने शराब की मात्रा फिर बढ़ा दी है।"

दक्षिणाचरण बाबू ने अत्यंत खीझकर कहा—"यह तुम्हारा भारी भ्रम है। शराब की बात नहीं; आद्योपांत विवरण सुने बिना तुम असली कारण का अनुमान नहीं कर पाओगे।"

आले में मिट्टी के तेल की एक छोटी-सी ढिबरी मंद-मंद जल रही थी। मैंने उसे तेज कर दिया; प्रकाश थोड़ा जगमगा उठा और बहुत-सा धुआं निकलने लगा। धोती का छोर देह के ऊपर खींचकर मैं अखबार बिछे चीड़ के खोखे पर बैठ गया।

दक्षिणाचरण बाबू कहने लगे—"मेरी पत्नी जैसी गृहिणी मिलना बड़ा कठिन है, किंतु तब मेरी अवस्था ज्यादा नहीं थी, सहज ही रसाधिक्य हो गया था, तिस पर काव्य-शास्त्र का अच्छी तरह अध्ययन किया था, इससे निरे गृहिणीपन से मन नहीं भर पाता था। कालिदास का यह श्लोक प्राय: मन में उभर आता—

## गृहिणी सचिव: सखी मिथ:
### प्रियशिष्या ललिते कलाविधौ।

किंतु मेरी पत्नी पर ललित कलाविधि का कोई उपदेश नहीं चल पाता था और यदि सखी भाव से प्रथम-संभाषण करता तो वह हंसकर उड़ा देती। गंगा के प्रवाह से जिस प्रकार इंद्र का ऐरावत परास्त हो गया था, वैसे ही उसकी हंसी के सामने बड़े-बड़े काव्यों के टुकड़े और प्यार के अच्छे-अच्छे संभाषण क्षण-भर में ही खिसककर बह जाते। हंसने की उसमें अपूर्व क्षमता थी।

उसके बाद, लगभग चार बरस के बाद मुझे भयंकर रोग ने धर दबाया। होंठों पर दाने निकल आए। ज्वर-विकार हुआ, मरने की-सी हालत हो गई। बचने की कोई आशा नहीं थी। एक दिन ऐसा हुआ कि डॉक्टर भी जवाब दे गया, तभी मेरे एक आत्मीय ने कहीं से एक ब्रह्मचारी को लाकर उपस्थित किया; उसने गाय के घी के साथ एक जड़ी पीसकर मुझे खिला दी। चाहे औषधि के गुण से हो या भाग्य के फेर से, उस बार मैं बच गया।

बीमारी के समय मेरी स्त्री ने दिन-रात एक क्षण भी विश्राम नहीं किया। कई दिनों तक एक अबला स्त्री ने मनुष्य की सामान्य शक्ति के सहारे प्राणपण से व्याकुलता के साथ द्वार पर आए हुए यमदूतों से अनवरत् युद्ध किया। अपने संपूर्ण प्रेम, समस्त हृदय, सारी सेवा से उसने मेरे इस अयोग्य प्राण को स्वयं मानो दुधमुंहे शिशु के समान दोनों हाथों से छिपाकर ढक लिया था। आहार नहीं, नींद नहीं, संसार में और किसी का कोई ध्यान न रहा। यम तो पराजित बाघ के समान मुझे अपने चंगुल से छोड़कर चले गए, किंतु जाते-जाते मेरी स्त्री पर एक प्रबल पंजा मार गए।

उस समय मेरी स्त्री गर्भवती थी, कुछ समय बाद उन्होंने एक मृत संतान को जन्म दिया। उसके साथ से ही उनके नाना प्रकार के जटिल रोगों का सूत्रपात हुआ, तब मैंने

उसकी सेवा आरंभ कर दी। इससे वह बहुत व्याकुल हो उठी। कहने लगी–'अरे! क्या करते हो? लोग क्या कहेंगे? इस प्रकार दिन-रात तुम मेरे कमरे में मत आया-जाया करो।'

स्वयं पंखे की हवा के बहाने, यदि रात को ज्वर के समय मैं पंखा झलने चला जाता तो भारी छीना-झपटी मच जाती। किसी दिन उसकी शुश्रूषा के कारण यदि मेरे नियमित भोजन के समय में दस मिनट की देर हो जाती, वह भी नाना प्रकार का अनुनय, अनुयोग का कारण बन जाती। थोड़ी-सी सेवा करने पर लाभ के बदले हानि होने लगती। वह कहती–'पुरुषों का इतना अति करना अच्छा नहीं है।'

हमारे बरानगर के उस घर को! मेरा ख्याल है, तुमने देखा है। घर के सामने ही बगीचा है और बगीचे के सामने गंगा बहती है। हमारे सोने वाले कमरे के नीचे ही दक्षिण की ओर मेहंदी की बाड़ लगाकर कुछ जमीन घेरकर मेरी पत्नी ने अपने मनपसंद बगीचे का एक टुकड़ा तैयार किया था। संपूर्ण बगीचे में वही भाग अत्यंत सीधा-सादा और एकदम देशी था अर्थात् उसमें गंध की अपेक्षा वर्ण की बहार, फूल की तुलना में पत्तों का वैचित्र्य नहीं था और गमलों में लगाए गए छोटे पौधों के समीप कमची के सहारे कागज की बनी लैटिन में लिखे नाम की जय-ध्वजा नहीं उड़ती थी। बेला, जूही, गुलाब, गंधराज, कनेर और रजनीगंधा का ही प्रादुर्भाव कुछ अधिक था। एक विशाल मौलश्री वृक्ष के नीचे सफेद संगमरमर पत्थर का चबूतरा बना था। स्वस्थ रहने पर वे स्वयं खड़ी होकर दोनों समय उसे धोकर साफ करवाती थी। ग्रीष्मकाल में काम से छुट्टी पाने पर संध्या समय वही उसके बैठने का स्थान था। वहां से गंगा दिखाई देती थी, किंतु गंगा से कोठी की छोटी नौका में बैठे बाबू लोग उन्हें नहीं देख पाते थे।

बहुत दिन तक चारपाई पर पड़े-पड़े एक दिन चैत्र में शुक्ल पक्ष की संध्या को उसने कहा–'घर में बंद रहने से मेरा प्राण न जाने कैसा हो रहा है। आज एक बार अपने उस बगीचे में जाकर बैठूंगी।'

मैंने उसे बहुत संभालकर पकड़े हुए धीरे-धीरे ले जाकर उसी मौलश्री वृक्ष के नीचे बनी पत्थर की वेदी पर लिटा दिया। यूं तो मैं अपनी जांघ पर ही उसका सिर रख सकता था, किंतु मैं जानता था कि वह उसे विचित्र-सा आचरण समझेगी, इसलिए एक तकिया लाकर उसके सिर के नीचे रख दिया।

मौलश्री के दो-एक खिले हुए फूल झर रहे थे और शाखाओं के बीच से छायांकित ज्योत्स्ना उसके शीर्ण मुख के ऊपर आ पड़ी। चारों ओर शांति और निस्तब्धता थी। उस सघन गंधपूर्ण छायांधकार में एक ओर चुपचाप बैठकर उसके मुख की ओर देखकर मेरी आंखों में पानी भर आया।

मैंने धीरे-धीरे बहुत समीप पहुंचकर अपने हाथों से उसका एक उत्तप्त जीर्ण हाथ ले लिया। इस पर उसने कोई आपत्ति नहीं की। कुछ देर इसी प्रकार चुपचाप बैठे-बैठे मेरा हृदय न जाने कैसा उद्वेलित हो उठा! मैं बोल उठा–'तुम्हारे प्रेम को मैं कभी नहीं भूलूंगा।'

मैं तभी समझा, इस बात के कहने की कोई आवश्यकता नहीं थी। मेरी पत्नी हंस पड़ी। उस हंसी में लज्जा थी, सुख था और थोड़ा-सा अविश्वास था और उसमें काफी मात्रा में परिहास की तीव्रता भी थी। प्रतिवादस्वरूप कोई बात न कहकर उसने केवल अपनी उसी हंसी से ही व्यक्त किया—"किसी दिन भूलोगे नहीं, यह कभी संभव नहीं और मैं इसकी प्रत्याशा भी नहीं करती।"

इस सुमिष्ट सुतीक्ष्ण हंसी के भय से ही मैंने कभी अपनी पत्नी के साथ अच्छी तरह प्रेमालाप करने का साहस नहीं किया। उसके सामने न रहने पर, जो अनेक बातें मन में आतीं, उसके सामने जाते ही वे अत्यंत व्यर्थ लगने लगतीं। अक्षरों में अंकित जो बातें पढ़ने पर नेत्रों से आंसुओं की धारा बहने लगती है, उन्हें मुंह से कहते हुए हमें क्यों हंसी आती है, यह मैं आज तक नहीं समझ सका।

बातचीत में तो वाद-प्रतिवाद चल जाता है, किंतु हंसी के ऊपर तर्क नहीं चलता, इसलिए चुप होकर रह जाना पड़ा। ज्योत्स्ना उज्ज्वलतर हो उठी। एक कोयल बार-बार कुहू-कुहू करती हुई चंचल हो गई। मैं बैठा-बैठा सोचने लगा, ऐसी ज्योत्स्ना-रात्रि में भी क्या पिकवधु बधिर हो गई है?

बहुत चिकित्सा करने पर भी मेरी पत्नी का रोग शांत होने के कोई लक्षण नहीं दिखाई दिए। डॉक्टर ने कहा—'एक बार जलवायु परिवर्तन करके देखना अच्छा होगा।'

मैं पत्नी को लेकर इलाहाबाद चला गया।"

इतना कहकर दक्षिणाचरण बाबू सहसा चौंककर चुप हो गए। संदेहपूर्ण भाव से मेरे मुख की ओर देखा, उसके बाद दोनों हाथों से सिर थामकर सोचने लगे। मैं भी चुप बैठा रहा। ताक में कैरोसिन की ढिबरी टिमटिमाकर जलने लगी और निस्तब्ध कमरे में मच्छरों की भिनभिनाहट स्पष्ट रूप से सुनाई दे रही थी।

हठात् मौन तोड़कर दक्षिणाचरण बाबू ने कहना शुरू किया—"वहां हारान डॉक्टर पत्नी की चिकित्सा करने लगे। अंत में बहुत दिनों तक स्थिति में कोई अंतर न होते देखकर डॉक्टर ने भी कह दिया। मैं भी समझ गया और मेरी पत्नी भी समझ गई कि उनका रोग अच्छा होने वाला नहीं है। उन्हें सदा रुग्ण रहकर ही जीवन काटना पड़ेगा।

तब एक दिन मेरी पत्नी ने मुझसे कहा—'जब न तो व्याधि ही दूर होती है और न मरने की ही कोई आशा है, तब और कितने दिन इस जीवन्मृत को लिए काटोगे? तुम दूसरा विवाह करो।'

यह मानो केवल एक युक्तिपूर्ण और समझदारी की बात थी—इसमें कोई भारी महत्त्व, वीरत्व या कुछ असामान्य था, ऐसा लेश-मात्र भी उसका भाव नहीं था।

अब मेरे हंसने की बारी थी, किंतु मुझमें क्या उस प्रकार हंसने की क्षमता है! मैं उपन्यास के प्रधान नायक के समान गंभीर और सगर्व भाव से कहने लगा—'जितने दिन इस शरीर में प्राण है...।'

वह टोककर बोली–'बस-बस और अधिक मत बोलो! तुम्हारी बात सुनकर तो मैं दंग रह जाती हूं।'

मैं पराजय स्वीकार न करते हुए बोला–'इस जीवन में और किसी से प्रेम नहीं कर सकूंगा।'

यह सुनकर मेरी पत्नी जोर से हंस पड़ीं, तब मुझे परास्त होना पड़ा।

मैं नहीं जानता कि उस समय कभी अपने आपसे भी स्पष्ट स्वीकार किया था या नहीं, किंतु इस समय मैं समझ रहा हूं कि उस आरोग्य-आशाहीन सेवा-कार्य से मैं मन-ही-मन थक गया था। उस काम में चूक करूंगा, ऐसी कल्पना भी मेरे मन में नहीं थी; अतएव, चिर जीवन इस चिररुग्ण को लेकर बिताना होगा, यह कल्पना भी मुझे पीड़ाजनक प्रतीत हुई। यौवन की प्रथम बेला में जब सामने देखा था, तब प्रेम की कुहक में, सुख के आश्वासन में और सौंदर्य की मरीचिका में मुझे अपना समस्त भावी जीवन खिलता हुआ दिखाई दिया था, अब आज से लेकर अंत तक केवल आशाहीन सुदीर्घ प्यासी मरुभूमि!

मेरी सेवा में वह आंतरिक थकान उन्होंने अवश्य ही देख ली थी, उस समय मैं नहीं जानता था, किंतु अब जरा भी संदेह नहीं है कि वे मुझे संयुक्ताक्षरहीन 'शिशु शिक्षा' के प्रथम भाग के समान बहुत ही आसानी से समझ लेती थीं, इसीलिए जब उपन्यास का नायक बनकर मैं गंभीर मुद्रा में उनके पास कवित्व प्रदर्शित करने जाता तो वे बड़े अकृत्रिम स्नेह, किंतु अनिवार्य कौतुक के साथ हंस उठतीं। मेरे अपने अगोचर अंतर की सब बातों को भी वह अंतर्यामी के समान जानती थी, इस बात को सोचकर आज भी लज्जा से मर जाने की इच्छा होती है।

डॉक्टर हारान हमारे स्वजातीय थे। उनके घर प्राय: मेरा निमंत्रण रहता। कुछ दिनों के आने-जाने के बाद डॉक्टर ने अपनी कन्या के साथ मेरा परिचय करा दिया। कन्या अविवाहित थी, उसकी उम्र पंद्रह की रही होगी। डॉक्टर ने कहा कि उन्हें मन के अनुकूल पात्र नहीं मिला, इसलिए उन्होंने उसका विवाह नहीं किया, किंतु बाहर के लोगों से अफवाह सुन चुका था–कन्या के कुल में दोष था।

किंतु और कोई दोष नहीं था। जैसी सुंदर थी, वैसी ही सुशिक्षिता भी थी। इस कारण कभी-कभी एकाध दिन उनके साथ नाना विषयों पर आलोचना करते-करते घर लौटते हुए मुझे रात हो जाती, पत्नी की औषधि देने का समय निकल जाता। वे जानती थी कि मैं डॉक्टर के घर गया हूं; किंतु उन्होंने एक भी दिन विलंब के विषय में प्रश्न तक नहीं किया।

मरुभूमि में फिर एक बार मरीचिका दिखाई देने लगी। तृष्णा जब गले तक आ गई थी, तभी आंखों के सामने लबालब स्वच्छ जल कल-कल, छल-छल करने लगा! इस स्थिति में मन को प्राणपण से रोकने पर भी मोड़ नहीं सका।

रोगी का कमरा मुझे पहले से दुगना निरानंद लगने लगा, तब सेवा करने और औषधि खिलाने का नियम प्राय: भंग होने लगा।

डॉक्टर हारान बीच-बीच में मुझसे प्राय: कहते रहते–'जिनका रोग अच्छा होने की कोई संभावना नहीं है, उनका मरना ही भला है, क्योंकि जीवित रहने से उन्हें स्वयं भी सुख नहीं मिलता और दूसरों को भी दुख होता है।' साधारण रूप से ऐसी बात कहने में कोई दोष नहीं, तथापि मेरी स्त्री को लक्ष्य करके इस प्रकार के प्रसंग उठाना उनके लिए उचित न था, किंतु मनुष्य के जीवन-मरण के विषय में डॉक्टरों के मन ऐसे अनुभूतिशून्य होते हैं कि वे ठीक प्रकार से हमारे मन की हालत नहीं समझ सकते।

सहसा एक दिन बगल के कमरे से सुना, मेरी पत्नी हारान बाबू से कह रही थीं–'डॉक्टर, फिजूल में इतनी औषधियां खिला-खिलाकर औषधालय का कर्ज क्यों बढ़ा रहे हो? जब मेरी जान ही एक लाइलाज बीमारी है, तब कोई ऐसी दवा दो कि यह जान ही निकल जाए और जान छूटे।'

डॉक्टर ने कहा–'छि:! ऐसी बातें न करें।'

यह सुनकर मेरे हृदय को एकबारगी बड़ा आघात पहुंचा। डॉक्टर के चले जाने पर मैं अपनी स्त्री के कमरे में जाकर उसकी चारपाई के सिरहाने बैठ गया और उसके माथे पर धीरे-धीरे हाथ फेरने लगा। वह बोली–'यह कमरा बड़ा गरम है, तुम बाहर जाओ। टहलने जाने का समय हो गया है। थोड़ा टहले बिना रात को तुम्हें भूख नहीं लगेगी।'

टहलने जाने का अर्थ था, डॉक्टर के घर जाना। मैंने उसे समझाया था कि भूख लगने के लिए थोड़ा टहल लेना विशेष आवश्यक है। आज मैं निश्चयपूर्वक कह सकता हूं, वह प्रतिदिन की मेरी इस छलना को समझती थी। मैं ही निर्बोध था, जो सोचता था कि यह निर्बोध है।

यह कहकर दक्षिणाचरण बाबू हथेली पर सिर टिकाए बहुत देर तक मौन बैठे रहे। अंत में बोले–'मुझे एक गिलास पानी ला दो!' पानी पीकर कहने लगे–"एक दिन डॉक्टर बाबू की पुत्री मनोरमा ने मेरी पत्नी को देखने के लिए आने की इच्छा प्रकट की। पता नहीं क्यों, उसका यह प्रस्ताव मुझे अच्छा नहीं लगा, किंतु प्रतिवाद करने का कोई कारण नहीं था। वह एक दिन संध्या को मेरे घर उपस्थित हुई।

उस दिन मेरी पत्नी की पीड़ा अन्य दिनों की अपेक्षा कुछ बढ़ गई थी। जिस दिन उसका कष्ट बढ़ता, उस दिन वह अत्यंत स्थिर और चुपचाप रहती; केवल बीच-बीच में मुट्ठियां बंध जातीं और मुंह नीला हो जाता। इसी से उसकी पीड़ा का अनुमान होता। कमरे में कोई आहट नहीं थी। मैं बिस्तर के किनारे चुपचाप बैठा था। उस दिन टहलने जाने का मुझसे अनुरोध करे, इतनी सामर्थ्य उसमें नहीं थी या हो सकता है, मन-ही-मन उसकी यह इच्छा रही हो कि अत्यधिक कष्ट के समय मैं उसके पास रहूं। चौंध न लगे, इससे कैरोसिन की बत्ती दरवाजे के पास थी। कमरा अंधेरा और निस्तब्ध था। केवल कभी-कभी पीड़ा के समय कुछ शांत होने पर मेरी पत्नी का दीर्घ नि:श्वास सुनाई पड़ता था।

118

इस समय मनोरमा कमरे के दरवाजे पर आ खड़ी हुई। उल्टी ओर से बत्ती का प्रकाश आकर उसके मुख पर पड़ा। प्रकाश से चौंधिया जाने के कारण कमरे में कुछ भी न देख पाने से वह कुछ क्षणों तक दरवाजे के पास खड़ी इधर-उधर देखने लगी।

मेरी स्त्री ने चौंकते हुए मेरा हाथ पकड़कर पूछा–'वह कौन है?' अपनी उस दुर्बल अवस्था में सहसा अपरिचित व्यक्ति को देखकर उन्होंने डरकर मुझसे दो-तीन बार अस्पष्ट स्वर में प्रश्न किया–'कौन है? वह कौन है जी?'

न जाने मेरी कैसी दुर्बुद्धि हुई कि मैंने पहले ही कह दिया–'मैं नहीं जानता।' यह कहते ही मानो किसी ने मुझे चाबुक मारा। दूसरे क्षण मैं बोला–'ओह, अपने डॉक्टर बाबू की लड़की!'

पत्नी ने एक बार मेरे मुख की ओर देखा, मैं उसके मुख की ओर नहीं देख सका। दूसरे ही क्षण उसने क्षीण स्वर में अभ्यागत से कहा–'आप आइए!' मुझसे बोली–'उजाला करो।'

मनोरमा कमरे में आकर बैठ गई। उसके साथ मरीज की थोड़ी-बहुत बातचीत चलने लगी। इसी समय डॉक्टर बाबू उपस्थित हुए।

वे अपने औषधालय से दो शीशी औषधि साथ ले आए थे। उन शीशियों को बाहर निकालते हुए वे मेरी पत्नी से बोले–"यह नीली शीशी मालिश करने के लिए और यह खाने के लिए। देखिए–दोनों को मिलाइएगा नहीं, यह औषधि भयंकर विष है।"

मुझे भी एक बार सावधान करते हुए दोनों दवाइयों को चारपाई के पास मेज पर रख दिया। विदा लेते समय डॉक्टर ने अपनी पुत्री को बुलाया।

मनोरमा ने कहा–'पिताजी, मैं यहां रह जाऊं? साथ में कोई महिला नहीं है, उनकी सेवा कौन करेगा?'

मेरी स्त्री व्याकुल हो उठी, बोली–'नहीं-नहीं, आप कष्ट न कीजिए! पुरानी नौकरानी है, वह मां की भांति मेरी सेवा करती है।'

डॉक्टर हंसते हुए बोले–'यह लक्ष्मीस्वरूपा है! चिरकाल से दूसरे की सेवा करती आ रही है, दूसरे की सेवा सहन नहीं कर सकती।'

डॉक्टर पुत्री को लेकर जाने की तैयारी कर ही रहे थे कि उसी समय मेरी स्त्री बोली–'डॉक्टर बाबू, ये इस बंद कमरे में बहुत समय से बैठे हैं, इनको थोड़ी देर बाहर घुमा सकते हैं?'

डॉक्टर बाबू ने मुझसे कहा–'चलिए ना, आपको नदी के किनारे थोड़ा घुमा लाएं।'

मैं तनिक आपत्ति प्रकट करने के बाद शीघ्र ही राजी हो गया। डॉक्टर बाबू ने चलते समय दवाइयों की दोनों शीशियों के संबंध में मेरी पत्नी को सावधान कर दिया।

उस दिन मैंने डॉक्टर के घर ही भोजन किया। वहां से लौटने में रात हो गई। आकर देखा, मेरी स्त्री छटपटा रही थी। मैंने पश्चाताप से पीड़ित होकर पूछा–'क्या तुम्हारी तकलीफ बढ़ गई है?'

वह उत्तर न दे सकी। चुपचाप मेरे मुख की ओर देखने लगी। उस समय उसका गला रुंध गया था।

मैं तुरंत रात में ही डॉक्टर को बुला लाया।

डॉक्टर आकर पहले तो बहुत देर तक कुछ समझ ही न सके। अंत में उन्होंने पूछा–"क्या तकलीफ बढ़ गई है? एक बार दवा की मालिश करके क्यों न देखा जाए।"

यह कहते हुए उन्होंने टेबल से शीशी उठाकर देखी, वह खाली थी।

डॉक्टर ने मेरी पत्नी से पूछा–'क्या आपने गलती से यह दवा खाई है?'

मेरी पत्नी ने गरदन हिलाकर चुपचाप बताया–'हां।'

डॉक्टर तुरंत अपने घर से पंप लाने के लिए गाड़ी लेकर दौड़े। मैं अर्द्ध-मूर्च्छित होकर पत्नी के बिस्तर पर पड़ गया।

उस समय, जिस प्रकार माता पीड़ित शिशु को सांत्वना देती है, उसी प्रकार उसने मेरे सिर को अपने वक्षस्थल के पास खींचकर हाथों के स्पर्श द्वारा मुझे अपने मन की बात समझाने की चेष्टा की। केवल अपने उस करुण स्पर्श के द्वारा ही वह मुझसे बार-बार कहने लगी–'दुखी मत होना, अच्छा ही हुआ। तुम सुखी रहोगे–यही सोचकर मैं सुख से मर रही हूं।'

जब डॉक्टर लौटे तो जीवन के साथ-साथ मेरी स्त्री की यंत्रणाओं का भी अवसान हो गया था।"

दक्षिणाचरण फिर से एक बार पानी पीकर बोले–"ओह! बड़ी गरमी है!" यह कहते हुए तेजी से बाहर निकलकर बरामदे में दो-चार बार टहलने के बाद फिर आ बैठे। अच्छी तरह स्पष्ट हो गया, वे कहना नहीं चाहते थे, किंतु मानो मैंने जादू के जरिए उनसे बात निकलवा ली हो, फिर कहना आरंभ किया–"मनोरमा से विवाह करके मैं घर लौट आया।"

मनोरमा ने अपने पिता की सम्मति के अनुसार मुझसे विवाह किया, किंतु जब मैं उससे प्रेम की बात कहता, प्रेमालाप करके उसके हृदय पर अधिकार करने की चेष्टा करता तो वह हंसती नहीं, गंभीर बनी रहती। उसके मन में कहां, किस जगह, क्या खटका लग गया था, मैं कैसे समझता? इन्हीं दिनों मेरी शराब पीने की लत बहुत बढ़ गई।

एक दिन शरद् के आरंभ में संध्या को मैं मनोरमा के साथ अपने बरानगर के बाग में टहल रहा था। घोर अंधकार हो गया था। घोंसलों में पक्षियों के पंख फड़फड़ाने तक की आहट नहीं थी, केवल घूमने के रास्ते के दोनों किनारे घनी छाया से ढके झाऊ के पेड़ हवा में सर-सर करते कांप रहे थे।

थकान का अनुभव करती हुई मनोरमा उसी मौलश्री वृक्ष के नीचे शुभ्र पत्थर की वेदी पर आकर अपने हाथों के ऊपर सिर रखकर लेट गई। मैं भी पास आकर बैठ गया।

वहां और भी घना अंधकार था। आकाश का जो भाग दिखाई दे रहा था, वह पूरी तरह तारों से भरा था। वृक्षों के तले के झींगुरों की ध्वनि मानो अनंत गगन के वक्ष से च्युत नि:शब्दता पर ध्वनि की एक पतली किनारी बुन रही हो।

उस दिन भी शाम को मैंने कुछ शराब पी थी, मन खूब तरलावस्था में था। अंधकार जब आंखों को सहन हो गया, तब वृक्षों की छाया के नीचे पांडु वर्ण वाली उस शिथिल-आंचल श्रांतकाय रमणी की अस्पष्ट मूर्ति ने मेरे मन में एक अनिवार्य आवेग का संचार कर दिया। मुझे लगा, वह मानो कोई छाया हो। मैं उसे मानो किसी भी तरह अपनी बांहों में बांध नहीं सकूंगा।

इसी समय अंधेरे झाऊ वृक्षों की चोटियों पर जैसे आग जल उठी हो; उसके पश्चात् कृष्ण पक्ष के क्षीण हरिद्रा वर्ण चांद ने धीरे-धीरे वृक्षों के ऊपर आकाश में आरोहण किया। सफेद पत्थर पर सफेद साड़ी पहने उसी थकी लेटी रमणी के मुख पर ज्योत्स्ना आकर पड़ी। मैं और न सह सका। पास आकर हाथों में उसका हाथ लेकर बोला–'मनोरमा, तुम मेरा विश्वास नहीं करती, पर मैं तुमसे प्रेम करता हूं। मैं तुमको कभी नहीं भूल सकता।'

मैं बात कहते ही चौंक उठा। याद आया, ठीक यही बात मैंने कभी किसी और से भी कही थी और तभी मौलश्री की शाखाओं के ऊपर होती हुई झाऊ वृक्ष की चोटी से कृष्ण पक्ष के पीतवर्ण खंडित चांद के नीचे से गंगा के पूर्वी किनारे से लेकर गंगा के सुदूर पश्चिमी किनारे तक हा-हा-हा-हा-हा-हा करती एक हंसी अत्यंत तीव्र वेग से प्रवाहित हो उठी। वह मर्मभेदी हंसी थी या अभ्रभेदी हाहाकार था, कह नहीं सकता। मैं उसी क्षण मूर्च्छित होकर पत्थर की वेदी से नीचे गिर पड़ा।

मूर्च्छा भंग होने पर मैंने देखा, मैं अपने कमरे में बिस्तर पर लेटा हूं। पत्नी ने पूछा–'तुम्हें अचानक यह क्या हुआ?'

मैंने कांपते हुए कहा–'तुमने सुना नहीं, समस्त आकाश को परिपूर्ण करती हुई एक हा-हा करती हंसी ध्वनित हुई थी?'

पत्नी ने हंसकर कहा–'वह हंसी थोड़े ही थी। पंक्ति बांधकर पक्षियों का एक बहुत बड़ा झुंड उड़ा था, उन्हीं के पंखों का शब्द सुनाई दिया था। तुम इतने से ही डर जाते हो?'

दिन के समय मैं स्पष्ट समझ गया कि वह सचमुच पक्षियों के झुंड के उड़ने का ही शब्द था। इस ऋतु में उत्तर दिशा में हंस-शृंखला नदी के कछार में दाना चुगने के लिए आती है, किंतु संध्या हो जाने पर यह विश्वास टिक नहीं पाता था। उस समय लगता मानो चारों ओर समस्त अंधकार को भरती हुई सघन हंसी जमा हो गई हो,

किसी सामान्य बहाने से ही अचानक आकाशव्यापी अंधकार को विदीर्ण करके ध्वनित हो उठेगी। अंत में ऐसा हुआ कि संध्या के बाद मनोरमा से मुझे कोई भी बात कहने का साहस न होता।

तब मैं बरानगर के अपने घर को त्यागकर मनोरमा को साथ लेकर नौका पर बाहर निकल पड़ा। अगहन के महीने में नदी की हवा से सारा भय भाग गया। कुछ दिनों तक बड़े सुख में रहा। चारों ओर के सौंदर्य से आकर्षित होकर–मनोरमा भी मानो बहुत दिन बाद मेरे लिए अपने हृदय का रुद्ध द्वार धीरे-धीरे खोलने लगी।

गंगा पार कर अंत में हम पद्मा में आ पहुंचे। भयकारी पद्मा उस समय हेमंत ऋतु की विवरलीन भुजंगिनी के समान कृश, निर्जीव-सी लंबी शीतनिद्रा में मग्न थी और दक्षिण के ऊंचे किनारे पर गांवों के आमों के बगीचे इस राक्षसी नदी के मुख में करवट बदलती और विदीर्ण तट-भूमि छपाक से टूट-टूटकर गिर पड़ती। यहां घूमने की सुविधा देखकर नौका बांध दी।

एक दिन घूमते हुए हम दोनों बहुत दूर चले गए। सूर्यास्त की स्वर्णच्छाया विलीन होते ही शुक्ल पक्ष का निर्मल चंद्रालोक देखते-देखते खिल उठा। अंतहीन शुभ्र बालू के कछार पर जब अजस्र, मुक्त उच्छ्वसित ज्योत्स्ना एकदम आकाश की सीमाओं तक प्रसारित हो गई, तब ऐसे लगा मानो जन-शून्य चंद्रालोक के असीम स्वप्न-राज्य में केवल हम दो व्यक्ति ही भ्रमण कर रहे हों। एक लाल शॉल मनोरमा के सिर से उतरता उसके मुख को वेष्टित करते हुए उसके शरीर को ढके हुए था। जब निस्तब्धता गहरी हो गई, केवल सीमाहीन, दिशाहीन शुभ्रता और शून्यता के अतिरिक्त और कुछ भी न रहा, तब मनोरमा ने धीरे-धीरे हाथ बढ़ाकर जोर से मेरा हाथ पकड़ लिया। अत्यंत पास आकर वह मानो अपना संपूर्ण तन-मन, जीवन-यौवन मेरे ऊपर डालकर एकदम निर्भय होकर खड़ी हो गई।

मैंने पुलकित-उद्वेलित हृदय से सोचा, कमरे के भीतर क्या भला यथेष्ट प्रेम किया जा सकता है? यदि ऐसा अनावृत मुक्त अनंत आकाश न हो तो क्या कहीं दो व्यक्ति बंध सकते हैं? उस समय लगा–हमारे न घर है, न द्वार है, न कहीं लौटना है। बस हम इसी प्रकार हाथ में हाथ लिए अगम्य मार्ग में उद्देश्यहीन भ्रमण करते हुए चंद्रालोकित शून्यता पर पैर धरते मुक्त भाव से चलते रहेंगे। इसी प्रकार चलते-चलते एक जगह पहुंचकर देखा, थोड़ी दूर पर बालुका-राशि के बीच एक जलाशय-सा बन गया है, पद्मा के उतर जाने पर उसमें पानी जमा रह गया था।

उस मरु बालुकावेष्टित निस्तरंग, निद्रामग्न, निश्चल जल पर विस्तृत ज्योत्स्ना की रेखा मूर्च्छित भाव से पड़ी थी। उसी स्थान पर आकर हम दोनों व्यक्ति खड़े हो गए–मनोरमा ने न जाने क्या सोचकर मेरे मुख की ओर देखा, अचानक उसके सिर से शॉल खिसक गया। मैंने ज्योत्स्ना से खिला हुआ उसका वह मुंह चूम लिया।

उसी समय उस जनमानव-शून्य निःसंग मरुभूमि के गंभीर स्वर में न जाने कौन तीन बार बोल उठा–'कौन है? कौन है?'

मैं चौंक पड़ा, मेरी पत्नी भी कांप उठी, किंतु दूसरे ही क्षण हम दोनों ही समझ गए कि यह शब्द मनुष्य का नहीं था, अमानवीय भी नहीं था। कछार में विहार करने वाले जलचर पक्षी की आवाज थी। इतनी रात को अचानक अपने सुरक्षित और गुप्त निवास के समीप जन-समागम देखकर वह चौंक उठा था।

भय से चौंककर हम दोनों झटपट नौका में लौट आए। रात को आकर बिस्तर पर लेट गए। थकी होने के कारण मनोरमा शीघ्र ही सो गई। उस समय अंधकार में न जाने कौन मेरी मसहरी के पास खड़ा होकर सुषुप्त मनोरमा की ओर एक लंबी जीर्ण अस्थि पिंजर-मात्र उंगली दिखाकर मानो मेरे कान में बिलकुल चुपचाप अस्फुट स्वर में बारंबार पूछने लगी–'कौन है? कौन है? वह कौन है जी?'

झटपट उठकर दियासलाई घिसकर बत्ती जलाई। उसी क्षण वह छायामूर्ति विलीन हो गई। मेरी मसहरी को कंपाकर, नौका को डगमगाकर, मेरे स्वेद-सने शरीर के रक्त को बर्फ करके हा-हा-हा करती हुई एक हंसी अंधेरी रात्रि में बहती हुई चली गई। पद्मा को पार कर, पद्मा के कछार को पार कर, उसके तटवर्ती समस्त सुप्त देश, ग्राम, नगर पार कर मानो वह चिरकाल से देश-देशांतर, लोक-लोकांतर को पार करती क्रमशः क्षीण, क्षीणतर, क्षीणतम होकर सुदूर की ओर चली जा रही थी। धीरे-धीरे वह मानो जन्म-मृत्यु के देश को पीछे छोड़ गई, क्रमशः वह मानो सुई के अग्रभाग के समान क्षीणतम हो आई। मैंने इतना क्षीण स्वर पहले कभी नहीं सुना, कल्पना भी नहीं की मानो मेरे दिमाग में अनंत आकाश हो और वह शब्द कितनी ही दूर क्यों न जा रहा हो, किसी भी प्रकार मेरे मस्तिष्क की सीमा छोड़ नहीं पा रहा हो। अंत में जब मैं नितांत असह्य हो गया, तब सोचा, बत्ती बुझाए बिना सो नहीं पाऊंगा। जैसे ही रोशनी बुझाकर लेटा, वैसे ही मेरी मसहरी के पास, मेरे कान के समीप, अंधेरे में वह अवरुद्ध स्वर फिर बोल उठा–'कौन है? कौन है? वह कौन है जी?' मेरे हृदय का रक्त भी उसी पर ताल देता हुआ क्रमशः ध्वनित होने लगा–'कौन है? कौन है? वह कौन है जी?'

'कौन है? कौन है? वह कौन है जी?'

"उसी गहरी रात में निस्तब्ध नौका में मेरी गोलाकार घड़ी भी सजीव होकर अपनी घंटे की सुई को मनोरमा की ओर घुमाकर शेल्फ के ऊपर से ताल मिलाकर बोलने लगी–'कौन है? कौन है? वह कौन है जी? कौन है? कौन है? वह कौन है जी?"

यह कहते-कहते दक्षिणाचरण बाबू का रंग फीका पड़ गया। उनका गला रुंध आया। मैंने उन्हें सहारा देते हुए कहा–"थोड़ा पानी पीजिए!" इसी समय सहसा मेरी कैरोसिन की बत्ती लुप-लुप करती हुई बुझ गई।

अचानक देखा, बाहर प्रकाश हो गया है। कौआ बोल उठा। दहिंगल पक्षी सिसकारी भरने लगा। मेरे घर के सामने वाले रास्ते पर भैंसागाड़ी का चरमर-चरमर शब्द होने लगा। दक्षिणाचरण बाबू के मुख की मुद्रा अब बिलकुल बदल गई।

अब भय का कोई चिह्न न रहा। रात्रि की कुहक में काल्पनिक शंका की मत्तता में मुझसे जो इतनी बातें कह डालीं, उसके लिए वे अत्यंत लज्जित और मेरे ऊपर मन-ही-मन क्रोधित हो उठे। शिष्टाचार-प्रदर्शन शब्द के बिना ही वे अकस्मात् उठकर द्रुत गति से चले गए।

उसी दिन आधी रात में फिर मेरे दरवाजे पर खटखटाहट हुई–"डॉक्टर! डॉक्टर!"

# 5

# अनाथ

जयगोपाल बाबू शशि को मन-ही-मन कोसता हुआ सामने खड़ा रहा और नीलमणि अपनी दीदी से बिलकुल चिपटकर मुंह बनाए चुपचाप खड़ा सुनता रहा।

शशि की बात सुन लेने पर साहब ने जयगोपाल बाबू से कई प्रश्न पूछे और उनका उत्तर पाकर, बहुत देर तक चुप रहकर शशि को संबोधित करके बोले—"बेटी! यह मामला मेरी कचहरी में नहीं चल सकता, पर तुम बेफिक्र रहो। इस विषय में मुझे जो कुछ करना होगा, अवश्य करूंगा। तुम इस अनाथ भाई को लेकर बेधड़क घर जा सकती हो।"

गांव की किसी एक अभागिनी के अत्याचारी पति के तिरस्कृत कर्मों की पूरी व्याख्या करने के बाद पड़ोसिन तारामती ने अपनी राय संक्षेप में प्रकट करते हुए कहा—"आग लगे ऐसे पति के मुंह में।"

यह सुनकर जयगोपाल बाबू की पत्नी शशिकला को बहुत बुरा लगा और ठेस भी पहुंची। उसने जबान से तो कुछ नहीं कहा, पर मन-ही-मन सोचने लगी कि पति जाति के मुख में सिगरेट या सिगार की आग के सिवा और किसी तरह की आग लगाना या कल्पना भी करना, कम-से-कम नारी जाति के लिए कभी किसी भी अवस्था में शोभा नहीं देता।

शशिकला को गुम-सुम बैठा देखकर कठोर हृदय तारामती का उत्साह दूना हो गया, वह बोली—"ऐसे खसम से तो जन्म-जन्म की रांड भली।" और वह चटपट वहां से उठकर चल दी। उसके जाते ही बैठक समाप्त हो गई।

शशिकला गंभीर हो गई। वह सोचने लगी, पति की ओर से किसी दोष की वह कल्पना भी नहीं कर सकती, जिससे उनके प्रति ऐसा कठोर भाव जाग्रत हो जाए। यह विचारते-विचारते उसके कोमल हृदय का सारा प्रतिफल अपने प्रवासी पति की ओर उच्छ्वसित होकर दौड़ने लगा, पर जहां उसके पति शयन किया करते थे, उस स्थान पर दोनों बांहें फैलाकर वह औंधी पड़ी रही और बारंबार तकिए को छाती से लगाकर चूमने लगी। तकिए में पति के सिर के तेल की सुगंध को वह महसूस करने लगी और फिर द्वार बंद करके बक्से में से पति का एक बहुत पुराना चित्र और स्मृति-पत्र निकालकर बैठ गई। उस दिन की निस्तब्ध दोपहर, उसकी इसी प्रकार कमरे में एकांत-चिंता, पुरानी स्मृति और व्यथा के आंसुओं में बीत गई।

शशिकला और जयगोपाल बाबू का दांपत्य जीवन कोई नया हो, सो बात नहीं है। बचपन में शादी हुई थी और इस दौरान में कई बाल-बच्चे भी हो चुके थे। दोनों ने बहुत दिनों तक एक साथ रहकर साधारण रूप में दिन काटे। किसी भी ओर से इन दोनों के अपरिमित स्नेह को देखने कभी कोई नहीं आया। लगभग सोलह वर्ष की एक लंबी अवधि बिताने के बाद उसके पति को महज काम-धाम ढूंढने के लिए अचानक परदेश जाना पड़ा और विच्छेद ने शशि के मन में एक प्रकार का प्रेम का तूफान खड़ा कर दिया। विरह-बंधन में जितनी खिंचाई होने लगी, कोमल हृदय की फांसी उतनी ही कड़ी होने लगी। इस ढीली अवस्था में, जब उसका अस्तित्व भी मालूम नहीं पड़ा, तब उसकी पीड़ा अंदर से टीसें मारने लगी। इसी से, इतने दिन बाद, इतनी आयु में बच्चों की मां बनकर शशिकला आज वसंत की दुपहरिया में निर्जन घर में विरह-शैया पर पड़ी नव-वधु का-सा सुख-स्वप्न देखने लगी। जो स्नेह अज्ञात रूप जीवन के आगे से बहा चला गया, सहसा आज उसी के भीतर जागकर मन-ही-मन बहाव के विपरीत तैरकर पीछे की ओर बहुत दूर पहुंचना चाहती है। जहां स्वर्णपुरी में कुंज वनों की भरमार है और स्नेह की उन्माद अवस्था, किंतु उस अतीत के स्वर्णिम सुख में पहुंचने का अब उपाय क्या है? फिर स्थान कहां है? वह सोचने लगी, अबकी बार जो वह पति को पास पाएगी, तब जीवन की इन शेष घड़ियों और वसंत की आभा को भी निष्फल नहीं होने देगी। कितने ही दिवस, कितनी ही बार उसने छोटी-मोटी बातों पर वाद-विवाद करके इतना ही नहीं, उन बातों पर कलह कर-करके पति को परेशान कर डाला। आज अतृप्त मन ने भी एकांत इच्छा से संकल्प किया कि भविष्य में कदापि संघर्ष न करेगी, कभी भी उनकी इच्छा के विरुद्ध नहीं चलेगी, उनकी आज्ञा का पूरी तरह पालन करेगी, सब काम उनकी तबीयत के अनुसार किया करेगी, स्नेहयुक्त विनम्र हृदय से अपने पति का बुरा-भला व्यवहार सब चुपचाप सह लिया करेगी; कारण पति सर्वस्व है, पति प्रियतम है, पति देवता है।

शशिकला बहुत दिनों तक अपने माता-पिता की एकमात्र लाड़ली बेटी रही है। उन दिनों जयगोपाल बाबू वास्तव में मामूली नौकरी किया करते थे, फिर भी भविष्य के लिए उसे किसी प्रकार की चिंता न थी। गांव में जाकर पूर्ण वैभव के साथ रहने के लिए उसके श्वसुर के पास पर्याप्त मात्रा में चल-अचल संपत्ति थी।

इसी बीच, बिलकुल ही असमय में शशिकला के वृद्ध पिता कालीप्रसन्न के यहां पुत्र ने जन्म लिया। सत्य कहने में क्या है? भाई के इस जन्म से शशिकला को बहुत दु:ख हुआ और जयगोपाल बाबू भी इस नन्हे साले को पाकर विशेष प्रसन्न नहीं हुए।

अधिक आयु में बच्चा होने के कारण उस पर माता-पिता के लाड़-प्यार का कोई ठिकाना न रहा। उस नवजात छोटे दूध पीते निद्रातुर साले ने अपनी अज्ञानता में न जाने कैसे अपने कोमल हाथों की छोटी-छोटी मुट्ठियों में जयगोपाल बाबू की सारी आशाएं पीसकर जब चकनाचूर कर दीं, तब वे आसाम के किसी छोटे बगीचे में नौकरी करने के लिए चल दिए।

सबने कहा सुना कि पास में ही कहीं छोटा-मोटा काम-धंधा खोजकर यहीं रहो तो अच्छा हो, किंतु चाहे गुस्से के कारण या गैरों की नौकरी करने में शीघ्र ही अमीर बनने की धुन से हो, उसने किसी की बात पर ध्यान नहीं दिया। शशि को बच्चों के साथ उसके मायके में छोड़कर वह आसाम चला गया। विवाह के उपरांत इस दंपती में यह पहला विच्छेद था।

पति के चले जाने से शशि को दुधमुंहे भाई पर बड़ा क्रोध आया। जो मन की पीड़ा को स्पष्ट रूप में कह नहीं सकता, उसी को क्रोध अधिक आता है। छोटा-सा नवजात शिशु मां के स्तनों को चूमता और आंख मीचकर निश्चिंतता से सोता और उसकी बड़ी बहन अपने बच्चों के लिए गर्म दूध, ठंडा भात स्कूल जाने की देर इत्यादि अनेक कारणों से रात-दिन रूठकर मुंह फुलाए रहती और सारे परिवार को परेशान करती।

थोड़े दिन बाद ही बच्चे की मां का स्वर्गवास हो गया—मरते समय मां अपने गोद के बच्चे को लड़की के हाथ सौंप गई।

अब तो बहुत ही शीघ्र मातृहीन शिशु ने अपनी कठोरहृदया दीदी का हृदय जीत लिया। हा-हा—ही-ही करता हुआ वह शिशु—अपनी दीदी के ऊपर जा पड़ता और अपने बिना दांत के छोटे से मुख में उसका मुंह, नाक, कान सब कुछ ले लेना चाहता, अपनी छोटी-सी मुट्ठी में उसका जूड़ा पकड़कर खींचता और किसी कीमत पर भी हाथों में आई वस्तु को छोड़ने के लिए तैयार न होता। दिवाकर के उदय होने से पहले ही उठकर वह गिरता-पड़ता हुआ अपनी दीदी को कोमल स्पर्श से पुलकित करता, किलकारियां मार-मारकर शोर मचाना आरंभ कर देता और जब वह क्रमश: दी...दी...दीदी पुकार-पुकारकर बारंबार उसका ध्यान बंटाने लगा और जब उसने काम-काज और फुरसत के समय, उस पर उपद्रव करने आरंभ कर दिए, तब शशि से

स्थिर नहीं रहा गया। उसने उस छोटे-से स्वतंत्र प्रेमी अत्याचारी के आगे पूरे तौर पर आत्म-समर्पण कर लिया। बच्चे की मां नहीं थी, इसी कारण शायद उस पर उसकी सुरक्षा का अधिक भार आ पड़ा।

2

शिशु का नाम रखा गया नीलमणि। जब वह दो वर्ष का हुआ, तब उसके पिता असाध्य रोगी हो गए। बहुत ही शीघ्र चले आने के लिए जयगोपाल बाबू को पत्र लिखा गया। जयगोपाल बाबू जब मुश्किल से उस सूचना को पाकर ससुराल पहुंचे, तब श्वसुर कालीप्रसन्न मौत की घड़ियां गिन रहे थे।

कालीप्रसन्न ने मरने से पूर्व अपने एकमात्र नाबालिग पुत्र नीलमणि का सारा भार दामाद जयगोपाल बाबू पर छोड़ दिया और अपनी अचल संपत्ति का एक चौथाई भाग अपनी बेटी शशिकला के नाम कर दिया।

चल-अचल संपत्ति की सुरक्षा के लिए जयगोपाल बाबू को आसाम की नौकरी छोड़कर ससुराल चले आना पड़ा।

बहुत दिनों के उपरांत पति-पत्नी में मिलन हुआ। किसी जड़-पदार्थ के टूट जाने पर, उनके जोड़ों को मिलाकर किसी प्रकार उसे जोड़ा जा सकता है, किंतु दो मानवीय हृदयों को, जहां से वे फट जाते हैं, विरह की लंबी अवधि बीत जाने पर फिर वहां ठीक पहले जैसा जोड़ नहीं मिलता—कारण हृदय सजीव पदार्थ है; क्षणों में उसकी परिणति होती है और क्षण में ही परिवर्तन।

इस नए मिलन पर शशि के मन में अबकी बार नए भावों का श्रीगणेश हुआ मानो अपने पति से उसका पुन: विवाह हुआ हो। पहले दांपत्य में पुरानी आदतों के कारण, जो जड़ता-सी आ गई थी, विरह के आकर्षण से वह एकदम टूट गई और अपने पति को मानो उसने पहले की अपेक्षा कहीं अधिक पूर्णता के साथ पा लिया। उसने मन-ही-मन संकल्प किया कि चाहे कैसे ही दिन बीतें, वह पति के प्रति उद्दीप्त स्नेह की उज्ज्वलता को तनिक भी म्लान न होने देगी।

किंतु इस नए मिलन में जयगोपाल बाबू के मन की दशा कुछ और ही हो गई। इससे पूर्व जब दोनों एक साथ रहा करते थे, जब पत्नी के साथ उनका स्वार्थ और विभिन्न कार्यों में एकता का संबंध था, जब पत्नी के साथ उनका जीवन नित्य सत्य हो रहा था और जब वे पृथक करके कुछ करना चाहते थे, तो दैनिकचर्या की राह में चलते-चलते अवश्य उनका पांव अकस्मात् गहरे गर्त में पड़ जाता। उदाहरणत: कहा जा सकता है कि परदेश जाकर पहले-पहल वे भारी मुसीबत का शिकार हो गए। वहां उन्हें ऐसा प्रतीत होने लगा मानो अकस्मात् उन्हें किसी ने गहरे जल में धक्का दे दिया, लेकिन उनके उस विच्छेद ने नए कार्य की थेकली लगा दी गई।

128

केवल इतना ही नहीं; अपितु पहले जो उनके दिन व्यर्थ आलस्य में कट जाते थे, उधर दो वर्ष से अपनी आर्थिक अवस्था सुधरने की कोशिश के रूप में उनके मन में एक प्रकार की जबरदस्त क्रांति का उदय हुआ। उनके मन के सम्मुख मालदार बनने की एकनिष्ठ इच्छा के सिवा और कोई चीज नहीं थी। इस नए उन्माद की तीव्रता के आगे, पिछला जीवन उन्हें बिलकुल ही सारहीन-सा दृष्टिगत होने लगा।

स्नेह नारी जाति की प्रकृति में खास परिवर्तन ले आता है और पुरुष जाति की प्रकृति में कोई खास परिवर्तन होता है, तो उसकी जड़ में रहती है कोई-न-कोई दुष्ट प्रवृत्ति।

जयगोपाल बाबू दो वर्ष पश्चात् आकर पत्नी से मिले तो उन्हें हू-ब-हू पहली-सी पत्नी नहीं मिली। उनकी पत्नी शशि के जीवन में उनके नवजात साले ने एक नई परिधि स्थित कर दी, जो पहले से कहीं अधिक विस्तृत और संकीर्णता से कोसों दूर है। शशि के मन के इस भाव से वह बिलकुल अनभिज्ञ थे और न इससे उनका मेल ही बैठता था। शशि अपने इस नवजात शिशु के स्नेह में से पति को भाग देने का बहुत यत्न करती, पर उसमें इसे सफलता मिली या नहीं–कहना कठिन है।

शशि नीलमणि को गोद में उठाकर हंसती हुई पति के सामने आती और उनकी गोद में देने की चेष्टा करती, किंतु नीलमणि पूरी ताकत के साथ दीदी के गले से चिपट जाता और अपने संबंध की तनिक भी परवाह न करके दीदी के कंधे से मुंह छिपाने का प्रयत्न करता।

शशि की इच्छा थी कि उसके इस छोटे-से भाई को मन बहलाने की जितनी ही प्रकार की विद्या आती हैं, सबकी-सब बहनोई के आगे प्रकट हो जाएं, लेकिन न तो बहनोई ने ही इस विषय में कोई आग्रह दिखाया और न साले ने ही कोई दिलचस्पी दिखाई। जयगोपाल बाबू की समझ में यह बिलकुल न आया कि इस दुबले-पतले चौड़े माथे वाले मनहूस सूरत के काले-कलूटे बच्चे में ऐसा कौन-सा आकर्षण है, जिसके लिए उस पर प्यार की इतनी फिजूलखर्ची की जा रही है।

प्यार की सूक्ष्म-से-सूक्ष्म बातें नारी जाति झट से समझ जाती है। शशि तुरंत ही समझ गई कि जयगोपाल बाबू की नीलमणि के प्रति कोई खास रुचि नहीं है और वे शायद मन से उसे चाहते भी नहीं हैं। तब से वह अपने भाई को बड़ी सतर्कता से पति की दृष्टि से बचाकर रखने लगी। जहां तक हो सकता, जयगोपाल की विराग दृष्टि उस पर नहीं पड़ने पाती।

इस प्रकार वह बच्चा उस अकेली के एकमात्र स्नेह का आधार बन गया। उसकी वह इस प्रकार देखभाल रखने लगी, जैसे वह उसका बड़े यत्न से इकट्ठा किया हुआ गुप्त धन है। सभी जानते हैं कि स्नेह जितना ही गुप्त और जितना ही एकांत का होता है, उतना ही तेज होता है।

नीलमणि जब कभी रोता तो जयगोपाल बाबू को बहुत ही झुंझलाहट आती। अत:
शशि झट से उसे छाती से लगाकर खूब प्यार कर-करके हंसाने का प्रयत्न करती;
खासकर रात को उसके रोने से यदि पति की नींद उचटने की संभावना होती और
पति यदि उस रोते हुए शिशु के प्रति हिंसात्मक भाव से क्रोध या घृणा जाहिर करता
हुआ तीव्र स्वर में चिल्ला उठता, तब शशि मानो अपराधिनी-सी संकुचित और अस्थिर
हो जाती और उसी क्षण उसे गोद में लेकर दूर जाकर प्यार के स्वर में कहती-'सो
जा मेरा राजा बाबू, सो जा' और वह सो जाता।

बच्चों-बच्चों में बहुधा किसी-न-किसी बात पर झगड़ा हो ही जाता है।
शुरू-शुरू में ऐसे अवसरों पर शशि अपने भाई का पक्ष लिया करती थी। इसका
कारण यह था कि उसकी मां नहीं है। जब न्यायाधीश के साथ-साथ न्याय में भी
अंतर आने लगा, तब हमेशा ही निर्दोष नीलमणि को कड़े-से-कड़ा दंड भुगतना पड़ता।
यह अन्याय शशि के हृदय में तीर के समान चुभ जाता और इसके लिए वह दंडित
भाई को अलग ले जाकर उसे मिठाई और खिलौने देकर तथा उसके गाल चूमकर
दिलासा देने का प्रयत्न किया करती।

परिणाम यह देखने में आया कि शशि नीलमणि को जितना ही अधिक चाहती,
जयगोपाल बाबू उतना ही उस पर जलते-भुनते रहते और वे जितना ही नीलमणि से
घृणा करते, गुस्सा करते-शशि उतना ही उसे अधिक प्यार करती।

जयगोपाल बाबू उन इंसानों में से हैं, जो अपनी पत्नी के साथ कठोर व्यवहार
नहीं करते और शशि भी उन स्त्रियों में से है, जो स्निग्ध स्नेह के साथ चुपचाप पति
की बराबर सेवा किया करती है, किंतु अब केवल नीलमणि को लेकर अंदर-ही-अंदर
एक गुठली-सी पकने लगी, जो उस दंपती के लिए व्यथा दे रही है।

इस प्रकार के नीरव द्वंद्व का गोपनीय आघात-प्रतिघात प्रकट संघर्ष की अपेक्षा
कहीं अधिक कष्टदायक होता है। यह बात उन समवयस्कों से छिपाना कठिन है, जो
विवाहित दुनिया की सैर कर चुके हों।

### 3

नीलमणि की सारी देह में केवल सिर ही सबसे बड़ा था। देखने में ऐसा प्रतीत होता
था, जैसे विधाता ने एक खोखले पतले बांस में फूंक मारकर ऊपर के हिस्से पर एक
हंडिया बना दी है। डॉक्टर भी अक्सर भय प्रकट करते हुए कहते कि लड़का उस
ढांचे के समान ही निकम्मा साबित हो सकता है। बहुत दिनों तक उसे बात करना
और चलना नहीं आया। उसके उदासीन गंभीर चेहरे को देखकर ऐसा प्रतीत होता कि
उसके माता-पिता अपनी वृद्धावस्था की सारी चिंताओं का भार, इसी नन्हे-से बच्चे
के सिर पर लाद गए हैं।

दीदी के यत्न और सेवा से नीलमणि ने अपने भय का समय पार करके छठे वर्ष में पदार्पण किया।

कार्तिक में भैया-दूज के दिन शशि ने नीलमणि को नए-नए बढ़िया वस्त्र पहनाए, खूब सज-धज के साथ बाबू बनाया और उसके विशाल माथे पर टीका करने के लिए थाली सजाई। भैया को पटड़े पर बिठाकर अंगूठे में रोली लगाकर टीका लगा ही रही थी कि इतने में पूर्वोक्त मुंहफट पड़ोसिन तारा आ पहुंची और आने के साथ ही बात-ही-बात में शशि के साथ कहा-सुनी आरंभ कर दी।

वह कहने लगी–"हाय-हाय! छिपे-छिपे भैया का सत्यानाश करके ठाठ-बाट से लोक दिखाऊ टीका करने से क्या फायदा?"

यह सुनकर शशि पर एक साथ आश्चर्य, क्रोध और वेदना की दामिनी-सी टूट पड़ी। अंत में उसे सुनना पड़ा कि वे दोनों औरत-मर्द मिलकर सलाह करके नाबालिग नीलमणि की अचल संपत्ति को मालगुजारी-वसूली में नीलाम करवाकर पति के फुफेरे भाई के नाम खरीदने की साजिश कर रहे हैं।

शशि ने सुनकर कोसना शुरू किया–"जो लोग इतनी बड़ी झूठी बदनामी कर रहे हैं, भगवान करे उनकी जीभ जल जाए।" और अश्रु बहाती हुई सीधी वह पति के पास पहुंची तथा उनसे सब बातें कह सुनाईं।

जयगोपाल बाबू ने कहा–"आजकल के जमाने में किसी का भरोसा नहीं किया जा सकता। उपेंद्र मेरा सगा फुफेरा भाई है, उस पर सारी अचल संपत्ति का भार डालकर मैं निश्चिंत था। उसने कब मालगुजारी नहीं भरी और कब नीलाम में हासिलपुर खरीद लिया, मुझे कुछ पता ही नहीं लगा।"

शशि ने आश्चर्य के साथ पूछा–"तुम नालिश नहीं करोगे?"

जयगोपाल बाबू ने कहा–"भाई के नाम नालिश कैसे करूं और फिर नालिश करने से कुछ फल भी नहीं निकलेगा, गांठ से और रुपये-पैसे की बरबादी होगी?"

पति की बात पर भरोसा करना शशि का कर्तव्य है, किंतु वह किसी भी तरह भरोसा न कर सकी, तब फिर उसकी अपनी सुख की घर-गृहस्थी और स्नेह का दांपत्य जीवन सब कुछ सहसा भयानक रूप में उसके समक्ष आ खड़ा हुआ। जिस घर-द्वार को वह अपना आश्रय समझ रही थी, अचानक देखा कि उसके लिए वह एक निष्ठुर फांसी बन गया है, जिसने चारों ओर से उन दोनों बहन-भाई को घेर रखा है। वह अकेली अबला है, असहाय नीलमणि को कैसे बचाए? उसकी कुछ समझ में नहीं आता। वह जैसे-जैसे सोचने लगी, वैसे-वैसे भय और घृणा से संकट में पड़े हुए अबोध भाई पर उसका प्यार बढ़ता ही गया। उसका हृदय ममता और आंखें अश्रुओं से भर आईं। वह सोचने लगी, यदि उसे उपाय मालूम होता तो वह लाट साहब के दरबार में अपनी अर्जी दिलवाती और वहां से भी कुछ न होता तो महारानी विक्टोरिया के पास खत भेजकर अपने भाई की जायदाद अवश्य बचा लेती और महारानी साहिबा

नीलमणि की वार्षिक सात सौ अट्ठावन रुपये लाभ की जायदाद हासिलपुर कदापि नहीं बिकने देती।

शशि जब सीधा महारानी विक्टोरिया के दरबार में न्याय कराके अपने फुफेरे देवर को ठीक करने का उपाय सोच रही थी, तब सहसा नीलमणि को तीव्र ज्वर चढ़ आया और ऐसा दौरा पड़ने लगा कि हाथ-पांव तन गए और बारंबार बेहोशी बढ़ने लगी।

जयगोपाल ने गांव के एक देशी काले डॉक्टर को बुलवाया। शशि ने अच्छे डॉक्टर के लिए प्रार्थना की तो जयगोपाल बाबू ने उत्तर दिया–"क्यों? मोतीलाल क्या बुरा डॉक्टर है?"

शशि जब उनके पांवों पर गिर गई, अपनी सौगंध खिलाकर भयभीत हिरनी की तरह निहारने लगी, तब जयगोपाल बाबू ने कहा–"अच्छा, शहर से डॉक्टर बुलवाता हूं–ठहरो।"

शशि नीलमणि को छाती से चिपकाए पड़ी रही। नीलमणि भी एक पल के लिए भी उसे आंखों से ओझल नहीं होने देता; भय खाता कि उसे धोखा देकर उसकी दीदी कहीं चली जाएगी, इसलिए वह सदा उससे चिपटा रहता; यहां तक कि सो जाने पर भी पल्लू कदापि नहीं छोड़ता।

सारा दिन इसी प्रकार बीत गया। संध्या के बाद दीया-बत्ती के समय जयगोपाल बाबू ने आकर कहा–"शहर का डॉक्टर नहीं मिला, वह दूर कहीं मरीज देखने गया है।" इसके साथ ही यह भी कहा–"मुकदमे के कारण मुझे अभी इसी समय बाहर जाना पड़ रहा है। मैंने मोतीलाल से कह दिया है, दोनों वक्त आकर, अच्छी प्रकार से देखभाल किया करेंगे।"

रात को नीलमणि अंट-संट बकने लगा। भोर होते ही शशि और कुछ भी न सोचकर खुद रोगी भाई को लेकर नाव में बैठकर कलकत्ता के लिए चल दी।

कलकत्ता जाकर देखा कि डॉक्टर घर पर ही हैं; कहीं बाहर नहीं गए हैं। भले घर की स्त्री समझकर डॉक्टर ने झटपट उसके लिए ठहरने का प्रबंध करके उसकी मदद के लिए एक अधेड़ विधवा को नियुक्त कर दिया। नीलमणि का इलाज चलने लगा।

दूसरे दिन जयगोपाल बाबू भी कलकत्ता आ धमके। मारे गुस्से के आग बबूला होकर उन्होंने शशि को तत्काल घर लौटने का हुक्म दिया।

शशि ने कहा–"मुझे यदि तुम काट भी डालो, तब भी मैं अभी घर नहीं लौटूंगी। तुम सब मिलकर मेरे नीलमणि को मार डालना चाहते हो। उसका बाप नहीं, मां नहीं, मेरे सिवा उसका है ही कौन? मैं उसे बचाऊंगी, बचाऊंगी, अवश्य बचाऊंगी।"

जयगोपाल बाबू भावावेश में आकर बोले–"तो तुम यहीं रहो, मेरे घर अब कदापि मत आना।"

शशि ने उसी क्षण तपाक से कहा–"तुम्हारा घर कहां से आया? घर तो मेरे भाई का है।"

जयगोपाल बाबू बोले–"अच्छा! देखा जाएगा।"

कुछ दिनों तक इस घटना को लेकर मोहल्ले के लोगों में चुहलबाजियां चलती रहीं, अनेक वाद-विवाद होते रहे। इसी बीच पड़ोसिन तारा ने कहा–"अरे! खसम के साथ लड़ना ही हो तो घर पर रहकर लड़ो न, जितना लड़ना हो। घर छोड़कर बाहर लड़ने-झगड़ने की क्या जरूरत? कुछ भी हो, आखिर है तो अपना घरवाला ही!"

हाथ में जो कुछ जमा-पूंजी थी, सब खर्च करके, आभूषण आदि जो कुछ भी थे–सब बेचकर किसी प्रकार शशि ने अपने नाबालिग भाई को मौत के मुंह से निकाल लिया और तब उसे पता लगा कि दुआर गांव में उन लोगों की जो बड़ी भारी खेती की जमीन थी और उस पर उनकी पक्की हवेली भी थी, जिसकी वार्षिक आय लगभग डेढ़ हजार थी। वह भी जमींदार के साथ मिलकर जयगोपाल बाबू ने अपने नाम करा ली है। अब सारी अचल संपत्ति उसके पति की है, भाई का उसमें कुछ भी हक नहीं रहा है।

रोग से छुटकारा मिलते ही नीलमणि ने करुण स्वर में कहा–"दीदी! घर चलो।" अपने साथियों से खेलने के लिए उसका जी मचल रहा है। इसी से प्रेरित होकर वह बार-बार कहने लगा–"दीदी! अपने उसी घर में चलो न।"

शशि उसकी बात सुनकर रोने लगी, बोली–"हम लोगों का अब घर कहां है?"

केवल रोने से ही फल क्या? अब दीदी के सिवा इस दुनिया में उसके भाई का है ही कौन? यह सोचकर शशि ने आंखें पोंछ डालीं और साहस बटोरकर डिप्टी-मजिस्ट्रेट तारिणी बाबू के घर जाकर उनकी पत्नी की शरण ली।

मजिस्ट्रेट साहब जयगोपाल बाबू को भली-भांति जानते थे। भले घर की बहू-बेटी घर से निकलकर जमीन-जायदाद के लिए पति से झगड़ना चाहती है–इस बात पर वे शशि पर गुस्सा हुए। उसे बातों से फुसलाए रखकर उसी समय उन्होंने जयगोपाल बाबू को पत्र लिखा। जयगोपाल बाबू साले सहित शशि को जबरदस्ती नाव पर बैठाकर गांव ले गया।

इस दंपती का द्वितीय विच्छेद के बाद, फिर वह द्वितीय मिलन हुआ। जन्म-जन्म का साथ सृष्टिकर्ता का विधान जो ठहरा।

बहुत दिनों बाद घर लौटकर पुराने साथियों को पाकर नीलमणि बहुत खुश हुआ। वह आनंदपूर्वक घूमने-फिरने लगा। उसकी निश्चिंत प्रसन्नता को देखकर भीतर-ही-भीतर शशि की छाती फटने लगी।

## 4

शरद् ऋतु आई। मजिस्ट्रेट साहब गांवों में छानबीन करने दौरे पर निकले और शिकार करने के लिए जंगल से सटे हुए एक गांव में तंबू तन गए। गांव के मार्ग में साहब से नीलमणि की भेंट हुई। उसके सभी साथी साहब को देखकर दूर हट गए, लेकिन साहब का निरीक्षण चलता रहा। न जाने साहब को उसमें कुछ दिलचस्पी हुई, उसने पास बुलाकर पूछा–"तुम स्कूल में पढ़ते हो?"

बालक ने चुपचाप खड़े रहकर सिर हिला दिया–"हां।"

साहब ने पुनः पूछा–"कौन-सी पुस्तक पढ़ते हो?"

नीलमणि 'पुस्तक' शब्द का मतलब न समझ सका, अतः साहब के मुंह की ओर देखता रहा।

घर पहुंचकर नीलमणि ने साहब के साथ अपने इस परिचय की बात खूब उत्साह के साथ दीदी को बताई।

दोपहर को अचकन, पाजामा, पगड़ी आदि बांधकर जयगोपाल बाबू साहब का अभिवादन करने के लिए पहुंचे। साहब उस समय तंबू के बाहर खुली छाया में कैप मेज पर रखे बैठे थे। सिपाही वगैरा की चारों ओर धूम मची हुई थी। उन्होंने जयगोपाल बाबू को चौकी पर बैठाकर गांव के हाल-चाल पूछे।

जयगोपाल बाबू सर्वसाधारण गांववालों के सामने जो इस प्रकार बड़प्पन का स्थान घेरे बैठा है, इसके लिए वह मन-ही-मन फूला नहीं समा रहा है। उसके मन में बार-बार ये विचार उठ रहे थे कि इस समय चक्रवर्ती और नंदी घराने का कोई आकर देख जाता तो कितना अच्छा होता!

इतने में नीलमणि को साथ लिये अवगुंठन ताने एक स्त्री सीधी साहब के सामने आकर खड़ी हो गई, बोली–"साहब आपके हाथ में मैं इस अनाथ भाई को सौंप रही हूं, आप इसकी रक्षा कीजिए।"

साहब पूर्व परिचित गंभीर प्रकृति वाले बालक को देखकर उसके साथ वाली स्त्री को भले घर की बहू-बेटी समझकर उसी क्षण उठकर खड़े होते हुए बोले–"आप तंबू में आइए।"

"मुझे जो कुछ कहना है, वह यहीं कहूंगी।"

जयगोपाल बाबू का चेहरा फीका पड़ गया और घबराहट के मारे ऐसा हो गया मानो अंगारे पर अचानक उसका पांव पड़ गया हो। गांव के लोग तमाशा देखने के लिए खिसक-खिसककर पास आने की चेष्टा करने लगे, तभी साहब ने बेंत उठाया और सब भाग खड़े हुए।

शशिकला ने अपने अनाथ भाई का हाथ थामते हुए उस अनाथ बच्चे का सारा इतिहास साहब के सामने शुरू से आखिर तक कह सुनाया। जयगोपाल बाबू

ने बीच-बीच में रुकावट डालने की चेष्टा की, पर साहब ने गरजकर उसे जहां का तहां बैठा दिया।

"चुप रहो।" और बेंत के संकेत से उसे चौकी से उठाकर सामने खड़ा होने का हुक्म दिया।

जयगोपाल बाबू शशि को मन-ही-मन कोसता हुआ सामने खड़ा रहा और नीलमणि अपनी दीदी से बिलकुल चिपटकर मुंह बनाए चुपचाप खड़ा सुनता रहा।

शशि की बात सुन लेने पर साहब ने जयगोपाल बाबू से कई प्रश्न पूछे और उनका उत्तर पाकर, बहुत देर तक चुप रहकर शशि को संबोधित करके बोले–"बेटी! यह मामला मेरी कचहरी में नहीं चल सकता, पर तुम बेफिक्र रहो। इस विषय में मुझे जो कुछ करना होगा, अवश्य करूंगा। तुम इस अनाथ भाई को लेकर बेधड़क घर जा सकती हो।"

शशि ने कहा–"साहब, जब तक इस अनाथ को अपना मकान नहीं मिल जाता, तब तक इसे लेकर घर जाने का साहस मैं नहीं कर सकती। अब यदि आप इसे अपने पास नहीं रखते तो और कोई भी इस अनाथ की रक्षा नहीं कर सकता?"

साहब ने पूछा–"तुम कहां जाओगी?"

शशि ने उत्तर दिया–"मैं अपने पति के घर लौट जाऊंगी, मेरी कुछ फिक्र नहीं है।"

साहब मुस्कराया और ताबीज बंधे और दुबले-पतले, गंभीर स्वभाव वाले, काले रंग के उस दुखी अनाथ बालक को अपने पास रखने को तैयार हो गया।

इसके उपरांत शशि जब विदा होने लगी, तब बालक ने उसकी धोती का छोर पकड़ लिया।

साहब ने कहा–"बेटा! तुम डरो मत-आओ, मेरे पास आओ।"

अवगुंठन के भीतर अश्रुओं से झरना बहाते और पोंछते हुए अनाथ की दीदी ने कहा–"मेरा राजा भैया है न, जा-जा, साहब के पास जा-तेरी दीदी तुझसे फिर मिलेगी, अच्छा।"

इतना कहकर उसने नीलमणि को छाती से लगा लिया और माथे व पीठ पर हाथ फेरकर किसी प्रकार उसके पतले हाथों से अपनी धोती का छोर छुड़ाते हुए बड़ी तेजी से वहां से चल दी। साहब ने तुरंत ही बाएं हाथ से उस अनाथ बालक को रोक लिया और बालक 'दीदी! दीदी!' चिल्लाता हुआ जोर-जोर से रोने लगा। शशि ने एक बार मुड़कर दूर से दाहिना हाथ उठाते हुए अपनी ओर से उसे चुप होने के लिए सांत्वना दी और अपने टूक-टूक हुए हृदय को लेकर और भी तेजी से आगे निकल गई।

बहुत दिनों बाद उस पुरानी हवेली में पति-पत्नी का मिलन हुआ। सृष्टिकर्ता का विधान जो ठहरा।

लेकिन यह मिलन अधिक दिन तक न रह सका। कारण, इसके कुछ ही दिन बाद एक दिन भोर होते ही गांववालों ने सुना कि रात को जयगोपाल बाबू की स्त्री हैजे से मर गई और रात ही को उसका अंतिम संस्कार हो गया।

विदा के समय शशि अपने अनाथ भाई को वचन दे आई थी कि उसकी दीदी उससे फिर मिलेगी, पता नहीं उस वचन को वह निभा सकी अथवा नहीं।

# 6

# अंतिम प्यार

प्रदर्शनी में देखने की कितनी ही वस्तुएं थीं, परंतु दर्शक एक ही
चित्र पर झुके पड़ते थे। चित्र छोटा-सा था और अधूरा भी, नाम
था–'अंतिम प्यार!'

चित्र में चित्रित किया हुआ था–एक मां बच्चे का मृत शरीर हृदय से
लगाए अपने दिल के टुकड़े के चंदा-से मुख को बार-बार चूम रही है।
शोक और चिंता में डूबी हुई मां के मुख, नेत्र और शरीर में चित्रकार
की तूलिका ने एक ऐसा सूक्ष्म और दर्दनाक भाव चित्रित किया था कि
जो देखता, उसी की आंखों से आंसू निकल पड़ते। चित्र की रेखाओं में
इतनी अधिक सूक्ष्मता से दर्द भरा जा सकता है, यह बात इससे पहले
किसी के ध्यान में न आई थी।


आर्ट स्कूल के प्रोफेसर मनमोहन बाबू घर पर बैठे मित्रों के साथ मनोरंजन
कर रहे थे, ठीक उसी समय योगेश बाबू ने कमरे में प्रवेश किया।

योगेश बाबू अच्छे चित्रकार थे। उन्होंने थोड़े समय पूर्व ही स्कूल छोड़ा था।
उन्हें देखकर एक व्यक्ति ने कहा–"योगेश बाबू! नरेंद्र क्या कहता है, आपने
सुना कुछ?"

योगेश बाबू ने आरामकुर्सी पर बैठकर पहले तो लंबी सांस ली, फिर
बोले–"क्या कहता है?"

नरेंद्र कहता है–"बंग प्रांत में उसके जैसा कोई भी चित्रकार इस समय
नहीं है।"

"ठीक है, अभी कल का छोकरा है न! हम लोग तो जैसे आज तक घास छीलते रहे हैं।" झुंझलाकर योगेश बाबू ने कहा।

जो लड़का बातें कर रहा था, उसने कहा–"केवल यही नहीं, नरेंद्र आपको भी सम्मान की दृष्टि से नहीं देखता।"

योगेश बाबू ने उपेक्षित भाव से कहा–"क्यों, कोई अपराध?"

"वह कहता है–आप आदर्श का ध्यान रखकर चित्र नहीं बनाते।"

"तो किस दृष्टिकोण से बनाता हूं?"

"दृष्टिकोण...रुपये के लिए।"

योगेश ने एक आंख बंद करके कहा–"व्यर्थ!" फिर आवेश में कान के पास से अपने अस्त-व्यस्त बालों को ठीक कर बहुत देर तक मौन बैठा रहा। चीन का जो सबसे बड़ा चित्रकार हुआ है, उसके बाल भी बहुत बड़े थे। यही कारण था कि योगेश ने भी स्वभाव के विरुद्ध सिर पर लंबे बाल रखे हुए थे। ये बाल उसके मुख पर बिलकुल नहीं भाते थे, क्योंकि बचपन में एक बार चेचक के आक्रमण से उनके प्राण तो बच गए थे, किंतु मुख बहुत कुरूप हो गया था। एक तो श्याम वर्ण, दूसरे चेचक के दाग। चेहरा देखकर सहसा यही जान पड़ता था मानो किसी ने बंदूक में छर्रे भरकर लिबलिबी दबा दी हो।

कमरे में जो लड़के बैठे थे, योगेश बाबू को क्रोधित देखकर उसके सामने ही मुंह बंद करके हंस रहे थे।

सहसा वह हंसी योगेश बाबू ने भी देख ली, तो क्रोधित स्वर में बोले–"तुम लोग हंस रहे हो, क्यों?"

एक लड़के ने चाटुकारिता से जल्दी-जल्दी कहा–"नहीं महाशय! आपको क्रोध आए और हम लोग हंसे, यह भला कभी संभव हो सकता है?"

"ऊंह! मैं समझ गया, अब अधिक चातुर्य की आवश्यकता नहीं। क्या तुम लोग यह कहना चाहते हो कि अब तक तुम सब दांत निकालकर रो रहे थे, मैं ऐसा मूर्ख नहीं हूं।" यह कहकर उन्होंने आंखें बंद कर लीं।

लड़कों ने किसी प्रकार हंसी रोककर कहा–"चलिए, यूं ही सही–हम हंसते ही थे और रोते भी क्यों? हम नरेंद्र के पागलपन को सोचकर हंसते थे। वह देखो, मास्टर साहब के साथ नरेंद्र भी आ रहा है।"

मास्टर साहब के साथ-साथ नरेंद्र भी कमरे में आ गया।

योगेश ने एक बार नरेंद्र की ओर वक्र दृष्टि से देखकर मनमोहन बाबू से कहा–"महाशय! नरेंद्र मेरे विषय में क्या कहता है?"

मनमोहन बाबू जानते थे कि उन दोनों की लगती है। दो पाषाण, जब परस्पर टकराते हैं तो अग्नि उत्पन्न हो ही जाती है। अतएव वे बात को संभालते, मुस्कराते हुए बोले–"योगेश बाबू, नरेंद्र क्या कहता है?"

"नरेंद्र कहता है कि मैं रुपये के दृष्टिकोण से चित्र बनाता हूं। मेरा कोई आदर्श नहीं है?"

मनमोहन बाबू ने पूछा–"क्यों नरेंद्र?"

नरेंद्र मौन खड़ा था, अब किसी प्रकार आगे आकर बोला–"हां, कहता हूं, मेरी यही सम्मति है।"

योगेश बाबू ने मुंह बनाकर कहा–"आए बड़े सम्मति देने वाले! छोटे मुंह बड़ी बात। अभी कल का छोकरा और इतनी बड़ी-बड़ी बातें।"

मनमोहन बाबू ने कहा–"योगेश बाबू जाने दीजिए, नरेंद्र अभी बच्चा है और बात भी साधारण है। इस पर वाद-विवाद की क्या आवश्यकता है?"

योगेश बाबू उसी तरह आवेश में बोले–"बच्चा है! नरेंद्र बच्चा है!! जिसके मुंह पर इतनी बड़ी-बड़ी मूंछें हों, वह यदि बच्चा है तो बूढ़ा क्या होगा? मनमोहन बाबू! आप क्या कहते हैं?"

एक विद्यार्थी ने कहा–"महाशय, अभी जरा देर पहले तो आपने उसे कल का छोकरा बताया था।"

योगेश बाबू का मुख क्रोध से लाल हो गया, बोले–"कब कहा था?"

"अभी इससे जरा देर पहले।"

"झूठ! बिलकुल झूठ! जिसकी इतनी बड़ी-बड़ी मूंछें हैं, उसे छोकरा कहूं, असंभव है। क्या तुम लोग यह कहना चाहते हो कि मैं बिलकुल मूर्ख हूं?"

सब लड़के एक स्वर में बोले–"नहीं महाशय! ऐसी बात हम भूलकर भी जिह्वा पर नहीं ला सकते।"

मनमोहन बाबू किसी प्रकार हंसी रोककर बोले–"चुप-चुप! गोलमाल न करो।"

योगेश बाबू ने कहा–"हां नरेंद्र! तुम यह कहते हो कि बंग प्रांत में तुम्हारी टक्कर का कोई चित्रकार नहीं है?"

नरेंद्र ने कहा–"आपने कैसे जाना?"

"तुम्हारे मित्रों ने कहा।"

"मैं यह नहीं कहता, तब भी इतना अवश्य कहूंगा कि मेरी तरह मन लगाकर बंगाल में कोई चित्र नहीं बनाता।"

"इसका प्रमाण?"

नरेंद्र ने आवेशमय स्वर में कहा–"प्रमाण की क्या आवश्यकता है? मेरा अपना यही विचार है।"

"तुम्हारा विचार असत्य है।"

नरेंद्र बहुत कम बोलने वाला व्यक्ति था। उसने कोई उत्तर नहीं दिया।

मनमोहन बाबू ने इस अप्रिय वार्तालाप को बंद करने के लिए कहा–"नरेंद्र! इस बार प्रदर्शनी के लिए तुम चित्र बनाओगे ना?"

नरेंद्र ने कहा—"विचार तो है।"

"देखूंगा तुम्हारा चित्र कैसा रहता है?"

नरेंद्र ने श्रद्धा भाव से उनकी पग-धूलि लेकर कहा—"जिसके गुरु आप हैं, उसे क्या चिंता? देखना सर्वोत्तम रहेगा।"

योगेश बाबू ने कहा—"राम से पहले रामायण! पहले चित्र बनाओ, फिर कहना।"

नरेंद्र ने मुंह फेरकर योगेश बाबू की ओर देखा, कहा कुछ भी नहीं, किंतु मौन भाव और उपेक्षा ने बातों से कहीं अधिक योगेश के हृदय को ठेस पहुंचाई।

मनमोहन बाबू ने कहा—"योगेश बाबू, चाहे आप कुछ भी कहें, मगर नरेंद्र को अपनी आत्मिक शक्ति पर बहुत विश्वास है। मैं दृढ़ निश्चय से कह सकता हूं कि यह भविष्य में एक बड़ा चित्रकार होगा।"

नरेंद्र धीरे-धीरे कमरे से बाहर चला गया।

एक विद्यार्थी ने कहा—"प्रोफेसर साहब, नरेंद्र में किसी सीमा तक विक्षिप्तता की झलक दिखाई देती है।"

मनमोहन बाबू ने कहा—"हां, मैं भी मानता हूं। जो व्यक्ति अपने घाव अच्छी तरह प्रकट करने में सफल हो जाता है, उसे सर्व-साधारण किसी सीमा तक विक्षिप्त समझते हैं। चित्र में एक विशेष प्रकार का आकर्षण तथा मोहकता उत्पन्न करने की उसमें असाधारण योग्यता है। तुम्हें मालूम है, नरेंद्र ने एक बार क्या किया था? मैंने देखा कि नरेंद्र के बायें हाथ की उंगली से खून का फव्वारा छूट रहा है और वह बिना किसी कष्ट के बैठा चित्र बना रहा है। मैं तो देखकर चकित रह गया। मेरे मालूम करने पर उसने उत्तर दिया कि उंगली काटकर देख रहा था कि खून का वास्तविक रंग क्या है? अजीब व्यक्ति है। तुम लोग इसे विक्षिप्तता कह सकते हो, किंतु इसी विक्षिप्तता के ही कारण वह एक दिन अमर कलाकार कहलाएगा।"

योगेश बाबू आंखें बंद करके सोचने लगे। जैसा गुरु, वैसा चेला—दोनों पागल हैं।

## 2

नरेंद्र सोचते-सोचते मकान की ओर चला; मार्ग में भीड़-भाड़ थी। कितनी ही गाड़ियां चली जा रही थीं; किंतु इन बातों की ओर उसका ध्यान नहीं था। उसे क्या चिंता थी? संभवत: इसका भी उसे पता न था।

वह थोड़े समय के भीतर ही बहुत बड़ा चित्रकार हो गया, इस थोड़े-से समय में वह इतना सुप्रसिद्ध और सर्वप्रिय हो गया था कि उसके ईर्ष्यालु मित्रों को अच्छा न लगा। इन्हीं ईर्ष्यालु मित्रों में योगेश बाबू भी थे। नरेंद्र में एक विशेष योग्यता और उसकी तूलिका में एक असाधारण शक्ति है—योगेश बाबू इसे दिल-ही-दिल में खूब समझते थे, परंतु ऊपर से उसे मानने के लिए तैयार न थे।

इस थोड़े समय में ही उसका इतनी प्रसिद्धि प्राप्त करने का एक विशेष कारण भी था। वह यह कि नरेंद्र जिस चित्र को भी बनाता था, अपनी सारी योग्यता उसमें लगा देता था। उसकी दृष्टि केवल चित्र पर रहती थी, पैसे की ओर भूलकर भी उसका ध्यान नहीं जाता था। उसके हृदय की महत्त्वाकांक्षा थी कि चित्र बहुत ही सुंदर हो। उसमें अपने ढंग की विशेष विलक्षणता हो। मूल्य चाहे कम मिले या अधिक–वह अपने विचार और भावनाओं की मधुर रूप-रेखाएं अपने चित्र में देखता था। वह जिस समय चित्र चित्रित करने बैठता तो चारों ओर फैली हुई असीम प्रकृति और उसकी सारी रूप-रेखाएं हृदय-पट से गुंफित कर देता। इतना ही नहीं; वह अपने अस्तित्व से भी विस्मृत हो जाता। वह उस समय पागलों की भांति दिखाई पड़ता और अपने प्राण तक उत्सर्ग कर देने से भी उस समय संभवत: उसे संकोच न होता। यह दशा उस समय की एकाग्रता की होती। वास्तव में इसी कारण उसे यह सम्मान प्राप्त हुआ। उसके स्वभाव में सादगी थी, वह जो बात सादगी से कहता, लोग उसे अभिमान और प्रदर्शनी से लदी हुई समझते। उसके सामने कोई कुछ न कहता, परंतु पीछे-पीछे लोग उसकी बुराई करने से न चूकते, सब-के-सब नरेंद्र को संज्ञाहीन-सा पाते। वह किसी बात को कान लगाकर न सुनता, कोई पूछता कुछ और वह उत्तर कुछ और ही देता। वह सर्वदा ऐसा प्रतीत होता, जैसे अभी-अभी स्वप्न देख रहा था और किसी ने सहसा उसे जगा दिया हो। उसने विवाह किया और एक लड़का भी उत्पन्न हुआ। पत्नी बहुत सुंदर थी, परंतु नरेंद्र को गृहस्थ जीवन में किसी प्रकार का आकर्षण न था, तब भी उसका हृदय प्रेम का अथाह सागर था।

वह हर समय इसी धुन में रहता था कि चित्रकला में प्रसिद्धि प्राप्त करे। यही कारण था कि लोग उसे पागल समझते थे। किसी हल्की वस्तु को यदि पानी में जबरदस्ती डुबो दो तो वह किसी प्रकार भी न डूबेगी, वरन् ऊपर तैरती रहेगी। ठीक यही दशा उन लोगों की होती है, जो अपनी धुन के पक्के होते हैं। वे सांसारिक सुख-दु:ख में किसी प्रकार डूबना नहीं जानते। उनका हृदय हर समय कार्य की पूर्ति में संलग्न रहता है।

नरेंद्र सोचते-सोचते अपने मकान के सामने आकर खड़ा हुआ। उसने देखा कि द्वार के समीप उसका चार साल का बच्चा मुंह में उंगली डाले किसी गहरी चिंता में खड़ा है। पिता को देखते ही बच्चा दौड़ता हुआ आया और दोनों हाथों से नरेंद्र को पकड़कर बोला–"बाबूजी!"

"हां बेटा!"

बच्चे ने पिता का हाथ पकड़ लिया और खींचते हुए कहा–"बाबूजी, देखो हमने एक मेढ़क मारा है, जो लंगड़ा हो गया है।"

नरेंद्र ने बच्चे को गोद में उठाकर कहा–"तो मैं क्या करूं? तू बड़ा पाजी है।"

बच्चे ने कहा–"वह घर नहीं जा सकता-लंगड़ा हो गया है, कैसे जाएगा? चलो उसे गोद में उठाकर घर पहुंचा दो।"

नरेंद्र ने बच्चे को गोद में उठा लिया और हंसते-हंसते घर ले गया।

## 3

एक दिन नरेंद्र को ध्यान आया कि इस बार की प्रदर्शनी में जैसे भी हो, अपना एक चित्र भेजना चाहिए। कमरे की दीवार पर उसके हाथ के बने कितने ही चित्र लगे हुए थे। कहीं प्राकृतिक दृश्य, कहीं मनुष्य के शरीर की रूप-रेखा, कहीं स्वर्ण की भांति सरसों के खेत की हरियाली, जंगली मनमोहक दृश्यावली और कहीं वे रास्ते, जो छाया वाले वृक्षों के नीचे से टेढ़े-तिरछे होकर नदी के पास जा मिलते थे। धुएं की भांति गगनचुंबी पहाड़ों की पंक्ति, जो तेज धूप में स्वयं झुलसी जा रही थीं और सैकड़ों पथिक धूप से व्याकुल होकर छायादार वृक्षों के समूह में शरणार्थी थे–ऐसे कितने ही दृश्य थे। दूसरी ओर अनेक पक्षियों के चित्र थे। उन सबके मनोभाव उनके मुखों से प्रकट हो रहे थे। कोई गुस्से में भरा हुआ, कोई चिंता की अवस्था में तो कोई प्रसन्न-मुख।

कमरे के उत्तरीय भाग में खिड़की के समीप एक अपूर्ण चित्र लगा हुआ था। उसमें ताड़ के वृक्षों के समूह के समीप सर्वदा मौन रहने वाली छाया के आश्रय में एक सुंदर नवयुवती नदी के नील वर्ण जल में अचल बिजली-सी मौन खड़ी थी। उसके होंठों और मुख की रेखाओं में चित्रकार ने हृदय की पीड़ा अंकित की थी। ऐसा प्रतीत होता था मानो चित्र बोलना चाहता है, किंतु यौवन अभी उसके शरीर में पूरी तरह प्रस्फुटित नहीं हुआ है।

इन सब चित्रों में चित्रकार के इतने दिनों की आशा-निराशा दोनों मिश्रित थी, परंतु आज उन चित्रों की रेखाओं और रंगों ने उसे अपनी ओर आकर्षित न किया। उसके हृदय में बार-बार यही विचार आने लगे कि इतने दिनों तक उसने केवल बच्चों का खेल किया है। केवल कागज के टुकड़ों पर रंग पोता है। इतने दिनों से उसने जो कुछ रेखाएं कागज पर खींची थीं, वे सब उसके हृदय को अपनी ओर आकर्षित न कर सकीं, क्योंकि उसके विचार पहले की अपेक्षा बहुत उच्च थे। उच्च ही नहीं, बल्कि बहुत उच्चतम होकर चील की भांति आकाश में मंडराना चाहते थे।

यदि वर्षा ऋतु का सुहावना दिन हो तो क्या कोई शक्ति उसे रोक सकती थी? वह उस समय आवेश में आकर उड़ने की उत्सुकता में असीमित दिशाओं में उड़ जाता। एक बार भी मुड़कर नहीं देखता। अपनी पहली अवस्था पर किसी प्रकार भी वह संतुष्ट नहीं था। नरेंद्र के हृदय में रह-रहकर यही विचार आने लगा। भावना और लालसा की झड़ी-सी लग गई।

नरेंद्र ने निश्चय कर लिया कि इस बार वह ऐसा चित्र बनाएगा, जिससे उसका नाम अमर हो जाए। वह इस वास्तविकता को सबके दिलों में बिठा देना चाहता था कि उसकी अनुभूति बचपन की अनुभूति नहीं है।

मेज पर सिर रखकर नरेंद्र विचारों का ताना-बाना बुनने लगा। वह क्या बनाएगा? किस विषय पर बनाएगा? भावनाओं के कितने ही पूर्ण और अपूर्ण चित्र उसकी आंखों

के सामने से सिनेमा के चित्र की भांति चले गए, परंतु किसी ने भी दम-भर के लिए उसके ध्यान को अपनी ओर आकर्षित न किया। सोचते-सोचते संध्या के अंधियारे में शंख की मधुर ध्वनि ने उसे मस्त कर देने वाला गाना सुनाया। इस स्वर-लहरी से नरेंद्र चौंककर उठ खड़ा हुआ, फिर उसी अंधकार में वह चिंतन-मुद्रा में कमरे के अंदर पागलों की भांति टहलने लगा। सब व्यर्थ! बहुत प्रयत्न करने के पश्चात् भी कोई विचार न सूझा।

रात बहुत जा चुकी थी। अमावस्या की अंधेरी रात में आकाश परलोक की भांति धुंधला प्रतीत होता था। नरेंद्र कुछ खोया-खोया पागलों की भांति उसी ओर ताकता रहा। बाहर से रसोइए ने द्वार खटखटाकर कहा–"बाबूजी!"

चौंककर नरेंद्र ने पूछा–"कौन है?"

"बाबूजी भोजन तैयार है–चलिए।"

नरेंद्र ने झुंझलाते हुए कटु स्वर में कहा–"मुझे तंग न करो। जाओ, मैं इस समय न खाऊंगा।"

"कुछ थोड़ा-सा।"

"मैं कहता हूं, बिलकुल नहीं।" निराश-मन रसोइया भारी कदमों से लौट गया।

नरेंद्र ने खुद को चिंतन-सागर में डुबो दिया। दुनिया में जिसको ख्याति प्राप्त करने का व्यसन लग गया हो, उसे चैन कहां?

## 4

एक सप्ताह बीत गया। इस सप्ताह में नरेंद्र ने घर से बाहर कदम न निकाला। घर में बैठा सोचता रहता–किसी-न-किसी मंत्र से तो साधना की देवी अपनी कला दिखाएगी ही।

इससे पूर्व किसी चित्र के लिए विचार-प्राप्ति में उसे देर न लगती थी, परंतु इस बार किसी तरह भी उसे कोई बात न सूझी। ज्यों-ज्यों दिन व्यतीत होते जाते थे, वह निराश होता जाता था? केवल यही क्यों? कई बार तो उसने झुंझलाकर सिर के बाल नोंच लिये। वह अपने आपको गालियां देता, पृथ्वी पर पेट के बल पड़कर बच्चों की तरह रोया भी, परंतु सब व्यर्थ!

प्रातःकाल नरेंद्र मौन बैठा था कि मनमोहन बाबू के द्वारपाल ने आकर उसे एक पत्र दिया। उसने उसे खोलकर देखा। प्रोफेसर साहब ने उसमें लिखा था–

*"प्रिय नरेंद्र,*
*प्रदर्शनी होने में अब अधिक दिन शेष नहीं हैं। एक सप्ताह के अंदर यदि चित्र न आया तो ठीक नहीं। लिखना, तुम्हारी क्या प्रगति हुई है और तुम्हारा चित्र कितना बन गया है?*

योगेश बाबू ने चित्र चित्रित कर दिया है। मैंने देखा है, सुंदर है, परंतु मुझे तुमसे और भी अच्छे चित्र की आशा है। तुमसे अधिक प्रिय मुझे और कोई नहीं। आशीर्वाद देता हूं, तुम अपने गुरु की लाज रख सको।

इसका ध्यान रखना। इस प्रदर्शनी में यदि तुम्हारा चित्र अच्छा रहा तो तुम्हारी ख्याति में कोई बाधा न रहेगी। तुम्हारा परिश्रम सफल हो, यही कामना है।

—मनमोहन

यह पत्र पढ़कर नरेंद्र और भी व्याकुल हुआ। केवल एक सप्ताह शेष है और अभी तक उसके मस्तिष्क में चित्र के विषय में कोई विचार ही नहीं आया। खेद है, अब वह क्या करेगा?

उसे अपने आत्म-बल पर बहुत विश्वास था, पर उस समय वह विश्वास भी जाता रहा। इसी तुच्छ शक्ति पर वह दस व्यक्तियों में सिर उठाए फिरता रहा?

उसने सोचा था, अमर कलाकार बन जाऊंगा, परंतु वाह रे दुर्भाग्य! अपनी अयोग्यता पर नरेंद्र की आंखों में आंसू भर आए।

## 5

रोगी की रात जैसे आंखों में निकल जाती है, उसकी वह रात वैसे ही समाप्त हुई। नरेंद्र को इसका तनिक भी पता न चला। उधर वह कई दिनों से चित्रशाला में ही सोया था। नरेंद्र के मुख पर जागरण के चिह्न थे। उसकी पत्नी दौड़ी-दौड़ी आई और शीघ्रता से उसका हाथ पकड़कर बोली—"अजी, बच्चे को क्या हो गया है, आकर देखो तो?"

नरेंद्र ने पूछा—"क्या हुआ?"

पत्नी लीला हांफते हुए बोली—"शायद हैजा! इस प्रकार खड़े न रहो, बच्चा बिलकुल अचेत पड़ा है।"

नरेंद्र बहुत ही अनमने मन से शयनकक्ष में प्रविष्ट हुआ।

बच्चा बिस्तर से लगा पड़ा था। पलंग के चारों ओर उस भयानक रोग के चिन्ह दृष्टिगोचर हो रहे थे। लाल रंग दो घड़ी में ही पीला हो गया था। सहसा देखने से यही ज्ञात होता था, जैसे बच्चा जीवित नहीं है। केवल उसके वक्ष के समीप कोई वस्तु धक-धक कर रही थी और इस क्रिया से ही जीवन के कुछ चिह्न दृष्टिगोचर होते थे।

वह बच्चे के सिरहाने सिर झुकाकर खड़ा हो गया।

लीला ने कहा—"इस तरह खड़े न रहो। जाओ-डॉक्टर को बुला लाओ।"

मां की आवाज सुनकर बच्चे ने आंखें मलीं। भर्राई हुई आवाज में बोला—"मां! ओ मां!"

"मेरे लाल! मेरी पूंजी। क्या कह रहा है?" यह कहते-कहते लीला ने दोनों हाथों से बच्चे को गोद से चिपटा लिया। मां के वक्ष पर सिर रखकर बच्चा फिर पड़ा रहा।

नरेंद्र के नेत्र सजल हो गए। वह बच्चे की ओर देखता रहा।

लीला ने शिकायती स्वर में कहा–"अभी तक डॉक्टर को बुलाने नहीं गए?"

नरेंद्र ने दबी आवाज में कहा–"ऐं...डॉक्टर?"

पति का अस्वाभाविक स्वर सुनकर लीला ने चकित होते हुए कहा–"किस सोच में डूबे हो?"

"कुछ नहीं।"

"तो शीघ्र जाओ और डॉक्टर को बुला लाओ।"

"अभी जाता हूं।"

नरेंद्र घर से बाहर निकला।

घर का द्वार बंद हुआ तो लीला ने आश्चर्यचकित होकर सुना कि उसके पति ने बाहर से द्वार की जंजीर खींच ली और वह सोचती रही–'यह क्या?'

## 6

नरेंद्र चित्रशाला में प्रविष्ट होकर एक कुर्सी पर बैठ गया।

दोनों हाथों से मुंह ढांपकर वह सोचने लगा। उसकी दशा देखकर ऐसा लगता था कि वह किसी तीव्र आत्मिक पीड़ा से पीड़ित है। चारों ओर गहरे सूनेपन का राज्य था। केवल दीवार पर लगी हुई घड़ी कभी न थकने वाली गति से टिक-टिक कर रही थी और नरेंद्र के सीने के अंदर उसका हृदय मानो उत्तर देता हुआ कह रहा था–'धक! धक!' संभवत: उसके भयानक संकल्पों से परिचित होकर घड़ी और उसका हृदय परस्पर कानाफूसी कर रहे थे। सहसा नरेंद्र उठ खड़ा हुआ और संज्ञाहीन अवस्था में कहने लगा–"क्या करूं? ऐसा आदर्श फिर न मिलेगा, परंतु... वह तो मेरा पुत्र है।"

वह कुछ कहते-कहते रुक गया और मौन होकर सोचने लगा। सहसा मकान के अंदर से सनसनाते हुए बाण की भांति 'हाय' की हृदयबेधक आवाज उसके कानों में पहुंची।

"मेरे लाल! तू कहां गया?"

जिस प्रकार चिल्ला टूट जाने से कमान सीधी हो जाती है, चिंता और व्याकुलता से नरेंद्र ठीक उसी तरह सीधा खड़ा हो गया। उसके मुख पर लाली का चिह्न तक न था, फिर कान लगाकर उसने आवाज सुनी, वह समझ गया कि बच्चा चल बसा।

वह मन-ही-मन बोला–'भगवान! तुम साक्षी हो, मेरा कोई अपराध नहीं।'

इसके बाद वह अपने सिर के बालों को मुट्ठी में लेकर सोचने लगा। मनुष्य जैसे कुछ समय पश्चात् ही निद्रा से चौंक उठता है, उसी प्रकार चौंककर जल्दी-जल्दी मेज पर से कागज, तूलिका और रंग आदि लेकर वह कमरे से बाहर निकल गया।

शयनकक्ष के सामने एक खिड़की के समीप आकर वह अचकचाकर खड़ा हो गया। कुछ सुनाई देता है क्या? नहीं, सब खामोश हैं। उस खिड़की से कमरे का आंतरिक भाग दिखाई पड़ रहा था। झांककर भय से थर-थर कांपते हुए उसने देखा तो उसके सारे शरीर में कांटे-से चुभ गए। बिस्तर उलट-पुलट हो रहा था। पुत्र से रिक्त गोद किए मां वहीं पड़ी तड़प रही थी।

इसके बाद...मां कमरे में पृथ्वी पर लोटते हुए, बच्चे के मृत शरीर को दोनों हाथों से वक्षःस्थल के साथ चिपटाए, बाल बिखरे, नेत्र विस्फारित किए, बच्चे के निर्जीव होंठों को बार-बार चूम रही थी।

नरेंद्र की दोनों आंखों में जैसे किसी ने दो सलाखें चुभो दी हों। उसने होंठ चबाकर कठिनता से स्वयं को संभाला और इसके साथ ही कागज पर पहली रेखा खींची। उसके सामने कमरे के अंदर वही भयानक दृश्य उपस्थित था। संभवत: संसार के किसी अन्य चित्रकार ने ऐसा दृश्य सम्मुख रखकर तूलिका न उठाई होगी।

नरेंद्र के शरीर में देखने में कोई गति न थी, परंतु उसके हृदय में कितनी वेदना थी–उसे कौन समझ सकता है! वह तो पिता था।

नरेंद्र जल्दी-जल्दी चित्र बनाने लगा। जीवन-भर चित्र बनाने में इतनी जल्दी उसने कभी न की। उसकी उंगलियां किसी अज्ञात स्रोत से अपूर्व शक्ति प्राप्त कर चुकी थीं। रूप-रेखा बनाते हुए, उसने सुना–"बेटा, ओ बेटा! बात करो, बात करो। जरा एक बार तुम देख तो लो?"

नरेंद्र ने अस्फुट स्वर में कहा–"उफ! यह असहनीय है।" उसके हाथ से तूलिका छूटकर पृथ्वी पर गिर पड़ी, किंतु उसी समय तूलिका उठाकर वह पुन: चित्र बनाने लगा। रह-रहकर लीला का करुण क्रंदन कानों में पहुंचकर हृदय को छेड़ता और रक्त की गति को मंद कर देता तो उसके हाथ स्थिर होकर तूलिका की गति को रोक देते।

इसी प्रकार पल-पल बीतने लगा।

मुख्य द्वार से अंदर आने के लिए नौकरों ने शोर मचाना शुरू कर दिया था, परंतु नरेंद्र मानो इस समय विश्व और विश्वव्यापी कोलाहल से बहरा हो चुका था।

वह कुछ भी न सुन सका। इस समय वह एक बार कमरे की ओर देखता और फिर चित्र की ओर–बस रंग में तूलिका डुबोता और फिर कागज पर चला देता।

वह पिता था, परंतु कमरे के अंदर पत्नी के हृदय से लिपटे हुए मृत बच्चे की याद भी वह धीरे-धीरे भूलता जा रहा था।

सहसा लीला ने उसे देख लिया। दौड़ती हुई खिड़की के समीप आकर दुखित स्वर में बोली–"क्या डॉक्टर को बुलाया? जरा एक बार आकर देख तो लेते कि मेरा लाल जीवित है या नहीं...यह क्या? चित्र बना रहे हो?"

नरेंद्र ने चौंककर लीला की ओर देखा–वह लड़खड़ाकर गिर रही थी।

बाहर से द्वार खटखटाने और बार-बार चिल्लाने पर भी जब कपाट न खुले, तो रसोइया और नौकर दोनों डर गए। वे अपना काम समाप्त करके प्राय: संध्या समय घर चले जाते थे और प्रातःकाल काम करने आ जाते थे। प्रतिदिन लीला या नरेंद्र दोनों में से कोई-न-कोई द्वार खोल देता था, आज चिल्लाने और खटखटाने पर भी द्वार न खुला। इधर रह-रहकर लीला की क्रंदन ध्वनि भी कानों में आ रही थी।

उन लोगों ने मुहल्ले के कुछ व्यक्तियों को बुलाया। अंत में सबने सलाह करके द्वार तोड़ डाला और आश्चर्यचकित होकर मकान में घुसे। जीने से चढ़कर देखा कि दीवार का सहारा लिये, दोनों हाथ जंघाओं पर रखे नरेंद्र सिर नीचा किए हुए बैठा है।

उनके पैरों की आहट से नरेंद्र ने चौंककर मुंह उठाया। उसके नेत्र रक्त की भांति लाल थे। थोड़ी देर पश्चात् वह ठहाका मारकर हंसने लगा और सामने लगे चित्र की ओर उंगली दिखाकर बोल उठा–"डॉक्टर! डॉक्टर!! मैं अमर हो गया।"

## 7

दिन बीतते गए, प्रदर्शनी आरंभ हो गई।

प्रदर्शनी में देखने की कितनी ही वस्तुएं थीं, परंतु दर्शक एक ही चित्र पर झुके पड़ते थे। चित्र छोटा-सा था और अधूरा भी, नाम था–'अंतिम प्यार!'

चित्र में चित्रित किया हुआ था–एक मां बच्चे का मृत शरीर हृदय से लगाए अपने दिल के टुकड़े के चंदा-से मुख को बार-बार चूम रही है।

शोक और चिंता में डूबी हुई मां के मुख, नेत्र और शरीर में चित्रकार की तूलिका ने एक ऐसा सूक्ष्म और दर्दनाक भाव चित्रित किया था कि जो देखता, उसी की आंखों से आंसू निकल पड़ते। चित्र की रेखाओं में इतनी अधिक सूक्ष्मता से दर्द भरा जा सकता है, यह बात इससे पहले किसी के ध्यान में न आई थी।

इस दर्शक समूह में कितने ही चित्रकार थे। उनमें से एक ने कहा–"देखिए योगेश बाबू, आप क्या कहते हैं?"

योगेश बाबू उस समय मौन धारण किए चित्र की ओर देख रहे थे। सहसा प्रश्न सुनकर एक आंख बंद करके बोले–"यदि मुझे पहले से ज्ञात होता तो मैं नरेंद्र को अपना गुरु बनाता।"

दर्शकों ने 'धन्यवाद', 'साधुवाद' और 'वाह-वाह' की झड़ी लगा दी; परंतु किसी को भी मालूम न हुआ कि उस सज्जन पुरुष का मूल्य क्या है, जिसने इस चित्र को चित्रित किया है।

चित्रकार ने किस प्रकार स्वयं को धूल में मिलाकर रक्त से इस चित्र को रंगा है—उसकी यह दशा किसी को भी ज्ञात न हो सकी।

# शरत्चंद्र चट्टोपाध्याय

## की

# सर्वश्रेष्ठ कहानियां

# शरत्चंद्र: सामाजिक क्रांति के उद्घोषक साहित्यकार

भारत के वैश्विक स्तर पर लोकप्रिय और सर्वाधिक अनूदित लेखक शरत्चंद चट्टोपाध्याय का जन्म 15 सितंबर, 1876 को पश्चिम बंगाल में हुगली जिले के देवानंदपुर ग्राम में हुआ था। उनके पिता का नाम मोतीलाल चट्टोपाध्याय और माता का नाम भुवनमोहिनी था। पांच वर्ष की आयु में उनका दाखिला देवानंदपुर की 'प्यारी पंडित की पाठशाला' में करा दिया गया। इस पाठशाला में 'धीरू' नामक बालिका से शरत्चंद्र की प्रगाढ़ मित्रता हो गई थी। यद्यपि शरत्चंद्र बहुत अधिक समय तक पाठशाला में नहीं रह सके, तथापि 'धीरू' की मधुर स्मृति ने उनके मानस-पटल पर लंबे समय तक अधिकार जमाए रखा। बाल्यकाल की इस संगिनी को अपने कथा-साहित्य का आधार बनाते हुए उन्होंने 'देवदास' की पारो, 'श्रीकांत' की राजलक्ष्मी और 'बड़ी दीदी' की माधवी के रूप में अमर कर दिया। उनका बचपन देवानंदपुर में और किशोर अवस्था भागलपुर में व्यतीत हुई। भागलपुर में उनकी ननिहाल थी।

सन् 1883 में शरत्चंद्र को भागलपुर के दुर्गाचरण एम.ई. स्कूल की छात्रवृत्ति वाली क्लास में प्रवेश दिलाया गया। सन् 1894 में उन्होंने दसवीं कक्षा के बाद होने वाली सार्वजनिक 'एंट्रेंस परीक्षा' द्वितीय श्रेणी में उत्तीर्ण की। इसी बीच उनकी साहित्य-साधना का सूत्रपात हो चुका था। इन्हीं दिनों उन्होंने 'बासा' (घर) नामक एक सामाजिक उपन्यास की रचना की। यद्यपि यह रचना प्रकाशित नहीं हुई, तथापि इसने उन्हें और अधिक अच्छा लिखने के लिए प्रेरित किया।

शरत्चंद्र की साहित्य-साधना में ज्यों-ज्यों रुचि बढ़ती जा रही थी, उसी के अनुरूप अकादमिक अध्ययन के प्रति उनकी रुचि कम हो रही थी। अंतत: सन् 1896 में उन्होंने कॉलेज की पढ़ाई बीच में ही छोड़ दी। इसी बीच उन्हें 'बनेली एस्टेट' में कुछ दिनों तक नौकरी करने का अवसर मिला। सन् 1900 में पिता मोतीलाल की किसी बात पर नाराज होकर उन्होंने घर छोड़ दिया और संन्यासी हो गए। कुछ समय बाद जब पता चला कि पिता की मृत्यु हो गई है तो उन्हें बड़ा दुख हुआ और अपने घर भागलपुर लौटकर उन्होंने पिता का ससम्मान श्राद्ध किया।

सन् 1902 में शरत्चंद्र अपने मामा लालमोहन गंगोपाध्याय के पास कलकत्ता (कोलकाता) चले गए। उनके मामा कलकत्ता हाईकोर्ट में वकील थे। मामा के यहां रहते हुए उन्होंने हिंदी पुस्तकों का अंग्रेजी में अनुवाद करना आरंभ कर दिया। इस कार्य के पारिश्रमिकस्वरूप उन्हें प्रति माह 30 रुपये मिलते थे। इसी बीच उन्होंने **'कुंतलीन'**

कहानी प्रतियोगिता के लिए **'मंदिर'** नामक कहानी भेजी जिसमें उन्हें विजेता घोषित किया गया।

कलकत्ता में अपने मामा के पास लगभग 6 माह तक रहने के बाद शरत्चंद्र जनवरी, 1903 में रंगून (यांगून) चले गए। वहां उनके दूर के एक रिश्तेदार वकील अघोरनाथ चट्टोपाध्याय रहते थे। अघोरनाथ के प्रयासों से उन्हें बर्मा रेलवे ऑडिट ऑफिस में अस्थायी तौर पर नौकरी मिल गई। यहां दो वर्ष नौकरी करने के बाद शरत्चंद्र पेगु चले गए। इसके बाद अप्रैल, 1906 में शरत्चंद्र को बर्मा के पी.डब्ल्यू.ए. ऑफिस के डिप्टी एग्जामिनर मणींद्रनाथ मित्र की सहायता से उनके ही ऑफिस में नौकरी करने का अवसर प्राप्त हुआ। यहां उन्होंने 10 वर्ष तक नौकरी की। नौकरी करने के साथ ही साहित्य सेवा का उनका क्रम निरंतर जारी रहा।

शरत्चंद्र जब एक बार सन् 1907 में बर्मा से कलकत्ता आए तो वे अपनी कुछ रचनाएं कलकत्ता में एक मित्र के पास पढ़ने के लिए छोड़ गए। मित्र ने उनकी एक रचना **'बड़ी दीदी'** को एक पत्र में धारावाहिक रूप से प्रकाशित कराना आरंभ कर दिया। मित्र ने इस पुस्तक के धारावाहिक प्रकाशन की जानकारी शरत्चंद्र को भी नहीं दी। जब इस रचना की दो-तीन किश्तें प्रकाशित हो गईं तो पाठकों के बीच सनसनी-सी मच गई। लोगों ने कयास लगाने शुरू कर दिए कि रवींद्रनाथ टैगोर ही नाम बदलकर लिख रहे हैं। शरत्चंद्र को इसकी जानकारी लगभग साढ़े पांच वर्ष बाद हुई।

रंगून में ही शरत्चंद्र का विवाह हुआ। यह भी एक बहुत बड़ी विडंबना ही कही जाएगी कि उनके दो विवाह हुए, लेकिन सामान्यतः उन्हें अविवाहित ही समझा जाता रहा।

अक्तूबर, 1912 में शरत्चंद्र रंगून से एक माह के अवकाश पर घर आए तो 'यमुना' के संपादक फणींद्रनाथ पाल ने पत्रिका के लिए एक लेख अथवा कथा भेजने का आग्रह किया। उन्होंने रंगून लौटकर **'रामेर सुमति'** नामक कहानी भेजी, जो बाद में 'यमुना' पत्रिका में प्रकाशित हुई। इसके बाद सन् 1913 में फणींद्रनाथ पाल ने उनका उपन्यास **'बड़ी दीदी'** प्रकाशित किया। यही शरत्चंद्र का प्रथम उपन्यास है, जो पुस्तकाकार में प्रकाशित हुआ।

सन् 1916 में शरत्चंद्र नौकरी से त्याग-पत्र देकर अपने घर पूर्ण रूप से आ गए और वाजे-शिवपुर में निवास करने लगे। अब उन्होंने साहित्य-साधना को ही पूर्णकालिक कार्य के रूप में अपना लिया था।

शरत्चंद्र को रवींद्रनाथ टैगोर और बंकिमचंद्र चटर्जी से प्रेरित साहित्यकार बताया जाता है। कुछ रचनाओं ने तो उन्हें निःसंदेह उनसे भी आगे का साहित्यकार सिद्ध किया है। उन्होंने अपने उपन्यास एवं कथा साहित्य में पुरुष पात्रों के बजाय नारी पात्रों को अधिक सशक्तता प्रदान की। उच्च वर्ग के बजाय मध्यम और निम्न वर्ग, सुंदरता के बजाय कुरूपता और सकारात्मकता के बजाय नकारात्मकता को उन्होंने अपने कथाक्रम

में इस प्रकार पिरोया है कि पाठक सहज-स्वाभाविक रूप से कथा के साथ लयबद्ध हो जाता है।

शरत्चंद्र ने न केवल तत्कालीन सामाजिक मूल्यों पर बार-बार प्रश्नचिह्न लगाए, बल्कि वेश्याओं और दुराचारियों को भी समाज में सम्मानजनक रूप से प्रतिष्ठापित कराने का भरसक प्रयास किया। प्रेम को वासना के दलदल से निकालकर आध्यात्मिक पद पर प्रतिष्ठित करने में उनके साहित्य की भूमिका उल्लेखनीय है।

शरत्चंद्र के प्रमुख उपन्यासों में **'बड़ी दीदी'** (1913), **'विराज बहू'** (1914), **'परिणीता'** (1914), **'चंद्रनाथ'** (1916), **'देवदास'** (1917), **'चरित्रहीन'** (1917), **'श्रीकांत'** (1917), **'दत्ता'** (1918), **'गृहदाह'** (1920), **'लेन-देन'** (1923), **'नवविधान'** (1924), **'विप्रदास'** (1935), **'शुभदा'** (1938) और **'शेष प्रश्न'** (1939) हैं। उनके नाटकों में **'षोडशी'** (1914), **'रमा'** (1928), **'विजया'** (1935) कहानियों में **'रामेर सुमति'** (1914), **'दर्पचूर्ण'** (1915), **'हरिलक्ष्मी'** (1926) और **'सती'** (1936) आदि प्रमुख और अत्यंत लोकप्रिय हैं। उन्होंने, राष्ट्रीय आंदोलन, शिक्षा, साहित्य और संगीत आदि पर निबंधों की रचना भी की।

शरत्चंद्र के उपन्यासों एवं कहानियों के आधार पर समय-समय पर बहुत-सी फिल्में भी बन चुकी हैं। उनके उपन्यास **'देवदास'** पर सन् 1936, 1955 और 2002 में सफल हिंदी फिल्में बनीं। 'देवदास' को अभी तक कुल मिलकर 16 संस्करणों में बनाया जा चुका है। सन् 1953 और 2005 में **'परिणीता'**, सन् 1967 में **'मंझली दीदी'** और सन् 1969 में **'बड़ी दीदी'** आदि सफल फिल्में उनके उपन्यासों पर बनाई जा चुकी हैं। सन् 1976 में **'दत्ता'** उपन्यास के आधार पर बांग्ला भाषा में बनाई गई फिल्म में सुचित्रा सेन और सौमित्र चटर्जी ने अभिनय किया। सन् 1980 में उनके उपन्यासों के आधार पर बनी फिल्मों **'निष्कृति'** और **'अपना-पराया'** में अभिनेता अमोल पालेकर ने मुख्य भूमिका निभाई है। उनकी कृतियों पर आधारित बनी फिल्म **'मंझली दीदी'** (1967) और **'स्वामी'** (1977) को सर्वश्रेष्ठ कहानी के लिए **'फिल्मफेयर अवार्ड'** से सम्मानित किया गया। शरत्चंद्र की रचनाओं के आधार पर हिंदी और बांग्ला भाषा के अलावा भी कई अन्य भाषाओं में अनेक फिल्में बन चुकी हैं।

शरत्चंद्र का साहित्य बंगाली समाज के माध्यम से विश्व-समाज की व्यथा कथा प्रस्तुत करता प्रतीत होता है। उनका साहित्य उत्थान से पतन और पतन से उत्थान की ओर अग्रसर होता हुआ दिखाई देता है। समाज में नारी की पीड़ा, प्रताड़ना और लांछना को शरत्चंद्र प्रेम, स्नेह, त्याग और बलिदान जैसी मार्मिक संवेदनाओं से परिपूर्ण करके जब पाठकों के सामने प्रस्तुत करते हैं तो आधी दुनिया का एक नया सच सामने आता है। यही उनकी वैश्विक लोकप्रियता का गहनतम रहस्य है।

व्यथित नारी और पीड़ित जन को लेकर कथा-सार रचने वाले शरत्चंद्र बंगाल की भाषा एवं सीमा पार कर विश्व-भर में लोकप्रियता प्राप्त कर चुके हैं। सुप्रसिद्ध

साहित्यकार विष्णु प्रभाकर ने उनके जीवन पर आधारित एक पुस्तक **'अवारा मसीहा'** की रचना की। इसे शरत्चंद्र की प्रामाणिक जीवनी माना जाता है।

सामाजिक क्रांति के उद्घोषक और विश्व-प्रसिद्ध साहित्यकार शरत्चंद्र चट्टोपाध्याय 16 जनवरी, 1938 को इस असार संसार से विदा हो गए, यद्यपि वे आज हमारे बीच में नहीं हैं, तथापि अपने विपुल लोकप्रिय साहित्य के कारण वे सदैव विश्व-समाज में विद्यमान रहेंगे।

# 1

# मंदिर

अपर्णा मलिन चेहरे से पूजा देखने लगी, जैसे यह पूजा किसी और की हो और कोई दूसरा उसे संपन्न कर रहा हो। पूजा समाप्त करके अंगोछे में नैवेद्य बांधते हुए आचार्य ने गहरी सांस भरकर कहा–"लड़का बिना इलाज के मर गया।"

आचार्य के चेहरे की ओर देखकर अपर्णा ने पूछा–"कौन मर गया?"

"तुमने नहीं सुना क्या? कई दिनों से बुखार में पड़ा, वही मधु भट्टाचार्य का बेटा आज सवेरे मर गया।"

अपर्णा फिर भी उसका मुंह ताकती रही।

आचार्य ने दरवाजे से बाहर आकर कहा–"आजकल पाप के परिणामस्वरूप मृत्यु हो रही है। देवता के साथ क्या दिल्लगी चल सकती है बेटी!"

नदी किनारे एक गांव में कुम्हारों के दो घर थे। उनका काम था नदी से मिट्टी उठाकर लाना और सांचे में ढालकर खिलौने बनाना और हाट में ले जाकर उन्हें बेच आना। बहुत समय से उनके यहां यही काम होता था और इसी से उनके खाने-पीने, ओढ़ने-पहनने का काम चलता था। स्त्रियां भी काम करती थीं, पानी भरती थीं, रसोई बनाकर पति-पुत्र आदि को खिलाती थीं और आंवा ठंडा होने पर उसमें से पके हुए खिलौने निकालकर उन्हें आंचल से झाड़-पोंछकर चित्रित करने के लिए पुरुषों के हवाले कर देती थीं।

शक्तिनाथ ने इन्हीं कुम्हार परिवारों के बीच अपने लिए एक स्थान बना लिया था। यह रोगग्रस्त ब्राह्मण-पुत्र अपने बंधु-बांधव, खेल-कूद,

पढ़ना-लिखना आदि सब कुछ छोड़कर एक दिन इन मिट्टी के खिलौनों पर झुक गया। वह खपची की छुरी धो देता, सांचे के भीतर से मिट्टी निकालकर उसे साफ कर देता और उत्कंठित और असंतुष्ट मन से देखता रहता कि खिलौनों का चित्रांकन कैसी लापरवाही से हो रहा है। स्याही से खिलौनों की भवें, आंखें, होंठ आदि चित्रित किए जाते थे–किसी की भवें मोटी हो जातीं और किसी की आधी ही बनतीं, किसी के होंठ के निचले हिस्से में स्याही का दाग लग जाता और किसी में और कुछ उल्टा-सीधा हो जाता।

शक्तिनाथ बेचैन हो उत्सुकता के साथ अनुनय करता हुआ बोला–"सरकार भैया, इतनी लापरवाही से क्यों रंग रहे हो?"

'सरकार भैया' वह खिलौने रंगने वाले कारीगर को कहता था।

कारीगर उसी स्वर में हंसते हुए बोला–"महाराजजी! अच्छी तरह रंगने में दाम बहुत लगता है। उतना दाम आजकल देता कौन है? एक पैसे का खिलौना चार पैसे में नहीं बिकेगा।"

शक्तिनाथ बहुत कहने-सुनने पर भी इस विषय पर मात्र थोड़ी-सी बात समझ सका कि एक पैसे का खिलौना एक ही पैसे में बिकेगा, चाहे उसकी भवें हों या न हों या आधी ही हों। दोनों आंखें चाहे एक-सी हों या अलग तरह की, जैसी भी हों, मिलेगा वही एक पैसा! कौन नाहक ही इतनी मेहनत करे? खिलौने खरीदेंगे बच्चे, दो घड़ी उससे प्यार करेंगे, सुलाएंगे, बैठाएंगे, गोद में लेंगे और उसके बाद तोड़-फोड़कर फेंक देंगे, बस यही तो करेंगे!

शक्तिनाथ अपने घर से जो गुड़-चना अपनी धोती में बांधकर लाया था, उसका कुछ हिस्सा अब भी बंधा पड़ा था। उसे खोलकर बड़ा अनमना-सा होकर चबाता-चबाता और बिखेरता-बिखेरता वह अपने टूटे-फूटे मकान के आंगन में आ खड़ा हुआ। उस समय घर में कोई नहीं था। बीमारी से परेशान बूढ़े पिता, जमींदार के यहां मदनमोहन की पूजा करने गए थे। वहां से भीगे अरवा चावल, केले, मूली आदि भगवान पर चढ़ाया हुआ सामान बांधकर लाएंगे और बेटे को खिलाएंगे। घर का आंगन कुंद, कनेर और हरसिंगार के पेड़ों से भरा पड़ा था। गृहलक्ष्मी के बिना घर में हर तरफ जंगल का नजारा दिखाई देता था। किसी तरह की नियमितता नहीं, किसी चीज में कोई सजावट नहीं, वृद्ध भट्टाचार्य मधुसूदन किसी तरह दिन काट रहे थे। शक्तिनाथ फूल तोड़ता, डालें हिलाता और पत्तियां नोंचता हुआ अन्यमनस्क भाव से घूमने-फिरने लगा।

प्रतिदिन प्रातः शक्तिनाथ कुम्हारों के घर जाया करता था। आजकल उसका सरकार भैया बढ़ी मेहनत से सबसे अच्छा खिलौना छांटकर उसके हाथ में दे देता और कहता–'लो महाराजजी! इसे तुम रंगो।' शक्तिनाथ दोपहर तक उसी खिलौने को

रंगता रहता। शायद खूब अच्छा रंगा जाता, फिर भी एक पैसे से अधिक कोई नहीं देता, लेकिन सरकार भैया उसे घर आकर कहते–'महाराज, अच्छी तरह रंगा हुआ आपका खिलौना दो पैसे में बिक गया!' इतना सुनते ही शक्तिनाथ मारे खुशी के फूला न समाता।

## 2

इस गांव के एक जमींदार कायस्थ थे। देवताओं और ब्राह्मणों पर उनकी भक्ति बहुत अधिक थी। उनके गृह-देवता मदनमोहन की मूर्ति अनुपम थी जिसके साथ स्वर्णरंजित राधाजी थीं, ऊंचे मंदिर में चांदी के उत्कृष्ट सिंहासन पर वृंदावन की लीला के कई अपूर्व और सुंदर चित्र दीवारों पर शोभायमान थे। ऊपर कीमखाब के चंदोवे के बीचोबीच सैकड़ों बत्तीवाला झाड़ लटक रहा था। एक तरह से संगमरमर की वेदी पर पूजा की सामग्री सजी होती थी और पुष्प, चंदन, नैवेद्य आदि से मंदिर सजा रहता था। शायद स्वर्ग-सुख और सौंदर्य को याद रखने के लिए इस मंदिर की हवा फूलों और पूजा सामग्री की सुगंध से मिलकर परिवेश को शुद्ध व स्वच्छ कर देती थी।

बहुत दिन पहले की बात है–जमींदार राजनारायण बाबू ने प्रौढ़ता की सीमा में कदम रखते ही सबसे पहले यह समझा कि जीवन की छांव धीरे-धीरे धुंधली पड़ती जा रही है। जिस दिन एक सुबह सर्वप्रथम यह जाना कि जमींदारी और धन-दौलत की मियाद शायद दिन-प्रतिदिन घटती जा रही है, उस दिन मंदिर के एक ओर खड़े-खड़े उन्होंने काफी अनुपात में आंसू बहाए थे।

मैं उस दिन की बात कर रहा हूं, जब जमींदार की इकलौती बच्ची अपर्णा पांच वर्ष की थी। पिता के पैरों के पास खड़ी वह एकाग्र मन से सब देखा करती। मधुसूदन भट्टाचार्य मंदिर के उस काले खिलौने को चंदन से चर्चित कर रहे हैं, फूलों से सिंहासन सजा रहे हैं और उसी की स्निग्ध सुगंध आशीर्वाद की तरह मानो उन्हें स्पर्श करती रहती है। उसी दिन से प्रतिदिन वह बच्ची संध्या के बाद अपने पिता के साथ देवता की आरती देखने आया करती और इस मंगलोत्सव में वह अकारण ही तन्मय होकर देखती रहती।

शनैः-शनैः अपर्णा बड़ी होने लगी। हिंदू परिवार की लड़की जैसे ईश्वर की धारणा अपने हृदय में बसा लेती है, वैसे ही वह भी करने लगी। उस मंदिर को अपने पिता की निष्ठा का उपादेय मानकर वह उसे अपने हृदय का लहू-सा मानने लगी तथा अपने प्रत्येक काम और खेल-कूद में इन्हीं भावों में निमग्नता प्रमाणित करती रहती। दिन-भर वह मंदिर के आस-पास बनी रहती। एक भी सूखा घास का तिनका, सूखा

फूल आदि मंदिर में पड़ा उसे सहन न होता। कहीं एक बूंद भी यदि पानी की गिर जाती, उसे अपने कपड़ों के किनारे से पोंछ देती। राजनारायण की देवनिष्ठा को लोग दिखावा समझते, किंतु अपर्णा की देवसेवा-परायणता उस सीमा को पार करने लगी। बासी फूल अब पुष्प-पात्र में न समाते, दूसरा बड़ा पात्र मंगवाया गया। चंदन की पुरानी कटोरी बदल दी गई। भोग और नैवेद्य की मात्रा पहले से बहुत बढ़ गई। यहां तक कि नित्य नाना प्रकार की नवीन पूजा का आयोजन व उसकी निर्दोष व्यवस्था करने के झंझट में बूढ़े पुरोहित तक घबराने लगे।

जमींदार राजनारायण यह सब देख-सुनकर भक्ति और स्नेह से गद्गद हो कहने लगे–"देवता ने मेरे घर में अपनी सेवा के लिए स्वयं लक्ष्मी को भेज दिया है–कोई कुछ मत कहो!"

समय आने पर अपर्णा का विवाह निश्चित हो गया। इस डर से कि अब मंदिर छोड़कर कहीं और जाना पड़ेगा, उसके सुंदर मुख की हंसी असमय ही गायब हो गई। विवाह का मुहूर्त नजदीक आ रहा है, उसे ससुराल जाना ही होगा। जैसे बिजली को वर्षा की काली घटाएं सप्रयास अपने अंतर्तम में छिपाकर अवरुद्ध गौरव के भार से स्थिर हो बरसाने के लिए कुछ देर नभ में स्थिर रहती हैं, वैसे ही स्थिर भाव से अपर्णा ने भी एक दिन सुना कि शादी का मुहूर्त आज आ गया है। उसने अपने पिता से कहा–"बाबूजी! मैं भगवान की सेवा का जो प्रबंध किए जा रही हूं, उसमें किसी तरह की त्रुटि न आने पाए।"

वृद्ध पिता ने रोते हुए कहा–"ठीक है बेटी! कोई त्रुटि नहीं होगी!"

अपर्णा चुपचाप चली गई। उसकी मां इस दुनिया में नहीं थी, वह रो न सकी, बूढ़े पिता की दोनों आंखों में आंसू भरे हैं, वह क्या उन्हें रोक सकती है? इसके बाद अपने दुखी क्रंदनोन्मुख दृढ़ हृदय को पौरुष-शुष्क हंसी से ढांप घोड़े पर सवार होते वीर योद्धा की तरह अपना गांव छोड़कर अनजाने कर्तव्य को सिर-माथे रखकर वह वहां से चल दी।

अपर्णा को अपने उद्वेलित आंसू पोंछते हुए ध्यान आया कि वह पिता के आंसू पोंछकर नहीं आई तो उसका हृदय रो-रोकर न जाने लगातार कितनी ही शिकायतें करने लगा। एक तो वैसे ही उसका मन सैकड़ों कष्टों से दुखी था, उस पर आजन्म परिचित आरती के आह्वान शब्द उसके कानों में मर्मांतक निराशा का हाहाकार मचाने लगे। छटपटाती हुई अपर्णा पालकी का द्वार खोल संध्या के धुंधलके में देखने लगी; छाया निविड़ ऊंची एक-एक देवदार की चोटी पर उस परिचित मंदिर के समुन्नत शिखर की कल्पना मन में आते ही वह उच्छ्वसित उद्वेग से रो पड़ी।

ससुराल से आई एक दासी पालकी के पीछे चली आ रही थी। वह झटपट उसके पास आकर बोली–"छि: बहूजी! क्या इस प्रकार रोना चाहिए? ससुराल कौन नहीं जाता?"

अपर्णा ने दोनों हाथ से मुंह ढककर रोना बंद किया और पालकी के दरवाजे बंद कर लिये। ठीक समय मंदिर के अंदर खड़े होकर उसके पिता राजनारायण मदनमोहन भगवान के सामने धूप-दीप और आंसुओं से धुंधली हुई एक देवमूर्ति के अनिंद्य सुंदर मुख पर अपनी प्रिय विवाहिता पुत्री की छवि देख रहे थे।

अब अपर्णा अपने स्वामी के घर रहती है। वहां उसके इच्छाहीन पति ने संभाषण में जरा भी आवेश और जरा-सी भी उत्सुकता प्रकट नहीं की। प्रथम प्रणय का स्निग्ध संकोच और मिलन की सरस उत्तेजना जैसी कोई भी कोशिश उसके उदास पड़े नयनों में पहली-सी चमक न लौटा सकी। शुरू से ही पति-पत्नी दोनों एक दूसरे के सामने किसी दुर्बोध-अपराध के अपराधी-से बने रहे और उसी की क्षुब्ध पीड़ा से आक्रांत व प्रेम-कूलप्लाविनी की भांति दुर्लंघ्य बाधाएं खड़ी कर बहती चली जाने लगी।

एक दिन बहुत रात बीत जाने पर अमरनाथ ने धीरे-से पुकारा—"अपर्णा, तुम्हें यहां रहना अच्छा नहीं लगता?"

अपर्णा जाग रही थी, बोली—"नहीं।"

अमर ने पूछा—"मायके जाओगी?"

अपर्णा बोली—"हां, जाऊंगी।"

अमर ने फिर पूछा—"कल जाना चाहती हो?"

अपर्णा बोली—"हां।"

क्षुब्ध अमरनाथ यह उत्तर सुनकर अवाक् रह गया, बोला—"अगर जाना न हो सके तो?"

अपर्णा ने कहा—"तब जैसे हूं, वैसे ही रहूंगी।"

इसके बाद कुछ देर तक पति-पत्नी चुप रहे। अमर ने पुकारा—"अपर्णा!"

अपर्णा ने अन्यमनस्क भाव से कहा—"क्या है?"

"क्या तुम्हें मेरी कोई जरूरत ही नहीं?"

अपर्णा ने खुद को कपड़े से सर्वांग अच्छी तरह ढककर आराम से सोते हुए कहा—"इन सब बातों से बड़ा झगड़ा होता है, ये सब बातें न करो।"

"झगड़ा होता है, कैसे जाना?"

"जानती हूं, मेरे मायके में मंझली भाभी और मंझले भैया में इसी बात को लेकर झगड़ा होता था। मुझे लड़ाई-झगड़ा पसंद नहीं।"

इन बातों को सुनकर अमरनाथ उद्वेलित हो गया। अंधेरे में टटोलता हुआ जैसे वह इस बात को जानने का प्रयास कर रहा था कि अचानक उसके हाथ वह बात आ गई, तो बोला—"आओ अपर्णा, हम भी झगड़ा करें। इस तरह रहने के बजाय तो लड़ाई-झगड़ा लाख गुना अच्छा है।"

अपर्णा स्थिर भाव से बोली–"छि: झगड़ा क्यों करने चलें? तुम सो जाओ।" इसके बाद अपर्णा सारी रात जागती रही या सो गई, अमरनाथ रात-भर जागकर भी न समझ सका।

सुबह से शाम तक अपर्णा का सारा दिन काम-काज और जप-तप में बीत जाता। रस-रंग और हंसी-मजाक में उसका मन रमता न देखकर उसके बराबर की लड़कियों ने मजाक-मजाक में उसे क्या-क्या न कहना शुरू कर दिया। ननदें उसे 'गुसाईंजी' कहकर खिल्ली उड़ातीं तो भी वह उनके टोले में न घुल-मिल सकी।

वह बार-बार यही सोचती कि नाहक ही दिन बीतते जा रहे हैं और एक वह अदृश्य आकर्षण जिससे उसका प्रत्येक रक्त-कण पितृ-प्रतिष्ठित उस मंदिर की ओर भाग जाने के लिए, पूर्णिमा में समुद्र की लहरों-सा मन के सभी कूल-उपकूल दिन-रात पछाड़ें खाता उद्वेलित ही रहता, उसे कैसे रोक जाए?

घर-गृहस्थी के काम से या छोटे-मोटे हास-परिहास से? उसका दुखित मन भारी भ्रांति को लेकर आप-ही-आप चक्करघिन्नी बन रहा है। ऐसे में उसके पास पति का लाड़-प्यार और स्नेह, परिवार-वर्ग का प्रीति संभाषण कैसे पहुंच सकेगा? किस तरह वह समझे कि कुमारी की देश-सेवा से नारीत्व के कर्तव्य का सारा परियोजन पूरा नहीं किया जा सकता।

अमरनाथ के समझने की भूल है कि वह उपहार की वस्तुएं लेकर अपनी पत्नी के पास आया। दिन के लगभग नौ-दस बजे होंगे। स्नान आदि से निवृत्त हो अपर्णा पूजा के लिए जा रही थी। अमरनाथ ने यथासंभव मधुर कंठ से कहा–"अपर्णा, तुम्हारे लिए उपहार लाया हूं। कृपया, लोगी क्या?"

अपर्णा ने मुस्कराते हुए कहा–"लूंगी क्यों नहीं?"

अब क्या कहना था, अमरनाथ के हाथ में चांद आ गया। वह खुशी से एक सुंदर रुमाल में लिपटे सूफियाना डिब्बे का ढक्कन खोलने लगा। ढक्कन के ऊपर सुनहरे अक्षरों में अपर्णा का नाम लिखा हुआ था। अब अपर्णा का चेहरा देखने के लिए उसने अपर्णा के मुंह की तरफ देखा तो उसे लगा कि अपर्णा उसकी तरफ वैसे ही देख रही है, जैसे कोई आदमी कांच की नकली आंख लगाकर देखता है। यह देखकर उसका सारा उत्साह क्षण-भर में बुझ गया और अर्थहीन हल्की-सी हंसी से वह अपने आपको छिपाने लगा। शर्म के मारे स्तब्ध रह जाने पर भी उसने बक्से का ढक्कन खोलकर कई सुगंधित तेलों की शीशियां और न जाने क्या-क्या चीजें निकालनी शुरू कीं, परंतु अपर्णा ने उसे रोककर कहा–"क्या ये सब मेरे लिए लाए हो?"

अमरनाथ के बजाय जैसे किसी दूसरे ने जवाब दिया–"हां, तुम्हारे ही लिए लाया हूं–दिलखुश की शीशियां।"

अपर्णा ने पूछा–"बक्सा भी मुझे दे दिया क्या?"

"जरूर।"

"तो फिर क्यों फिजूल में इन्हें बक्से से निकाल रहे हो? सब कुछ इसी में रहने दो।"

"अच्छा रहने देता हूं, तुम लगाओगी न?"

एकाएक अपर्णा की भवें सिकुड़ गईं। सारी दुनिया से लड़ाई करके उसका क्षत-विक्षत हृदय परास्त होकर वैराग्य ग्रहण कर चुपचाप एकांत में जा बैठा था। अचानक उस पर स्नेह के इस अनुनय ने भद्दे उपहास का आघात किया। विचलित होकर उसने उसी वक्त प्रतिघात करते हुए कहा-"नष्ट नहीं होगा, रख दो। मेरे अलावा और भी बहुत लोग इसे प्रयोग करना चाहते हैं।" इतना कहकर अपर्णा उत्तर की प्रतीक्षा किए बिना पूजाघर में चली गई।

अमरनाथ व्याकुल हो उस अस्वीकृत उपहार पर हाथ धरे उसी तरह बैठा रहा। पहले उसने मन-ही-मन हजार बार स्वयं को निर्बोध कहकर अपमानित किया, फिर बाद में उसने गहरी सांस भरकर कहा-"अपर्णा, तुम पत्थर हो।" उसकी आंखों में आंसू भर आए। वह वहीं बैठा-बैठा आंखें पोंछने लगा।

अपर्णा यदि साफ-साफ कहकर इंकार कर देती तो बात कुछ और ही प्रभाव डालती। वह जिस तरह इंकार किया तो जैसे अस्वीकृति की सारी कला उसकी देह पर पुत गई। इसका प्रतिकार वह कैसे करे?

क्या वह अपर्णा को उसके पूजा के आसन से खींचकर ले आए और उसके सामने उन सभी उपेक्षित उपहारों को पांव मारकर तोड़-फोड़ दे और सबके सामने दृढ़ प्रतिज्ञा करे कि अब वह उसका मुंह न देखेगा? वह क्या करे, कितना और क्या कहे, कहां लापता होकर चला जाए?

क्या भस्म रमाकर साधु-संत हो जाए और कभी अपर्णा के दुर्दिनों में अचानक आकर रक्षा करे? इस तरह संभव-असंभव सब प्रकार के उत्तर-प्रत्युत्तर और वाद-प्रतिवाद उसके अपमानित मस्तिष्क में व्याकुलता के साथ पैदा होने लगे। परिणाम यह हुआ कि वह उसी जगह और उसी तरह बैठा रहा और रोने लगा, किंतु किसी भी तरह उसके आदि से अंत तक के उद्विग्न संकल्पों की लंबी फेहरिस्त खत्म न हो सकी।

उस घटना के बाद दो दिन और दो रातें व्यतीत हो गईं। अमरनाथ घर सोने नहीं आया। उसकी मां को जब यह बात मालूम हुई, तब उन्होंने बहू को बुलाकर थोड़ा बहुत डांटा-डपटा और पुत्र को बुलाकर समझाया-बुझाया। ददिया सास भी इस मौके पर जरा मजाक उड़ा गई, इस तरह पांच-सात में बात हल्की पड़ गईं।

रात को अपर्णा ने पति से क्षमा-याचना की और कहा-"अगर मैंने आपके मन को कष्ट पहुंचाया हो तो मुझे क्षमा कर दीजिए।"

अमरनाथ बात नहीं कर सका। पलंग के एक किनारे बैठकर बिछौने की चादर को बार-बार खींचकर उसे सीधा-साफ करने लगा। उसके सामने ही अपर्णा खड़ी थी। उसके चहरे पर म्लान मुस्कान थी, उसने फिर कहा–"क्षमा नहीं करोगे?"

अमरनाथ ने सिर नीचा किए-किए ही कहा–"क्षमा! किसलिए और क्षमा करने का मुझे क्या अधिकार है?"

अपर्णा ने पति के दोनों हाथ अपने हाथों में लेकर कहा–"ऐसी बात मत कहो। तुम मेरे स्वामी हो, तुम्हारे नाराज रहने से मेरा गुजारा कैसे होगा? तुम क्षमा न करोगे तो मैं खड़ी कहां होऊंगी? किसलिए गुस्सा हो गए हो, बताओ?"

अमरनाथ ने शांत होकर कहा–"गुस्सा तो नहीं हुआ।"

"नहीं हुए?"

"नहीं तो।"

अपर्णा को कलह-क्लेश पसंद न था, इसलिए विश्वास न होते हुए भी उसने विश्वास कर लिया और बोली–"तो ठीक है।"

इसके बाद वह एक तरफ होकर सो गई।

अमरनाथ को इससे बड़ी हैरानी हुई। वह दूसरी ओर मुंह फेरकर मन में तर्क-वितर्क करने लगा कि इस बात पर उसकी पत्नी ने कैसे विश्वास कर लिया? मैं जो दो दिन आया नहीं, मिला नहीं, फिर भी मैं गुस्सा नहीं हुआ–क्या यह विश्वास करने की बात है?" इतनी बड़ी घटना इतनी जल्दी समाप्त होकर बेकार हो गई? इसके बाद जब उसने समझा कि अपर्णा सचमुच सो गई है, तब वह एकदम उठकर बैठ गया और बिना किसी दुविधा के आवाज लगाई–"अपर्णा, क्या तुम सो रही हो? ओ अपर्णा!"

अपर्णा जाग गई और बोली–"पुकार रहे हो?"

"हां, कल मैं कलकत्ता जाऊंगा।"

"कहां, यह बात पहले तो नहीं की! इतनी जल्दी तुम्हारे कॉलेज की छुट्टी खत्म हो गई? क्या और दो-चार दिन नहीं रुक सकते?"

"नहीं, अब रुकना नहीं हो सकता।"

अपर्णा ने कुछ सोचकर फिर पूछा–"तब क्या तुम मुझसे नाराज होकर जा रहे हो?"

यह बात सच थी, अमरनाथ भी जानता है, पर मन इस बात को न मान सका। संकोच ने मानो उसकी धोती का किनारा पकड़कर उसे वापस बुला लिया। उसे शक हुआ कि कहीं अपना निकम्मापन प्रमाणित कर वह अपर्णा के सम्मान को चोट न पहुंचा दे–इस तरह इस उत्सुकताविहीन नारी-निश्चेष्टता ने उसे विमोहित कर दिया। पतित्व का जितना तेज उसने अपने स्वाभाविक अधिकार से प्राप्त किया था, उसे अपर्णा ने

इन चार-पांच महीनों में धीरे-धीरे खींचकर निकाल दिया। अब वह गुस्सा भी दिखाए तो किस बूते पर?

अपर्णा ने फिर कहा–"नाराज होकर कहीं नहीं जाना, नहीं तो मेरे मन को बहुत चोट पहुंचेगी।"

अमरनाथ सच-झूठ के सम्मिश्रण से जो भी कह सका, उसका अर्थ था कि वह नाराज नहीं हुआ और इसे सिद्ध करने के लिए सोचा कि दो दिन और रहकर जाएगा। रहा भी दो दिन, परंतु जैसे रोका था, उसमें विजयी होने की एक शर्मनाक बेचैनी उसने मन में बनाए रखी।

आंधी-पानी आने से एक लाभ होता है कि आसमान स्वच्छ हो जाता है, किंतु बूंदा-बांदी से बादल तो साफ होते नहीं–उल्टे पैरों में कीचड़ और हर तरफ खिन्नता का भाव बढ़ जाता है। अपने घर से जो कीचड़ लपेटकर अमरनाथ कलकत्ता आया, परिचितों के सामने अपने कीचड़ भरे पांव निकालने में भी शर्मिंदगी महसूस होने लगी। न तो उसका मन पढ़ने-लिखने में लगता और न ही हंसने-खेलने में तबीयत मानती। यहां रहने की भी इच्छा नहीं होती, घर जाने को भी मन न मानता। उसके सीने में मानो असह्य वेदना का बोझ लद गया जिसे धकेलने में उसके विकल हृदय की पसलियां आपस में टकरा रही हैं, किंतु सभी कोशिशें नाकाम!

इसी अंतर्वेदना के चलते वह एक दिन बीमार पड़ गया। बीमारी की खबर मिलते ही उसके मां-बाबा कलकत्ता आ गए, पर अपर्णा को साथ न लाए। ऐसा नहीं कि अमरनाथ को ऐसी आशा थी, फिर भी उसका दिल बैठ गया। बीमारी निरंतर बढ़ती गई। ऐसे में शायद उसे अपर्णा को देखने की इच्छा होती, किंतु अपने मुंह से वह यह बात बोल न सका। मां-बाबा भी समझ न पाए। वे केवल परहेज और डॉक्टर-वैद्य तक ही सीमित रहे। अंत में उसने इन सबके हाथ से मुक्ति पा ली–एक दिन उसका देहांत हो गया।

विधवा होकर अपर्णा सन्न रह गई। उसके सारे शरीर में रोमांच हुआ और एक भीषण संभावना उसके मन में पैदा हुई कि शायद यह सब उसी की कामना का फल है। शायद इतने दिनों से वह मन-ही-मन यही चाहती थी–अंतर्यामी ने इतने दिनों के बाद उसकी कामना पूरी की है! बाहर उसे अपने पिता के जोर-जोर से रोने का स्वर सुनाई दिया।

क्या यह सपना है? वे कब आए? अपर्णा ने मकान की खिड़की खोली और झांककर देखा, सचमुच ही राजनारायण बाबू बच्चों की तरह जमीन पर पड़े रो रहे हैं। पिता की देखा-देखी अब वह भी घर के अंदर जमीन पर लोट गई और आंसुओं से जमीन भिगोने लगी।

संध्या होने में ज्यादा देर नहीं थी। अपर्णा के पिता ने उसे छाती से लगाते हुए कहा–"बेटी अपर्णा!"

अपर्णा ने भी रोते-रोते जवाब दिया–"पिताजी!"

"तेरे मदनमोहन ने तुझे बुलाया है बिटिया?"

"चलो बाबूजी, वहीं चलें।"

"चलो बिटिया, चलो!" कहते हुए राजनारायण बाबू ने स्नेह से अपनी बेटी का माथा चूमा और इसके साथ ही छाती से सारा दु:ख पोंछकर मिटा दिया और फिर बेटी का हाथ थामे दूसरे दिन अपने घर आ गए। उंगली के इशारे से दिखाते हुए बोले–"वह है बिटिया, तेरा मंदिर!"

अपर्णा ने मौन दृष्टि से उधर देखा।

राजनारायण बाबू पुन: बोले–"वे हैं तेरे मदनमोहन!"

अपर्णा निर्लिप्त भाव तथा वैधव्य-वेश में कुछ और ही तरह की दिखाई दी। जैसे सफेद कपड़ों और रूखे बालों में वह और भी अच्छी दिखने लगी। उसने पिता की बात पर बहुत विश्वास किया, सोचने लगी–देवता के आह्वान से ही वापस आई है, इसीलिए भगवान के मुंह पर हंसी है, मंदिर में सौ गुना सौरभ! उसे लगने लगा मानो वह इस धरा से कहीं ऊंचे शिखर पर पहुंच गई है।

जो पति अपने मरने से उसे धरा से इतना ऊंचा रख गया है, उस मृत पति को सौ-सौ बार वंदन करके अपर्णा ने उसके लिए अक्षय स्वर्ग की कामना की।

## 3

शक्तिनाथ एकाग्रचित्त हो मूर्तियां बना रहा था। पूजा करने के बजाय उसे मूर्तियां बनाना कहीं अच्छा लगता था। कैसा रूप, कैसी नाक, कैसे कान और कैसी आंखें होनी चाहिए, कौन-सा रंग अधिक खिलेगा–यही उसकी विवेचना का विषय होता। किस चीज से पूजा करनी चाहिए और किस मंत्र का जाप–इन सब छोटे विषयों पर उसका ध्यान ही न था। इन विषयों में वह अपने आपको आगे बढ़ाकर सेवक के स्थान पर आ गया, फिर भी उसके पिता ने उसे आदेश दिया–"शक्तिनाथ, आज मुझे बहुत जोर का बुखार है, जमींदार के घर जाकर तुम ही पूजा कर आओ!"

शक्तिनाथ ने कहा–"अभी मूर्ति बना रहा हूं।"

बूढ़े असहाय पिता ने गुस्से से कहा–"बच्चों वाला खेल अभी रहने दो बेटा! पहले पूजा का काम कर आओ।"

पूजा के मंत्र पढ़ने में उसका मन जरा भी न लगता था, उसे जाना ही पड़ा। पिता के आदेश से नहाकर, चादर और अंगोछा कंधे पर डालकर वह देव-मंदिर में आ खड़ा हुआ। इससे पहले भी वह कई बार इस मंदिर में पूजा करने आया है, किंतु ऐसी अनोखी बात उसने कभी नहीं देखी।

फूलों की इतनी सुगंध, इतना धूप-सुगंध का आडंबर, इतना ज्यादा भांग और नैवेद्य! उसे बड़ी चिंता हुई कि इतना सब लेकर वह क्या करेगा? किस तरह किस-किस की पूजा करेगा? सबसे ज्यादा हैरानी उसे अपर्णा को देखकर हुई! यह कौन, कहां से आई? इतने दिनों तक कहां थी यह?

अपर्णा ने पूछा–"तुम भट्टाचार्य के बेटे हो?"

शक्तिनाथ ने कहा–"हां!"

"तो पैर धोकर पूजा करने बैठो!"

शक्तिनाथ आसन पर बैठा तो शुरू में ही भूल गया। एक भी मंत्र उसे याद न रहा। इसमें उसका मन नहीं और विश्वास भी नहीं–सिर्फ इसी सोच में रहा कि यह कौन है, क्यों इतना रूप है, किसलिए यहां बैठी है आदि-आदि। पूजा की पद्धति में उलट-फेर होने लगा–विज्ञ निरीक्षक की तरह पीछे बैठी अपर्णा सब समझ गई कि कभी घंटी बजाकर, कभी फूल चढ़ाकर, कभी नैवेद्य पर जल छिड़ककर यह अनाड़ी पुरोहित पूजा का मात्र ढोंग कर रहा है। इन बातों को निरंतर देखते-देखते अपर्णा इन्हें अच्छी तरह समझती थी।

शक्तिनाथ भला उसे कहीं धोखा दे सकता था। पूजा समाप्त होने पर अपर्णा ने कठोर वाणी में कहा–"तुम ब्राह्मण के बेटे हो, पूजा करना भी नहीं जानते?"

शक्तिनाथ ने कहा–"जानता हूं।"

"खाक जानते हो।"

शक्तिनाथ ने विह्वल होकर उसके मुंह की ओर देखा, फिर वह चलने को तैयार हुआ। अपर्णा ने उसे रोका और कहा–"महाराज, यह सब सामग्री बांधकर ले जाओ, पर कल न आना। तुम्हारे पिता अच्छे हो जाएं, तो वे ही आएं।"

अपर्णा ने अपने हाथ से सारी सामग्री उसकी चादर-अंगोछे में बंधवाकर उसे विदा कर दिया। मंदिर के बाहर आकर शक्तिनाथ को बार-बार कंपकंपी लगी। इधर अपर्णा ने फिर नए सिरे से पूजा का आयोजन करके दूसरे ब्राह्मण को बुलाकर पूजा करवाई।

एक महीना बीत गया। आचार्य यदुनाथ जमींदार राजनारायण बाबू को समझाकर कहने लगे–"आप तो सब कुछ समझते हैं, बड़े मंदिर की यह बृहद पूजा मधु भट्टाचार्य के बेटे से किसी प्रकार भी नहीं हो सकती।"

राजनारायण बाबू ने उनकी बात का समर्थन करते हुए कहा–"बहुत दिन हुए, अपर्णा ने भी यही बात कही थी।"

आचार्य ने गंभीरता से कहा–"सो तो कहा ही होगा। वह ठहरी साक्षात् लक्ष्मीस्वरूपा। उनसे कुछ छिपा थोड़े ही रह सकता है।"

जमींदार बाबू का ठीक ऐसा ही विश्वास है। आचार्य कहने लगे–"पूजा चाहे मैं करूं या कोई और करे, उत्तम आदमी होना चाहिए। मधु भट्टाचार्य जब तक जीवित थे, तब तक उन्होंने पूजा की, अब उनके पुत्र का पुरोहिताई करना सही है, किंतु वह तो उत्तम व्यक्ति नहीं। वह सिर्फ पेंट रंगना जानता है, खिलौने बना सकता है, पूजा-पाठ करना नहीं जानता।"

राजनारायण ने स्वीकृति दे दी–"पूजा आप करें।" फिर एकदम बोले–"पर अपर्णा से एक बार पूछकर देखूं।"

अपर्णा ने अपने पिता के मुंह से शब्द निकलते ही सिर हिलाया और बोली–"ऐसा भी कहीं होता है? ब्राह्मण का बेटा बेसहारा ठहरा, उसे कहां भेज दिया जाए? जैसे जानता है, वैसे ही पूजा करेगा। भगवान उसी से संतुष्ट होंगे।"

बेटी की बात सुनकर राजनारायण बाबू की चेतना जागी, वे बोले–"मैंने इतना तो सोचकर देखा ही नहीं। बेटी! तुम्हारा मंदिर है, तुम्हारी ही पूजा है, तुम्हारी जैसी इच्छा हो, वैसा करो! जिसे चाहो, यह काम उसी को सौंप दो।"

इतना कहकर राजनारायण बाबू चले गए।

अपर्णा ने शक्तिनाथ को बुलाकर उसी को पूजा का भार सौंप दिया। अपर्णा की फटकार खाने के बाद वह फिर इधर नहीं आया था। इस बीच में उसके पिता की मृत्यु हो गई और इस समय वह भी बीमार-सा था। सूखे चेहरे पर दुःख व अवसाद के चिह्न देखकर अपर्णा को दया आ गई, वह बोली–"तुम पूजा करना, जैसे जानते हो, वैसे ही करना–उसी से भगवान तृप्त होंगे।"

अपर्णा के स्नेह-सिक्त शब्द सुनकर उसमें हिम्मत आ गई। वह मन लगाकर सावधानीपूर्वक पूजा करने लगा। समाप्त होने पर अपर्णा ने जितना वह खा सकता था, उतना खुद ही बांधकर कहा–"अच्छी पूजा की है। महाराज, तुम क्या अपने हाथ से भोजन बनाते हो?"

"किसी दिन बना लेता हूं, किसी दिन...जब बुखार आ जाता है, उस दिन नहीं बना सकता।"

"तुम्हारे यहां क्या कोई और नहीं है?"

"नहीं।"

शक्तिनाथ के चले जाने पर अपर्णा ने उसके प्रति कहा–"अहा बेचारा!" इसके बाद देवता के सामने हाथ जोड़कर उसके लिए प्रार्थना की–"भगवान इनकी पूजा से संतुष्ट होना, यह अभी लड़का है, इसकी त्रुटियों पर ध्यान न देना।"

उस दिन से अपर्णा रोज दासी को भेजकर उसकी जानकारी लेती रहती–वह क्या खाता है, क्या करता है या उसे किस चीज की जरूरत है। उस बेसहारा ब्राह्मण कुमार को परोक्ष रूप से आश्रय देकर उसने उसका भार स्वेच्छा से अपने ऊपर

ले लिया और उसी दिन से इन दोनों किशोर-किशोरी ने अपनी भक्ति, स्नेह व भूल-भ्रांति सभी एक करके इस मंदिर का आश्रय लेकर जीवन के शेष कामों को पूरी तरह छोड़ दिया।

जब शक्तिनाथ पूजा करता, अपर्णा मन-ही-मन उसका सहज अर्थ देवता को समझा देती। शक्तिनाथ सुगंधित फूल हाथ से उठाता, अपर्णा उंगली से दिखाकर बताती जाती। वह कहती–"महाराज, ऐसे सिंहासन सजाओ तो देखो, बहुत सुंदर लगेगा।"

इस तरह इस विशाल मंदिर का बृहद काम चलने लगा। यह देख-सुनकर आचार्य ने कहा–"मंदिर में पूजा नहीं, बच्चों का खिलवाड़ हो रहा है।"

बूढ़े राजनारायण बाबू ने कहा, किसी भी तरह से हो, बेटी अपनी बात को भूली रहे तो अच्छा है।"

रंगमंच पर जैसे पहाड़-पर्वत, एक ही क्षण में गायब होकर वहां राजमहल कहीं से आकर खड़ा हो जाता है और लोगों की सुख-संपदा में दुःख-दैन्य तक के निशान मिट जाते हैं, वैसे ही शक्तिनाथ के जीवन में भी हुआ। पहले तो उसे पता ही न चला कि वह जाग रहा है और कब सोकर सुख-स्वप्न देखने लगा या नींद में दुःस्वप्न देख रहा था और अब सहसा जाग उठा है, फिर भी, उसके पहले वाले विक्षिप्त खिलौने बीच-बीच में उसे यह बात याद दिलाकर कहते कि इस दायित्वहीन देव-सेवा की सोने की कड़ी ने उसके पूरे शरीर को जकड़ लिया है और रह-रहकर वह झनझना उठती है। वह अपने स्वर्गीय पिता को याद किया करता और अपनी स्वच्छंदता की बात सोचा करता। उसे लगता मानो वह बिक गया हो, अपर्णा ने उसे खरीद लिया हो। इस प्रकार अपर्णा के स्नेह ने क्रमशः मोह की तरह धीरे-धीरे उसे आच्छन्न कर दिया।

अचानक एक दिन शक्तिनाथ का ममेरा भाई वहां आया। उसकी बहन की शादी थी। मामा कलकत्ता में रहते हैं। अभी समय अच्छा है, तो सुख के समय भांजे की याद आई, जाना होगा। शक्तिनाथ को यह बात अच्छी लगी कि कलकत्ता जाना होगा। सारी रात वह भैया के पास बैठे-बैठे कलकत्ता की कहानी, शोभा की बातें, समृद्धि का वर्णन सुनता रहा और सुनते-सुनते मुग्ध हो गया। दूसरे दिन मंदिर जाने की उसकी इच्छा नहीं हुई। सवेरा होते देख अपर्णा ने उसे बुलवाया।

शक्तिनाथ ने मंदिर में जाकर कहा–"आज मैं कलकत्ता जाऊंगा–मामा ने बुलाया है।"

इतना कहकर वह संकुचित होकर खड़ा हो गया।

अपर्णा कुछ देर चुप रही, फिर बोली–"कब तक वापस आओगे?"

शक्तिनाथ ने डरते हुए कहा–"मामा कह देंगे, तभी चला आऊंगा।"

इसके बाद अपर्णा ने कुछ नहीं पूछा, फिर वही यदुनाथ आचार्य आकर पूजा करने लगे और उसी तरह अपर्णा पूजा देखने लगी, किंतु अब उसे कोई बात कहने की जरूरत नहीं हुई और न ही कुछ कहने की इच्छा ही थी।

कलकत्ता की चहल-पहल देखकर शक्तिनाथ बड़ा खुश हुआ। कुछ दिन हंसी-खुशी में बीत जाने पर, फिर उसका मन घर जाने के लिए बेचैन हो गया। लंबे और आलसी दिन अब उससे बिताए नहीं बीतते। वह सपने देखने लगा, अपर्णा उसे बुला रही है और कोई उत्तर न पाकर नाराज भी हो रही है। आखिर एक दिन उसने मामा से कहा—"मैं घर जाऊंगा।"

मामा ने मना किया—"वहां जंगल में जाकर क्या करोगे? यहीं रहकर पढ़ो-लिखो, मैं तुम्हारी नौकरी लगवा दूंगा।"

शक्तिनाथ इंकार में सिर हिलाकर चुप हो गया।

मामा ने कहा—"तो जाओ।"

बड़ी बहू ने शक्तिनाथ को बुलाकर धीरे से कहा—"बाबू! क्या कल घर चले जाओगे?"

शक्तिनाथ ने उत्तर दिया—"हां, जाऊंगा।"

"अपर्णा के लिए मन तड़फड़ा रहा है न?"

शक्तिनाथ ने कहा—"हां!"

कुछ देर बाद उसने सिर झुकाते हुए कहा—"खूब सेवा करती है।"

बड़ी बहू मन-ही-मन मुस्कराई, अपर्णा की बातें उसने पहले ही सुन रखी थीं, जो शक्तिनाथ ने स्वयं ही बताई थीं। वह बोली—"तो बाबू साहब, ये दो चीजें लेते जाओ, उसे देना, वह और भी प्यार करेगी।"

उसने एक शीशी का ढक्कन खोलकर थोड़ा-सा 'दिलखुश सैंट' उस पर छिड़क दिया। उसकी सुगंध से शक्तिनाथ पुलकित हो उठा और दोनों शीशियों को चादर के किनारे बांधकर दूसरे दिन ही वापस आ गया।

शक्तिनाथ आकर मंदिर में पहुंचा। पूजा समाप्त हो चुकी थी। एसेंस की शीशियां चादर में बंधी थीं, पर इन कई दिनों में अपर्णा की निकटता उससे इतनी कम हो गई थी कि शीशियां देने की उसकी हिम्मत नहीं पड़ी। वह इनके लिए मुंह खोलकर न कह पाया कि ये तुम्हारे लिए कलकत्ता से बड़ी इच्छा से लाया हूं। सुगंध से तुम्हारे देवता तृप्त होते हैं, तुम भी हो जाओगी।

सात दिन बीत गए। हर रोज वह अपनी चादर में शीशियां बांधकर मंदिर तक ले जाता और वापस ले आता। बाद में बड़े करीने से उठाकर रख देता। अगर अपर्णा पहले की तरह उसे बुलाकर कुछ पूछती तो शायद वह अपना उपहार उसे दे देता, किंतु ऐसा कोई अवसर न आया।

आज दो दिन से उसे बुखार है, फिर भी डरते-डरते पूजा करने आ जाता है। किसी अनजानी आशंका से वह अपनी पीड़ा की बात भी न कह सका, किंतु अपर्णा ने पता करवा लिया कि दो दिन से शक्तिनाथ ने कुछ नहीं खाया, फिर भी वह आता है।

अपर्णा ने पूछा–"महाराज, तुमने दो दिन से कुछ खाया नहीं।"

शक्तिनाथ ने शुष्क मुंह से उत्तर दिया–"रात को रोज बुखार चढ़ जाता है।"

"बुखार आता है? फिर नहा-धोकर पूजा करने क्यों आते हो?"

शक्तिनाथ की आंखें नम हो गईं। क्षण-भर में वह सब बातें भूल गया। चादर के छोर से गांठ खोल दोनों शीशियां निकालकर बोला–"तुम्हारे लिए लाया हूं।"

"मेरे लिए?"

"हां, तुम्हें सुगंध पसंद है न?"

गर्म दूध आग की जरा-सी गर्मी पाकर जैसे खौलने लगता है, ठीक वैसे ही अपर्णा के शरीर का लहू खौल उठा। शीशियां देखकर वह पहचान गई थी। उसने कठोर आवाज में कहा–"दो!"

अपर्णा ने शीशियां हाथ में लेकर मंदिर के बाहर, जहां पूजा पर चढ़े बासी फूल पड़े रहते थे, वहां जाकर फेंक दीं। डर के मारे शक्तिनाथ का खून जम गया।

कड़क आवाज में अपर्णा ने कहा–"महाराज, तुम्हारे अंदर इतना कुछ भरा है। अब मेरे सामने न आना, मंदिर की परछाई भी न लांघना।" इसके बाद अपर्णा ने अपनी तर्जनी के इशारे से उसे बाहर का रास्ता दिखाते हुए कहा–"जाओ!"

शक्तिनाथ को गए आज तीन दिन हो गए। यदुनाथ सरकार फिर से पूजा करने लगे। अपर्णा मलिन चेहरे से पूजा देखने लगी, जैसे यह पूजा किसी और की हो और कोई दूसरा उसे संपन्न कर रहा हो। पूजा समाप्त करके अंगोछे में नैवेद्य बांधते हुए आचार्य ने गहरी सांस भरकर कहा–"लड़का बिना इलाज के मर गया।"

आचार्य के चेहरे की ओर देखकर अपर्णा ने पूछा–"कौन मर गया?"

"तुमने नहीं सुना क्या? कई दिनों से बुखार में पड़ा, वही मधु भट्टाचार्य का बेटा आज सवेरे मर गया।"

अपर्णा फिर भी उसका मुंह ताकती रही।

आचार्य ने दरवाजे से बाहर आकर कहा–"आजकल पाप के परिणामस्वरूप मृत्यु हो रही है। देवता के साथ क्या दिल्लगी चल सकती है बेटी!"

आचार्य चले गए। अपर्णा दरवाजे बंद कर जमीन पर माथा पटक-पटककर रोने लगी। हजार बार रोकर पूछने लगी–"भगवान! किसके पाप से?"

बड़ी देर बाद अपर्णा उठकर आंखें पोंछकर बाहर गई–उन बासी फूलों में से स्नेह के दान को उठाकर माथे से लगा लिया। इसके बाद मंदिर में आकर उसे भगवान के

पास रखकर बोली–"भगवान! जिसे मैं न ले सकी, उसे तुम ले लो! मैंने कभी अपने हाथ से पूजा नहीं की, आज कर रही हूं। तुम मेरी पूजा स्वीकार करो और तृप्त हो जाओ। मेरे मन में अब और कोई भी कामना नहीं है।"

# 2

# बाल्य-स्मृति

भैया बड़े दुखी हुए, बोले–"काम ठीक नहीं हुआ। तनख्वाह के ढाई रुपये हुए थे, सो सब काट लिये। मेरी इतनी इच्छा नहीं थी।"
मैं जब-तब सड़कों पर घूमा करता। दूर कहीं अगर किसी को मैली चादर ओढ़े और फटी चट्टी चमकाते हुए जाते देखता तो मैं फौरन दौड़ा-दौड़ा उसके पास पहुंच जाता, पर मेरे मन का अरमान पूरा न होता, मेरी आशा नित्य निराशा में परिणत होने लगी। मैं अपने मन की बात किससे कहूं?
करीब पांच महीने बाद भैया के नाम एक मनीऑर्डर आया, डेढ़ रुपये का। भैया को मैंने उसी रोज आंसू पोंछते देखा। उसका कूपन अभी तक मेरे पास मौजूद है।

अन्नप्राशन के समय जब मेरा नामकरण हुआ था, तब मैं ठीक तरह से तैयार नहीं था या यूं कहें कि नासमझ था, फिर बाबा का ज्योतिष शास्त्र में विशेष दखल न था। किसी भी कारण से हो, मेरा नाम 'सुकुमार' रखा गया। बहुत दिन नहीं लगे, दो-चार साल में ही बाबा समझ गए कि नाम के साथ मेरा कोई मेल नहीं खाता। अब मैं बारह-तेरह वर्ष की बात कहता हूं। हालांकि मेरे आत्म-परिचय की सब बातें कोई अच्छी तरह समझ नहीं सकेगा, फिर भी...। देखिए, हम गांव के रहने वाले हैं। बचपन से मैं वहीं रहता आया हूं। पिताजी पछांह में नौकरी करते थे। मेरा वहां बहुत कम जाना होता था, न के बराबर। मैं दादी के पास गांव में ही रहा करता था। घर में मेरे ऊधम की कोई सीमा न थी। एक वाक्य में कहा जाए तो यों कहना चाहिए कि मैं एक छोटा-सा रावण

था। बूढ़े बाबा जब कहते–'तू कैसा हो गया है? किसी की बात ही नहीं मानता! अब तेरे बाप को चिट्ठी लिखता हूं।' तो मैं जरा हंसकर कहता–'बाबा, वे दिन अब लद गए, बाप की तो बात ही क्या, अब मैं बाप-के-बाप से भी नहीं डरता।' और कहीं दादी मौजूद रहती तो फिर डरने ही क्यों लगा? बाबा को वे ही कहतीं–'क्यों, कैसा जवाब मिला? और छेड़ोगे उसे?'

बाबा अगर नाराज होकर बाबूजी को चिट्ठी भी लिखते तो उसी वक्त उनकी अफीम की डिबिया छिपा देता, फिर जब तक उनसे चिट्ठी फड़वाकर फिकवा न देता, तब तक अफीम की डिबिया न निकालता। इन सब उपद्रवों के डर से खासकर नशे की तलब में खलल पड़ जाने से, फिर वे मुझसे कुछ नहीं कहते। मैं भी मौज करता।

सभी सुखों की आखिर एक सीमा है। मेरे लिए भी वही हुआ। बाबा के चचेरे भाई गोविंद बाबू इलाहाबाद में नौकरी करते और वहीं रहते थे! अब वे पेंशन लेकर गांव में आकर रहने लगे। उनके नाती श्रीमान रजनीकांत भी बी.ए. पास करके उनके साथ आए। मैं उन्हें 'मंझले भैया' कहता। पहले मुझसे विशेष परिचय नहीं था। वे इस तरफ बहुत कम आते थे औए उनका मकान भी अलग था। कभी आते भी तो मेरी ओर ज्यादा ध्यान नहीं देते। कभी सामना हो जाता तो–'क्यों रे, क्या करता है, क्या पढ़ता है' के सिवा और कुछ नहीं कहते।

इस बार जो आए तो गांव में जमकर बैठे और मेरी ओर ज्यादा ध्यान देने लगे। दो-चार दिन की बातचीत से ही उन्होंने मुझे वश में कर लिया कि उन्हें देखते ही मुझे डर-सा लगने लगता, मुंह सुखा जाता, छाती धड़कने लगती, जैसे मैंने कोई भारी कुसूर किया हो और उसकी न जाने कितनी सजा मिलेगी! उसमें तो कोई शक नहीं कि उन दिनों मुझसे अकसर गलती होती रहती थी। हर वक्त कुछ-न-कुछ शरारत मुझसे होती ही रहती। दो-चार अकर्म, दो-चार उपद्रव करना मेरा नित्य का काम था। डरने पर भी भैया को मैं चाहता खूब था। भाई-भाई को इतना मान सकता है, यह मुझे पहले नहीं मालूम था, वे भी मुझे खूब प्यार करते थे। उनके साथ भी मैं कितनी ही शरारतें, कितने ही कुसूर करता था, किंतु वे कुछ कहते नहीं थे और कुछ कहते भी, तो मैं समझता कि बड़े भैया ठहरे, थोड़ी देर बाद भूल जाएंगे, उन्हें याद थोड़े ही रहता है।

अगर वे चाहते, तो शायद मुझे सुधार सकते थे, पर उन्होंने कुछ भी नहीं किया। उनके गांव में आ जाने से मैं पहले की तरह स्वाधीन तो न रहा, पर फिर भी जैसा हूं, मजे में हूं।

रोज बाबा की तमाखू पी जाता। बूढ़े बाबा बेचारे कभी खाट के सिरहाने, कभी तकिए की खोली के भीतर, तो कभी कहीं, कभी कहीं तमाखू छिपाकर रखते, पर बंदा ढूंढ-ढांढकर निकाल ही लेता और पी जाता। खाता-पीता मस्त रहता, जिंदगी मौज से कटती। कोई झंझट नहीं, बला नहीं। पढ़ना-लिखना तो एक तरह से छोड़ ही

दिया समझो। बाग में जाकर चिड़ियां मारता, गिलहरियां मारकर भूनकर खाता, जंगल में जाकर गड्ढों में खरगोश ढूंढता फिरता, यही मेरा काम था। न किसी का कोई डर, न कोई फिक्र।

पिताजी बक्सर में नौकरी करते थे। वहां से न मुझे वे देखने आते और न मारने आते। बाबा और दादी का हाल मैं पहले ही कह चुका हूं। एक वाक्य में यूं कहना चाहिए कि मैं मजे में था।

एक दिन दोपहर को घर आकर दादी के मुंह से सुना कि मुझे मंझले भैया के साथ कलकत्ता में रहकर पढ़ना-लिखना पड़ेगा।

बाबा ने कहा–"हां।"

मैंने पहले से ही सोच रखा था कि यह सब बाबा की चालाकी है, इसलिए कहा–"यदि जाऊंगा तो आज ही जाऊंगा।"

बाबा ने हंसते हुए कहा–"इसके लिए चिंता क्यों करते हो बेटा? रजनी आज ही कलकत्ता जाएगा। मकान ठीक हो गया है, सो आज ही तो जाना होगा।"

मैं आग बबूला हो उठा। एक तो उस दिन बाबा की छिपाई हुई तमाखू ढूंढने पर भी नहीं मिली, जो एक चिलम मिली थी, वह मेरी एक फूंक के लिए भी नहीं थी, तिस पर चालाकी! परंतु मैं ठगा गया था अपने-आप कुबूल करके, फिर पीछे कैसे हटूं? लिहाजा, उसी दिन मुझे कलकत्ता के लिए रवाना होना पड़ा। चलते वक्त बाबा के पैर छुए और मैं मन-ही-मन बोला–'भगवान करे कल ही तुम्हारे श्राद्ध के लिए घर लौट आऊं। उसके बाद फिर मुझे कौन कलकत्ता भेजेगा–देख लूंगा।'

कलकत्ता मैं पहली बार आया। इतना बड़ा शहर मैंने पहले कभी नहीं देखा था। मैंने मन-ही-मन सोचा–'अगर मैं गंगा की छाती पर तैरते हुए इस लकड़ी-लोहे के पुल पर ऐसी भीड़ में या वहां-जहां झुंड-के-झुंड मस्तूल वाले बड़े-बड़े जहाज खड़े हैं, खो गया तो फिर कभी घर नहीं पहुंच सकूंगा।'

कलकत्ता मुझे जरा भी अच्छा नहीं लगेगा, इतनी दहशत में भला कोई चीज अच्छी लग सकती है? आगे कभी लगेगी, इसका भी भरोसा नहीं कर सका। कहां गया हमारा वह नदी का किनारा, वे बांसों के झुरमुट, बेल की झाडी, मित्र-परिवार के बगीचे के कोने का अमरूद, कुछ भी तो नहीं! यहां तो सिर्फ बड़े-बड़े ऊंचे मकान, गाड़ी-घोड़े, आदमियों का भीड़-भड़क्का, लंबी-चौड़ी सड़कें ही दिखाई देती हैं। मकान के पीछे ऐसा एक बाग-बगीचा भी तो नहीं, जहां छिपकर एक चिलम तमाखू पी सकूं।

मुझे रोना आ गया। आंसू पोंछकर मन-ही-मन कहने लगा–'भगवान ने जीवन दिया है तो भोजन भी वे ही देंगे। कलकत्ता आया हूं, स्कूल में भर्ती किया गया हूं, अच्छी तरह पढ़ता-लिखता हूं, लिहाजा आजकल मैं अच्छा लड़का हो गया हूं। गांव में जरूर मेरा नाम जाहिर हो गया था। खैर, उस बात को जाने दो।'

हमारे आत्मीय मित्रों ने मिलकर 'मैस' बना लिया है, जिसमें हम चार आदमी रहते हैं–भैया, मैं, राम बाबू और जगन्नाथ बाबू। राम बाबू और जगन्नाथ बाबू मंझले भैया के मित्र हैं। इनके सिवा एक नौकर और एक ब्राह्मण रसोइया भी है।

गदाधर रसोइया मुझसे तीन-चार वर्ष बड़ा था। ऐसा भला आदमी मैंने पहले कभी नहीं देखा। मुहल्ले के किसी भी लड़के से मेरी बातचीत नहीं हुई और न किसी से मेल-जोल ही हुआ। मगर गदाधर बिलकुल भिन्न प्रकृति का आदमी होने पर भी मेरा अंतरंग मित्र हो गया। मेरे साथ उसकी खूब घुटती, कितनी गप्प-शप्प उड़ती–इसका कोई ठिकाना नहीं। वह मेदिनीपुर जिले के एक गांव का रहने वाला था। वहां की बातें और उसका बाल्य-इतिहास आदि मुझे बड़ा अच्छा लगता था। उसके गांव की बातें मैंने इतनी बार सुनी हैं कि मुझे अगर उसके गांव में आंखों पर पट्टी बांधकर अकेला छोड़ दिया जाए तो शायद मैं तमाम गांव में और उसके आस-पास मजे में घूम-फिर सकता हूं।

रविवार को मैं गदाधर के साथ किले के मैदान में घूमने जाया करता। शाम को रसोईघर में बैठकर ताश खेला करता। रोटी खाने के बाद चौक उठ जाने पर उसके छोटे हुक्के से दोनों मिलकर तमाखू भी पी लिया करते। सभी काम हम दोनों मिलकर एक साथ करते। मुहल्ले-पड़ोस में और किसी से मेरी जान-पहचान नहीं हुई। मेरा तो साथी-संगी, यार-दोस्त, मोची टोले का भूलो, केलो, खोका, खांदा सब कुछ वही है। उसके मुंह से मैंने कभी बड़ी बात नहीं सुनी। झूठ-मूठ ही सब उसका निरादर करते। इससे मेरा जी जलने लगता, पर वह अपनी जबान से कभी किसी को जवाब न देता, जैसे वास्तव में वह दोषी ही हो।

सबको खिला-पिलाकर सबसे पीछे जब वह रसोईघर के एक कोने में छिपकर छोटी-सी पीतल की थाली में खाने बैठता तो मैं हजार काम छोड़कर वहां पहुंच जाता। बेचारे की तकदीर ही ऐसी थी कि पीछे से उसके लिए कुछ बचता न था और तो और भात तक कम पड़ जाता। किसी के खाने के समय मैं कभी उपस्थित नहीं रहा, परंतु ऐसा तो मैंने कभी नहीं देखा कि मुझे खाते वक्त कभी रोटी, दाल, भात, घी, तरकारी, कम पड़ी हों। इससे मुझे बड़ा बुरा मालूम होता था।

छोटेपन में मैंने अपनी दादी के मुंह से सुना था, वे मेरे लिए कहा करती थीं–'लड़का आधे पेट खा-खाकर सूखकर कांटा हो गया है, कैसे बचेगा?' मगर मैं दादी कथित 'भरपेट' कभी नहीं खा सकता था, सूख जाऊं चाहे कांटा हो जाऊं, मुझे 'आधे-पेट' खाना ही अच्छा लगता था। अब कलकत्ता आने के बाद समझा कि उस आधे पेट और इस आधे पेट में कितना अंतर है! इस बात का मुझे कभी अनुभव नहीं हुआ कि किसी को भरपेट खाना न मिले तो आंखों में आंसू आ जाते हैं! पहले मैंने न जाने कितनी बार बाबा की थाली में पानी डालकर उन्हें खाने नहीं दिया, दादी के ऊपर कुत्ते के बच्चे को छोड़कर उन्हें नहाने-धोने के लिए बाध्य किया, फिर उनका

खाना नहीं हुआ, मगर उनकी आंखों में आंसू कभी नहीं आए। दादी, बाबा, अपने घर के लोग–मेरे पूज्य, जो मुझे खूब प्यार करते थे, उनके लिए मुझे कभी दुःख नहीं हुआ, बल्कि जान-बूझकर उन्हें आधा-भूखा और बिलकुल भूखा रखकर मुझे परम संतोष हुआ है और इस गदाधर को देखो, न जाने कहां का कौन है? इसके लिए मेरी आंखों में बिना बुलाए पानी आ जाता है।

कलकत्ता आकर यह क्या हो गया, मेरी कुछ समझ में नहीं आता। आखिर आंखों में इतना पानी आता कहां से है–कुछ पता नहीं। मुझे किसी ने रोते कभी नहीं देखा। किसी बात पर जिद पकड़ जाने पर पाठशाला के पंडितजी ने मेरी पीठ पर साबुत-की-साबुत खजूर की छड़ियां तोड़ दी हैं, फिर भी वे मुझे कभी रुला नहीं सके। लड़के कहते–'सुकुमार की देह पत्थर की है।' मैं मन-ही-मन कहता–'देह नहीं, बल्कि मन पत्थर का है।' मैं नन्हे बच्चों की तरह रोने नहीं लगता।

दरअसल रोने में मुझे बड़ी शर्म महसूस होती थी। अब भी होती है, पर अब संभाले संभालता नहीं। छिपकर, जहां कोई देख न सके, रो लिया करता हूं। जरा रोकर चटपट आंखें पोंछ-पांछकर संभल जाता हूं। जब स्कूल जाता हूं तो रास्ते में सैकड़ों भिखारी भीख मांगते नजर आते हैं। किसी के हाथ नहीं, किसी के पैर नहीं हैं, कोई अंधा है, इस तरह न जाने कितनी तरह के दुखी देखता हूं। तिलक लगाकर खंजरी बजाकर जो 'जय राधे' कहकर भीख मांगते हैं, मैं तो उन्हें ही जानता था। फिर भी ये भिखारी किस तरह के हैं, मैं भीतर-ही-भीतर बहुत ही दुखी होकर कहता–'भगवान इन्हें मेरे गांव भेज दो!' खैर, अभागे भिखारियों की बात जाने दो, अब मैं अपनी बात कहता हूं। देखते-देखते आंखें इसकी आदी हो गईं, पर मैं 'विद्यासागर' नहीं बन सका। बीच-बीच में हमारे देश की माता सरस्वती न जाने कहां से आकर मेरे कंधे पर सवार हो जाती, मैं नहीं कह सकता। उसकी आज्ञा से कभी-कभी मैं ऐसा सत्कर्म कर डालता था कि अब भी मुझे उन सरस्वतीजी से घृणा हो जाया करती है। डेरे पर किसका कौन-सा अनिष्ट किया जा सकता है, रात-दिन मैं इसी फिक्र में रहता।

एक दिन की बात है, बाबू ने घंटे-भर मेहनत करके अपनी धोती चुनकर रखी, वे शाम को घूमने जाएंगे। मैंने मौका पाकर उसे खोलकर सीधा करके रख दिया। शाम को आकर धोती की हालत देखते ही बेचारे तकदीर ठोककर बैठ गए। मैं फूला नहीं समाया। जगन्नाथ बाबू का ऑफिस जाने का समय हो गया है, जल्दी-जल्दी खा-पीकर अच्छी तरह ऑफिस तक पहुंचना चाहते हैं। मैंने ठीक मौके से उसकी अचकन के बटन काटकर फेंक दिए। स्कूल जाने से पहले जरा झांककर देखा गया, बेचारे चिल्लाकर रोने की तैयारी कर रहे हैं। मैं खुशी से रास्ते-भर हंसता रहा।

शाम को ऑफिस से लौटकर जगन्नाथ बाबू बोले–"मेरे बटन कमबख्त गदाधर ने चुराकर बेच डाले हैं, निकाल दो नालायक को।" जगन्नाथ बाबू के बटन-हरण के मामले पर भैया और राम बाबू भीतर-ही-भीतर खूब हंसने लगे।

भैया ने कहा–"कितने तरह के चोर होते हैं, कोई ठीक है, पर बटन तोड़कर बेच खाने वाला चोर तो आज ही सुना।"

जगन्नाथ बाबू भैया की इस चुटकी से और भी आग बबूला हो गए। बोले–"नालायक ने सवेरे नहीं लिये, शाम को नहीं लिये, रात को नहीं लिये, ठीक ऑफिस जाते वक्त, बदमाशी तो देखो! दुर्गति की हद कर दी।" उन्हें एक काला फटा कुरता पहनकर ऑफिस जाना पड़ा।

सब हंस पड़े, जगन्नाथ बाबू को भी हंसना पड़ा, पर मैं नहीं हंस सका। मुझे डर हो गया, कहीं गदाधर को सचमुच ही न निकाल दें। वह बेचारा बिलकुल निर्बोध है, शायद कुछ कहेगा भी नहीं, चुपचाप सारा कुसूर अपने ऊपर ले लेगा। अब क्या किया जाए?

मंझले भैया शायद समझ गए कि किसने बटन लिये हैं। गरीब गदाधर पर कोई जुल्म नहीं किया गया, पर मैंने भी उस दिन से प्रतिज्ञा कर ली कि अब ऐसा काम कभी न करूंगा जिससे मेरे बदले दूसरे पर कोई आफत आए।

ऐसी प्रतिज्ञा मैंने पहले कभी नहीं की और कभी करता भी या नहीं–नहीं कह सकता। सिर्फ गदाधर के कारण ही मुझे अपने मार्ग से विचलित होना पड़ा। मुझे उसने मिट्टी कर दिया।

किस तरह किसका चरित्र सुधर जाता है–इस बात को कोई नहीं कह सकता। पंडितजी, बाबा और भी कितने ही महाशयों के लाख कोशिश करने पर भी जिस बात की प्रतिज्ञा मैंने कभी नहीं की और न शायद करता, एक गदाधर महाराज का चेहरा देखकर उस बात की प्रतिज्ञा कर बैठा। उसके बाद इतने दिन बीत गए, इस बीच कभी मेरी प्रतिज्ञा भंग हुई या नहीं, मैं नहीं कह सकता, मगर इतना जरूर है कि मैंने कभी जान-बूझकर प्रतिज्ञा भंग नहीं की।

अब एक और आदमी की बात कहता हूं। वह था हम लोगों का नौकर रामा। रामा जाति का कायस्थ या ग्वाल ऐसा ही कुछ था। कहां का रहने वाला था, सो मैं भी नहीं कह सकता। उस जैसा फुर्तीला और होशियार नौकर मेरे देखने में नहीं आया। अगर फिर कभी उससे भेंट हो गई तो उसके गांव का पता जरूर पूछ लूंगा।

सभी कामों में रामा चरखे की तरह घूमता रहता। अभी देखा कि रामा कपड़े धो रहा है, परंतु देखता हूं कि भैया नहाने बैठे हैं तो वह उनकी पीठ रगड़ रहा है। उसके बाद ही देखा कि पान लगाने में व्यस्त है। इस तरह वह हर वक्त दौड़-धूप करता रहता। भैया का वह 'फेवरिट', बड़े काम का, प्यारा नौकर था, पर मुझे वह देखे न सुहाता। उस नालायक के लिए अक्सर मुझे भैया से खरी-खोटी सुननी पड़ती। खासकर गदाधर को वह अक्सर तंग किया करता। मैं उससे बहुत चिढ़ गया था, मगर इससे क्या होता, वह ठहरा भैया का 'फेवरिट'! वे उसे 'रूज' (रंगा सियार) कहा करते थे। उस समय इस शब्द की व्याख्या वे खुद न कर सकते थे, मगर हम यह खूब समझते

176

थे कि रामा दरअसल 'रूज' है। उनके चिढ़ने के कारण थे–मुख्य कारण यह था कि रामा अपने को 'राम बाबू' कहा करता था। भैया कभी-कभी उसे 'राम बाबू' कहकर पुकारा करते थे, मगर राम बाबू को यह सब अच्छा न लगता था। खैर, ज़ाने दो इन व्यर्थ की बातों को...।

एक दिन शाम को भैया एक नया लैंप खरीद लाए। बहुत बढ़िया चीज थी, करीब पचास-साठ रुपये दाम होंगे। शाम को जब सब घूमने चले गए, तब मैंने गदाधर को बुलाकर उसे दिखाया। गदाधर ने ऐसी 'बत्ती' कभी नहीं देखी थी। वह बहुत ही खुश हुआ और दो-एक बार इसने उसे इधर-उधर करके देखा-भाला। इसके बाद वह अपने काम से चला गया, पर मेरी 'क्यूरियोसिटी' शांत नहीं हुई।

मैं उसकी चिमनी खोलकर देखना चाहता था कि कैसे खुलती है। देखूं कि उसके भीतर कैसी मशीन है। बहुत खोलकर हिलाया-डुलाया, इधर-उधर किया, घुमाने-फिराने की कोशिश की, पर खोल न सका। बहुत 'ऑब्जर्वेशन' के बाद मैंने देखा कि नीचे एक स्क्रू है, लिहाजा मैंने घुमाया। घुमा ही रहा था कि चट से उसका नीचे का हिस्सा अलग हो गया और जल्दी में मैं उसे थाम न सका। नतीजा यह हुआ कि उसका शीशा टेबल से नीचे गिरकर चकनाचूर हो गया।

उस दिन बहुत रात बीते मैं बाहर घूमकर लौटा। घर आकर देखा तो वहां बड़ी हाय-तोबा मची हुई है। गदाधर को चारों तरफ से घेरकर सब लोग बैठे हैं। गदाधर से जिरह की जा रही है। भैया खूब बिगड़ रहे हैं।

गदाधर की आंखों से टप-टप आंसू गिर रहे थे। वह कह रहा था–"बाबूजी, मैंने इसको जरा छुआ जरूर था, पर तोड़ा नहीं। सुकुमार बाबू ने मुझे दिखाया, मैंने सिर्फ देखा, उसके बाद ये घूमने चले गए, मैं भी खाना बनाने रसोईघर में चला गया।"

किसी ने उसकी बात पर विश्वास नहीं किया। प्रमाणित हो गया कि उसी ने चिमनी तोड़ी है। उसकी तनख्वाह बाकी थी, उसमें से साढ़े तीन रुपये काटकर नई चमनी मंगाई गई। शाम को जब बत्ती जलाई गई, तो सब बहुत खुश हुए, सिर्फ मेरी दोनों आंखें जलने लगीं। हर वक्त मन में यही ख्याल आने लगा मानो मैंने उसकी मां के साढ़े तीन रुपये चुरा लिये।

मुझसे वहां रहा नहीं गया। रो-बिलखकर किसी तरह भैया को राजी करके मैं गांव पहुंच गया। सोचा था, दादी से रुपये लाकर चुपके से साढ़े तीन की जगह सात रुपये गदाधर को दे दूंगा। मेरे पास उस वक्त रुपये बिलकुल न थे। सब रुपये भैया के पास थे, इसलिए रुपयों के लिए मुझे देश आना पड़ा। सोचा था कि एक दिन से अधिक नहीं ठहरूंगा, मगर सात-आठ दिन वहां बीत ही गए।

सात-आठ दिन बाद फिर कलकत्ता पहुंचा। मकान में पैर रखते ही पुकारा–"गदा!" पर किसी ने जवाब नहीं दिया, फिर पुकारा–"गदाधर महाराज!" अबकी बार भी जवाब नदारद! फिर कहा–"गदा!"

तभी रामाचरण ने आकर कहा–"छोटे बाबू, अभी आ रहे हैं क्या?"

"हां-हां, अभी चला ही आ रहा हूं। महाराज कहां है?"

"महाराज तो नहीं हैं।"

"कहां गया है?"

"बाबू ने उसे निकाल दिया।"

"निकाल दिया? क्यों?"

"चोरी की थी, इसलिए।"

पहले बात मेरी ठीक से समझ में नहीं आई, इसी से कुछ देर तक मैं रामा का मुंह देखता रहा। रामा मेरे मन का भाव ताड़ गया, जरा मुस्कराकर बोला–"छोटे बाबू, आप ताज्जुब कर रहे हैं! मगर उसे आप लोग पहचानते न थे, इसी से इतना चाहते थे। वह छिपा रुस्तम था बाबू, उस भीगी बिल्ली को मैं ही अच्छी तरह जानता था।"

किस तरह छिपा रुस्तम था और क्यों मैं उस भीगी बिल्ली को नहीं पहचान सका, यह मेरी समझ में कुछ न आया। मैंने पूछा–"किसके रुपये चुराए थे उसने?"

"बड़े बाबू के।"

"कहां थे रुपये?"

"कोट की जेब में।"

"कितने रुपये थे?"

"चार रुपये।"

"देखा किसने था?"

"आंखों से तो किसी ने नहीं देखा, पर देखा ही समझिए।"

"क्यों?"

"इसमें पूछने की कौन-सी बात है? आप घर में थे नहीं, रामबाबू ने लिये नहीं, जगन्नाथ बाबू ले नहीं सकते, मैंने लिए नहीं, तो फिर गए कहां? लिये किसने?"

"अच्छा तो तूने उसे पकड़ा है?"

रामा ने हंसते हुए कहा–"और नहीं तो कौन पकड़ता! ठनठनिया का जूता आप आसानी से खरीद सकते हैं। ऐसा मजबूत जूता शायद और कहीं नहीं बनता। उसी से मैंने उसकी खूब...।"

मैं रसोई में जाकर रो पड़ा। उसका वह छोटा-सा काला हुक्का एक कोने में पड़ा था, उस पर धूल जम गई थी। आज चार-पांच रोज से उसे किसी ने छुआ भी नहीं, किसी ने पानी तक नहीं बदला। दीवार पर एक जगह कोयले से लिखा था–"सुकुमार बाबू, मैंने चोरी की है। अब मैं यहां से जाता हूं। अगर जिंदा रहा तो फिर कभी आऊंगा।"

मैं तब लड़का ही तो था। बिलकुल बच्चे की तरह उस हुक्के को छाती से लगाकर फूट-फूटकर रोने लगा। चोरी क्यों की? इसकी वजह मुझे नहीं मालूम।

फिर मुझे उस मकान में अच्छा नहीं लगा। शाम को घूम-फिरकर एक बार रसोई में जाता और दूसरे रसोइया को खाना बनाते देख चुपचाप लौट आता। अपने कमरे में आकर किताब खोलकर पढ़ने बैठ जाता। कभी-कभी मुझे मंझले भाई भी देखे नहीं सुहाते। रोटी तक मुझे कड़वी मालूम होने लगती।

बहुत दिनों बाद एक रोज मैंने भैया से कहा–"बड़े भैया, क्या किया तुमने?"

"किसका, क्या किया?"

"गदा ने तुम्हारे रुपये कभी नहीं चुराए। सभी जानते हैं–मैं गदाधर महाराज को बहुत चाहता था।"

भैया ने कहा–"हां, काम तो अच्छा नहीं हुआ सुकुमार! पर अब तो जो होना था, सो हो गया, लेकिन रामा को तूने इतना मारा क्यों था?"

"अच्छा मारा था, क्या मुझे भी निकाल दोगे?"

भैया ने मेरे मुंह से कभी ऐसी बात नहीं सुनी। मैंने फिर पूछा–"तुम्हारे कितने रुपये वसूल हो गए?"

भैया बड़े दुखी हुए, बोले–"काम ठीक नहीं हुआ। तनख्वाह के ढाई रुपये हुए थे, सो सब काट लिये–मेरी इतनी इच्छा नहीं थी।"

मैं जब-तब सड़कों पर घूमा करता। दूर कहीं अगर किसी को मैली चादर ओढ़े और फटी चट्टी चमकाते हुए जाते देखता तो मैं फौरन दौड़ा-दौड़ा उसके पास पहुंच जाता, पर मेरे मन का अरमान पूरा न होता, मेरी आशा नित्य निराशा में परिणत होने लगी। मैं अपने मन की बात किससे कहूं?

करीब पांच महीने बाद भैया के नाम एक मनीऑर्डर आया, डेढ़ रुपये का। भैया को मैंने उसी रोज आंसू पोंछते देखा। उसका कूपन अभी तक मेरे पास मौजूद है।

कितने वर्ष बीत गए, कोई ठीक नहीं! मगर आज भी गदाधर महाराज मेरे हृदय में आधी जगह घेरे बैठे हैं।

# 3

## हरिलक्ष्मी

एक बरतन में कुछ खाना अंगोछे से ढका रखा था। बुआजी ने उसे दिखाते हुए कहा–"तुम्हीं बताओ बहूरानी, इतना भात और तरकारी एक आदमी खा सकता है? घर लिये जा रही है, लड़के के लिए, जबकि बार-बार इसे मना कर दिया गया है। शिवचरण के कान में भनक पड़ने पर फिर खैर नहीं; गरदन पकड़कर निकाल बाहर करेगा। बहूरानी, तुम मालकिन हो, तुम्हीं इसका न्याय कर दो।" इतना कहकर बुआजी ने मानो अपना एक कर्तव्य समाप्त करके दम लिया।

बुआजी का चीत्कार सुनकर घर के नौकर-नौकरानी तथा और भी लोग-बाग, जो जहां थे, सब आकर इकट्ठे हो गए और लगे तमाशा देखने। उन सबके बीच में बैठी थी उस घर की मंझली बहू और उनकी मालकिन यानी इस घर की गृहिणी।

लक्ष्मी को इस बात का स्वप्न में भी ख्याल न था कि इतनी छोटी, इतनी तुच्छ चीज के बारे में इतना बड़ा भद्दा कांड हो सकता है।

जिस बात को लेकर इस कहानी की उत्पत्ति हुई, वह छोटी-सी है, फिर भी उस छोटी-सी बात से हरिलक्ष्मी के जीवन में जो कुछ हो गया, वह छोटा भी नहीं, तुच्छ भी नहीं। संसार में ऐसा ही हुआ करता है। बेलपुर के दो 'शरीक' (जमींदारी के साझीदार) शांत नदी के किनारे जहाज के पास, छोटी डोंगी की तरह, परस्पर एक-दूसरे के पास निरुपद्रव बंधे थे। अकस्मात् न मालूम कहां से एक तूफान उठ खड़ा हुआ–जहाज का रस्सा

कटा और लंगर टूटकर अलग हो गया, साथ ही एक क्षण में वह छोटी-सी डोंगी न जाने कैसे नेस्तनाबूद हो गई, कुछ पता ही न चला।

बेलपुर का ताल्लुका कोई बड़ा नहीं। उठते-बैठते रैयतों को मार-पीटकर साल में बारह हजार से भी ज्यादा वसूली नहीं होती; इसलिए साढ़े पंद्रह आने के हिस्सेदार शिवचरण के सामने दो पैसे के हिस्सेदार विपिन बिहारी की तुलना अगर जहाज के साथ छोटी डोंगी से की है, तो इसमें शायद कोई अतिशयोक्ति न होगी।

दूर का नाता होने पर भी हैं दोनों जाति-भाई और छह-सात पीढ़ी पहले दोनों एक ही मकान में रहते थे; किंतु आज एक का तिमंजिला मकान गांव के सिर पर खड़ा है और दूसरे का जीर्ण मटियाला घर दिन-पर-दिन जमीन पर बिछ जाने की तरफ बढ़ता जा रहा है।

फिर भी इसी तरह दिन काट रहे थे और बाकी के दिन भी विपिन के इसी तरह सुख-दुःख में चुपचाप कट सकते थे, परंतु जिस बादल के टुकड़े से असमय में तूफान उठ खड़ा हुआ और सब उलट-पुलट गया, वह इस प्रकार है—

साढ़े पंद्रह आने के हिस्सेदार शिवचरण की पत्नी की सहसा मृत्यु हो जाने पर उनके मित्रों ने कहा—"चालीस-इकतालीस क्या कोई उमर है! तुम दूसरा ब्याह करो।"

शत्रुपक्ष के लोग सुनकर हंसने लगे, बोले—"चालीसी तो शिवचरण की चालीस वर्ष पहले ही पार हो चुकी है?" मतलब यह है कि दोनों में से कोई भी बात सच नहीं। असल बात यह थी कि बड़े बाबू का दिव्य गोरा हृष्ट-पुष्ट शरीर था, भरे हुए चेहरे पर लोभ का चिह्न-मात्र न था। यथासमय दाढ़ी-मूंछें न पैदा होने से कुछ सहूलियत तो हो सकती है, पर अड़चनें भी काफी होती हैं! उमर का अंदाजा लगाने के बारे में जो नीचे की तरफ नहीं जाना चाहते, ऊपर की ओर वे गिनती के किस कोठे में जाकर ठहरेंगे, इसकी उन्हें स्वयं ही कुछ थाह नहीं मिलती। कुछ भी हो, धनवान जाकर ठहरेंगे, इसकी उन्हें स्वयं ही कुछ थाह नहीं मिलती।

खैर, किसी भी पुरुष का ब्याह किसी भी देश में उमर के कारण नहीं रुकता, फिर बंगाल में तो रुकने ही क्यों लगा? करीब डेढ़ महीना तो शोक-ताप और 'नहीं-नहीं' करते-कराते बीत गया। उसके बाद शिवचरण हरिलक्ष्मी को ब्याह कर अपने घर ले आए। कारण शत्रुपक्ष के लोग चाहे कुछ भी क्यों न कहते रहें, यह बात माननी ही पड़ेगी कि प्रजापति ही उन पर अत्यंत प्रसन्न थे। उन लोगों ने गुपचुप बातचीत की—"यह बात नहीं कि वर की तुलना में नववधु की उमर बिलकुल ही असंगत हो, मगर हां, दो-एक बच्चे लेकर घर आती तो फिर कहने-सुनने की कोई बात ही न रह जाती।" लेकिन इस बात को सभी ने स्वीकार किया कि वह सुंदरी है। मतलब यह कि साधारण बड़ी उमर की लड़कियों से भी लक्ष्मी की उमर कुछ ज्यादा हो गई थी, शायद उन्नीस से कम न होगी। उसके पिता आधुनिक विचार के

सुधारक आदमी हैं, उन्होंने बड़े जतन से लड़की को ज्यादा उमर तक शिक्षा देकर मैट्रिक पास कराया था। उनकी इच्छा तो कुछ और ही थी, सिर्फ व्यापार फेल हो जाने और आकस्मिक दरिद्रता आ जाने के कारण उन्हें ऐसे सुपात्र को कन्या अर्पण करने के लिए लाचार होना पड़ा था।

लक्ष्मी शहर की लड़की ठहरी, पति को उसने दो-चार दिन में ही पहचान लिया। उसके लिए मुश्किल यह हुई कि आत्मीय स्वजन-मिश्रित अनेक परिजनों से घिरे हुए इस बड़े घर में वह जी खोलकर किसी से हिल-मिल न सकी। उधर शिवचरण के प्रेम का तो कोई अंत ही न था। सिर्फ वृद्ध की तरुणी-भार्या होने के कारण ही नहीं, उसे तो मानो एकबारगी ही अमूल्य निधि मिल गई। घर के लोग, नौकर-चाकर और औरतें कुछ ठीक न कर सके कि कैसे उनकी मिजाजपुरसी करें; पर एक बात वह अक्सर सुना करती थी, अब मंझली बहू के मुंह पर कालिख लग गई। रूप में, गुण में, विद्या-बुद्धि में–हर बात में अब उसका गर्व चूर हो गया।

इतना करने पर भी कुछ न हो सका, दो महीने के अंदर लक्ष्मी बीमार पड़ गई। इस बीमारी की हालत में ही एक दिन मंझली बहू के साथ उसकी भेंट हुई। मंझली बहू से मतलब है–विपिन की स्त्री। बड़े घर की नई बहू के बुखार की खबर सुनकर वह देखने आई थी। उम्र में वह शायद दो-तीन साल बड़ी होगी।

इस बात को मन-ही-मन लक्ष्मी ने भी स्वीकार लिया कि वह सुंदरी है, परंतु इस उमर में भी उसके सारे शरीर पर दरिद्रता की भीषण मार के चिह्न स्पष्ट दिखाई दे रहे थे। इसके साथ में छह-सात साल का एक लड़का था–वह भी दुबला-पतला। लक्ष्मी आदर के साथ अपने बिछौने पर एक तरफ बैठने के लिए स्थान कर कुछ देर तक चुपचाप उसकी ओर देखती रही। हाथ में दो-दो चूड़ियों के सिवा सारे अंग पर कोई और गहना नहीं। पहनावे में अधमैली लाल किनारी की धोती है, शायद वह उसके पति की होगी। गांव की प्रथा के अनुसार लड़का दिगंबर नहीं था, उसकी भी कमर में एक रंगी हुई छोटी धोती थी।

लक्ष्मी ने मंझली बहू का हाथ अपनी तरफ खींचते हुए कहा–"सौभाग्य से बुखार आ गया, तभी तो आपसे मुलाकात हो सकी, मगर रिश्ते में जेठानी होती हूं मंझली बहू! सुना है कि मंझले देवरजी इनसे बहुत छोटे हैं।"

मंझली बहू ने हंसकर कहा–"रिश्ते में छोटी होने पर क्या 'आप' कहा जाता है?"

लक्ष्मी ने कहा–"बस, पहले दिन जो कहा, सो कह दिया; नहीं तो 'आप' कहने वाली मैं नहीं हूं, मगर तुम भी मुझे 'जीजी' नहीं कह सकतीं, यह मुझसे बरदाश्त न होगा–मेरा नाम लक्ष्मी है।"

मंझली बहू ने कहा–"नाम बताने की जरूरत नहीं जीजी! आपको देखते ही मालूम हो जाता है और मेरा नाम न मालूम किसने मजाक में रख दिया था कमला।" कहकर वह कौतूहल के साथ जरा हंस दी।

हरिलक्ष्मी के जी में आया कि वह भी प्रतिवादस्वरूप कहे कि तुम्हारी तरफ देखने से ही तुम्हारा नाम मालूम हो जाता है; परंतु वह इस डर से कह न सकी कि ऐसा कहना नकल की तरह सुनाई देगा। वह बोली—"हम दोनों के एक ही माने हैं, लेकिन मंझली बहू, मैं तुमसे 'तुम' कह सकी, पर तुमसे तो 'तुम' कहते नहीं बना?"

मंझली बहू ने हंसते हुए जवाब दिया—"चट से निकलता नहीं मुंह से जीजी! एक उमर के सिवा आप सभी बातों में मुझसे बड़ी हैं। अभी दो-चार दिन जाने दो, जरूरत पड़ने पर बदलने में कितनी देर लगती है?"

हरिलक्ष्मी के मुंह पर सहसा इसका प्रत्युत्तर तो नहीं आया, पर मन-ही-मन समझ गई कि यह औरत पहले दिन के परिचय को अधिक घनिष्ठ नहीं करना चाहती, मगर उसके कुछ कहने से पहले ही मंझली बहू उठने की तैयारी करके बोली—"तो अब उठती हूं जीजी! कल फिर...।"

हरिलक्ष्मी आश्चर्यान्वित होकर बोली—"अभी से कैसे चली जाओगी? जरा बैठो।"

मंझली बहू ने कहा—"आप हुक्म करेंगी तो बैठना पड़ेगा; पर आज जाने दीजिए जीजी, उनके आने का समय हो गया है।" इतना कहकर वह उठकर खड़ी हो गई और लड़के का हाथ पकड़कर जाने से पहले हंसती हुई बोली—"चलती हूं जीजी! कल जरा सिदौसी चली आऊंगी, क्यों?" यह कहकर वह धीरे से बाहर निकल गई।

विपिन की स्त्री के चले जाने पर हरिलक्ष्मी उसी तरफ देखती हुई चुपचाप पड़ी रही। अब बुखार नहीं था, उसकी ग्लानि बनी हुई थी, फिर भी कुछ देर के लिए वह सब कुछ भूल गई। अब तक गांव-भर की इतनी बहू-बेटियां आई हैं, जिनका शुमार नहीं, परंतु बगल वाले गरीब घर की इस बहू के साथ उनकी कोई तुलना ही नहीं हो सकती। वे अपने आप आईं और उठना ही नहीं चाहती थीं। बैठने के लिए कहा गया तो फिर कहना ही क्या! वे कितनी चतुर थीं, कितनी वाचालता थीं, मनोरंजन करने के लिए कितना लज्जाजनक प्रयास था उनका। बोझ से दबा हुआ उसका मन बीच-बीच में विद्रोही हो उठा, परंतु उन्हीं में से अकस्मात् यह आकर, उसकी रोगशैया के पास कुछ क्षणों के लिए, अपना ऐसा परिचय देना उसके मायके की बात पूछने का समय नहीं मिला, परंतु बिना पूछे ही लक्ष्मी न जाने कैसे समझ गई कि उसकी तरह वह कलकत्ता की लड़की हरगिज नहीं। इसके लिए विपिन की स्त्री की प्रसिद्धि है कि गांव की रहने वाली होने पर भी पढ़ी-लिखी है।

लक्ष्मी ने सोचा, मुमकिन है कि मंझली बहू स्वर के साथ रामायण-महाभारत पढ़ सकती हो, पर इससे ज्यादा और कुछ नहीं। जिस पिता ने विपिन जैसे दीन-दु:खी को अपनी लड़की सौंपी है, उसने घर पर कोई मास्टर रखकर और स्कूल में पढ़ाकर पास कराके कन्यादान नहीं किया होगा। उज्ज्वल श्याम वर्ण है, पर गोरा नहीं कहा जा सकता। रूप की बात छोड़ दो, शिक्षा, संस्कार, अवस्था—किसी भी बात में तो विपिन की स्त्री उसके सामने टिक नहीं सकती, परंतु एक बात में लक्ष्मी ने स्वयं

को मानो उससे छोटा समझा। वह था उसका कंठ-स्वर! मानो वह संगीत हो और बात करने का ढंग तो मानो बिलकुल मधु से भरा हुआ था। जरा भी जड़ता नहीं, इतनी सहज-सरल बातचीत थी उसकी। बातें मानो वह अपने घर से कंठस्थ कर लाई हो, परंतु सबसे ज्यादा जिस चीज ने उसे बांध डाला–वह थी उसकी दूरी। इस बात को कि वह गरीब घर की बहू है, मुंह से न कहने पर भी इस ढंग से प्रकट करके गई कि मानो यही उसके लिए स्वाभाविक है, मानो इसके सिवा और कुछ उसे शोभा नहीं देता।

यह बताने के सिवा और किसी उद्देश्य का उसमें लेशमात्र भी नहीं था कि वह गरीब है, पर कंगाल नहीं। एक भले घर की बहू दूसरे घर की एक बीमार बहू को देखने आई है। शाम को जब पति देखने आए, तब हरिलक्ष्मी ने और बातचीत होने के बाद कहा–"उस घर की मंझली बहू से आज भेंट हुई थी।"

शिवचरण ने कहा–"किससे? विपिन की बहू से?"

हरिलक्ष्मी ने कहा–"हां! मेरे भाग्य अच्छे थे, जो इतने दिनों के बाद खुद ही मुझे देखने आई थी, पर पांचेक मिनट से ज्यादा ठहरी नहीं; काम था, इसलिए चली गई।"

शिवचरण ने कहा–"काम! अरे, उन लोगों के घर कोई नौकर-नौकरानी थोड़े ही हैं। बासन मांजने से लगाकर बटलोई चढ़ाने तक सभी काम अपने हाथ से करने पड़ते हैं। भला तुम्हारी तरह पड़े-पड़े, बैठे-बैठे आराम कर ले तो कोई! एक गिलास पानी तक तो तुम्हें अपने हाथ से भरकर पीना नहीं पड़ता।"

अपने संबंध में ऐसा मंतव्य हरिलक्ष्मी को बहुत ही बुरा मालूम हुआ, पर यह समझकर वह गुस्सा नहीं हुई कि बात तो उसकी बड़ाई करने के लिए ही कही गई थी, अपमान करने के लिए नहीं, बोली–"सुना है कि मंझली बहू को बड़ा घमंड है, अपना घर छोड़कर कहीं आती-जाती नहीं?"

शिवचरण ने कहा–"जाएगी कैसे? हाथों में दो-दो चूड़ियों के सिवा खाक-पत्थर कुछ पास में है भी, मारे शरम के मुंह नहीं दिखा सकती।"

हरिलक्ष्मी ने जरा हंसकर कहा–"इसमें शरम काहे की? दुनिया के लोग क्या उसकी देह पर जड़ाऊं गहने के लिए व्याकुल हो रहे हैं, जो न देखेंगे तो छिः छिः करते फिरेंगे?"

शिवचरण ने कहा–"जड़ाऊं गहने? मैंने तुम्हें दिए हैं, किसी साले के बेटे ने वैसे आंखों से देखे भी हैं? अपनी स्त्री को आज तक दो चूड़ियों के सिवा और कुछ बनवाकर न दे सका! हुः हुः, बाबू, रुपये का जोर बड़ा जोर है! जूता मारूंगा और...।"

हरिलक्ष्मी क्षुण्ण और अत्यंत लज्जित होकर बोली–"छिः छिः, ऐसी बात क्यों कह रहे हो?"

शिवचरण ने कहा–"नहीं-नहीं, हमारे पास दबी-छिपी बात नहीं, जो कुछ कहूंगा, सो साफ-साफ कह दूंगा।"

हरिलक्ष्मी चुपचाप आंखें मीचे पड़ी रही। कहने को और था ही क्या? ये लोग कमजोरों के विरुद्ध अत्यंत असभ्य बात कठोर और कर्कश स्वर में कहने को ही स्पष्टवादिता समझते हैं। शिवचरण शांत न रहा; कहने लगा–"ब्याह में जो पांच-सौ रुपये उधार लिये थे, उसके ब्याज-असल मिलाकर सात सौ हो गए, उसका भी कुछ ख्याल है? गरीब है, एक किनारे पड़ा है, पड़ा रहे। अरे, मैं चाहूं तो कान पकड़कर निकाल बाहर कर सकता हूं। जो दासी के लायक नहीं, वह मेरी स्त्री के सामने घमंड दिखलाती है?"

हरिलक्ष्मी करवट बदलकर लेटी रही। एक तो बीमार, उस पर विरक्ति और लज्जा से सारे शरीर में भीतर से मानो कंपकंपी आने लगी।

दूसरे दिन दोपहर को घर में मृदु स्वर सुनकर हरिलक्ष्मी ने आंख खोलकर देखा तो विपिन की स्त्री चुपके से बाहर जा रही है। उसने बुलाकर कहा–"मंझली बहू, चली जा रही हो?"

मंझली बहू ने शरमाते हुए लौटकर कहा–"मैंने सोचा कि आप सो रही हैं। आज कैसी तबीयत है जीजी?

हरिलक्ष्मी ने कहा–"आज बहुत अच्छी हूं, लेकिन तुम अपने लल्ला को तो नहीं लाईं?"

मंझली बहू ने कहा–"आज वह अचानक सो गया जीजी!"

"अचानक सो गया, इसका मतलब?"

"आदत खराब हो जाएगी, इसलिए दिन में मैं उसे सोने नहीं देती जीजी!"

हरिलक्ष्मी ने पूछा–"घाम में ऊधम करता नहीं फिरता?"

मंझली बहू ने कहा–"करता क्यों नहीं फिरता? मगर दोपहर को सोने की अपेक्षा वह कहीं अच्छा।"

"शायद तुम खुद नहीं सोती?

मंझली बहू ने हंसते हुए सिर हिलाकर कहा–"नहीं।"

हरिलक्ष्मी ने सोचा था, स्त्रियों के स्वभाव के अनुसार इस बार भारत अपने अवकाश की लंबी सूची सुनाने बैठ जाएगी, मगर उसने ऐसी कोई बात नहीं की। इसके बाद और-और बातें होने लगीं।

बात-बात में हरिलक्ष्मी ने अपने मायके की बात, भाई-बहन की बात मा साहब की बात, स्कूल की बात, यहां तक कि अपने मैट्रिक पास करने की भी बात कह डाली। बहुत देर बाद जब उसे होश आया, तब उसने स्पष्ट देखा कि मंझली का श्रोता के लिहाज से चाहे जितनी अच्छी क्यों न हो, वक्ता के लिहाज से वह कुछ भी नहीं। अपनी बात प्रायः कुछ कही ही नहीं। पहले तो लक्ष्मी को शरम मालूम

हुई। उसी वक्त उसे मालूम हुआ कि गपशप करने लायक उसके पास है ही क्या! मगर कल जैसे इस बहू के विरुद्ध उसका मन अप्रसन्न हो उठा था, आज वैसे ही उसे भारी तृप्ति-सी महसूस हुई।

दीवार पर टंगी हुई कीमती घड़ी में नाना प्रकार के बाजों के साथ तीन बजे मंझली बहू उठ खड़ी हुई और विनय के साथ बोली–"जीजी, अब चलती हूं।"

लक्ष्मी ने कौतूहल के साथ कहा–"बहन, तुम्हारी क्या तीन बजे तक ही छुट्टी रहती है? लालाजी क्या घड़ी देखकर ठीक टाइम से घर आते हैं?"

मंझली बहू ने कहा–"आज वे घर पर ही हैं।"

"फिर आज जल्दी काहे की? थोड़ा और बैठो न?"

मंझली बहू बैठी नहीं, लेकिन जाने के लिए पैर भी नहीं बढ़ा सकी।

धीरे से बोली–"जीजी, आपने कितनी शिक्षा पाई है, कितना पढ़ा-लिखा है और मैं ठहरी गंवई गांव की।"

"तुम्हारा मायका क्या गांव में है?"

"हां जीजी, बिलकुल देहात में। बिना समझे कल न जाने क्या-क्या कह दिया हो, पर असम्मान करने के लिए नहीं, आप मुझे जैसी भी कसम खाने को कहेंगी, जीजी...।"

हरिलक्ष्मी दंग रह गई, बोली–"ऐसा क्यों कहती हो मंझली बहू! तुमने तो कल ऐसी कोई भी बात नहीं कही।"

मंझली बहू ने उसके जवाब में फिर कोई बात नहीं कही, परंतु 'चलती हूं' कहकर जब वह फिर से विदा लेकर धीरे-धीरे जाने लगी, तब उसका कंठ-स्वर अकस्मात् कुछ और ही तरह का सुनाई दिया।

## 2

रात को शिवचरण जब घर आए, तब हरिलक्ष्मी चुपचाप लेटी हुई थी। शरीर अपेक्षाकृत स्वस्थ, मन भी शांत और प्रसन्न था।

शिवचरण ने पूछा–"कैसी तबीयत है बड़ी बहू?"

लक्ष्मी उठकर बैठ गई और बोली–"अच्छी है।"

शिवचरण ने कहा–"सवेरे की बात मालूम हई? बच्चू को बुलवाकर सबके सामने ऐसा झाड़ दिया है कि जन्म-भर न भूलेगा। मैं बेलपुर का शिवचरण चौधरी हूं, हां!"

हरिलक्ष्मी डर गई, बोली–"किसे जी?"

शिवचरण ने कहा–"विपिन को बुलाकर कह दिया, तुम्हारी स्त्री मेरी स्त्री के पास आकर शान दिखाकर उसका अपमान कर गई, इतनी हिमाकत उसकी! पाजी, नालायक,

ओछे घर की लड़की कहीं की! उसके बाल कटवाकर मुंह काला कर गधे पर चढ़ाकर गांव से निकाल बाहर कर सकता हूं–जानता है।"

हरिलक्ष्मी का रोग-क्लिष्ट चेहरा एकबारगी सफेद फक पड़ गया; वह बोली–"तुम कहते क्या हो जी?"

शिवचरण अपनी छाती ठोककर गर्व के साथ कहने लगा–"इस गांव में जज समझो, मजिस्ट्रेट समझो और दरोगा या पुलिस समझो–सब कुछ यही बंदा है! यही बंदा! मारने की लकड़ी, जिलाने की-सब मेरी मुट्ठी में है। तुम कहो तो कल ही अगर विपिन की बहू आकर पैर न दबाए, तो मैं लाटू चौधरी की पैदाइश ही नहीं। मैं...।"

इस तरह विपिन की बहू को सबके सामने अपमानित और लांछित करने के वर्णन और व्याख्यान में लाटू चौधरी के पुत्र ने अपशब्द और कुशब्दों के व्यय में कोई कसर नहीं रखी और उसके सामने स्तब्ध निर्निमेष दृष्टि से देखती हुई हरिलक्ष्मी का मन कहने लगा–'धरती माता, फट पड़ो!'

दूसरी बार की तरुणी भार्या के शरीर की रक्षा के लिए शिवचरण सिर्फ एक अपनी देह के सिवा और सब कुछ दे सकता है। हरिलक्ष्मी वह देह बेलापुर में न संभाल सकी। डॉक्टरों ने यह सलाह दी कि हवा-पानी बदलना चाहिए। शिवचरण ने अपने साढ़े पंद्रह आने की हैसियत के अनुसार बड़े ठाठ-बाट से हवा बदलने के लिए जाने की तैयारियां शुरू कर दीं। यात्रा के शुभ मुहूर्त के दिन गांव के लोग टूट पड़े, सिर्फ आया नहीं तो एक विपिन और उसकी स्त्री। बाहर शिवचरण न कहने लायक बातें कहने लगा और भीतर बड़ी बुआ ने उग्र रूप धारण कर लिया। बाहर भी स्वर-में-स्वर मिलाने वालों की कमी न रही और भीतर भी उसी तरह बुआ के चीत्कार को बढ़ाने वाली स्त्रियां काफी जुट गईं। सिर्फ कुछ नहीं बोली तो एक हरिलक्ष्मी! मंझली बहू के प्रति उसके क्षोभ और अभिमान की मात्रा किसी से भी कम न थी! वह मन-ही-मन कहने लगी–'मेरे बर्बर पति ने कितना भी अन्याय क्यों न किया हो, मैंने खुद तो कुछ नहीं कहा! परंतु घर की और बाहर की औरतें जो कुछ आज चिल्ला रही थीं, उनके साथ किसी तरह स्वर में स्वर मिलाने में उसे घृणा होने लगी। जाते समय पालकी का दरवाजा हटाकर लक्ष्मी ने उत्सुक दृष्टि से विपिन के टूटे-फूटे घर की खिड़की की ओर देखा, परंतु किसी की छाया तक उसे दिखाई नहीं दी।

काशी में मकान ठीक कर लिया गया था। वहां की आबो-हवा के गुण से लक्ष्मी के नष्ट स्वास्थ्य की पुन: प्राप्ति में देर न हुई। चार महीने बाद जब वह लौटकर घर आई, तब उसके शरीर की कांति देखकर स्त्रियों की गुप्त ईर्ष्या का ठिकाना न रहा।

# 3

हेमंत ऋतु आ रही है। दोपहर को मंझली बहू बैठी अपने चिररुग्ण पति के लिए एक ऊनी गुलूबंद बुन रही थी, पास ही लड़का बैठा खेल रहा था। वह देखकर उठा—"मां, ताईजी!"

मां ने हाथ का काम जहां-का-तहां छोड़कर चटपट उठकर नमस्कार किया और बैठने के लिए आसन बिछा दिया, फिर खिले हुए चेहरे से कहा—"तबीयत ठीक हो गई जीजी?"

लक्ष्मी ने कहा—"हां, हो गई, मगर ठीक नहीं भी तो हो सकती थी। ऐसा भी तो हो सकता था कि फिर लौटकर ही न आती, फिर भी जाते समय तुमने जरा भी खोज-खबर नहीं ली; रास्ते-भर तुम्हारी खिड़की की तरफ देखती हुई गई, जरा एक बार छाया तक न दिखाई दी। मरीज बहन चली जा रही है, जरा मोह भी न हुआ मंझली बहू! ऐसी पत्थर की बनी हो तुम?"

मंझली बहू की आंखें डबडबा आईं, पर मुंह से कोई उत्तर न निकला।

लक्ष्मी ने कहा—"मुझमें और चाहे जो कुछ भी दोष हो मंझली बहू, मेरा मन तुम्हारी तरह कठोर नहीं है। भगवान न करे, मगर ऐसे मौके पर मैं तुम्हें बिना देखे नहीं रह सकती थी।"

मंझली बहू ने इस आरोप का भी कुछ जवाब नहीं दिया, वह चुपचाप खड़ी रही।

लक्ष्मी इससे पहले यहां और कभी नहीं आई, पहले-पहल आज ही उसने इस घर में पैर रखा था। वह इधर-उधर फिरकर सब कोठरियां देखने लगी। सौ साल का पुराना टूटा-फूटा मकान है, उसमें सिर्फ तीन कोठरियां किसी कदर रहने लायक हैं। दरिद्रता का आवास है। असबाब तो न के बराबर है, दीवारों का चूना झरता जा रहा है, मरम्मत कराने की ताकत नहीं; फिर भी अनावश्यक गंदापन कहीं जरा देखने को भी नहीं। छोटे-छोटे बिछौने हैं, पर साफ-सुथरे। दो-चार देवी-देवताओं के चित्र टंगे हैं और हैं मंझली बहू के अपने हाथ की शिल्पकला के कुछ नमूने। ज्यादातर ऊन और सूत के काम की चीजें हैं। उनमें न तो कोई नौसिखिए के हाथ का लाल चोंच वाला तोता ही है और न पंचरंगी बिल्ली की सूरत। कीमती फ्रेम में जड़े हुए लाल, नीले, बैंगनी, सफेद आदि रंगों के ऊन के बने हुए 'वेलकम', 'स्वागतम्' या गलत उच्चारण के गीता के श्लोक भी नहीं।

लक्ष्मी ने आश्चर्य के साथ पूछा—"यह किसकी तस्वीर है मंझली बहू? पहचाना हुआ-सा चेहरा मालूम होता है?"

मंझली बहू ने शरमाते हुए हंसकर कहा—"तिलक महाराज की तस्वीर देख-देखकर बनाने की कोशिश की थी जीजी, पर कुछ बनी नहीं।" यह कहते हुए उसने उंगली

उठाकर सामने की दीवार पर टंगे हुए भारत के कौस्तुभ लोकमान्य तिलक का चित्र दिखा दिया।

लक्ष्मी बहुत देर तक उस तरफ देखती रही, फिर धीरे से बोली—"पहचान नहीं सकी, यह मेरा ही कुसूर है मंझली बहू! तुम्हारा नहीं। मुझे सिखा दोगी बहन? यह विद्या अगर सीख सकी तो तुम्हें गुरु मानने में हमें कोई ऐतराज न होगा।"

मंझली बहू हंसने लगी। उस दिन तीन-चार घंटे बाद लक्ष्मी जब लौटी, तब यह बात तय कर गई कि वह शिल्पकला सीखने के लिए कल से रोज आया करेगी।

आने भी लगी, परंतु दस-पंद्रह दिन में वह साफ समझ गई कि वह विद्या सिर्फ कठिन ही नहीं, बल्कि सीखने में भी काफी लंबा समय लेगी।

एक दिन लक्ष्मी ने कहा—"मंझली बहू, तुम मुझे खूब ध्यान से नहीं सिखाती हो।"

मंझली बहू ने कहा—"इसमें तो काफी समय लगेगा जीजी! इससे अच्छा है कि आप और बुनावटें सीखें।"

लक्ष्मी भीतर-ही-भीतर गुस्सा हो गई, पर इसे छिपाते हुए उसने पूछा—"तुम्हें सीखने में कितने दिन लगे थे मंझली बहू?"

मंझली बहू ने जवाब दिया—"मुझे तो किसी ने सिखाया नहीं जीजी, अपनी कोशिश से ही थोड़ा-थोड़ा करके...।"

लक्ष्मी ने कहा—"इसी से। नहीं तो, दूसरे से सीखतीं तो तुम भी समय का हिसाब रखतीं।"

मुंह से चाहे वह कुछ भी कहे, पर मन-ही-मन उसने बिना किसी संदेह के अनुभव किया कि मेधा और तीक्ष्ण बुद्धि में इस मंझली बहू के सामने वह खड़ी नहीं हो सकती। आज उसके सीखने का काम बढ़ न सका और समय से बहुत पहले ही वह सुई-डोरा और पैटर्न लपेटकर घर चल दी। दूसरे दिन आई नहीं और प्रतिदिन के आने में यह पहले-पहल नागा हुआ।

तीन-चार दिन के बाद फिर एक दिन हरिलक्ष्मी अपने सुई-डोरे का बॉक्स लेकर मंझली बहू के घर पहुंची। मंझली बहू तब अपने लड़के को रामायण से तस्वीरें दिखा-दिखाकर उसकी कथा सुना रही थी। लक्ष्मी को देखते ही उठकर उसने आसन बिछा दिया। उद्विग्न कंठ से पूछने लगी—"दो-तीन दिन आई नहीं, तबीयत ठीक नहीं थी क्या?"

लक्ष्मी ने गंभीर होकर कहा—"नहीं तो, ऐसे ही पांच-छः दिन नहीं आ सकी।"

मंझली बहू ने आश्चर्य प्रकट करते हुए कहा—"पांच-छः दिन नहीं आई? शायद इतने दिन हो गए होंगे, पर आज दो घंटे ज्यादा रखकर इन दिनों की कसर निकाल लेनी चाहिए।"

लक्ष्मी ने कहा–"हूं, लेकिन मान लो, मेरी तबीयत ही खराब हुई होती मंझली बहू, तुम्हें एक बार तो खबर लेनी ही चाहिए थी?"

मंझली बहू ने शरमाते हुए कहा–"लेनी जरूर चाहिए थी, पर घर-गृहस्थी के बहुत से काम-धंधे हैं। अकेली ठहरी, किसे भेजती–बताइए? पर मैं मानती हूं, कुसूर हुआ है जीजी।"

लक्ष्मी मन-ही-मन खुश हुई। पिछले कई दिन वह अत्यंत अभिमान के कारण ही नहीं आई थी। उसने 'आज जाऊंगी–आज जाऊंगी' करके दिन काटे हैं। इस मंझली बहू के सिवा सिर्फ घर ही में नहीं, बल्कि गांव-भर में ऐसी कोई भी नहीं, जिससे जी खोलकर वह हिल-मिल सके।

लड़का अपने मन से तस्वीरें देख रहा था। हरिलक्ष्मी ने उसे बुलाकर कहा–"निखल! यहां मेरे पास आना बेटा!"

उसके पास आने पर लक्ष्मी ने अपना बॉक्स खोलकर एक पतली सोने की जंजीर निकालकर उसके गले में पहना दी और कहा–"जाओ, खेलो जाकर।"

मां का चेहरा गंभीर हो गया; उसने पूछा–"आपने जंजीर क्या उसे दे दी?"

लक्ष्मी ने खिले हुए चेहरे से जवाब दिया–"और नहीं तो?"

मंझली बहू ने कहा–"आपके देने से ही वह ले लगा?"

लक्ष्मी शर्मिंदा हो उठी, बोली–"ताई क्या एक जंजीर भी नहीं दे सकती?"

मंझली बहू ने कहा–"सो मैं नहीं जानती जीजी, पर इतना जरूर जानती हूं कि मां होकर मैं लेने नहीं दे सकती। निखिल, उसे उतारकर अपनी ताईजी को दे दो। जीजी, हम लोग गरीब हैं, पर भिखारी नहीं। यह बात नहीं कि कोई एक कीमती चीज अचानक मिले तो दोनों हाथ पसारकर लेने दौड़ें।"

लक्ष्मी दंग होकर बैठ रही। आज भी उसका मन कहने लगा–'पृथ्वी, फट पड़ो!'

जाते समय उसने कहा–"लेकिन यह बात तुम्हारे जेठजी के कानों तक पहुंचेगी मंझली बहू!"

मंझली बहू ने कहा–"उनकी बहुत-सी बातें मेरे कानों तक आती हैं। मेरी एक बात उनके कानों तक पहुंच जाएगी तो कान अपवित्र नहीं हो जाएंगे?"

लक्ष्मी ने कहा–"अच्छी बात है, आजमाकर देखने से ही मालूम हो जाएगा।"

फिर जरा ठहरकर बोली–"ख्वामखाह अपमानित करने की जरूरत नहीं थी मंझली बहू! मैं भी सजा देना जानती हूं।"

मंझली बहू ने कहा–"यह आपकी नाराजगी की बात है, नहीं तो मैंने आपका अपमान नहीं किया, बल्कि सिर्फ आपको अपने पति का अपमान करने नहीं दिया–इतना समझने की शिक्षा आपको मिली है।"

लक्ष्मी ने कहा–"सो मिली है, नहीं मिली है तो सिर्फ तुम जैसी गंवई गांव की औरतों से झगड़ने की शिक्षा।"

मंझली बहू ने इस कटूक्ति का जवाब नहीं दिया, चुप बनी रही।

लक्ष्मी चलने की तैयारी करके बोली–"इस जंजीर की कीमत चाहे कुछ भी हो, मैंने लड़के को प्यार से ही दी थी, तुम्हारे पति के कष्ट दूर करने के ख्याल से कतई नहीं। मंझली बहू! तुमने बस इतना ही सीख रखा है कि बड़े आदमी-मात्र ही गरीबों का अपमान करते फिरते हैं, वे प्यार भी कर सकते हैं, यह तुमने नहीं सीखा। सीखना जरूरी है, मगर फिर जाकर हाथ-पैर छूती मत फिरना।"

इसके जवाब में मंझली बहू ने सिर्फ जरा मुस्कराकर कहा–"नहीं जीजी, इसकी चिंता तुम मत करो।"

बाढ़ के दबाव से मिट्टी का बांध टूटना शुरू होता है, तब उसकी मामूली-सी शुरुआत देखकर कल्पना भी नहीं की जा सकती कि लगातार चलने वाली पानी की धारा इतने कम समय के अंदर ही उस टूटन को इतना भयंकर और ऐसा विशाल बना देगी। ठीक यही बात हरिलक्ष्मी के बारे में हुई। पति के पास जब उसने विपिन और उसकी स्त्री के विरुद्ध आरोप की बातें खत्म कीं, तब उसके परिणाम की कल्पना कर वह स्वयं ही डर गई। झूठ कहने का उसका स्वभाव नहीं और कहना भी चाहे तो उसकी शिक्षा और मर्यादा उसमें बाधक होती है; परंतु इस बात को वह खुद भी न समझ पाई कि दुर्निवार जलस्रोत की तरह जो बातें झोंक में उसके मुंह से जबरदस्ती निकल गईं, इनमें से बहुत-सी सच्ची नहीं थीं, पर इस बात को समझना भी उसे बाकी न रहा कि उसकी गति को रोकना उसके बूते के बाहर की बात थी। सिर्फ एक विषय में वह ठीक इतना नहीं जानती थी यानी अपने पति के स्वभाव से पूरी तरह परिचित नहीं थी! उसके पति का स्वभाव जैसा निष्ठुर था, वैसा ही प्रतिहिंसा-परायण और उतना ही बर्बर। इस बात को मानो वह जानता ही नहीं कि किसी को कष्ट देने की सीमा कहां तक है। आज शिवचरण उछला-कूदा नहीं, सब सुन-सुनाकर सिर्फ इतना ही बोला–"अच्छा, पांच-छ: महीने बाद देखना। यही ठीक समझ लेना, दूसरा साल न आने पाएगा।"

अपमान और लांछना की आग हरिलक्ष्मी के हृदय में जल रही थी, इस बात को वह वास्तव में चाहती थी कि विपिन की स्त्री को खूब अच्छी तरह सजा मिले, परंतु शिवचरण के बाहर चले जाने पर उसके मुंह की इस मामूली-सी बात को मन-ही-मन दुहराने से हरिलक्ष्मी के मन को शांति नहीं मिली। उसे ऐसा मालूम होने लगा, जैसे कहीं कुछ बड़ी भारी खराबी हो गई है।

कुछ दिन बाद किसी बातचीत के सिलसिले में हरिलक्ष्मी ने पति से मुस्कराते हुए पूछा–"उन लोगों के बारे में कुछ किया-कराया है क्या?"

"किन लोगों के बारे में?"

"विपिन लालाजी के बारे में?"

शिवचरण ने निस्पृह भाव से कहा–"क्या करता और कर भी क्या सकता हूं? मैं मामूली आदमी जो ठहरा।"

हरिलक्ष्मी ने उद्विग्न होकर पूछा–"इसके मायने?"

शिवचरण ने कहा–"मंझली बहू कहा करती है न कि राज्य तो जेठजी का नहीं है–अंग्रेज सरकार का है!"

हरिलक्ष्मी ने कहा–"ऐसा कहा है क्या? लेकिन अच्छा!"

"अच्छा क्या?"

स्त्री ने जरा संदेह प्रकट करते हुए कहा–"लेकिन मंझली बहू तो ठीक इस तरह की बात कभी कहती नहीं। बहुत चालाक है क्या? बहुत से लोग शायद बात बढ़ा-चढ़ाकर चुगली भी कर दिया करते हैं।"

शिवचरण ने कहा–"इसमें आश्चर्य की कोई बात नहीं, मगर यह बात तो मैंने अपने कानों से सुनी है।"

हरिलक्ष्मी इस बात पर विश्वास न कर सकी, पर उस समय के लिए पति का मनोरंजन करने के ख्याल से सहसा गुस्सा दिखाती हुई बोली–"कहते क्या हो, इतना घमंड! मुझे तो खैर जो कुछ कहा, लेकिन जेठ लगते हो, तुम्हारी तो जरा इज्जत करनी चाहिए थी?"

शिवचरण ने कहा–"हिंदुओं के घर ऐसा ही तो सब समझते हैं। पढ़ी-लिखी विद्वान औरत ठहरी न! इसी से, पर मेरा अपमान करके कोई भी बच नहीं सकता। बाहर जरा काम है, मैं जा रहा हूं!" इतना कहकर शिवचरण बाहर चल दिया। बात को जिस तरह हरिलक्ष्मी कहना चाहती थी, उस तरह न कह सकी, बल्कि वह उल्टी हो गई, पति के चले जाने पर रह-रहकर उसे इसी बात का ख्याल होने लगा।"

बाहर की बैठक में जाकर शिवचरण ने विपिन को बुलाकर कहा–"पांच-सात साल से तुमसे कह रहा हूं विपिन कि अपने मवेशियों को यहां से हटा लो, रात को सोना मेरे लिए हराम हो गया है, सो क्या तुमने मेरी बात न सुनना ही तय कर लिया है?"

विपिन ने आश्चर्यचकित होकर कहा–"कहां, मैंने तो एक बार भी नहीं सुना भैया?"

शिवचरण ने बड़ी आसानी के साथ कहा–"कम-से-कम इस बार तो मैंने अपने मुंह से कहा है तुमसे। तुम्हें याद न रहे तो कोई नुकसान नहीं, पर इतनी बड़ी जमींदारी का जो शासन करता है, उसकी बात भूल जाने से काम नहीं चल सकता। खैर, कुछ भी हो, तुम्हें खुद इस बात की अक्ल होनी चाहिए कि दूसरे की जगह में कैसे इतने

192

दिनों तक मवेशी बांधे जा सकते हैं? कल ही वहां से सब हटा-हटू लेना। मुझे फुरसत न मिलेगी, तुम्हें यह अंतिम बार जता दिया मैंने।"

विपिन के मुंह से ऐसे ही बात नहीं निकलती, उस पर अकस्मात् इस परम आश्चर्यजनक प्रस्ताव के सामने वह एकबारगी अभिभूत हो गया। अपने बाबा के जमाने से उस जगह को वह अपनी ही समझता आ रहा है। इतनी बड़ी झूठी बात का वह प्रतिवाद तक न कर सका कि वह दूसरे की है। वह चुपचाप घर चला गया।

उसकी स्त्री ने सब बातें सुनकर कहा—"पर राज की अदालत तो खुली है!"

विपिन चुप रहा। वह चाहे भला आदमी क्यों न हो, इस बात को जानता था कि अंग्रेजी राज्य की अदालत का विशाल द्वारा कितना भी खुला हुआ क्यों न हो, गरीबों के घुसने लायक रास्ता उसमें जरा-सा भी खुला नहीं। आखिर वही हुआ, जो होना था।

दूसरे दिन बड़े बाबू के लोग आए और उन्होंने पुरानी टूटी-फूटी गोशाला तोड़कर उस जगह को लंबी दीवार से घेर लिया। विपिन थाने में आकर खबर दे आया, मगर आश्चर्य है कि शिवचरण की पुरानी ईंटों की नई दीवार जब तक पूरी नहीं गई, तब तक एक भी लाल पगड़ी उसके पास नहीं फटकी। विपिन की स्त्री ने चूड़ियां बेचकर अदालत में नालिश की, पर उससे सिर्फ चूड़ियां ही चली गई और कुछ नहीं हुआ।

रिश्ते में विपिन की बुआ लगने वाली एक शुभाकांक्षिणी ने इस विपत्ति में विपिन की स्त्री को हरिलक्ष्मी के पास जाने की सलाह दी थी, इस पर उसने शायद कह दिया या कि 'शेर के आगे हाथ जोड़कर खड़ा होने से फायदा क्या, बुआजी? प्राण तो जाने हैं सो जाएंगे ही, ऊपर से अपमान और हाथ लगेगा।'

यह बात जब हरिलक्ष्मी के कानों में पड़ी, तो वह चुप रही। किसी तरह का उत्तर देने की उसने कोशिश तक नहीं की।

काशी से हवा-पानी बदलकर आने के बाद एक दिन के लिए भी उसकी तबीयत बिलकुल ठीक नहीं रही। इस घटना के महीने-भर बाद उसे फिर बुखार आने लगा। कुछ दिन तक गांव में ही इलाज होता रहा, मगर कोई फायदा नहीं हुआ। तब डॉक्टर की सलाह से उसे फिर बाहर जाने के लिए तैयारियां करनी पड़ीं।

अनेक प्रकार के कामकाज के कारण अबकी बार शिवचरण का जाना न हो सका, वह गांव में ही रहा। जाते समय लक्ष्मी अपने पति से एक बात कहने के लिए भीतर-ही-भीतर फड़फड़ाती रही, पर किसी तरह मुंह खोलकर उस आदमी के सामने वह बात कह नहीं सकी। उसे बार-बार ऐसा मालूम होने लगा कि इनसे अनुरोध करना व्यर्थ है, इसके मायने ये नहीं समझ सकते।

हरिलक्ष्मी के रोगग्रस्त शरीर को पूर्णतया नीरोग होने में इस बार कुछ लंबा समय लगा। करीब एक साल के बाद वह बेलपुर वापस आई। वह सिर्फ जमींदार की लाड़ली स्त्री ही तो नहीं, इतने बड़े घर की मालकिन भी तो है, इसलिए मुहल्ले की औरतों के झुंड-के-झुंड उसे देखने आए। जो संबंध में बड़ी थीं, उन लोगों ने आशीर्वाद दिया और जो छोटी थीं, उन्होंने पांव छुए। आई नहीं तो सिर्फ विपिन की स्त्री। इस बात को हरिलक्ष्मी जानती थी कि वह नहीं आएगी।

इस एक साल के अंदर विपिन के घर के लोग किस तरह रहे; फौजदारी और दीवानी मामले, जो उनके विरुद्ध चल रहे थे, उनका क्या नतीजा हुआ, इनमें से कोई भी खबर उसने किसी से जानने की कोशिश नहीं की। शिवचरण कभी घर पर और कभी पश्चिम में जाकर स्त्री के साथ रह आया करता था। जब-जब पति से भेंट हुई, तब-तब हरिलक्ष्मी के मन में सबसे पहले इन लोगों के बारे में जानने की इच्छा हुई, परंतु फिर भी, एक दिन भी उसने पति से कोई बात नहीं पूछी। पूछते हुए उसे डर लगता था। सोचती थी कि इतने दिनों में कुछ-न-कुछ निबटारा हो ही गया होगा और शायद इनके क्रोध में अब उतनी तेजी नहीं रही। इस आंशका से कि पूछताछ करने से फिर कहीं पहले का घाव ताजा न हो जाए, वह ऐसा भाव धारण किए रहती, जैसे उन सब तुच्छ बातों की अब उसे याद ही नहीं।

उधर शिवचरण भी अपनी तरफ से किसी दिन विपिन की बात नहीं छेड़ता। इस बात को वह हरिलक्ष्मी से छिपाए ही नहीं रखता कि अपनी स्त्री के अपमान की बात वह भूला नहीं है, बल्कि उसकी अनुपस्थिति में इसका काफी इंतजाम उसने कर रखा है। उसके मन में साध थी कि लक्ष्मी घर जाकर अपनी आंखों से ही सब देख-भाल ले और तब मारे आनंद के फूली न समाए।

ज्यादा दिन चढ़ने से पहले ही बुआजी की बारंबार स्नेहपूर्ण ताड़ना से लक्ष्मी जब नहा-धोकर निश्चिंत हुई, तो बुआजी ने उत्कंठा प्रकट करते हुए कहा—"अभी तुम्हारा शरीर कमजोर ठहरा, बहूरानी! तुम अब नीचे न जाओ, यहीं तुम्हारे लिए थाली परसवाकर मंगवाए देती हूं।"

लक्ष्मी ने आपत्ति करते हुए हंसकर कहा—"मेरा शरीर पहले जैसा ही ठीक हो गया है बुआजी, मैं नीचे रसोई में जाकर खा आऊंगी, ऊपर सब ढोकर लाने की जरूरत नहीं। चलो, नीचे ही चलती हूं।"

बुआजी ने 'शिबू की तरफ से मनाई है' कहते हुए उसे रोक दिया। उनका हुक्म पाकर नौकरानी जगह साफ करके आसन बिछा गई। दूसरे ही क्षण मिसरानी भोजन लेकर हाजिर हुई। उसके थाली रखकर चले जाने पर लक्ष्मी ने आसन पर बैठते हुए पूछा—"ये मिसरानीजी कौन-सी हैं बुआजी? पहले तो कभी नहीं देखा इन्हें।"

बुआजी ने हंसकर कहा–"पहचान न सकीं बहूरानी! यह तो अपने विपिन की बहू है।"

लक्ष्मी स्तब्ध होकर बैठी रह गई। मन-ही-मन समझ गई। उसे एकाएक आश्चर्यचकित कर देने के लिए इतना षड्यंत्र करके इस तरह छिपाकर रखा गया था। कुछ देर में अपने आपको संभालकर वह जिज्ञासु मुख से बुआजी की तरफ देखने लगी।

बुआजी ने कहा–"विपिन मर गया है, सुन लिया होगा?"

लक्ष्मी ने कुछ भी नहीं सुना था; परंतु अभी तुरंत, जो थाली परोस गई है, उसकी तरफ देखते ही यह बात मालूम हो जाती है कि वह विधवा है। उसने सिर हिलाकर कह दिया–"हां।"

बुआजी ने बाकी घटना का वर्णन करते हुए कहा–"जो कुछ बचा-खुचा था, खाक-धूल, सो सब मुकदमेबाजी में स्वाहा करके विपिन तो मर गया। जब देखा कि बाकी रुपया चुकाने में मकान भी हाथ से जाता है, तब हम ही लोगों ने सलाह दी–"मंझली बहू, साल-दो साल अपनी देह से मेहनत करके रुपये चुका दे, जिससे तेरे लड़के के लिए कम-से-कम बैठने के लिए तो जगह बची रहे।"

लक्ष्मी अपने सफेद फक चेहरे से, उसी तरह बिना पलकें झपकाए चुपचाप देखती रह गई। बुआजी ने सहसा गले का स्वर धीमा करके कहा–"फिर भी मैंने एक बार उसे अलग से जाकर कहा था कि मंझली बहू, जो होना था सो हो गया, अब उधार-उधूरे बने एक बार काशी जाकर बड़ी बहू के पैरों पड़ आ! लड़के को उनके पैरों में डालकर कहना–'जीजी, इसका तो कोई कुसूर नहीं, इसे बचाओ, मगर...।'

लक्ष्मी चुपचात सुनती रही।

बुआजी बात करते-करते आंखों से आंसू पोंछती हुई बोली–"मगर बंदी सिर नीचा किए मुंह बंद करके बैठी रही; उसने हां-ना कुछ जवाब तक नहीं दिया।"

हरिलक्ष्मी समझ गई, इसका सारा-का-सारा पाप मेरे ही सिर पर आ पड़ा है! उसके मुंह का अन्न-व्यंजन सब-का-सब कड़वा जहर हो गया, फिर वह एक टुकड़ा भी निगल सकी। बुआजी किसी काम से थोड़ी देर के लिए कमरे से बाहर चली गई, लौटकर जब उन्होंने लक्ष्मी की थाली की दशा देखी तो वे चंचल हो उठीं। जोर से पुकारने लगीं–"विपिन की बहू! विपिन की बहू!"

विपिन की बहू के दरवाजे से बाहर आकर खड़ी होते ही वे जोर से बिगड़ पड़ीं। इससे कुछ ही क्षण पहले करुणा के मारे उनकी आंखों में जो आंसू भर आए थे, तुरंत ही न जाने वे कहां उड़ गए।

बुआजी तीक्ष्ण स्वर में कहने लगीं–"ऐसी लापरवाही से काम करने से तो नहीं चल सकता विपिन की बहू! बहूरानी एक दाना भी मुंह में न दे सकीं, ऐसी बुरी रसोई बनाई है?"

दरवाजे के बाहर से इस तिरस्कार का कोई जवाब नहीं आया, परंतु दूसरे के अपमान के भार से लज्जा और वेदना के मारे हरिलक्ष्मी का अपने कमरे के ही भीतर सिर नीचा हो गया।

बुआजी ने फिर कहा–"नौकरी करने चली हो, सो चीज-वस्त की बिगाड़ से काम न चलेगा बेटी! और भी पांच जनी जैसे काम करती हैं, तुम्हें भी वैसे ही करना चाहिए, सो कहे देती हूं।"

विपिन की स्त्री ने अबकी बार धीरे से कहा–"जी-जान से कोशिश तो ऐसी ही करती हूं बुआजी! आज मालूम नहीं कैसे क्या हो गया।"

इतना कहकर उसके नीचे चले जाने पर लक्ष्मी के उठकर खड़े होते ही बुआजी 'हाय-हाय' कर उठीं। लक्ष्मी ने मुलायमियत के साथ कहा–"क्यों अफसोस कर रही हो बुआजी। मेरी तबीयत ठीक नहीं, इससे नहीं खा सकी। मंझली बहू की रसोई में कोई खराबी नहीं है।"

हाथ-मुंह धोकर हरिलक्ष्मी अपने एकांत कमरे में गई, तो उसका दम घुटने लगा। सब तरह का अपमान सहते हुए भी शायद विपिन की स्त्री का इस घर में नौकरी करना चल सकता है, पर आज के बाद गृहिणीपन का व्यर्थ श्रम करके इस घर में उसके दिन कैसे बीतेंगे? मंझली बहू के लिए तो फिर भी एक सांत्वना है, बिना कुसूर के दुःख सहने की सांत्वना, परंतु स्वयं लक्ष्मी के लिए कहां क्या बाकी रह गया!

रात को लक्ष्मी पति के साथ बात क्या करती, उससे अच्छी तरह उनकी तरफ देखा भी न गया। आज उसके मुंह के शब्द से विपिन की स्त्री का सब दुःख दूर हो सकता था, किंतु निरुपाय अबला नारी से जो आदमी इतना जबरदस्त बदला ले सकता है, जिसके पौरुष में यह बात खटकती तक नहीं, उससे भीख मांगने की बात स्वीकार करने में लक्ष्मी की किसी कदर प्रवृत्ति नहीं हुई।

शिवचरण ने जरा हंसकर पूछा–"मंझली बहू से भेंट हुई? कहो, कैसी रसोई बनाती है?"

हरिलक्ष्मी जवाब न दे सकी। वह सोचने लगी–'यही आदमी उसका पति है और जिंदगी-भर इसी के साथ रहकर घर-गृहस्थी चलानी होगी!' सोचते-सोचते उसका मन कहने लगा–'पृथ्वी माता, फट पड़ो!'

दूसरे दिन सवेरे उठते ही लक्ष्मी ने दासी के द्वारा बुआजी को कहला भेजा, उसे बुखार आ गया है, वह कुछ खाएंगी नहीं।

बुआजी ने उसके कमरे में आकर जिरह करते-करते नाक में दम कर दिया। उसके चेहरे के रुख से और कंठ स्वर से उन्हें जाने कैसा एक संदेह-सा हो गया कि उनकी बहूरानी शायद कुछ छिपाने की कोशिश कर रही है, बोलीं—"लेकिन तुम्हें तो सचमुच बुखार आया नहीं बहूरानी?"

लक्ष्मी ने सिर हिलाकर जोर से कहा—"मुझे बुखार है, मैं कुछ न खाऊंगी।"

डॉक्टर के आने पर उसे बाहर से ही विदा करते हुए कहा—"आप तो जानते हैं, आपकी दवा से मुझे कुछ फायदा नहीं होता, आप जाइए।"

शिवचरण ने आकर बहुत-कुछ पूछा-ताछा, पर किसी भी बात का उसे उत्तर नहीं मिला।

दो-तीन दिन और भी जब इसी तरह बीत गए, तब घर के सभी लोग न जाने कैसी एक अज्ञात आशंका से उद्विग्न हो उठे।

उस दिन करीब दिन के तीसरे पहर लक्ष्मी बाथरूप से निकलकर चुपचाप दबे पांव आंगन के एक किनारे से ऊपर आ रही थी। बुआजी रसोईघर के बरामदे से उसे देखकर चिल्ला उठीं—"देखो बहूरानी, विपिन की बहू की करतूत देखो। ऐ मंझली बहू अंत में चोरी करने पर उतर आई?"

हरिलक्ष्मी पास जाकर खड़ी हो गई। मंझली बहू जमीन पर चुपचाप नीचे मुंह किए बैठी थी, एक बरतन में कुछ खाना अंगोछे से ढका रखा था। बुआजी ने उसे दिखाते हुए कहा—"तुम्हीं बताओ बहूरानी, इतना भात और तरकारी एक आदमी खा सकता है? घर लिये जा रही है, लड़के के लिए, जबकि बार-बार इसे मना कर दिया गया है। शिवचरण के कान में भनक पड़ने पर फिर खैर नहीं; गरदन पकड़कर निकाल बाहर करेगा। बहूरानी, तुम मालकिन हो, तुम्हीं इसका न्याय कर दो।" इतना कहकर बुआजी ने मानो अपना एक कर्तव्य समाप्त करके दम लिया।

बुआजी का चीत्कार सुनकर घर के नौकर-नौकरानी तथा और भी लोग-बाग, जो जहां थे, सब आकर इकट्ठे हो गए और लगे तमाशा देखने। उन सबके बीच में बैठी थी उस घर की मंझली बहू और उनकी मालकिन यानी इस घर की गृहिणी।

लक्ष्मी को इस बात का स्वप्न में भी ख्याल न था कि इतनी छोटी, इतनी तुच्छ चीज के बारे में इतना बड़ा भद्दा कांड हो सकता है। अभियोग का जवाब तो क्या देती, मारे अपमान, अभिमान और लज्जा के वह मुंह भी न उठा सकी। लज्जा किसी के लिए नहीं, स्वयं अपने ही लिए थी—आंखों से उसके आंसू गिरने लगे।

उसे मालूम होने लगा मानो इतने लोगों के सामने वही पकड़ी गई है और विपिन की बहू उसका विचार करने बैठी है।

दो-तीन मिनट तक इसी तरह रहकर सहसा बड़ी कोशिश से अपने को संभालकर लक्ष्मी ने कहा—"बुआजी, तुम सब लोग यहां से चली जाओ।"

उसका इशारा पाते ही जब सब चले गए, तब लक्ष्मी धीरे से मंझली बहू के पास आकर बैठ गई, फिर हाथ से उसका मुंह उठाकर देखा, उसकी भी दोनों आंखों से टप-टप आंसू गिर रहे थे।

लक्ष्मी बोली—"मंझली बहू, मैं तुम्हारी जीजी हूं।" इतना कहकर उसने अपने आंचल से उसके आंसू पोंछ दिए।

# 4

# सती

हरीश बाहर जाकर स्तब्ध, पीले पड़े मुंह से बैठा रहा। इस भीषण संभावना की बात स्मरण कर लावण्य को पहले से ही सतर्क कर देने की बात बहुत बार उसके मन में आई थी, परंतु आत्माभिमान हो या केवल मर्यादाहीन चोरी-छिपे का प्रभाव, किसी प्रकार भी इस शिक्षित और भद्र महिला के सामने वह कुछ कह नहीं सका था।

लावण्य के चले जाने पर निर्मला आंधी की भांति कमरे में घुसती हुई बोली–"छि: तुम झूठे हो! इतनी झूठी बातें कहते हो!"

हरीश आंखें लाल कर उछल पड़ा–"खूब कहा! मेरी खुशी!"

निर्मला क्षण-भर पति के मुंह की ओर चुपचाप देखती-देखती अचानक रो पड़ी; बोली–"कहो, जितनी इच्छा हो झूठ कहो, जितनी खुशी हो, मुझे ठगो, परंतु धर्म यदि है, यदि मैं सती माता की लड़की होऊं, यदि शरीर और मन से सती होऊं, तो मेरे लिए तुम्हें एक दिन रोना होगा, रोना होगा!"

कहकर वह जैसे आई थी अनबोल, वैसे ही द्रुत वेग से बाहर निकल गई।


हरीश पबना एक संभ्रांत, भला वकील है, केवल वकालत के हिसाब से ही नहीं, मनुष्यता के हिसाब से भी। अपने देश के सब प्रकार के शुभ अनुष्ठानों के साथ वह थोड़ा-बहुत संबंधित रहता है।

शहर का कोई भी काम उसे अलग रखकर नहीं होता। सवेरे 'दुर्नीति-दमन समिति' की कार्यकारिणी सभा का एक विशेष अधिवेशन था, काम समाप्त कर घर लौटते हुए थोड़ा विलंब हो गया था।

अब किसी तरह थोड़ा-सा खा-पीकर अदालत पहुंचना आवश्यक था। विधवा छोटी बहन उमा पास बैठी हुई देखभाल कर रही थी कि कहीं समय की कमी से खाने-पीने में कमी न रह जाए।

पत्नी निर्मला धीरे-धीरे समीप जाकर बैठ गई, बोली–"कल के अखबार में देखा है, हमारी लावण्य प्रभा यहां लड़कियों के स्कूल की इंस्पेक्ट्रेस होकर आ रही है।"

यह साधारण-सी बात कुछ संकेतों में बहुत बहुत गंभीर थी।

उमा चकित होकर बोली–"क्या सचमुच? उस लावण्य का नाम यहां तक कैसे आ पहुंचा भाभी!"

निर्मला बोली–"आ ही गया! इनसे पूछती हूं।"

हरीश मुंह उठाकर सहसा कड़वे स्वर से बोल उठा–"मैं कैसे जानूंगा, सुनूं तो? गवर्नमेंट क्या मुझसे पूछकर लोगों को बहाल करती है?"

स्त्री ने स्निग्ध स्वर से उत्तर दिया–"अहा! नाराज क्यों होते हो, नाराजगी की बात तो मैंने कही नहीं, तुम्हारी तदबीर-तकाजे से यदि किसी का उपकार हो तो वह प्रसन्नता की ही बात है!" कहकर वह जैसी आई थी, वैसी ही मंथर-मृदु चाल से बाहर चली गई।

उमा घबरा उठी–"मेरे सिर की शपथ है दादा। उठो मत, उठो मत!"

हरीश विद्युत वेग से आसन छोड़कर उठ बैठा–"नहीं, शांतिपूर्वक एक कौर खाया भी नहीं जा सकता। आत्मघात किए बिना और...।" कहते-कहते वह शीघ्रतापूर्वक बाहर निकल गया। जाते समय राह में स्त्री का कोमल स्वर कान में पड़ा–"तुम किस दु:ख से आत्मघात करोगे? जो करेगा, उसे एक दिन दुनिया देख लेगी!"

यहां हरीश का कुछ पूर्व वृत्तांत कह देना आवश्यक है। इस समय उसकी आयु चालीस से कम नहीं है, परंतु जब सचमुच कम थी, उस छात्र-जीवन का एक इतिहास है।

पिता राममोहन उस समय बारीसाल के सब-जज थे। हरीश एम.ए. परीक्षा की तैयारी करने के लिए कलकत्ता का मैस छोड़कर बारीसाल आ गया था। पड़ोसी थे हरकुमार मजूमदार–स्कूल इंस्पेक्टर। वे बड़े निरीह, निरभिमानी एवं अगाध विद्वान थे। सरकारी काम से फुरसत पाकर एवं बैठे रहकर, कभी-कभी आकर सदर आला बहादुर की बैठक में बैठते थे। गंजे मुंसिफ, दाढ़ी मुंडे डिप्टी, बहुत मोटे सरकारी वकील शहर के अन्य गणमान्य व्यक्तियों के दल में से संध्या के पश्चात् कोई भी प्राय: अनुपस्थित नहीं रहता। उसका कारण था–सदर स्वयं थे निष्ठावान हिंदू। अतएव आलाप-आलोचना का अधिकांश भाग होता था–धर्म के संबंध में और जिस तरह सब जगह होता है, यहां भी उसी तरह ही अध्यात्म तत्त्व-कथा की शास्त्रीय मीमांसा का समाधान होता, खंड-युद्ध की समाप्ति में।

उस दिन ऐसी ही एक लड़ाई के बीच हरकुमार अपनी बांस की छड़ी हाथ में लिये धीरे-धीरे आकर उपस्थित हुए। इस सब युद्ध-विग्रह व्यापार में वे किसी

भी दिन कोई अंश ग्रहण नहीं करते थे। स्वयं को ब्रह्म समाज के अंतर्गत समझने से हो अथवा शांत-मौन प्रकृति के मनुष्य होने के कारण हो, चुप रहकर सुनने के अतिरिक्त, गले पड़कर अपना मत प्रकट करने की चंचलता उनमें एक दिन भी नहीं देखी गई, परंतु आज दूसरी ही बात हुई। उनके कमरे में घुसते ही गंजे मुंसिफ बाबू उन्हीं को मध्यस्थ मान बैठे। इसका कारण यह था कि इस बार छुट्टी में कलकत्ता जाकर वे कहीं से इन महोदय के भारतीय दर्शन के संबंध में गंभीर ज्ञान का एक जनरव सुन आए थे।

हरकुमार मुस्कराते हुए सहमत हो गए। थोड़ी ही देर में पता चल गया कि शास्त्रों के बांग्ला अनुवाद मात्र का सहारा लिए ही उनके साथ तर्क नहीं चल सकता। सब लोग प्रसन्न हुए, न हुए तो केवल सब-जज बहादुर स्वयं ही अर्थात् जो व्यक्ति जाति खो बैठा है, उसका फिर शास्त्र-ज्ञान किसलिए? और कहा भी ठीक यही! सबके उठ जाने पर, उनके परम प्रिय सरकारी वकील बाबू आंखों का इशारा कर हंसते हुए बोले—"सुना तो छोटे साहब, भूत के मुंह से राम-नाम और क्या!"

डिप्टी साहब ठीक सम्मति नहीं दे सके, कहा—"कुछ भी हो, परंतु जानते खूब हैं। सब जैसे कंठस्थ है! पहले मास्टरी करते थे या नहीं।"

हाकिम प्रसन्न नहीं हुए, बोले—"उसकी जानकारी के मुंह में आग! यही लोग होते हैं ज्ञान-पापी, इनकी कभी मुक्ति नहीं होती।"

हरीश उस दिन चुपचाप एक ओर बैठा था। इस स्वल्पभाषी प्रौढ़ व्यक्ति के ज्ञान और पांडित्य को देखकर वह मुग्ध हो गया था।

अस्तु, पिता का अभिमत चाहे जो हो, पुत्र ने अपने आगामी परीक्षा-समुद्र से मुक्ति पाने का भरोसा लिए हुए, उन्हें जाकर पकड़ लिया, सहायता करनी ही होगी। हरकुमार तैयार हो गए। यहीं उनकी कन्या लावण्य के साथ हरीश का परिचय हुआ। वह भी आई.ए. परीक्षा की पढ़ाई की तैयारी करने के लिए कलकत्ता की धमा-चौकड़ी को छोड़कर आई हुई थी।

दिन-प्रतिदिन के आवागमन में हरीश ने केवल पाठ्य पुस्तकों के दुरूह अंश का अर्थ ही नहीं जाना, एक और भी जटिलतर वस्तु का स्वरूप जान लिया, जो तत्त्व की दृष्टि से बहुत बड़ा था, परंतु उस बात को अभी रहने दो! क्रमशः परीक्षा के दिन पास खिंचते आने लगे, हरीश कलकत्ता चला गया। परीक्षा उसने अच्छी तरह दी एवं अच्छे से पास भी की।

कुछ दिनों बाद जब फिर साक्षात्कार हुआ तो हरीश ने संवेदना से चेहरे को उदास बनाते हुए पूछा—"आप फेल हो गई, यह तो बड़ा...।"

लावण्य ने कहा—"इसे भी न कर सकूं, मैं क्या इतनी अशक्त हूं?"

हरीश हंस पड़ा, बोला—"जो होना था, हो चुका! परंतु अबकी बार खूब अच्छी तरह परीक्षा देनी चाहिए।"

लावण्य तनिक भी लज्जित नहीं हुई, बोली–"खूब अच्छी तरह देने पर भी मैं फेल हो जाऊंगी। उसे मैं कर नहीं सकती!"

हरीश अवाक् हो गया, पूछा–"क्यों नहीं कर सकेंगी?"

लावण्य ने जवाब दिया–"क्यों फिर क्या? ऐसे ही!" यह कहकर वह हंसी रोकती हुई शीघ्रतापूर्वक चली गई।

क्रमशः बात हरीश की मां के कानों में पहुंची।

उस दिन प्रातःकाल राममोहन बाबू मुकदमे का निर्णय लिख रहे थे। जो अभागा हार गया था, उसका और कहीं भी कोई कूल-किनारा न रहे, इस शुभ संकल्प को कार्य में परिणत करते हुए, निर्णय के मसविदे में छान-बीनकर शब्द-योजना कर रहे थे, पत्नी के मुख से लड़के का कांड सुनकर उनका माथा गरम हो उठा। हरीश ने मनुष्य-हत्या की है, सुनकर शायद वे इतने विचलित नहीं होते। दोनों आंखों को लाल करते हुए बोले–"क्या! इतना...।" इससे अधिक बात उनके मुंह से नहीं निकली।

दिनाजपुर रहते समय एक प्राचीन वकील के साथ–शिखागुच्छ, गीता-तत्त्वार्थ और पेंशन मिलने पर काशीदास की उपकारिता को लेकर दोनों का मत बहुत मिल गया था एवं मित्रता स्थापित हो गई थी।

एक छुट्टी के दिन जाकर, उसी की छोटी लड़की निर्मला को फिर एक बार आंखों से देखकर, उसके साथ अपने लड़के का विवाह करने का पक्का वचन दे आए थे।

लड़की देखने में अच्छी थी, दिनाजपुर में रहते समय गृहिणी ने उसे अनेक बार देखा था, तथापि पति की बात सुनकर गाल पर हाथ रख लिया–"कहते क्या हो जी, एक बार में ही पक्का वचन दे आए! आजकल के लड़के...।"

पति ने कहा–"परंतु मैं तो आजकल का बाप नहीं हूं। मैं अपने पुराने जमाने के नियमानुसार ही लड़कों को भी बना सकता हूं। हरीश की पसंद यदि न हो तो उसके लिए और उपाय हो सकता है–बताओ!"

गृहिणी पति के स्वभाव को जानती थी, वे चुप हो गई।

पति ने फिर कहा–"भले घर की कन्या पंख-विहीन लड़की नहीं होती। वह यदि अपनी माता के सतीत्व एवं पिता के हिंदुत्व को लेकर हमारे घर आएगी, उसी को हरीश का सौभाग्य समझना चाहिए।"

बात को प्रकट होने में देर न लगी। हरीश ने भी सुना। पहले उसने मन में सोचा; भागकर कलकत्ता जा पहुंचे, कुछ न जुटाने पर ट्यूशन ही करके जीविका-निर्वाह करेगा। बाद में सोचा, संन्यासी हो जाएगा। अंत में वह 'पिता स्वर्ग; पिता धर्म: पिता हि परम तप:' इत्यादि स्मरण करके चुप बैठ गया।

कन्या के पिता धूमधाम से वर देखने आए एवं आशीर्वाद (सगाई) का काम भी इसी के साथ पूरा कर दिया। आयोजन में शहर के बहुत से संभ्रांत व्यक्ति भी आमंत्रित

होकर आए थे। निरीह हरकुमार कुछ जाने बिना ही आए थे। उनके समक्ष रायबहादुर ने अपने भावी संबंधी मैत्र महाशय की हिंदू धर्म में प्रगाढ़ निष्ठा का परिचय दिया एवं अंग्रेजी शिक्षा में संख्यातीत दोषों का वर्णन कर बहुत प्रकार से ऐसा अभिमत प्रकट किया कि उन्हें हजार रुपये महीना नौकरी के देने के अतिरिक्त अंग्रेजों का और कोई गुण नहीं है। आजकल के दिन और ही तरह के हो गए हैं, लड़कों को अंग्रेजी पढ़ाए बिना काम नहीं चलता, परंतु जो मूर्ख इस म्लेच्छ विद्या और म्लेच्छ सभ्यता को हिंदुओं के पवित्र अंत:पुर की लड़कियों में खींच लाना चाहते हैं, उनका इहलोक भी खराब है, परलोक भी खराब है!

केवल हरकुमार के अतिरिक्त इसका गूढ़ार्थ किसी को अविदित नहीं रहा। उस दिन आयोजन समाप्त होने से पहले ही विवाह का दिन निश्चित हो गया एवं यथासमय शुभ-कार्य संपन्न होने में विघ्न भी नहीं पड़ा।

कन्या को ससुराल भेजने से पहले मैत्र-पत्नी, निर्मला की सती-साध्वी माता ठकुरानी ने वधु जीवन के चरम तत्त्व को लड़की के कानों में डाल दिया, बोली–"बेटी, पुरुष को आंखों-आंखों में न रखने पर वह हाथ से निकल जाता है। गृहस्थी करते समय और चाहे कुछ भूल जाना, पर यह बात कभी मत भूलना!"

उसके अपने पति ने चुटिया के गुच्छे और श्रीगीता के तत्त्वार्थ को लेकर उन्मत्त हो उठने से पहले तक उन्हें बहुत जलाया था। आज भी उनका दृढ़ विश्वास है–बूढ़े मैत्र के चिता पर शयन न करने तक उनके निश्चित होने का समय नहीं आएगा।

निर्मला पति की गृहस्थी चलाने आई एवं उसी घर को आज बीस वर्ष से चला रही है।

इस सुदीर्घ काल में कितना परिवर्तन, कितना कुछ हो गया। रायबहादुर मर गए, धर्मनिष्ठ मैत्र स्वर्गवासी हो गए, पढ़ाई-लिखाई समाप्त होकर लावण्य का अन्यत्र विवाह हो गया। जूनियर वकील हरीश सीनियर हो गया, आयु भी अब यौवन पार कर प्रौढ़ता में जा पड़ी, परंतु निर्मला अपनी माता के दिए हुए मंत्र को जीवन-भर नहीं भूली।

## 2

इस सजीव मंत्र की क्रिया इतनी जल्दी शुरू होगी, इसे कौन जानता था! रायबहादुर तब भी जीवित थे, पेंशन लेकर पबना के मकान में आ गए थे। हरीश के एक वकील-मित्र के यहां पितृ-श्राद्ध के उपलक्ष्य में कलकत्ता से एक अच्छी कीर्तन वाली आई थी।

वह देखने में सुंदर और कम उमर की थी। बहुतों की इच्छा थी कि काम-काज समाप्त हो जाने पर एक दिन अच्छी तरह उनका कीर्तन सुना जाए। दूसरे दिन हरीश को गाना सुनने का निमंत्रण मिला, सुनकर घर लौटते समय कुछ अधिक रात हो गई।

निर्मला ऊपर खुले बरामदे में सड़क की ओर देखती हुई खड़ी थी। पति को ऊपर आते देखते ही पूछ बैठी—"गाना कैसा लगा?"

हरीश ने प्रसन्न होकर कहा—"अच्छा गाती है!"

"देखने में कैसी है?"

"बुरी नहीं, अच्छी ही है!"

निर्मला ने कहा—"तब तो रात एकदम बिताकर ही आ जाते।"

इस अप्रत्याशित कुत्सित मंतव्य से हरीश क्रुद्ध हुआ था, आश्चर्य से अभिभूत हो गया। उसके मुंह से केवल इतना निकला—"सो कैसे?"

निर्मला क्रुद्ध होकर बोली—"ठीक तरह से! मैं नन्ही बच्ची नहीं हूं, सब जानती हूं, सब समझती हूं, तुम मेरी आंखों में धूल डालोगे? अच्छा!"

उमा बगल वाले कमरे से आकर भयभीत हुई और बोली—"तुम क्या कह रही हो भाभी, पिताजी सुन पाएं तो...?"

निर्मला ने जवाब दिया—"भले ही सुन लें! मैं तो गुपचुप बात कह ही नहीं रही हूं।"

इसके प्रत्युत्तर में उमा क्या कहे, सो नहीं सोच पाई; परंतु कहीं उसके उच्च स्वर से वृद्ध पिता की नींद टूट न जाए, इस भय से उसने दूसरे ही क्षण हाथ जोड़ दिए।

कुछ क्षण बाद अपने क्रोध को दबाते हुए और गले से विनती के स्वर में कहा—"क्षमा करो भाभी, इतनी रात में चिल्लाकर और लज्जाजनक काम मत करो!"

बहू का कंठ-स्वर इससे बढ़ा ही, कम नहीं हुआ, कहा—"किसके लिए लज्जाजनक? तुम क्यों कहोगी ननदरानी! तुम्हारे हृदय का भीतरी भाग तो अब आग से भर ही नहीं सकता।" कहते-कहते उसने रोते हुए शीघ्रतापूर्वक कमरे में घुसकर जोर से दरवाजे बंद कर दिए।

हरीश ने कठपुतली की भांति चुपचाप नीचे आकर शेष रात्रि मुवक्किलों के बैठने की बेंच पर सोते हुए काट दी। इसके पश्चात् दसेक दिन के लिए दोनों में वार्तालाप बंद हो गया।

परंतु हरीश को भी अब संध्या के बाद बाहर नहीं पाया जाता। बाहर जाने पर भी उसकी शंकाकुल व्याकुलता लोगों की हंसी की वस्तु हो उठती। मित्र लोग नाराज होकर कहने लगे—"हरीश, जितने बूढ़े हो रहे हो, आसक्ति भी उतनी ही अधिक होती जा रही है, क्यों?"

हरीश अधिकांश जगहों पर उत्तर नहीं देता, केवल बहुत कुछ सोचने पर ही कहता—"इस घृणा से यदि तुम लोग मुझे त्याग सको, तो तुम भी बचो और मैं भी बच जाऊं।"

मित्र लोग कहते—"व्यर्थ! व्यर्थ!"

उन्हें लज्जा दिलाने वाला अब स्वयं ही लज्जा से मरने लगा।

## 3

"उस बार पीलिया रोग से लोग बहुत अधिक मरने लगे। हरीश को भी रोग ने धर दबाया। कविराज ने आकर परीक्षा करने के उपरांत मुंह गंभीर बना लिया। कहा–"मृत्युदायक है, बचना मुश्किल है!"

रायबहादुर तब तक परलोक जा चुके थे। हरीश की वृद्धा माता पछाड़ खाकर गिर पड़ीं। निर्मला ने घर से बाहर निकलते हुए कहा–"मैं यदि सती माता की सती कन्या हूं, तो मेरी मांग का सिंदूर पोंछने का साहस किसमें है? तुम लोग उन्हें देखो, मैं जा रही हूं!" कहकर वह शीतला के मंदिर में जाकर धरना देकर पड़ गई–"वे बचेंगे तो फिर घर लौटूंगी, अन्यथा यहीं रहकर उनके साथ चली जाऊंगी।"

सात दिन तक देवता के चरणामृत के अतिरिक्त कोई उसे पानी तक नहीं पिला सका।

कविराज ने आकर कहा–"बेटी, तुम्हारे पति आरोग्य हो गए, अब तुम घर चलो।"

लोग भीड़ करके देखने आए, स्त्रियों ने पांव की धूलि ली, उसके माथे में थोप-थोपकर सिंदूर भर दिया–"मनुष्य तो नहीं, जैसे साक्षात् देवी हो!"

वृद्धों ने कहा–"सावित्री का उपाख्यान मिथ्या है। क्या कलियुग में धर्म चला गया, कह देने से एकदम सोलहों आने चला गया? यम के मुख से पति को ले आई है!"

मित्र लोग लाइब्रेरी में बहस करने लगे–"किसी साथ से ही मनुष्य स्त्री का गुलाम होता है। विवाह तो हम लोगों ने भी किया है, परंतु ऐसी स्त्री कोई नहीं होगी। यह बात अब समझ में आई कि हरीश संध्या के बाद बाहर क्यों नहीं रहता था।"

वीरेन वकील भला आदमी है। गत वर्ष छुट्टियों में काशी जाकर वह किसी संन्यासी से मंत्र ले आया है। टेबल पर प्रचंड काराघात करता हुआ बोला–"मैं जानता था कि हरीश नहीं मर सकेगा। वास्तव में सतीत्व नामक वस्तु क्या मामूली बात है? घर से यह कहकर निकल गई–'यदि सती माता की सती कन्या होऊं तो।' ओह! शरीर सिहर उठता है।"

तारिणी चटर्जी बूढ़े हो चले हैं, अफीमखोर आदमी हैं, एक ओर बैठे हुए एकाग्रचित्त होकर तंबाकू पी रहे थे।

वे हुक्के को बेयरा के हाथ में दे, नि:श्वास छोड़ते हुए बोले–"शास्त्र के मत से सहधर्मिणी की बात कठिन है। मुझे ही देखो न, केवल सात लड़कियां ही हैं। विवाह करते-करते ही कंगाल हो गया।"

बहुत दिनों बाद ठीक होकर फिर जब हरीश अदालत में आया, तब कितने लोगों ने उसका अभिनंदन किया, उसकी संख्या नहीं।

ब्रजेंद्र बाबू ने खेदपूर्वक कहा–"भाई हरीश 'स्त्रैण' (स्त्री का गुलाम) कहकर तुम्हें बहुत लज्जित किया है, क्षमा करो! लाखों क्यों, करोड़ों-करोड़ों के बीच तुम्हारे जैसा भाग्यवान कोई है! तुम धन्य हो!"

भक्त वीरेन बोला–"सीता-सावित्री की बात अगर छोड़ भी दो, तो लीलावती-गार्गी आदि सती देवियों ने हमारे ही देश में ही जन्म लिया था। भाई, स्वराज्य-फराज कुछ भी कहो, किसी तरह नहीं हो सकता, जब तक स्त्रियों को फिर उसी तरह का नहीं बना दिया जाता! मुझे तो लगता है कि शीघ्र ही पबना में एक आदर्श नारी शिक्षा समिति स्थापित करने की आवश्यकता है एवं जो आदर्श महिला उसकी परमानेंट (स्थायी) प्रेसीडेंट होंगी, उनका नाम तो हम सभी जानते हैं!"

वृद्ध तारिणी चटर्जी ने कहा–"उसी के साथ एक दहेज-प्रथा निवारिणी समिति होना भी जरूरी है, सारा देश क्षार-क्षार हो गया है।"

ब्रजेंद्र ने कहा–"हरीश, तुम्हारा तो बचपन में अच्छा लिखने वाला हाथ था, तुम्हें उचित है कि तुम इस 'रिकवरी' के संबंध में एक 'आर्टिकल' लिखकर 'आनंद बाजार पत्रिका' में छपवा दो।"

हरीश किसी बात का जवाब नहीं दे सका, कृतज्ञता से उसकी दोनों आंखें छलछला आईं।

## 4

मृत जमींदार गुसाईंचरण की विधवा पुत्रवधु के साथ अन्य पुत्रों का जमींदारी के संबंध में मुकदमा छिड़ गया।

हरीश था विधवा का वकील। जमींदार के लोगों में न जाने कौन किस पक्ष का हो, यह विचारकर गुप्त परामर्श करने के लिए विधवा स्वयं ही इससे पूर्व दो-एक बार वकील के घर आई थी। आज सवेरे भी उसकी गाड़ी आकर हरीश के सदर दरवाजे पर रुकी।

हरीश ने चकित होकर उन्हें अपनी बैठक में आकर बैठाया। बातचीत कहीं निजी बैठक के दूसरे कमरे में बैठे हुए मुहर्रिर के कानों में न जा पड़े, इस भय से दोनों ही सावधानी से धीरे-धीरे बातें कर रहे थे। विधवा के किसी असंलग्न प्रश्न पर हरीश द्वारा हंसकर जबाब देने की चेष्टा करते ही बगल वाले कमरे के परदे की ओट में से अचानक एक तीक्ष्ण कंठ-स्वर आया–"मैं सब सुन रही हूं!"

विधवा चौंक पड़ी, हरीश लज्जा और आशंका से काठ हो गया।

एक जोड़ी अत्यंत सतर्क कान और नेत्र उस पर दिन-रात पहरा लगाए रहते हैं, यह बात वह क्षण-भर के लिए भूल गया था।

परदा हटाकर निर्मला रणचंडी-सी बाहर निकल आई। वह हाथ हिलाकर कंठ-स्वर में जहर घोलती हुई बोली–"फुसफुसाकर बातें करके मुझे धोखा दोगे? ऐसा मन में भी मत सोचना! क्यों, मैंने अपने साथ तो कभी इस तरह हंसकर बातें करते नहीं देखा!"

अभियोग बिलकुल झूठा नहीं था।

विधवा भयभीत होकर बोली–"यह क्या उपद्रव है हरीश बाबू!"

हरीश विमूढ़ की भांति क्षण-भर निर्मला की ओर देखते हुए गंभीरता से बोला–"पागल!"

निर्मला ने कहा–"पागल! पागल ही सही, परंतु करोगे क्या, सुनूं तो?" कहकर वह हाऊ-हाऊ करके रोती हुई, अचानक घुटने टेककर विधवा के पांवों के पास धम-धम करके माथा फोड़ने लगी। मुहर्रिर काम छोड़कर दौड़ा आया, एक जूनियर वकील उसी के लिए आया था, वह आकर दरवाजे के समीप खड़ा हो गया, बोस कंपनी का बिल भुगतान के लिए आया हुआ आदमी उसी के कंधे के ऊपर उचकने लगा एवं उन्हीं की आंखों के सामने निर्मला सिर फोड़ने लगी–"मैं सब जानती हूं! मैं सब समझती हूं! रहो, तुम्हीं लोग सुखी रहो, परंतु सती माता की कन्या यदि होऊं, यदि मन-वचन से एक के अतिरिक्त दूसरे को जानती भी होऊं, यदि...।"

इधर विधवा स्वयं भी रोती हुई कहने लगी–"यह क्या तमाशा है हरीश बाबू! मुझे क्यों बदनाम किया जा रहा है, यह क्या मेरा...?"

हरीश ने किसी बात का कोई प्रतिवाद नहीं किया। नीचा मुंह किए खड़े हुए वह मन में कहने लगा–'पृथ्वी! फट क्यों नहीं जाती हो!'

लज्जा, घृणा और क्रोध से हरीश उसी कमरे में स्तब्ध होकर बैठा रहा। अदालत जाने की बात सोच भी नहीं सका। दोपहर को उमा आकर बहुत साध्य-साधना एवं सिर की शपथ देकर कुछ खिला गई। संध्या होने से पूर्व ब्राह्मण महाराज ने चांदी की कटोरी में थोड़ा-सा पानी लेकर पांवों के पास रख दिया।

हरीश को पहले तो इच्छा हुई कि लात मारकर फेंक दे, परंतु आत्म-संबरण करके आज भी पैर का अंगूठा उसमें डुबा दिया। पति का चरणामृत पान किए बिना निर्मला किसी दिन पानी भी नहीं छूती थी।

रात में बाहर के कमरे में अकेला लेटा हुआ हरीश सोच रहा था। उसके इस दुःखमय दूभर जीवन का अंत कब होगा! ऐसा बहुत दिन बहुत प्रकार से सोचा है, परंतु अपनी इस सती स्त्री के एकनिष्ठ प्रेम के दुस्सह नागपाश बंधन से मुक्ति का कोई भी मार्ग उसकी आंखों को दिखाई नहीं दिया।

# 5

दो वर्ष बीत गए। निर्मला ने खोज करके जाना है कि अखबार की खबर झूठी नहीं है, लावण्य सचमुच ही पबना के लड़कियों के स्कूल की निरीक्षिका बनकर आ रही है।

आज हरीश ने कुछ जल्दी ही अदालत से लौटकर छोटी बहन उमा को बताया कि रात ट्रेन से उसे विशेष आवश्यक काम से कलकत्ता जाना होगा, लौटने में शायद चार दिन लग जाएं। बिछौना एवं आवश्यक कपड़े-लत्ते नौकर द्वारा ठीक करवाकर रख दे। यह कहकर वह बाहर वाले कमरे में चला गया।

पंद्रह दिन से पति-पत्नी में बोलचाल बंद थी।

रेलवे स्टेशन दूर है, रात के आठ बजे ही मोटर से बाहर निकल जाना पड़ेगा। संध्या के बाद वह मुकदमे के आवश्यक कागज-पत्र हैंडबैग में रख रहा था, निर्मला ने तभी प्रवेश किया।

हरीश ने मुंह उठाकर देखा, कुछ कहा नहीं।

निर्मला ने क्षण-भर मौन रहकर प्रश्न किया–"आज कलकत्ता जा रहे हो क्या?"

हरीश ने कहा–"हां!"

"क्यों?"

"क्यों का क्या मतलब? मुवक्किल का काम है, हाईकोर्ट में मुकदमा है।"

"चलो न, मैं भी तुम्हारे संग चलूंगी!"

"तुम चलोगी? जाकर कहां ठहरोगी, सुनूं तो?"

निर्मला ने कहा–"जहां भी होगा! तुम्हारे साथ पेड़ के नीचे रहने में भी मुझे लज्जा नहीं है।"

बात अच्छी थी, एक सती स्त्री के लिए उपयुक्त थी, परंतु हरीश के सर्वांग में जैसे कौंच की फली मल दी गई! कहा–"तुम्हें लज्जा नहीं है, मुझे है! मैंने पेड़ के नीचे के बदले फिलहाल किसी एक मित्र के घर जाकर ठहरना निश्चित किया है।"

निर्मला बोली–"तब तो और भी अच्छा है, उसके घर में भी स्त्री होगी, बाल-बच्चे होंगे, मुझे कोई असुविधा नहीं होगी!"

हरीश ने कहा–"नहीं, यह नहीं होगा! किसी ने बोला नहीं, कहा नहीं, बिना बुलाए दूसरे के मकान में तुम्हें ले जाकर मैं नहीं ठहर सकूंगा।"

निर्मला बोली–"नहीं हो सकेगा, सो जानती हूं, मुझे साथ लेकर लावण्य के घर में तो ठहरा नहीं जा सकता!"

हरीश क्रुद्ध हो उठा। हाथ-मुंह हिलाकर चिल्लाता हुआ बोला–"तुम जैसी घृणित हो, वैसी ही नीच भी! वह विधवा भद्र महिला है, मैं वहां क्यों जाऊंगा? वह भी मुझे आने के लिए क्यों कहेगी? इसके अतिरिक्त, मेरे पास समय ही कहां है? दूसरे के काम से कलकत्ता जाकर सांस लेने की फुरसत भी नहीं मिलेगी!"

"मिलेगी, जी मिलेगी!" कहकर निर्मला कमरे से बाहर निकल गई।

तीन दिन बाद हरीश के कलकत्ता से लौट आने पर स्त्री ने कहा–"चार-पांच दिन की कह गए, तीन दिन में ही लौट आए, यह तो बड़ा...।"

हरीश ने कहा–"काम खत्म हो गया, चला आया।"

निर्मला ने जोर से हंसते हुए एक प्रश्न किया–"लावण्य से साक्षात्कार नहीं हुआ शायद!"

हरीश ने कहा–"नहीं!"

निर्मला ने बड़ी भली आदमिन की भांति पूछा–"कलकत्ता जाकर भी एक बार खबर क्यों नहीं ली?"

हरीश ने जवाब दिया–"समय नहीं मिला।"

"इतने पास जाकर थोड़ा-सा समय तो निकाला ही जा सकता था।" कहकर वह चली गई।

इसके महीने-भर बाद एक दिन अदालत जाने के लिए बाहर निकलते समय हरीश ने बहन को बुलाकर कहा–"आज मेरे लौटने में शायद थोड़ी रात हो जाएगी उमा!"

"क्यों दादा?"

उमा पास ही थी, धीरे-धीरे बात हो रही थी, परंतु कंठ-स्वर को ऊंचा चढ़ाकर किसी अदृश्य को लक्ष्य करते हुए हरीश ने उत्तर दिया–"योगिन बाबू के घर एक जरूरी परामर्श करना है, देर हो सकती है।"

लौटने में देरी हुई; रात के बारह से कम नहीं। हरीश ने मोटर से उतरकर बाहर के कमरे में प्रवेश किया। कपड़े उतारते समय सुना, स्त्री ऊपर के जंगले से ड्राइवर को बुलाकर पूछ रही है–"अब्दुल, योगिन बाबू के मकान से आ रहे हो शायद?"

अब्दुल ने कहा–"नहीं माईजी, स्टेशन से आए हैं।"

"स्टेशन? स्टेशन से क्यों? गाड़ी से कोई आया था शायद?"

अब्दुल ने कहा–"कलकत्ता से एक माईजी और बच्चा आया था।"

"कलकत्ता से? बाबू उन्हें लेने गए और घर पहुंचा आए शायद?"

"हां।" कहकर अब्दुल गाड़ी को गैरेज में ले आया।

कमरे में हरीश एक ओट में खड़ा रहा। ऐसी संभावना की बात उसके मन में भी नहीं आई थी। ऐसी बात नहीं है, परंतु अपने नौकर से झूठ बोलने का अनुरोध करना, उससे किसी प्रकार नहीं हो सका। रात को ही शयन-गृह में एक कुरुक्षेत्र-कांड हो गया।

दूसरे दिन सवेरे लावण्य अपने लड़के को लिए घर आ उपस्थित हुई। हरीश बाहर के कमरे में था, उससे कहा–"मेरा आपकी स्त्री से परिचय नहीं है, चलिए, बातचीत कर लूं!"

हरीश की छाती के भीतर उलट-पुलट होने लगी। एक बार उसने यह भी कहना चाहा कि इस समय काम की बड़ी व्यस्तता है, परंतु यह कारण ठीक नहीं लगा। उसे साथ ले जाकर अपनी स्त्री के साथ उसका परिचय करा देना पड़ा।

दसेक वर्ष का लड़का और लावण्य! निर्मला ने उन्हें ससम्मान ग्रहण किया। लड़के को खाने के लिए दिया एवं उसकी मां को आसन बिछाकर बलपूर्वक बैठाया। कहा–"मेरा सौभाग्य है, जो आपके दर्शन पाए!"

लावण्य इसका उत्तर देती हुई बोली–"हरीश बाबू के मुंह से सुना था, आपने क्रमश: वार-व्रत और उपवास कर-करके शरीर को नष्ट कर डाला है। इस समय भी तो अधिक अच्छा नहीं दिखता।"

निर्मला हंसती हुई बोली–"यह सब प्रशंसा करने की बातें हैं, परंतु यह सब उन्होंने कब कहा?" हरीश उस समय भी पास ही खड़ा था, वह एकदम विवर्ण हो उठा।

लावण्य ने कहा–"इसी बार कलकत्ता में। खाने बैठे तो केवल आपकी ही बात! उनके मित्र कुशल बाबू के मकान से हम लोगों का मकान बहुत पास ही है न, छत के ऊपर से जोर से पुकारने पर भी सुनाई पड़ता है।"

निर्मला बोली–"खूब सुविधा से?"

लावण्य हंसकर बोली–"किंतु केवल उसी से काम नहीं चलता था; लड़के को भेज, बाकायदा पकड़वाकर बुलाया जाता था।"

"अच्छा?"

लावण्य बोली–"फिर जातीय कट्टरता भी नहीं छोड़ते–ब्राह्मों का स्पर्श किया हुआ खाते नहीं थे, मेरी बुआ के हाथ तक का नहीं। सब कुछ मुझे स्वयं बनाकर परोसना पड़ता था।" यह कहकर वह हंसती हुई कौतुक सहित हरीश की ओर देखती हुई बोली–"अच्छा, इसमें आपको क्या लज्जा थी, कहिए तो? मैंने क्या ब्रह्म समाज छोड़ दिया है?"

हरीश का सर्वांग थरथराने लगा, उसकी मिथ्यावादिता प्रमाणित हो जाने से उसके मन में हुआ कि इतने दिन तक मां वसुमती (पृथ्वी) ने कृपा करके शायद उसे पेट में रख छोड़ा था, परंतु अत्यंत आश्चर्य यह था कि निर्मला आज भयंकर उन्मादपूर्ण कोई कांड न करके स्थिर बैठी रही। संशय की वस्तु ने निर्विरोध सत्य के रूप में दिखाई देकर शायद उसे हतचेतन कर डाला था।

हरीश बाहर जाकर स्तब्ध, पीले पड़े मुंह से बैठा रहा। इस भीषण संभावना की बात स्मरण कर लावण्य को पहले से ही सतर्क कर देने की बात बहुत बार उसके मन में आई थी, परंतु आत्माभिमान हो या केवल मर्यादाहीन चोरी-छिपे का प्रभाव, किसी प्रकार भी इस शिक्षित और भद्र महिला के सामने वह कुछ कह नहीं सका था।

लावण्य के चले जाने पर निर्मला आंधी की भांति कमरे में घुसती हुई बोली–"छि: तुम झूठे हो! इतनी झूठी बातें कहते हो!"

हरीश आंखें लाल कर उछल पड़ा—"खूब कहा! मेरी खुशी!"

निर्मला क्षण-भर पति के मुंह की ओर चुपचाप देखती-देखती अचानक रो पड़ी; बोली—"कहो, जितनी इच्छा हो झूठ कहो, जितनी खुशी हो, मुझे ठगो, परंतु धर्म यदि है, यदि मैं सती माता की लड़की होऊं, यदि शरीर और मन से सती होऊं, तो मेरे लिए तुम्हें एक दिन रोना होगा, रोना होगा!" कहकर वह जैसे आई थी अनबोल, वैसे ही द्रुत वेग से बाहर निकल गई।

वार्तालाप पहले से ही बंद चल रहा था, जब अनबोल पक्का हो गया—नीचे के घर में ही सोना और खाना। हरीश अदालत जाता-आता बाहर के कमरे में अकेला बैठा रहता, नई कोई बात नहीं। पहले संध्या के समय एकाध बार क्लब में बैठता, अब वह भी बंद हो गया, कारण यह है कि शहर के उसी ओर लावण्य रहती थी। उसके मन को लगता—पति-परायण पत्नी की दोनों आंखें, दस आंखें बनकर दसों दिशाओं में पति का हर समय निरीक्षण करती रहती हैं, वे कभी विराम नहीं लेतीं, विश्राम नहीं करतीं, मध्याकर्षण के न्याय से वे परे हैं। स्नान के पश्चात् दर्पण की ओर देखकर उसके मन को लगता—सती-साध्वी की इस अक्षय प्रेमाग्नि से उसके कलुषित शरीर के नश्वर मेद-मज्जा-मांस-शुष्क और निष्पाप होकर अत्यंत द्रुत-उच्चतर लोक में चले जाने के लिए तैयार हो रहे हैं। उसकी अलमारी में एक काली सिंह की महाभारत थी। जब समय नहीं कटता, तब वह बैठा-बैठा सती स्त्रियों के उपाख्यान पढ़ा करता। कैसा है उनका प्रचंड पराक्रम और कैसी है उनकी अद्भुत कहानी! पति पापी-तापी जो भी हो, मात्र पत्नी के सतीत्व के बल पर ही समस्त पापों से मुक्त होकर, अंत में कल्प-भर वे दोनों इकट्ठे रहते हैं—कल्प कितना बड़ा होता है, इसे हरीश नहीं जानता; परंतु लगता है कि वह कम नहीं होता एवं ऋषियों-मुनियों द्वारा लिखित शास्त्र के वाक्य भी मिथ्या नहीं होते, यह बात सोचकर उसका सर्वांग विवश हो उठता। परलोक के भरोसे को जलांजलि देकर वह बिछौने पर लेटा हुआ बीच-बीच में इहलोक की भावना को सोचता, परंतु कोई मार्ग नहीं। अंग्रेज होने पर मामला-मुकदमा चलाकर अब तक जो भी होता, कुछ रफा-दफा कर डालता। मुसलमान होने पर वह तलाक देकर बहुत पहले ही तय कर डालता, परंतु वह बेचारा निरीह है, एक पत्नीव्रती भद्र बंगाली—नहीं, कोई उपाय नहीं। अंग्रेजी शिक्षा से बहु-विवाह नष्ट हो गए, विशेषकर निर्मला, जिसका चंद्र-सूर्य भी मुंह नहीं देख पाते, बहुत बड़े शत्रु भी जिसे बिंदु-मात्र कलंक नहीं लगा सकते, वस्तुतः पति से भिन्न जिसका ज्ञान-ध्यान ही नहीं है, उसी का परित्याग! बाप रे, निर्मल, निष्कलुष हिंदू-समाज में क्या वह फिर मुंह दिखा सकेगा? समाज के लोग खों-खों करके शायद उसे खा ही डालेंगे।

यह सब सोचते-सोचते आंख-कान गरम हो उठते, बिछौना छोड़कर मस्तक और मुंह पर पानी डालकर शेष रात्रि भी उसी कुर्सी पर बैठकर काट दी। इसी तरह शायद एक महीने से अधिक समय निकल गया।

हरीश अदालत जाने को बाहर निकल रहा था, दासी ने आकर एक चिट्ठी उसके हाथ में दी, कहा–"जवाब के लिए आदमी खड़ा हुआ है।"

लिफाफा खुला हुआ था, ऊपर लावण्य के हस्ताक्षर थे।

हरीश ने पूछा–"मेरी चिट्ठी किसने खोली?"

दासी ने कहा–"माताजी ने!"

हरीश ने चिट्ठी पढ़कर देखी, लावण्य ने बहुत दुःखी होकर लिखा है–

*"उस दिन मेरी बीमारी आंखों से देखने के बाद भी, फिर एक बार भी खबर नहीं ली कि मैं मर गई या जीवित हूं, जबकि आप अच्छी तरह जानते हैं कि इस विदेश में, आपको छोड़कर मेरा अपना व्यक्ति कोई भी नहीं है। जो भी हो, इस यात्रा में मैं मरी नहीं, बच गई हूं! परंतु यह चिट्ठी उसकी नालिश के लिए नहीं है। आज मेरे लड़के की जन्मतिथि है, अदालत से लौटते समय एक बार आकर उसे आशीर्वाद दे जाएं, यही मांगती हूं।*

*लावण्य!"*

पत्र के अंत में 'पुनश्च' लिखकर जताया था कि रात्रि का भोजन आज यहीं करना होगा। थोड़ा सा गाने-बजाने का भी आयोजन है।

चिट्ठी पढ़कर शायद वह क्षण-भर के लिए उदास हो गया। अचानक आंख उठाते ही देखा, दासी ने हंसी छिपाने के लिए मुंह नीचा कर लिया अर्थात् घर के दास-दासियों के लिए भी जैसे एक तमाशे की बात बन गई है। क्षण-भर में उसकी शिराओं का खून खौल उठा–'क्या इसकी सीमा नहीं है? जितना ही सहता हूं, उतनी ही क्या सताने की मात्रा बढ़ती चली जा रही है?'

पूछा–"चिट्ठी कौन लाया है?"

"उसके घर की दासी।"

हरीश ने कहा–"उससे कह दो कि मैं अदालत से लौटकर आऊंगा।" कहकर वह वीर-दर्प से मोटर में जा बैठा। उस रात घर लौटते हुए हरीश को वास्तव में बहुत देर हो गई। गाड़ी से नीचे उतरते ही देखा–उसके ऊपर के सोने के कमरे के खुले हुए जंगले के पास निर्मला पत्थर की मूर्ति के समान स्तब्ध खड़ी हुई है।

**6**

डॉक्टरों के दल ने थोड़ी देर पहले ही विदा ली थी। पारिवारिक चिकित्सक वृद्ध ज्ञान बाबू जाते समय कह गए–"शायद सब अफीम बाहर निकाल दी गई है। बहू के बचने में अब कोई शंका नहीं है।"

हरीश ने थोड़ी-सी गरदन झुकाकर जो भाव प्रकट किए, वृद्ध ने उन पर ध्यान नहीं दिया; कहा–"जो होना था, हो गया! अब पास-पास रहकर दो-चार दिन सावधानी रखने से विपत्ति दूर हो जाएगी।"

"जो आज्ञा!" कहकर हरीश स्थिर होकर बैठ गया।

उस दिन बार-लाइब्रेरी के कमरे में बातचीत अत्यंत तीक्ष्ण और कठोर हो उठी। भक्त वीरेन ने कहा–"मेरे गुरुदेव स्वामीजी ने कहा था, मनुष्य का कभी विश्वास मत करो। उस दिन गुसाई बाबू की विधवा पुत्रवधु के संबंध में जो कांड प्रकट हो गया था, तुम लोगों ने तो विश्वास ही नहीं किया, बोले–'हरीश ऐसा काम नहीं कर सकता!' अब देख लिया? गुरुदेव की कृपा से मैं ऐसी बहुत-सी बातें जान सकता हूं, जिनका तुम्हें सपना भी नहीं होता।"

ब्रजेंद्र बोला–"ओह! हरीश कितना धूर्त है! कैसी सती-साध्वी स्त्री है उसकी, फिर भी संसार का मजा देखता है। क्या केवल बदमाशों के ही भाग्य से ऐसी स्त्रियां मिलती हैं?"

वृद्ध तारिणी चटर्जी हुक्का लिये गुड़गुड़ा रहे थे, बोले–"निस्संदेह, मेरे तो सिर के बाल पक गए, परंतु 'करैक्टर' (चरित्र) पर कभी कोई एक 'स्पॉट' (धब्बा) तक नहीं दे सका, फिर सात-सात लड़कियों का ब्याह करते-करते दिवालिया हो गया।"

योगिन बाबू ने कहा–"हम लोगों की लड़कियों के स्कूल की निरीक्षिका लावण्य प्रभा ने महिलाओं को एक बार में ही अपना आदर्श दिखा दिया! अब तो गवर्नमेंट को 'मूव' करना ही उचित है।"

भक्त वीरेन बोला–"एब्सोल्यूट्ली नेसेसरी! (निश्चित रूप से आवश्यक है)।"

पूरा एक दिन भी नहीं बीत पाया, सती-साध्वी के पति हरीश के चरित्र को जाने बिना कोई भी बाकी नहीं रहा एवं मित्रवर्ग की कृपा से सब बातें उनके कान में भी आ पहुंचीं।

उमा ने आकर आंखें पोंछते हुए कहा–"दादा, तुम दुबारा विवाह कर लो!"

हरीश ने कहा–"पगली!"

उमा ने कहा–"पगली क्यों! हमारे देश में तो पुरुषों के लिए बहु-विवाह था।"

हरीश ने कहा–"तब हम लोग बर्बर और जंगली थे।"

उमा जिद करती हुई बोली–"बर्बर किसलिए? तुम्हारे दुःख को और कोई नहीं जानता, पर मैं तो जानती हूं। संपूर्ण जीवन क्या इसी तरह व्यर्थ चला जाएगा?"

हरीश ने कहा–"उपाय क्या है बहन? स्त्री त्यागकर फिर विवाह कर लेने की व्यवस्था पुरुषों के लिए है, सो जानता हूं; परंतु लड़कियों के लिए तो नहीं है। तेरी भाभी भी यदि इसी रास्ते को अपना सकती, तो मैं तेरी बात मान लेता उमा!"

"तुम जाने क्या कहते हो दादा!" कहकर उमा नाराज होकर चली गई।

हरीश चुप होकर अकेला बैठा रहा। उसके उपायहीन, अंधकारमय हृदय-तल में से केवल एक बात बार-बार उठने लगी–"रास्ता नहीं है! कोई रास्ता नहीं है!" इस आनंदहीन जीवन में दुःख ही निश्चित बन गया है।

हरीश के बैठने के कमरे में संध्या की छाया गहन होती चली आ रही थी। अचानक उसे सुनाई पड़ा, पास के मकान के दरवाजे पर खड़ा हुआ एक वैष्णवी-भिखारियों का दल, कीर्तन के स्वर में दूती का विलाप गा रहा है–दूती मथुरा में आकर ब्रजनाथ की हृदयहीन निष्ठुरता की कहानी रो-रोकर सुना रही है। उस समय उस अभियोग का क्या उत्तर दूती को मिला, सो नहीं जानता; परंतु यहां वह ब्रजनाथ के पक्ष में बिना पैसे का वकील बनकर खड़ा हो, तर्क-पर-तर्क एकत्रित कर मन-ही-मन कहने लगा–'अरी दूती, नारी का एकनिष्ठ प्रेम बहुत अच्छी वस्तु है–संसार में उसकी तुलना नहीं, परंतु तुम तो सब बात समझोगी नहीं; कहीं भी नहीं है, परंतु मैं जानता हूं कि ब्रजनाथ किसके भय से भाग गए एवं इक्कीस वर्ष तक फिर क्यों उधर देखा भी नहीं! कंस-टंस की बातें सब झूठी हैं–असली बात श्रीराधा का यही एकनिष्ठ प्रेम है।' वह थोड़ा-सा रुककर फिर कहने लगा–'तब उस समय तो बहुत सुविधा थी कि मथुरा में छिपकर रहा जा सकता था! परंतु इस समय बड़ी कठिनाई है–न कहीं भागने की जगह, न कहीं मुंह छिपाने का स्थान! अब यदि भुक्तभोगी ब्रजनाथ दया करके अपने शरणागत को तनिक जल्दी ही अपने चरणों में स्थान दे दें, तो वह बच जाए!'

# 5

# अनुराधा

विजय ने कहा–"मां, भगवान के बनाए हुए इस संसार में कौन, कहां से आ पहुंचता है, कोई नहीं बता सकता। जो तुम्हारे रुपये-पैसे लेकर डुबकी लगा गया है, यह उसी गगन चटर्जी की छोटी बहन है। मकान से उसी को निकाल भगाने के लिए लाठी-सोटा और प्यादे-दरबान लेकर युद्ध करने गया था, लेकिन तुम्हारे पोते ने सब गड़बड़ कर दिया। उसने उसका आंचल ऐसा पकड़ा कि दोनों को एक साथ निकाले बिना उसे निकाला ही नहीं जा सकता था।"

मां ने अनुमान से बात को समझकर कहा–"मालूम होता है, कुमार उसके वश में हो गया है। उस लड़की ने उस खूब लाड़-प्यार किया होगा शायद। बेचारे को लाड़-प्यार मिला ही नहीं कभी।"


लड़की के विवाह योग्य आयु होने के संबंध में जितना भी झूठ बोला जा सकता है, उतना झूठ बोलने के बाद भी उसकी सीमा का अतिक्रमण किया जा चुका है और अब तो विवाह होने की आशा भी समाप्त हो चुकी है। 'मैया री मैया! यह कैसी बात है?' से आरंभ करके, आंखें मिचकाकर लड़की के लड़के-बच्चों की गिनती पूछने तक में अब किसी को रस नहीं मिलता। समाज में अब यह मजाक भी निरर्थक समझा जाने लगा है। ऐसी ही दशा है बेचारी अनुराधा की और दिलचस्प बात यह है कि घटना किसी प्राचीन युग की नहीं, बल्कि आधुनिक युग की है।

इस आधुनिक युग में भी केवल दान-दहेज, पंचांग, जन्म-कुंड़ली और कुल-शील की जांच-पड़ताल करते-करते एसा हुआ कि अनुराधा की उम्र तेईस को पार कर गई, फिर भी उसके लिए वर नहीं मिला, हालांकि इस बात पर सहज ही विश्वास नहीं होता, फिर भी घटना बिलकुल सच है। आज सुबह गांव के जमींदार की कचहरी में इस बात की चर्चा हो रही थी। नए जमींदार का नाम है, हरिहर घोषाल। कलकत्ता के निवासी हैं। उनका छोटा बेटा विजय गांव देखने आया है।

विजय ने मुंह निकालकर चुरुट नीचे रखते हुए पूछा–"क्या कहा गगन चटर्जी की बहन ने? मकान नहीं छोड़ेगी?"

जो आदमी खबर लेकर आया था, बोला–"कहा कि जो कुछ कहना है, सो जब छोटे बाबू आएंगे, तब उन्हीं से कहूंगी।"

विजय ने क्रोधित होकर कहा–"उसे कहना क्या है? इसका अर्थ तो यह हुआ कि उन लोगों को मकान से निकाल बाहर करने के लिए मुझे स्वयं जाना पड़ेगा, आदमियों से काम नहीं होगा?"

उस आदमी ने कोई उत्तर नहीं दिया।

"कहने-सुनने की इसमें कोई बात नहीं है विनोद! मैं कुछ भी सुनने वाला नहीं हूं, फिर भी इसके लिए मुझे ही जाना पड़ेगा उसके पास? क्या वह खुद यहां आकर अपनी कठिनाई नहीं बता सकती?" विजय ने कहा।

विनोद बोला–"मैंने यही बात कही थी, लेकिन अनुराधा कहने लगी–मैं भी भद्र परिवार की लड़की हूं विनोद भैया! घर छोड़कर अगर निकलना ही है तो उन्हें बताने के बाद एक बार ही निकल जाऊंगी। मैं बार-बार बाहर नहीं आ-जा सकती।"

"क्या नाम बताया तुमने? अनुराधा नाम तो बढ़िया है। शायद इसीलिए अब तक अहंकार मिटा नहीं है।"

"जी नहीं।"

विनोद गांव का आदमी है। अनुराधा कि दुर्दशा का इतिहास बता रहा था। पतन के इतिहास का भी एक गौरवशाली प्राचीन इतिहास है। वही अब बताया जा रहा है।

गांव का नाम है गणेशपुर. किसी जमाने में यह गांव अनुराधा के पुरखों का ही था। पांच-छः वर्ष हुए, यह दूसरों के हाथ में चला गया। इस जायदाद का सालाना मुनाफा दो हजार से अधिक नहीं है, किंतु अनुराधा के पिता अमर चटर्जी का चाल-चलन या रहन-सहन था बीस हजार जैसा, इसलिए कर्ज के कारण रहने के मकान तक की डिक्री हो गई। डिक्री तो हो गई, लेकिन जारी न हो सकी। डर के मारे महाजन रुका रहा। चटर्जी महाशय जैसे कुलीन थे, वैसी ही उनके जप-तप और क्रिया-कर्म की भी काफी प्रसिद्धि थी। गृहस्थी की फूटी तली वाली नाव फिजूलखर्ची के खारे पानी से मुंह तक भर आई, लेकिन डूबी नहीं। हिंदू धर्म की कट्टरता के फूले हुए पाल में जन-साधारण की भक्ति और श्रद्धा की आंधी जैसे हवा ने इस

डूबती नाव को धकेलते-धकेलते अमर चटर्जी की आयु की सीमा पार करा दी, इसलिए उनका जीवन काल एक तरह से अच्छा ही बीता। वे मरे भी ठाठ-बाट से और उनका श्राद्ध आदि भी ठाठ-बाट से हो गया, लेकिन जायदाद का अंत भी इसी के साथ हो गया। इतने दिनों से जो नाव नाक बाहर निकाले किसी तरह सांस ले रही थी, उसे बाबू घराने की सारी मान-मर्यादा, लेकिन अथाह जल में डूबने में जरा-सी भी देर नहीं लगी।

पिता के देहांत के बाद गगन को एक टूटा-फूटा ऐसा मकान मिला, जिस पर डिग्री हो चुकी थी। गले तक कर्ज तक जकड़ी हुई गांव की जायदाद मिली। कुछ गाय-बकरी और कुत्ते-बिल्ली आदि जानवर मिले और सिर पर आ पड़ी, पिता की दूसरी पत्नी की कुआंरी बेटी अनुराधा।

उसके लिए वर भी जुट गया। गांव के ही एक भद्र पुरुष थे। पांच-छः बच्चे और नाती-पोते छोड़कर उनकी पत्नी स्वर्ग सिधार चुकी थी। अब वे विवाह करना चाहते हैं।

अनुराधा ने कहा–"भैया, मेरे भाग्य में राजपुत्र तो बदा नहीं है। तुम उसी के साथ मेरा विवाह कर दो। रुपये वाला आदमी ठहरा, कम-से-कम खाने-पहनने को तो मिलता रहेगा।"

गगन ने आश्चर्य से कहा–"यह क्या कह रही हो? माना कि त्रिलोचन के पास पैसा है, लेकिन उसके बाबा ने कुल बिगाड़कर सतीपुर के चक्रवर्तियों के यहां विवाह किया था। जानती हो उन लोगों की इज्जत ही क्या है?"

बहन ने कहा–"और कुछ भी न हो, रुपया तो है। कुछ लेकर उपवास करने से मुट्ठी-भर दाल-भात मिल जाना कहीं अच्छा है भैया।"

गगन ने सिर हिलाते हुए कहा–"ऐसा नहीं होता–हो ही नहीं सकता।"

"क्यों नहीं हो सकता, बताओ तो? बाबूजी इन सब बातों को मानते थे, लेकिन तुम्हारे निकट तो इन बातों का कोई मूल्य ही नहीं है।"

यहां यह बता देना आवश्यक है कि पिता की कट्टरता पुत्र में नहीं है। मद्यपान आदि जैसे कार्यों से भी उसे कोई मोह नहीं है। पत्नी की मृत्यु के बाद दूसरे गांव की नीच जाति की एक स्त्री आज भी उसका अभाव दूर कर रही है, इस बात को सभी जानते हैं।

गगन अनुराधा के इशारे को समझ गया। गरजकर बोला–"मुझमें बेकार की कट्टरता नहीं है, लेकिन कन्या के लिए आवश्यक कुल के शास्त्राचार को क्या तेरे लिए तिलांजलि देकर अपनी चौदह पीढ़ियों को नरक में डुबा दूं? हम कृष्ण की संतान हैं, स्वभाव से कुलीन। गंदी बातें अब कभी मुंह से मत निकालना।"

यह कहकर वह गुस्सा होकर चला गया और त्रिलोचन गंगोपाध्याय का अध्याय वही दब गया।

गगन ने हरिहर घोषाल की शरण ली–"कुलीन ब्राह्मण को ऋण-मुक्त करना होगा।" कलकत्ता में लकड़ी के व्यापार से हरिहर धन संपन्न हो गए हैं। किसी जमाने में उनकी ननिहाल इसी गांव में थी। बचपन में इन बाबुओं के सुदिन उन्होंने अपनी आंखों से देखे हैं। बहुत से अवसरों पर भरपेट पूड़ी-मिठाइयां भी खाई हैं। रुपया उनके लिए बड़ी बात नहीं है, इसलिए वह राजी हो गया। चटर्जियों का सारा कर्ज चुकाकर उन्होंने गणेशपुर खरीद लिया और कुंडुओं की ब्रिक्री का रुपया देकर रहने का मकान वापस ले लिया। मौखिक रूप से यह निश्चत हुआ कि कचहरी के लिए बाहर के दो-तीन कमरे छोड़कर अंदर के हिस्से में गगन जिस तरह रह रहा है, उसी तरह रहता रहेगा।

जमींदारी तो खरीद ली गई, लेकिन प्रजा ने नए जमींदार की अधीनता स्वीकार नहीं की। जायदाद थोड़ी-सी है। वसूली भी मामूली-सी है, इसलिए बड़े पैमाने पर कोई व्यवस्था नहीं की जा सकती और फिर गगन ने ऐसी चाले चलीं कि हरिहर का पक्ष लेने वाला कोई भी गणेशपुर में नहीं टिक सका। अंत में गगन ही वर्तमान जमींदार का गुमाश्ता बन गया। उसने प्रजा को वश में कर लिया। यह देखकर हरिहर ने इत्मीनान की सांस ली, लेकिन वसूली की दिशा में वही रफ्तार रही, जो पहले थी। रोकड़ में एक पैसा भी जमा नहीं हुआ। इस गड़बड़ी में दो वर्ष और बीत गए। उसके बाद एक दिन अचानक खबर मिली कि गुमाश्ता चटर्जी का कहीं कोई पता नहीं लग रहा।

शहर से हरिहर के आदमी ने आकर जांच-पड़ताल की तो पता चला कि जो कुछ वसूल हो सकता था, हुआ है और उसे हड़पकर गगन चटर्जी लापता हो गया है। थाने में रिपोर्ट, अदालत में नालिश और घर का खाना-तलाशी, जो कुछ भी कार्रवाई होनी चाहिए थी, वह सब की गई, लेकिन गगन और रुपये में से किसी का पता नहीं चला। गगन की बहन अनुराधा और उसके दूर के रिश्ते की बहन का एक बच्चा घर में रहता था। पुलिसवालों ने यथा नियम उन दोनों को खूब घिसा-मांजा, हिलाया-डुलाया, लेकिन परिणाम कुछ न निकला।

विजय विलायत हो आया है। उसके बार-बार परीक्षा में फेल हो जाने से हरिहर को उसके खाने-पीने और पढ़ाई-लिखाई पर बहुत रुपया खर्च करना पड़ा, लेकिन वह परीक्षा में उत्तीर्ण नहीं हो सका। दो साल पहले ही विलायत में प्राप्त ज्ञान के फलस्वरूप बहुत ही गर्म मिजाज लेकर लौटा है। विजय का कहना है कि विलायत में पास-फेल में कोई अंतर नहीं है। किताबें पढ़कर तो गधा भी पास हो सकता है। अगर वही उद्देश्य होता तो वह यहीं बैठकर किताबें रटा करता, विलायत न जाता। घर लौटकर उसने पिता के लकड़ी के व्यापार की कल्पनिक-दुर्व्यवस्था की आशंका प्रकट की और डूबते-डगमगाते व्यापार को सुव्यवस्थित करने में जुट गया। इसी बीच कर्मचारियों पर उसका दबदबा कायम हो गया। मुनीम-गुमाश्ते इस तरह डरने

लगे, जैसे शेर से डरते हैं। जिस काम की वजह से सांस लेने तक की फुरसत नहीं थी, तब गणेशपुर का विवरण उसके सामने पहुंचा। उसने कहा—"यह तो जानी हुई बात है। पिताजी जो कुछ करेंगे तो ऐसा ही होगा, लेकिन अब लापरवाही से काम नहीं चल सकता, उसे खुद वहां जाकर सारी व्यवस्था करनी पड़ेगी।" इसलिए वह गणेशपुर आया है।

इस छोटे-से काम के लिए अधिक दिन गांव में नहीं रहा जा सकता। जितनी जल्दी हो सके, उसे यहां की व्यवस्था करके कलकत्ता लौट जाना है। सब कुछ उस अकेले के ही सिर पर है। बड़े भाई अजय अटार्नी है। अत्यंत स्वार्थी-अपने ऑफिस और बाल-बच्चों को लेकर व्यस्त रहते हैं। गृहस्थी की सभी बातों में अंधे हैं, लेकिन हिस्सा बांटने के बारे में उनकी दस-दस आंखें काम करती हैं। उनकी पत्नी प्रभामयी कलकत्ता विश्वविद्यालय की ग्रेजुएट हैं। घरवालों की खबर लेना तो दूर, सास-ससुर जीवित हैं या मर गए, इतनी खबर लेने की भी फुरसत नहीं है। पांच-छः कमरे लेकर मकान के जिस हिस्से में वे रहते हैं, वहां परिवार के लोग आते-जाते सकुचाते हैं। उनके नौकर-चाकर अलग हैं। उड़िया बैरा है, केवल बड़े बाबू के मना कर देने के कारण वे मुसलमान बावर्ची नहीं रख सके हैं। यह कमी प्रभा को बहुत बुरी तरह अखरती है, लेकिन उसे आशा है कि ससुर के मरते ही यह कमी पूरी हो जाएगी। देवर विजय के प्रति हमेशा से उपेक्षा की भावना रहती आई, लेकिन जब से वह विलायत घूमकर लौटा है, उनके विचारों में कुछ परिवर्तन आ गया है। दो-चार बार उसे आमंत्रित करके अपने हाथ से पकाकर डिनर खिलाया है। इसी अवसर पर अपनी बहन अनीता से विजय का परिचय भी कराया है। वह इस वर्ष बी.ए. ऑनर्स पास कर एम.ए. में एडमिशन लेने की तैयारियां कर रही है।

विजय विधुर है। पत्नी के देहांत के बाद ही वह विलायत चला गया था। वहां क्या किया, क्या नहीं किया? इसकी खोज करने की आवश्यकता नहीं, लेकिन घर लौटने के बाद लोगों ने स्त्रियों के संबंध में उसके व्यवहार मे रूखापन महसूस किया। मां ने विवाह के लिए कहा तो उसने चीखकर विरोध करते हुए उन्हें ठंडा कर दिया, तब से आज तक वह मामला दबा पड़ा है।

गणेशपुर आकर उसने एक प्रजा के मकान के दो बाहरी कमरे लेकर नई कचहरी स्थापित कर दी है। जमींदारी के जितने भी कागजात गगन के घर मिल सके, जबरदस्ती यहां उठाकर लाए गए हैं और इस बात की कोशिश की जा रही है कि उसकी बहन अनुराधा और उसके दूर के रिश्ते के बहनौत को घर से निकाल बाहर किया जाए। विनोद घोष के साथ अभी-अभी इसी बात पर विचार-विमर्श कर रहा था।

कलकत्ता से आते समय विजय अपने सात-आठ वर्ष के लड़के कुमार को साथ लेता आया है।

गंवई गांव में सांप-बिच्छू आदि के डर से मां ने आपत्ति की थी, लेकिन विजय ने कह दिया था—"तुम्हारी बड़ी बहू के प्रसाद से तुम्हारे गोबर गणेश पोते-पोतियों की कमी नहीं है। कम-से-कम इसे वैसा मत बनाओ। इसे आपद-विपद में पड़कर आदमी बनने दो।"

सुनते हैं कि विलायत के साहब लोग भी ठीक ऐसा ही कहा करते हैं, लेकिन साहबों की बात के अतिरिक्त यहां जरा कुछ गोपनीय बात भी है। विजय जब विलायत में था, तब इस मातृहीन बालक के दिन बिना किसी लाड़-प्यार के ही कटे हैं। कुमार की दीदी अक्सर चारपाई पर पड़ी रहती है, इसलिए पर्याप्त धन, वैभव के होते हुए भी उसकी देखभाल करने वाला कोई नहीं था, इसलिए बेचारा कष्टों में ही इतना बड़ा हुआ है। विलायत से वापस आने पर विजय को यह बात मालूम हो गई है।

गणेशपुर जाते समय विजय की भाभी ने सहसा हमदर्दी दिखाकर कहा था—"लड़के को साथ लेकर जा रहे हो देवरजी! गंवई गांव नई जगह ठहरी, जरा सावधानी से रहना। लौटोगे कब तक?"

"जितनी जल्दी संभव हो सकेगा।"

"सुना है, वहां अपना एक मकान भी है—बाबूजी ने खरीदा था?"

"खरीदा जरूर था, लेकिन खरीदने का अर्थ 'होना' नहीं है भाभी, उस मकान पर अपना कब्जा नहीं है।"

"लेकिन अब तो तुम खुद जा रहे हो देवरजी! अब कब्जा होने में देर नहीं लगेगी।"

"आशा तो यही है।"

"कब्जा हो जाने पर जरा खबर भिजवा देना।"

"क्यों भाभी?"

उत्तर में प्रभा ने कहा था—"पास ही तो है। गंवई गांव कभी आंखों से देखा नहीं, जाकर देख आऊंगी। अनीता का भी कॉलेज बंद हो रहा है। वह भी मेरे संग आना चाहती है।"

इस प्रस्ताव पर प्रसन्न होकर विजय ने कहा था—"कब्जा होते ही मैं तुम्हें खबर भेज दूंगा, लेकिन तब इंकार न कर सकोगी। अपनी बहन को भी जरूर लाना।"

अनीता युवती है। देखने में भी सुंदर है। बी.ए. ऑनर्स है। सामान्य नारी जाति के प्रति विजय की बाहरी उपेक्षा होने पर भी एक विशिष्ट नारी के प्रति एक साथ इतने गुण होते हुए भी उसकी ऐसी धारणा हो, सो बात नहीं है। वहां शांत ग्राम के निर्जन प्रांत में और कभी प्राचीन वृक्षों की छाया में शीतल संकीर्ण गांव पथ पर एकांत में सहसा उसके आ जाने की संभावना उसके हृदय में उस दिन रहकर झूले जैसी रोनक पैदा कर रही थी।

## 2

विजय शुद्ध विलायती लिबास पहने, सिर पर हैट, मुंह में चुरुट दबाए और जेब में चेरी की घड़ी घुमाता हुआ बाबू परिवार के सदर मकान में पहुंचा। उसके साथ में दो मिर्जापुरी लठैत दरबान, कुछ अनुयायी प्रजा, विनोद घोष और पुत्र कुमार।

जायदाद पर दखल करने में हालाकि झगड़े-फसाद का भय है, फिर भी लड़के को गोबर गणेश बना देने के बजाय मजबूत और साहसी बनाने के लिए यह बहुत बड़ी शिक्षा होगी, इसलिए वह लड़के को भी साथ लाया है, लेकिन विनोद बराबर भरोसा देता रहा है कि अनुराधा अकेली और अंततः नारी ही ठहरी। वह जोर-जबरदस्ती से हरगिज नहीं जीत सकती, फिर भी जब रिवॉल्वर पास है, तो साथ ले लेना ही अच्छा है।

विजय ने कहा–"सुना है कि यह लड़की शैतान है। पलक झपकते आदमी इकट्ठे कर लेती है और यही गगन की सलाहकार थी। उसका स्वभाव और चरित्र भी ठीक नहीं है?"

विनोद ने कहा–"जी नहीं, ऐसा तो कुछ नहीं सुना।"

"मैंने सुना है।"

वहां कोई नहीं था। विजय सूने आंगन में खड़ा होकर इधर-उधर देखने लगा। हां, है तो बाबुओं जैसा मकान। सामने पूजा का दालान है। अभी तक टूटा-फूटा नहीं है, लेकिन जीर्णता की सीमा पर पहुंच चुका है। एक ओर क्रमानुसार बैठने के कमरे और बैठकखाना है। दशा सबकी एक जैसी है। कबूतरों, चिड़ियों और चमगादड़ों ने स्थायी आश्रय बना रखा है।

दरबान ने आवाज दी–"कोई है?"

दरबान के मर्यादारहित उच्च स्वर के चीत्कार से विनोद घोष और अन्य लोग लाज से शर्मिंदा हो उठे।

विनोद ने कहा–"राधा जीजी को मैं जाकर खबर कर देता हूं साहब!" यह कहकर वह अंदर चला गया।

विनोद की आवाज और बात करने के ढंग से स्पष्ट मालूम हो जाता है कि अब भी इस मकान का असम्मान करने में उसे संकोच होता है।

अनुराधा रसोई बना रही थी। विनोद ने जाकर बड़ी विनम्रता से कहा–"जीजी, छोटे बाबू आए हैं। बाहर खड़े हैं।"

इस अभाग्यपूर्ण घड़ी की उसे रोजाना आशंका बनी रहती थी। हाथ धोकर उठ खड़ी हुई और संतोष को पुकारकर बोली–"बाहर एक दरी बिछा आ बेटा और कहना मौसी अभी आती है।"

वह फिर विनोद से बोली–"मुझे अधिक देर नहीं होगी। बाबू नाराज न हो जाएं विनोद भैया! मेरी ओर से उन्हें जरा देर बैठने को कहा दो।"

विनोद ने लज्जित स्वर में कहा—"क्या करूं जीजी, हम लोग गरीब रिआया ठहरे, जमींदार हुक्म देते हैं तो 'ना' नहीं कर सकते। इसी से...।"

"सो मैं जानती हूं विनोद भैया!"

विनोद चला गया। बाहर दरी बिछाई गई, लेकिन उस पर कोई बैठा नहीं। विजय घड़ी घुमाता हुआ टहलने और चुरुट पूंकने लगा।

पांच मिनट बाद संतोष ने दरवाजे से बाहर आकर दरवाजे की ओर इशारा करके डरते-डरते कहा—"मौसीजी आई हैं।"

विजय ठिठककर खड़ा हो गया। संभ्रांत घराने की लड़की ठहरी, उसे क्या कहकर संबोधित करना चाहिए, वह इस दुविधा में पड़ गया, लेकिन अपनी कमजोरी प्रकट करने से काम नहीं चलेगा, इसलिए रूखे स्वर में आड़ में खड़ी अनुराधा को लक्ष्य करके बोला—"यह मकान हम लोगों का है, सो तो तुम जानती हो?"

उत्तर आया—"जानती हूं।"

"तो फिर खाली क्यों नहीं कर रही हो?"

अनुराधा ने पहले की तरह संतोष की जुबानी अपनी बात कहलाने की कोशिश की, लेकिन एक तो लड़का चतुर-चालाक नहीं था, दूसरे नए जमींदार के कठोर स्वभाव के बारे में सुन चुका था, इसलिए भयभीत होकर घबरा गया। वह एक शब्द भी साफ-साफ नहीं कह सका। विजय ने पांच-सात मिनट धीरज रखकर समझने की कोशिश की, फिर सहसा डपटकर बोला—"तुम्हारी मौसी को जो कुछ कहना हो, सामने आकर कहे। बरबाद करने के लिए मेरे पास समय नहीं है। मैं कोई भालू, चीता नहीं हूं, जो उसे खा जाऊंगा। मकान क्यों नहीं छोड़ती, यह बताओ।"

अनुराधा बाहर नहीं आई। उसने वहीं से बात की। संतोष के माध्यम से नहीं, स्वयं स्पष्ट शब्दों में कहा—"मकान छोड़ने की बात नहीं हुई थी। आपके पिता हरिहर बाबू ने कहा था, इसके भीतर वाले हिस्से में हम लोग रह सकेंगे।"

"कोई लिखा-पढ़ी है?"

"नहीं, लिखा-पढ़ी कुछ नहीं है, लेकिन वह तो अभी मौजूद हैं। उनसे पूछने पर मालूम हो जाएगा।"

"मुझे पूछने को कोई जरूरत नहीं। यह शर्त उनसे लिखवा क्यों नहीं ली?"

"भैया ने इसकी जरूरत नहीं समझी। आपके पिताजी के मुंह की बात से लिखा-पढ़ी बड़ी हो सकती है, यह बात शायद भैया को मालूम नहीं होगी।"

इस बात का कोई उचित उत्तर न सूझने के कारण विजय चुप ही रह गया, लेकिन दूसरे ही पल अंदर से उत्तर आया।

अनुराधा ने कहा—"लेकिन खुद भैया की और से शर्त टूट जाने के कारण सारी शर्तें टूट गईं। इस मकान में रहने का अधिकार अब हमें नहीं रहा, लेकिन मैं अकेली स्त्री ठहरी और यह बच्चा अनाथ है। इसके माता-पिता नहीं हैं। मैंने ही इसे पाल-पोसकर

इतना बड़ा किया है। हमारी इस दुर्दशा पर दया करके अगर आप दो-चार दिन यहां न रहने देंगे तो मैं अकेली कहां जाऊं, यही सोच रही हूं।"

विजय ने कहा-"इस बात का उत्तर क्या मुझको देना होगा? तुम्हारे भाई साहब कहां हैं?"

"मैं नहीं जानती कहां है।" अनुराधा ने उत्तर दिया-"और आपसे में अब तक भेंट नहीं कर सकी, सो केवल इस डर से कि कहीं आप नाराज न हो जाएं।" इतना कहकर वह पल-भर के लिए चुप हो गई। इसी बीच शायद उसने अपने आपको संभाल लिया। कहने लगी-"आप मालिक हैं। आपसे कुछ भी छिपाऊंगी नहीं, अपनी विपत्ति की बात आपसे साफ-साफ कह दी हैं, वरना एक दिन भी इस मकान में जबरदस्ती रहने का दावा मैं नहीं रखती। कुछ दिन बाद खुद ही चली चाऊंगी।"

उसके कंठ स्वर से बाहर से ही समझ में आ गया कि उसकी आंखें छलक उठी हैं। विजय को दु:ख हुआ और साथ ही प्रसन्नता भी हुई। उसने सोचा था कि इस बेदखल करने में न जाने कितना समय लगेगा और कितना परेशानियां उठानी पड़ेंगी, लेकिन ऐसा कुछ भी नहीं हुआ। उसने तो केवल आंसुओं के द्वारा भिक्षा मांग ली। उसकी जेब में पड़ी पिस्तौल और दरबानों की लाठियां अदर-ही-अंदर उसी को लानत देने लगीं, लेकिन अपनी दुर्बलता भी तो प्रकट नहीं की जा सकती। उसने कहा-"रहने देने में मुझे आपत्ति नहीं थी, लेकिन मकान मुझे अपने लिए चाहिए। जहां हूं, वहां बड़ी परेशानी होती है। इसके अलावा हमारे घर की स्त्रियां भी एक बार देखने के लिए आना चाहती हैं।"

अनुराधा ने कहा-"अच्छी बात है, चली आएं न। बाहर के कमरों में आप आराम से रह सकते हैं। कोई तकलीफ नहीं होगी, फिर परदेश में उन्हें भी तो कोई जानकार आदमी चाहिए। सो मैं उनको बहुत कुछ सहारा पहुंचा सकती हूं।"

अबकी बार विजय शर्मिंदा होकर आपत्ति प्रकट करते हुए बोला-"नहीं-नहीं, ऐसा भी नहीं होगा। उनके साथ आदमी वगैरह सभी आएंगे। तुम्हें कुछ नहीं करना होगा, लेकिन अंदर के कमरे क्या मैं एक बार देख सकता हूं?"

उत्तर मिला-"क्यों नहीं देख सकते? है तो मकान आपका ही।"

अंदर घुसकर विजय ने पल-भर के लिए उसका चेहरा देख लिया। माथे पर पल्ला है, लेकिन घूंघट नहीं। अधमैली मामूली धोती पहने है। जेवर एक भी नहीं। केवल दोनों हाथों में सोने की दो चूड़ियां पड़ी हैं। पुराने जमाने की आड़ में से जिसकी आंसू भरी आवाज विजय को अत्यंत मधुर मालूम हुई थी, उसने सोचा था कि शायद वह भी वैसी ही होगी। विशेष रूप से निर्धन होने पर भी वह बड़े घर की लड़की ठहरी, लेकिन देखने पर उसकी आशा के अनुरूप उसमें उसे कुछ भी नहीं मिला। रंग गोरा नहीं, मंजा हुआ सांवला, बल्कि जरा कालेपन की ओर झुका हुआ ही समझिए। गांव की सामान्य लड़कियां देखने में जैसी होती हैं, वैसी ही है। शरीर

दुर्बल, इकहरा, लेकिन काफी सुगठित मालूम होता है। इसमें कोई संदेह नहीं कि उसके दिन बैठे-बैठे या सोए-सोए नहीं बीते हैं। केवल उसमें एक विशेषता दिखाई दी–उसके माथे का गठन आश्चर्यजनक रूप से निर्दोष और सुंदर है।

लड़की ने कहा–"विनोद भैया, बाबू साहब को सब दिखा दो। मैं रसोईघर में हूं।"

"तुम साथ नहीं रहोगी राधा जीजी?"

'नहीं।'

ऊपर पहुंचकर विजय ने घूम-फिरकर सब कुछ देखा-भला। बहुत से कमरे हैं, पुराने जमाने का ढेरों सामन अब भी हर कमरे में कुछ-न-कुछ पड़ा हुआ है। कुछ टूट-फूट गया है और कुछ टूटने-फूटने की प्रतीक्षा कर रहा है। इस समय उसकी कीमत मामूली-सी थी, लेकिन किसी दिन अच्छी खासी रही होगी। बाहर के कमरों की तरह ये कमरे भी जीर्ण हो चुके हैं। हड्डियां निकल आई हैं–निर्धनता की छाप सभी चीजों पर गहराई से पड़ी हुई है।

विजय के नीचे उतर आने पर अनुराधा रसोई के द्वार पर आकर खड़ी हो गई। निर्धन और बुरी हालत होने पर भी वह भले घर की लड़की ठहरी, इसलिए विजय को अब 'तुम' कहकर संबोधित करने में झिझक महसूस हुई। उसने पूछा–"आप इस मकान में और कितने दिन रहना चाहती है?"

"ठीक-ठीक तो अभी बता नहीं सकती। जितने दिन आप दया करके रहने दें।"

"कुछ दिन तो रहने दे सकता हूं, लेकिन अधिक दिन नहीं, फिर आप कहां जाएंगी?"

"यही तो रात-दिन सोचा करती हूं।"

"लोग कहते हैं कि आप गगन का पता जानती हैं?"

"वे और क्या-क्या कहते हैं?"

विजय इस प्रश्न का कोई उत्तर न दे सका।

अनुराधा कहने लगी–"मैं नहीं जानती, यह तो मैं आपसे पहले ही कह चुकी हूं, लेकिन अगर जानती भी हूं तो क्या भाई को पकड़वा दूं? क्या यही आपकी आज्ञा है?"

उसके स्वर में तिरस्कार की झलक थी, विजय बहुत शर्मिंदा हुआ। समझ गया कि अभिजात्य की छाप इसके मन से अभी तक मिटी नहीं है, बोला–"नहीं, इस काम के लिए मैं आपसे नहीं कहूंगा। हो सका तो मैं खुद ही उसे खोज निकालूंगा। भागने नहीं दूंगा, लेकिन इतने दिनों से वह जो हमारा सत्यानाश कर रहा था। उसके बारे में क्या आप कहना चाहती हैं कि आपको मालूम नहीं था?"

कोई उत्तर नहीं आया।

विजय कहने लगा–"संसार में कृतज्ञता नाम की भी कोई चीज होती है? क्या आप किसी भी दिन अपने भाई को इस बात की सलाह नहीं दे सकीं? मेरे पिता बहुत ही सीधे-सादे हैं। आपके परिवार के प्रति उनके मन में स्नेह और ममता है। विश्वास भी

बहुत था, इसीलिए उन्होंने गगन को सब कुछ सौंप रखा था। इसका क्या यही बदला है? लेकिन आप निश्चित रूप से समझ लीजिए कि अगर मैं देश में रहता तो ऐसा हरगिज न होने देता।"

अनुराधा चुप थी–चुप ही रही। किसी बात का उत्तर न पाकर विजय मन-ही-मन गर्म हो उठा। उसके मन में जो कुछ थोड़ी बहुत दया पैदा हुई थी, सब उड़ गई। कठोर स्वर में बोला–"इस बात को सभी जानते हैं कि मैं कठोर हूं। व्यर्थ की दया-माया मैं नहीं जानता। अपराध करके मेरे हाथ से कोई बच नहीं सकता। अपने भाई से भेंट होने पर आप उनसे कम-से-कम इतना जरूर कह दीजिएगा।"

अनुराधा पूर्ववत् मौन रही।

विजय फिर कहने लगा–"आज से सारा मकान मेरे दखल में आ गया। बाहर के कमरे की सफाई हो जाने पर दो-तीन दिन बाद मैं यहां आ जाऊंगा। स्त्रियां उसके बाद आएंगी। आप नीचे के कमरे में तब तक रहिए, जब तक कि आप कहीं और न जा सके, लेकिन किसी भी चीज को हटाने की कोशिश मत कीजिएगा।"

तभी कुमार बोला उठा–"बाबूजी, प्यास लगी है। पानी पीऊंगा।"

"यहां पानी कहां है?"

अनुराधा ने हाथ के इशारे से उसे अपने पास बुला लिया और रसोई के अंदर ले जाकर बोली–"डाभ (नारियल) है, पियोगे बेटा?"

"हां, पीऊंगा।"

संतोष के बना देने पर उसने भरपेट डाभ का पानी पिया। उसकी कच्ची गरी निकालकर खाई। वह बाहर आकर बोला–"बाबूजी, तुम भी पियोगे? बहुत मीठा है।"

"नहीं।"

"पियो न बाबूजी, बहुत हैं। अपने ही तो हैं सब।"

ऐसी कोई बात नहीं थी, लेकिन इतने आदमियों के बीच लड़के के मुंह से ऐसी बात सुनकर वह सहसा शर्मिंदा-सा हो गया–"नहीं, नहीं पीऊंगा। तू चल।"

### 3

बाबुओं के मकान पर पूरा अधिकार करके विजय जमकर बैठ गया। उसने दो कमरे अपने लिए रखे और बाकी कमरों में कहचरी की व्यवस्था कर दी। विनोद घोष किसी जमाने में जमींदार के यहां काम कर चुका था, इसलिए उसे गुमाश्ता नियुक्त कर दिया, लेकिन झंझट नहीं मिटे। इसका कारण यह था कि गगन चटर्जी रुपये वसूल करने के बाद हाथ-के-हाथ रसीद देना अपना अपमान समझता था, क्योंकि इससे अविश्वास की गंध आती है, जो कि चटर्जी वंश के लिए गौरव की बात नहीं थी, इसलिए उसके अंतर्ध्यान होने के बाद प्रजा संकट में फंस गई। मौखिक

साक्षी और प्रमाण ले-लेकर लोग रोजाना हाजिर हो रहे हैं। रोते-झींकते हैं। किसने कितना दिया और किस पर कितना बाकी है, इसका निर्णय करना एक कष्ट-साध्य और जटिल प्रश्न बन गया है। विजय जितनी जल्दी कलकत्ता लौटने की सोचकर आया था, उतनी जल्दी नहीं जा सका। एक दिन, दो दिन करते-करते दस-बाहर दिन बीत गए।

इधर लड़के की संतोष से मित्रता हो गई। उम्र में वह दो-तीन वर्ष छोटा है। सामाजिक और पारिवारिक अंतर भी बहुत बड़ा है, लेकिन किसी अन्य साथी के अभाव में वह उसी के साथ हिल-मिल गया। वह उसी के साथ रहता है–घर के अंदर बाग-बगीचों और नदी किनारे घूमता-फिरता है, कच्चे आम और चिड़ियों के घोंसलों की खोज में। संतोष की मौसी के पास ही अक्सर खा-पी लेता है। संतोष की देखा-देखी वह भी उसे मौसीजी कहा करता है। रुपये-पैसे के हिसाब के झंझट में विजय बाहर ही फंसा रहता है, जिसके कारण वह हर समय लड़के की खोज-खबर नहीं रख सकता और जब खबर लेने की फुरसत मिलती है, तो उसका पता नहीं लगता। अगर कभी किसी दिन डांट-फटकारकर अपने पास बैठा भी लेता है तो छुटकारा पाते ही वह दौड़कर मौसीजी के रसोईघर में जा घुसता है। संतोष के साथ बैठकर दोपहर को दाल-भात खाता है। शाम को रोटी और गरी के लड्डू।

उस दिन शाम को लोग-बाग आए नहीं थे। विजय ने चाय पीकर चुरुट सुलगाते हुए सोचा, चलें नदी किनारे घूम आएं। अचानक याद आया, दिन-भर से आज लड़का दिखाई ही नहीं दिया। पुराना नौकर खड़ा था। उससे पूछा–"कुमार कहां है रे?"

उसने इशारा करते हुए कहा–"अंदर।"

"रोटी खाई थी आज?"

'नहीं।'

"पकड़कर जबरदस्ती क्यों नहीं खिला देता?"

"यह खाना जो नहीं चाहता मालिक! गुस्सा होकर फेंक-फांककर चल देता है।"

"कल से उसे खाना खाने मेरे साथ बैठाना।" यह कहकर मन में न जाने क्या आया कि टहलने लिए जाने के बजाय वह सीधा अंदर चला गया। लंबे-चौड़े आंगन के दूसरी ओर से लड़के की आवाज सुनाई दी–"मौसीजी, एक रोटी और दो गरी के लड्डू दो–जल्दी।"

जिसे आदेश दिया गया था, उसने कहा–"उतर आओ न बेटा, तुम लोगों की तरह मैं क्या पेड़ पर चढ़ सकती हूं?"

जवाब मिला–"चढ़ सकोगी मौसी! जरा भी मुश्किल नहीं। उस मोटी डाल पर पैर रखकर इस छोटी डाल को पकड़कर आसानी से चढ़ आओगी।"

विजय पास जाकर खड़ा हो गया। रसोईघर के सामने आम का एक बड़ा-सा पेड़ है। उसी की दो मोटी डालों पर कुमार और संतोष बैठे हैं। पैर लटकाकर तने से पीठ

226

टिकाए दोनों खा रहे थे। विजय को देखते ही दोनों सिटपिटा गए। अनुराधा रसोईघर के किवाड़ के पीछे छिपकर खड़ी हो गई।

विजय ने पूछा–"यह क्या इन लोगों के खाने की जगह है?"

किसी ने उत्तर नहीं दिया। विजय ने अंदर खड़ी अनुराधा को लक्ष्य करके कहा–"देखता हूं, आप पर यह जोर-जुल्म किया करता है।"

अबकी बार अनुराधा ने मुक्त कंठ से उत्तर दिया–"हां।"

"फिर भी आप सिर चढ़ाने में कसर नहीं रखती। क्यों सिर चढ़ा रही हैं?"

"नहीं चढ़ाने से और भी ज्यादा ऊधम मचाएंगे–इस डर से।"

"लेकिन घर पर तो ऐसा ऊधम करता नहीं था?"

"संभव है, न करता हो। उसकी मां नहीं है। दीदी बीमार रहा करती हैं। आप काम-काज में बाहर फंसे रहते हैं। ऊधम मचाता किसके आगे?"

विजय को यह बात मालूम न हो, सो नहीं, लेकिन फिर भी लड़के की मां नहीं है–यह बात दूसरे के मुंह से सुनकर उसे दुःख हुआ, बोला–"मालूम होता है, आप तो बहुत कुछ जान गई हैं। किसने कहा आपसे? कुमार ने?"

अनुराधा ने धीरे से कहा–"अभी उसकी उम्र कहने लायक नहीं हुई है, फिर भी उसी के मुंह से सुना है। दोपहर को मैं इन लोगों को बाहर निकलने नहीं देती, तो भी आंख बचाकर भाग जाते हैं। जिस दिन नहीं जा पाते, उस दिन मेरे पास लेटकर घर की बातें किया करते हैं।"

विजय उसका चेहरा न देख सका, लेकिन पहले दिन की तरह आज भी उसकी आवाज अत्यंत मीठी मालूम हुई, इसलिए कहने के लिए नहीं, बल्कि सिर्फ सुनने के लिए बोला–"अबकी बार इसे घर ले जाकर बड़ी कठिनाई का सामना करना पड़ेगा।"

"क्यों?"

"क्योंकि ऊधम मचाना एक तरह का नशा है। न मचा पाने की तकलीफ होती है। हुड़क-सी आने लगती है। दूसरा, वहां इसके नशे की खुराक कौन जुटाएगा? दो ही दिन में भागना चाहेगा।"

अनुराधा ने धीरे से कहा–"नहीं-नहीं, भूल जाएगा। कुमार उतर आओ बेटा, रोटी ले जाओ।"

कुमार तश्तरी हाथ में लिये उतर आया और मौसी के हाथ से बनी रोटियां और गरी के लड्डू लेकर उससे सटकर खड़ा-खड़ा खाने लगा। पेड़ पर नहीं चढ़ा। विजय ने देखा कि वे चीजें धन-संपन्न घर की अपेक्षा पद-गौरव में कितनी ही तुच्छ क्यों न हो, लेकिन वास्तविक सम्मान की दृष्टि से कतई तुच्छ नहीं थीं। लड़का मौसी की रसोई के प्रति इतना आसक्त क्यों हो गया है, विजय इसका कारण समझ गया। सोचकर तो यह आया था कि कुमार के चटोरेपन पर इन लोगों की ओर से अकारण और अतिरिक्त

खर्च की बात कहकर शिष्टता के प्रचलित वाक्यों से पुत्र के लिए संकोच प्रकट करेगा और करने भी जा रहा था, लेकिन बाधा आ गई।

कुमार ने कहा–"मौसीजी, कल जैसी चंद्रपूली आज भी बनाने के लिए कहा था, सो क्यों नहीं बनाई तुमने?"

मौसी ने कहा–"कुसूर हो गया बेटा! जरा-सी आंख चूक गई, सो बिल्ली ने दूध उलट दिया। कल ऐसा नहीं होगा।"

"कौन-सी बिल्ली ने? बताओ तो, सफेद ने?"

"वही होगी शायद!" कहकर अनुराधा उसके माथे पर बिखरे हुए बालों को संभालने लगी।

विजय ने कहा–"ऊधम तो देखता हूं, धीरे-धीरे अत्याचार में बदल रहा है।"

कुमार ने कहा–"पीने का पानी कहां है?"

"अरे, याद नहीं रहा बेटा, ला देती हूं।"

"तुम सब भूल जाती हो मौसी, तुम्हें कुछ भी याद नहीं रहता?"

विजय ने कहा–"आप पर डांट पड़नी चाहिए–कदम-कदम पर गलती करती हैं?"

"हां!" कहकर अनुराधा हंस दी। असावधानी के कारण यह हंसी विजय ने देख ली। पुत्र के अवैध आचरण के लिए क्षमा-याचना न कर सका। इस डर से कि कहीं उसके भद्र वाक्य अभद्र व्यंग्य से न सुनाई दें। कहीं वह ऐसा न समझ बैठे कि उसकी गरीबी और बुरे दिनों पर यह कटाक्ष कर रहा है।

दूसरे दिन दोपहर के समय अनुराधा कुमार और संतोष को भात परोसकर साग, तरकारी परोस रही थी। सिर खुला था। बदन का कपड़ा कहीं-का-कहीं जा गिरा था। इतने में अचानक दरवाजे के पास किसी आदमी की परछाई दिखाई दी। अनुराधा ने मुंह उठाकर देखा तो छोटे बाबू थे। एकदम सकुचाकर उसने सिर पर कपड़ा खींच लिया और उठकर खड़ी हो गई।

विजय ने कहा–"एक जरूरी सलाह के लिए आपके पास आया हूं। विनोद घोष इस गांव का आदमी ठहरा। आप तो उसे जानती ही होंगी। कैसा आदमी है, बता सकती हो? गणेशपुर का नया गुमाश्ता नियुक्त किया है। पूरी तरह उस पर विश्वास किया जा सकता है या नहीं, आपका क्या ख्याल है?"

एक सप्ताह से अधिक हो गया, विनोद यथाशक्ति काम तो अच्छा ही कर रहा है। किसी तरह की गड़बड़ी नहीं थी। आज सहसा उसके चाल-चलन के बारे में खोज-खबर लेने की ऐसी क्या जरूरत आ पड़ी? अनुराधा की कुछ समझ में नहीं आया। उसने बड़ी मीठी आवाज में पूछा–"विनोद भैया कुछ कर बैठे हैं क्या?"

"अभी तक तो कुछ किया नहीं, मगर सावधान होने की जरूरत तो है ही।"

"मैं तो उन्हें अच्छा ही आदमी समझती आई हूं।"

"हैं क्यों नहीं? वह तो आपको ही प्रामाणिक साक्षी मानता है।"

अनुराधा ने कुछ सोच-विचारकर कहा–"हैं तो अच्छे ही आदमी, फिर भी जरा निगाह रखिएगा। अपनी लापरवाही से अच्छे आदमी का बुरा आदमी बन जना कोई असंभव बात नहीं है।"

विजय ने कहा–"सच बात तो यह है कि अगर अपराध का कारण खोजा जाए तो अधिकांश मामलों में दंग रह जाना पड़ता है।"

फिर लड़के को लक्ष्य करके विजय ने कहा–"तेरा भाग्य अच्छा है, जो अचानक मौसी मिल गई तुझे, वरना इस जंगल में आधे दिन तो तुझे बिना खाए ही बिताने पड़ते।"

अनुराधा ने धीरे से पूछा–"क्या वहां आपको खाने-पीने की तकलीफ हो रही है?"

विजय ने हंसकर कहा–"नहीं तो, ऐसे ही कहा है। हमेशा से परदेश में ही दिन बिताएं हैं। खाने-पीने की तकलीफ की कोई खास परवाह नहीं करता।"

यह कहकर वह चला गया। अनुराधा ने खिड़की की सेंध में से देखा, अभी तक नहाया-निबटा भी नहीं गया था।

## 4

इस मकान में आने के बाद एक पुरानी आरामकुर्सी मिल गई थी। शाम को उसी के हत्थों पर दोनों पैर पसारकर विजय आंखें नीचे किए हुए चुरुट पी रहा था, तभी कान में भनका पड़ी–"बाबू साहब!"

आंखें खोलकर देखा-पास ही खड़े एक वृद्ध सज्जन बड़े सम्मान के साथ संबोधित कर रहे हैं। वह उठकर बैठ गया। सज्जन की आयु साठ के ऊपर पहुंच चुकी है, लेकिन मजे का गोल-मटोल, ठिगना, मजबूत और समर्थ शरीर है। मूंछें पककर सफेद हो गई हैं, लेकिन गंजी चांद के इधर-उधर के बाल भंवरों जैसे काले हैं। सामने के दो-चार दांतों के अतिरिक्त बाकी सभी दांत बने हुए हैं। वार्निशदार जूते हैं और घड़ी में सोने की चेन के साथ शेर का नाखून जड़ा हुआ लॉकेट लटक रहा है। गंवई गांव में यह सज्जन बहुत धनाढ्य मालूम होते हैं। पास ही एक टूटी चौकी पर चुरुट का सामान रखा था, उसे खिसकाकर विजय ने उन्हें बैठने के लिए कहा।

वृद्ध सज्जन ने बैठकर कहा–"नमस्कार बाबू साहब!"

विजय ने कहा–"नमस्कार।"

आगंतुक ने कहा–"आप लोग गांव के जमींदार ठहरे। आपके पिताजी बड़े प्रतिष्ठित और लखपति आदमी हैं। नाम लेते सुप्रभात होता है। आप उन्हीं के सुपुत्र हैं। उस बेचारी पर दया न करने पर बड़े संकट में पड़ जाएगी।"

"कौन बेचारी? उस पर कितने रुपये निकलते हैं?"

सज्जन ने कहा–"रुपये-पैसे का मामला नहीं है। जिसका मैं जिक्र कर रहा हूं, वह है स्वर्गीय अमर चटर्जी की कन्या। वे प्रातः स्मरणीय व्यक्ति थे। गगन चटर्जी की

सौतेली बहन। यह उसका पैतृक मकान है। वह रहेगी नहीं, चली जाएगी। उसका इंतजाम हो गया है, लेकिन आप जो उसे गरदन पकड़कर निकाले दे रहे हैं, सो क्या आपके लिए उचित है?"

इस अशिक्षित वृद्ध पर क्रोध नहीं किया जा सकता। इस बात को विजय मन-ही-मन समझ गया, लेकिन बात करने के ढंग से एकदम जल-भुन गया, बोला—"अपना उचित-अनुचित मैं खुद समझ लूंगा, लेकिन आप कौन हैं, जो उसकी ओर से वकालत करने आए हैं?"

वृद्ध ने कहा—"मेरा नाम है त्रिलोचन गंगोपाध्याय। पास के गांव मसजिदपुर में मकान है। सभी जानते हैं मुझे। आपके माता-पिता के आशीर्वाद से इधर कोई आदमी मिलना मुश्किल है, जिसे मेरे सामने हाथ न पसारना पड़ता हो। आपको विश्वास न हो तो विनोद घोष से पूछ सकते हैं।"

विजय ने कहा—"मुझे हाथ पसारने की जरूरत होगी तो महाशयजी का पता लगा लूंगा, लेकिन जिनकी आप वकालत करने आए हैं, उनके आप लगते कौन हैं, क्या मैं जान सकता हूं?"

सज्जन मजाक के तौर पर जरा मुस्करा दिए, फिर बोले—"मेहमान! बैसाख के कुछ दिन बीतने पर ही मैं उससे विवाह कर लूंगा।"

विजय चौंक पड़ा, बोला—"आप विवाह करेंगे अनुराधा से?"

"जी हां, मेरा यह इरादा पक्का है। जेठ के बाद फिर जल्दी कोई विवाह का मुहूर्त नहीं। नहीं तो यह शुभ कार्य इसी महीने में संपन्न हो जाता, रहने देने की यह बात मुझे आपसे कहनी ही न पड़ती।"

कुछ देर अवाक् रहकर विजय ने पूछा—"वर देखकर विवाह किसने निश्चय किया? गगन चटर्जी ने?"

वृद्ध ने क्रुद्ध दृष्टि से देखते हुए कहा—"वह तो बड़ी आसामी है साहब, प्रजा का सत्यानाश करके चंपत हो गया। इतने दिनों से वही तो विघ्न डाल रहा था। नहीं तो अगहन में ही विवाह हो जाता। कहता था, हम लोग जातिगत कुलीन ठहरे, कृष्ण की संतान—वंशज के घर बहन को नहीं ब्याहेंगे। यह थे उसके बोल। अब वह घमंड कहां गया? वंशज के घर ही तो अंत में गरजमंद बनकर आना पड़ा। आजकल के जमाने में कुल कौन खोजता फिरता है साहब? रुपया ही कुल है—रुपया ही मान-सम्मान, रुपया ही सब कुछ है—कहिए, ठीक है कि नहीं?"

विजय ने कहा—"हां, सो तो ठीक है, अनुराधा ने मंजूर कर लिया है?"

सज्जन ने बड़े गर्व के साथ अपनी जांघ पर हाथ मारकर कहा—"मंजूर? कहते क्या हैं साहब? खुशामदें की जा रही हैं। शहर से आकर आपने जो एक घुड़की दी, बस फिर क्या था। आंखों के आगे अंधेरा छा गया। मैया री-दैया री पड़ गई, वरना मेरा तो इरादा ही बदल गया था। लड़कों की मर्जी नहीं, बहुओं की राय नहीं, लड़कियां और दामाद

भी विरुद्ध हो गए थे और फिर मैंने भी सोचा, जाने दो गोली मारो। दो बार गृहस्थी बस चुकी, अब रहने दो, लेकिन जब अनुराधा ने स्वयं आदमी भेजकर मुझे बुलवाकर कहा कि 'गांगुली महाशय, चरणों में स्थान दीजिए। तुम्हारा घर-आंगन बुहारकर खाऊंगी', तब क्या करता? मंजूर करना ही पड़ा।"

विजय अवाक् रह गया।

वृद्ध महाशय कहने लगे–"विवाह तो इसी मकान में होना चाहिए। देखने में जरा भद्दा मालूम होगा, वरना मेरे मकान में भी हो सकता था। गगन चटर्जी की कोई एक बुआ है, वही कन्यादान करेंगी। अब सिर्फ आप राजी हो जाएं तो सब काम ठीक हो जाए।"

विजय ने गरदन उठाकर कहा–"राजी होकर मुझे क्या करना पड़ेगा, बताइए। मैं मकान खाली करने के लिए न कहूं–यही तो? अच्छी बात है, ऐसा ही होगा। आप जा सकते हैं–नमस्कार!"

"नमस्कार महाशयजी, नमस्कार! सो तो है ही-सो तो है ही। आपके पिता ठहरे लखपति। प्रात: स्मरणीय व्यक्ति। नाम लेने से सुप्रभात होता है।"

"सो तो है। अब आप पधारिए!"

"तो जाता हूं महाशयजी–नमस्कार!" कहकर त्रिलोचन बाबू चल दिए। वृद्ध के जाने के बाद विजय चुपचाप बैठा अपने मन को समझाने लगा कि उसे इस मामले में सिर खपाने की क्या जरूरत है? वास्तव में इसके सिवा इस लड़की के लिए चारा ही क्या है? कोई ऐसी बात नहीं होने जा रही, जो संसार में पहले कभी न हुई हो। संसार में ऐसा तो होता ही रहता है, फिर उसके लिए सोचना ही क्या?

सहसा उसे विनोद घोष की एक बात याद आ गई। उस दिन वह कह रहा था–अनुराधा अपने भैया से इसी बात पर झगड़ने लगी थी कि कुल के गौरव से उसे क्या लेना-देना! आसानी से खाने-पहनने भर को मिल जाए, इतना ही बहुत है।

प्रतिवाद में गगन ने गुस्से में आकर कहा था–"तू क्या मां-बाप का नाम डुबो देना चाहती है?"

अनुराधा ने उत्तर दिया था–"तुम उनके वंशधर हो। नाम बनाए रख सके तो रखना, मैं नहीं रख सकूंगी।"

इस बात की वेदना को विजय समझ नहीं सका। वह स्वयं कुल के गौरव और सम्मान पर जरा-सा विश्वास रखता हो, सो बात नहीं, फिर भी गगन के लिए सहानुभूति जाग उठी और अनुराधा के तीखे उत्तर की मन-ही-मन जैसे ही आलोचना करने लगा, वैसे ही यह उसे निर्लज्ज, लोभी, हीन और तुच्छ मालूम होने लगी।

बाहर आंगन में धीरे-धीरे आदमियों की भीड़ इकट्ठी होती जा रही थी। उनको लेकर काम करना है, लेकिन आज उसे कुछ भी अच्छा नहीं लगा। दरबान से कहकर सबको विदा कर दिया, फिर जब बैठक में अकेला बैठा न रहा गया तो न जाने क्या

सोचकर सीधा अंदर चला गया। रसोईघर के पास बरामदे में चटाई पर अनुराधा लेटी हुई थी। उसके दोनों ओर लड़के हैं–कुमार, संतोष। महाभारत की कहानी चल रही थी। रात की रसोई का काम जल्दी निबटाकर रोजाना शाम के बाद वह इसी तरह लड़कों के साथ लेटकर कहानियां सुनाया करती है और फिर खिला-पिलाकर कुमार को उसके बाप के पास भेज दिया करती है। चांदनी रात है–सघन पत्तों वाले आम के पेड़ के पत्तों की सेंधों में से चंद्रमा की चांदनी छन-छनकर उसके बदन पर और चेहरे पर पड़ रही है। पेड़ की छाया में किसी आदमी को इधर आते देखा तो अनुराधा ने चौंककर पूछा–"कौन?"

"मैं हूं, विजय।"

तीनों जने भड़भड़ाकर उठ बैठे। संतोष छोटे बाबू से अधिक डरता है। पहले दिन की बात अभी भूला नहीं है। वह जैसे-तैसे उठकर भाग गया। कुमार ने भी अपने मित्र का अनुसरण किया।

विजय ने पूछा–"त्रिलोचन गांगुली को आप जानती हैं? वे आज मेरे पास आए थे।"

अनुराधा को आश्चर्य हुआ। उसने कहा–"आपके पास, लेकिन आप तो उनके कर्जदार नहीं हैं?"

"नहीं, लेकिन होता तो शायद आपको लाभ होता। मेरे एक दिन के अत्याचार का बदला आप और किसी दिन चुका सकतीं।"

अनुराधा चुप रही।

विजय ने कहा–"वह जता गए हैं कि आपके साथ उनका विवाह होना निश्चित हो गया है। क्या यह सच है?"

"हां।"

"आपने स्वयं भिखारिन बनकर उन्हें राजी किया?"

"हां, यही बात है।"

"अगर यही बात है तो बड़ी लज्जा की बात है। केवल आपके लिए ही नहीं, मेरे लिए भी।"

"आपके लिए क्यों?"

"वही बताने के लिए आया हूं। त्रिलोचन कह गए हैं कि मेरी ज्यादती से ही शायद आपने ऐसा प्रस्ताव रखा है। कहते थे, आपके लिए कहीं कोई ठौर नहीं। आपने बड़ी अनुनय-विनय से उन्हें राजी किया है। नहीं तो इस बुढ़ापे में उन्होंने विवाह की इच्छा छोड़ दी थी। केवल आपके रोने-धोने पर ही वे राजी हुए हैं।"

"हां, यह सच है।"

विजय ने कहा–"अपनी ज्यादती मैं वापस लेता हूं और अपने व्यवहार के लिए आपसे क्षमा मांगता हूं।"

232

अनुराधा चुप रही।

विजय कहने लगा–"अब अपनी ओर से इस प्रस्ताव को वापस ले लीजिए।"

"नहीं, यह नहीं हो सकता। मैंने वचन दे दिया है–सब कोई सुन चके हैं, लोग उनका मजाक उड़ाएंगे।"

"और आपसे विवाह होने पर नहीं उड़ाएंगे? बल्कि और अधिक उड़ाएंगे। आपके बराबर के उनके लड़के-लड़कियां हैं। उनके साथ लड़ाई-झगड़ा होगा। उनकी घर-गृहस्थी में उपद्रव उठ खड़ा होगा। स्वयं आपके लिए भी अशांति की सीमा नहीं रहेगी। इन सब बातों पर आपने विचार किया है?"

अनुराधा ने बड़ी नरमी से कहा–"विचार कर लिया है। मेरा विश्वास है कि यह सब कुछ नहीं होगा।"

सुनकर विजय दंग रह गया, बोला–"वृद्ध हैं। कितने दिन जिएंगे–आप आशा करती हैं।"

अनुराधा ने उत्तर दिया–"पति की दीर्घायु संसार में सभी स्त्रियां चाहती हैं। ऐसा भी हो सकता है कि सुहाग लिए मैं पहले ही मर जाऊं।"

विजय को इस बात का उत्तर खोजने पर भी नहीं मिला। वह स्तब्ध खड़ा रहा। कुछ पल इसी तरह स्तब्धता में बीत जाने के बाद अनुराधा ने विनीत स्वर में कहा–"यह सच है कि आपने मुझे चले जाने की आज्ञा दे दी है, लेकिन उसके बाद किसी भी दिन आपने इस बात की चर्चा नहीं की। दया के योग्य मैं नहीं हूं, फिर भी आपने दया की है। इसके लिए मैं मन-ही-मन कितनी कृतज्ञ हूं, बता नहीं सकती।"

विजय की ओर से कोई उत्तर न पाकर अनुराधा फिर कहने लगी–"भगवान साक्षी हैं। आपके विरुद्ध मैंने किसी से भी कोई बात नहीं कही। कहने से मेरी ओर से अन्याय होता। मेरा कहना झूठा होता। गांगुली महाशय ने अगर कुछ कहा हो तो वह उनकी बात है, मेरी नहीं, फिर भी मैं उनकी ओर से क्षमा मांगती हूं।"

विजय ने पूछा–"आप लोगों का विवाह कब है? जेठ वदी 13 को? तब तो लगभग एक महीना ही रह गया है न?"

"हां।"

"अब इसमें कोई परिवर्तन नहीं हो सकता शायद?"

विजय बहुत देर तक चुपचाप खड़ा रहा, फिर बोला–"तो फिर मुझे और कुछ नहीं कहना, लेकिन आपने अपने भविष्य और जीवन के बारे में जरा-सा भी विचार नहीं किया, मुझे इस बात का दुःख है।"

अनुराधा ने कहा–"एक बार नहीं, सौ-सौ बार विचार कर लिया है। यही मेरी दिन-रात की चिंता है। आप मेरे शुभाकांक्षी हैं। आपके प्रति कृतज्ञता प्रकट करने के लिए खोजने पर भी शब्द नहीं मिलते, लेकिन आप स्वयं ही मेरे बारे में सारी बातें सोचकर देखिए। पैसा नहीं, रूप नहीं, घर नहीं। बिना अभिभावक के

अकेली गांव के अनाचार-अत्याचारों से बचकर कहीं जा खड़े होने तक के लिए ठौर नहीं—उम्र हो गई तेईस-चौबीस। उनके अतिरिक्त और कौन मेरे साथ विवाह करना चाहेगा? आप ही बताइए? तब फिर दाने-दाने के लिए किसके सामने हाथ पसारती फिरूंगी?"

"ये सभी बातें सच हैं। इसका प्रतिवाद नहीं किया जा सकता।" दो-तीन मिनट निरुत्तर खड़े रहकर विजय ने गंभीर वेदना के साथ कहा—"ऐसे समय में क्या मैं आपका कोई भी उपहार नहीं कर सकता? कर सकता तो बड़ी प्रसन्नता होती।"

अनुराधा ने कहा—"आपने मुझ पर बहुत उपकार किया है, जो कोई भी न करता। आपके आश्रय में मैं निडर हूं। दोनों बच्चे मेरे चांद-सूरज हैं, यही मेरे लिए बहुत है। आपसे केवल इतनी ही प्रार्थना है कि मन-ही-मन आप मुझे भैया के अपराध की भागीदार न बना रखिएगा। मैंने जान-बूझकर कोई अपराध नहीं किया।"

"मुझे मालूम हो गया है। आपको कहने की आवश्यकता नहीं?" इतना कहकर विजय बाहर चला गया।

## 5

कलकत्ता से कुछ साग-सब्जी, फल और मिठाई आदि आई थीं। विजय ने नौकर से रसोईघर के सामने टोकरी उतरवाकर कहा—"अंदर होंगी जरूर?"

अंदर से मीठी आवाज में उत्तर आया—"हूं।"

विजय ने कहा—"आपको पुकारना भी कठिन है। हमारे समाज में होती तो मिस चटर्जी या मिस अनुराधा कहकर आसानी से पुकारा जा सकता था, लेकिन यहां तो यह बात बिलकुल नहीं चल सकती। आपके लड़कों में से कोई होता तो उनमें से किसी को 'अपनी मौसी को बुला दो' कहकर अपना काम निकाल लिया जा सकता था, लेकिन इस समय वे भी फरार हैं। क्या कहकर बुलाऊं, बताइए?"

अनुराधा दरवाजे के पास आकर बोली—"आप मालिक ठहरे। मुझे राधा कहकर पुकारा कीजिए।"

विजय ने कहा—"बुलाने में कोई आपत्ति नहीं, लेकिन मालिकाना अधिकार के जोर पर नहीं। मालिकाना अधिकार था, गगन चटर्जी पर, लेकिन वह तो चंपत हो गया। आप क्यों मालिक बनाने लगीं? आपको किस बात की गरज है?"

अंदर से सुनाई दिया—"ऐसी बात मत कहिए। आप हैं तो मालिक ही।"

विजय ने कहा—"उसका दावा मैं नहीं करता, लेकिन उम्र का दावा जरूर रखता हूं। मैं आपसे बहुत बड़ा हूं। नाम लेकर पुकारा करूंगा तो नाराज न होइएगा।"

"नहीं।"

विजय ने यह बात महसूस की है कि घनिष्ठता पैदा करने का आग्रह स्वयं उसकी

ओर से कितना ही प्रबल क्यों न हो, दूसरे पक्ष की ओर से बिलकुल नहीं है। वह किसी भी तरह सामने नहीं आना चाहती और हमेशा संक्षिप्त, लेकिन सम्मानसहित ओट में छिपे उत्तर देती है।

विजय ने कहा–"घर से कुछ साग-सब्जी, फल और मिठाइयां आदि आई हैं। इस टोकरी को उठाकर रख लीजिए। लड़कों को दे दिया कीजिएगा।"

"नहीं, सो मत कीजिएगा। मेरा रसोइया ठीक से रसोई बनाना नहीं जानता। दोपहर से देख रहा हूं कि चादर तानकर पड़ा हुआ है। पता नहीं, कहीं आपके देश में मलेरिया ने न घेर लिया हो। बीमार पड़ गया तो परेशान कर डालेगा।"

"लेकिन मलेरिया तो हमारे यहां है नहीं। वह अगर न उठा तो आपकी रसोई कौन बनाएगा?"

विजय ने कहा–"इस समय की तो कोई बात नहीं, कल सवेरे विचार किया जाएगा और 'कूकर' तो साथ में है ही। कुछ नहीं हुआ तो नौकर से ही उसमें कुछ बनवा-बुनवू लूंगा।"

"लेकिन तकलीफ तो होगी ही?"

"नहीं, मुझे आदत पड़ गई है। हां, लड़के को तकलीफ पाते देखता तो जरूर कष्ट होता। उसका भार आपने ले ही रखा है। क्या बना रही हैं इस समय? चोकरी खोलकर देखिए न! शायद कोई चीज काम आ जाए।"

"काम तो आएगी ही, लेकिन इस समय मुझे रसोई नहीं बनानी है।"

"नहीं बनानी–क्यों?"

"कुमार की देह कुछ गर्म-सी मालूम होती है। रसोई बनाने पर वह खाने के लिए मचलेगा। उस समय का जो कुछ बचा है, उससे संतोष का काम चल जाएगा।"

"देह गरम हो रही है उसकी? कहां है वह?"

"मेरे बिछौने पर लेटा संतोष के साथ गप-शप कर रहा है। आज कह रहा था, बाहर नहीं जाएगा, मेरे पास ही सोएगा।"

विजय ने कहा–"सो सोया रहे, लेकिन अधिक लाड़-प्यार पाने पर वह फिर मौसी को छोड़कर घर नहीं जाना चाहेगा, तब फिर एक नई परेशानी उठानी पड़ जाएगी।"

"नहीं उठानी पड़ेगी। कुमार कहना न मानने वाला लड़का नहीं है।"

विजय ने कहा–"क्या होने से कहना न मानने वाला होता है, सो आप जानें, लेकिन मैंने तो सुना है कि वह आपको कम परेशान नहीं करता।"

अनुराधा कुछ देर चुप रहकर बोली–"परेशान करता है, तो केवल मुझे ही तो परेशान करता है और किसी को तो नहीं करता।"

विजय ने कहा–"सो मैं जानता हूं, लेकिन मौसी ने मान लो कि सह लिया, लेकिन उसकी ताईजी तो सहने वाली हैं नहीं और अगर किसी दिन सौतेली मां आ गई, तो जरा भी बरदाश्त नहीं करेगी। आदत बिगड़ जाने से खुद उसी के लिए बुरा होगा।"

"जो लड़के के लिए बुरी हो, ऐसी विमाता आप घर में लाए ही क्यों? न लाएं।"

विजय ने कहा–"लानी नहीं पड़ती, लड़के का भाग्य फूटने पर विमाता अपने आप घर में आ जाती है, तब उस खराबी को रोकने के लिए मौसी की शरण लेनी पड़ती है, लेकिन हां, अगर वह राजी हो।"

अनुराधा ने कहा–"जिसके मां नहीं है, मौसी उसे छोड़ नहीं सकती। कितने ही दुःख में क्यों न हो, पाल-पोसकर बड़ा करती ही है।"

"याद रखूंगा।" कहकर विजय चलने लगा, फिर लौटकर बोला–"अगर अभद्रता के लिए क्षमा करें तो एक बात पूछूं?"

"पूछिए।"

"कुमार की चिंता बाद में की जाएगी। कारण–उसका बाप जीवित है। आप उसे जितना निष्ठुर समझती हैं, उतना वह है नहीं, लेकिन संतोष के मां-बाप दोनों ही जाते रहे हैं। नए मौसा त्रिलोचन के घर अगर उसके लिए ठौर न हुआ तो उसका क्या करेंगी? इस बात पर विचार किया है?"

अनुराधा ने कहा–"मौसी के लिए ठौर होगा, बहनोत के लिए नहीं होगा?"

"होना तो चाहिए, लेकिन जितना मैं उन्हें देख सकता हूं, उससे तो अधिक भरोसा नहीं होता।"

इस बात का उत्तर अनुराधा तत्काल न दे सकी। सोचने में जरा समय लग गया, फिर शांत और दृढ़ स्वर में कहने लगी–"तब पेड़ के नीचे दोनों के लिए ठौर होगा। इसे कोई नहीं रोक सकता।"

विजय ने कहा–"बात तो मौसी के अनुरूप है, इससे इंकार नहीं किया जा सकता, लेकिन यह संभव नहीं है। तब उसे मेरे पास भेज दीजिएगा। कुमार का साथी है वह। अगर कुमार बन सका तो वह भी बन जाएगा।"

अंदर से फिर कोई उत्तर नहीं आया। विजय कुछ देर प्रतीक्षा करने के बाद बाहर चला गया। दो-तीन घंटे के बाद संतोष ने आकर दरवाजे के बाहर से कहा–"मौसीजी आपको खाने के लिए बुला रही हैं।"

"मुझे?" विजय ने पूछा।

"हां।" कहकर संतोष चला गया।

अनुराधा के रसोईघर में आसन बिछा हुआ था। विजय आसन पर बैठकर बोला–"रात आसानी से कट जाती, आपने इतनी तकलीफ क्यों उठाई?"

अनुराधा पास ही खड़ी थी–चुप रही।

परोसी हुई चीजों में कोई अधिकता नहीं थी, लेकिन जतन से बनाए और परोसे जाने का परिचय हर चीज में झलक रहा था। कितने सुंदर ढंग से वे चीजें परोसी हुई थीं। खाते-खाते विजय ने पूछा–"कुमार ने क्या खाया?"

"साबूदाना पीकर सो गया है।"

"लड़ा नहीं आज?"

अनुराधा हंस पड़ी, बोली–"मेरे पास सोएगा, इसलिए वह आज बिलकुल शांत है–कतई नहीं लड़ा।"

विजय ने कहा–"उसके कारण आपकी झंझटें बढ़ गई हैं, लेकिन इसमें मेरा कोई दोष नहीं है। वह स्वयं आपकी गृहस्थी में चुपचाप आकर शामिल हो गया, मैं यही सोचता हूं।"

"मैं भी यही सोचती हूं।"

"मालूम होता है, उसके चले जाने पर आपको दुःख होगा।"

अनुराधा पहले तो चुप रही, फिर बोली–"उसे घर ले जाने से पहले आपको एक वचन देकर जाना होगा। आपको इस बात की निगरानी रखनी होगी कि उसे किसी बात की तकलीफ न होने पाए।"

"लेकिन मैं तो बाहर रहूंगा। काम-काज के झंझटों में अपने वचन की रक्षा कर सकूंगा, इस बात का भरोसा नहीं हो रहा।"

"तो फिर इसे मेरे पास छोड़ जाना होगा।"

"आप गलती करती हैं। यह और भी असंभव है।" इतना कहकर विजय हंसता हुआ खाना खाने लगा, फिर खाते-खाते बीच में बोल उठा–"भाभी वगैरा के आने की बात थी, शायद अब वे आएंगी नहीं।"

"क्यों?"

"जिस धुन में कहा था, वह धुन शायद जाती रही होगी। शहर के लोग गंवई गांव की ओर जल्दी पांव बढ़ाना नहीं चाहते। एक तरह से अच्छा ही हुआ। मैं अकेला ही आपको असुविधा पहुंचा रहा हूं। उन लोगों के आने से आपको और परेशानी होती।"

अनुराधा ने प्रतिवाद करते हुए कहा–"आपका यह कहना अनुचित है। घर मेरा नहीं, आपका है, फिर भी मैं ही सारी जगह घेरकर बैठी रहूं–उनके आने पर बुरा मानूं, इससे बढ़कर अन्याय और कुछ हो ही नहीं सकता। मेरे विषय में ऐसी बात सोचकर आप सचमुच ही अन्याय कर रहे हैं। कितनी कृपा आपने मुझ पर की है, क्या मेरी ओर से यही प्रतिदान है?"

इतनी बातें उसने इस ढंग से पहले कभी नहीं की थी। उत्तर सुनकर विजय हैरान रह गया। गांव की इस लड़की को उसने जितना अशिक्षित समझ रखा था, उतनी वह नहीं है। थोड़ी दर चुप रहकर वह गंभीरता से अपना अपराध स्वीकार करते हुए बोला–"वास्तव में मेरा यह कहना उचित नहीं हुआ। जिनके विषय में यह बात उचित हो सकती है, उनसे आप अधिक बड़ी है, लेकिन दो-तीन दिन बाद ही में घर चला जाऊंगा। यहां आकर शुरू-शुरू में मैंने अपके साथ बहुत बुरा व्यवहार किया था, लेकिन वह बिना पहचाने हुए था। सचमुच संसार में ऐसा ही हुआ करता है। अक्सर

यही होता है, फिर भी जाने से पहले मैं अत्यधिक शर्मिंदगी के साथ क्षमा-याचना करता हूं।'

अनुराधा ने मीठे स्वर में कहा–"क्षमा आपको मिल नहीं सकती।"

"नहीं मिल सकती–क्यों?"

"अब तक जितना अत्याचार किया है आपने, उसकी क्षमा नहीं।" कहकर वह हंस पड़ी।

दीपक के मद्धिम प्रकाश में उसके हंसी भरे चेहरे पर विजय की नजर पड़ गई और पल-भर के लिए एक अज्ञात आश्चर्य से उसका समूचा हृदय डोल उठा। पल-भर चुप रहकर बोला–"यही अच्छा है। मुझे क्षमा करने की आवश्यकता नहीं। अपराधी के रूप में ही मैं हमेशा याद आता रहूं।"

दोनों चुप रहे। दो-तीन मिनट तक रसोईघर में एकदम सन्नाटा छाया रहा।

निस्तब्धता भंग की अनुराधा ने। उसने पूछा–"फिर आप कब तक आएंगे?"

"बीच-बीच में आना तो होगा ही, हालांकि आपसे भेंट नहीं होगी।"

दूसरे पक्ष से प्रतिवाद नहीं किया गया। समझ में आ गया कि बात सच है। खाना समाप्त करके विजय के बाहर जाते समय अनुराधा ने कहा–"टोकरी में अनेक तरह की तरकारियां हैं, लेकिन अब बाहर नहीं भेजूंगी। कल सुबह भी आप यहीं भोजन कीजिएगा।"

"तथास्तु, लेकिन समझ तो गई होंगी कि शायद औरों की अपेक्षा मेरी भूख अधिक है, अन्यथा प्रस्ताव प्रस्तुत करता कि सिर्फ सवेरे ही नहीं, निमंत्रण की मियाद और भी बढ़ा दीजिए। जितने दिन मैं यहां रहूं–और आपके हाथ का ही खाना खाकर घर जा सकूं।"

"यह मेरा सौभाग्य है।"

दूसरे ही दिन सवेरे-सवेरे अनेक प्रकार के खाद्य पदार्थ अनुराधा के रसोईघर के बरामदे में आ पहुंचे। उसने कोई आपत्ति नहीं की–उठाकर रख लिये।

इसके बाद तीन दिन के बजाय पांच दिन बीत गए। कुमार बिलकुल स्वस्थ हो गया। इन कई दिनों में विजय ने दुःख के साथ महसूस किया कि आतिथ्य में तो कहीं कोई कमी नहीं थी, लेकिन परिचय की दूरी वैसी ही अविचलित बनी हुई है। किसी भी बहाने वह तिल-भर भी निकट नहीं हुई। बरामदे में भोजन के लिए स्थान बनाकर अनुराधा अंदर से ही ढंग से थाली लगा देती और संतोष परोसता रहता। कुमार आकर कहता–"बाबूजी, मौसीजी कहती हैं कि मछली की तरकारी इतनी छोड़ देने से काम नहीं चलेगा और जरा-सी खानी पड़ेगी।"

विजय कहता–"अपनी मौसी से कह दे कि बाबूजी को राक्षस समझाना ठीक नहीं है।"

कुमार लौटकर कहता–"मछली की तरकारी रहने दो। शायद अच्छी न बनी होगी, लेकिन कल की तरह कटोरे में दूध पड़ा रहने से उन्हें दुःख होगा।"

विजय ने सुनकर कहा–"तेरी मौसीजी अगर कल कटोरे के बदले नांद में दूध दिया करेंगी तो भी न पड़ा रहेगा।"

## 6

इसी तरह से पांच-दिन बीत गए। स्त्रियों के आदर और देख-रेख का चित्र विजय के मन में आरंभ से ही अस्पष्ट था। अपनी मां को वह आरंभ से ही अस्वस्थ और अकुशल देखता आया है। एक गृहिणी के नाते वह अपना कोई भी कर्तव्य पूर्ण रूप से निभा नहीं पाती थीं। उसकी अपनी पत्नी भी केवल दो-ढाई वर्ष ही जीवित रही थी, तब वह पढ़ता था। उसके बाद उसका लंबा समय सुदूर प्रवास में बीता। उस प्रवास के अपने अनुभवों की भली-बुरी स्मृतियां कभी-कभी उसे याद आ जाती हैं, लेकिन वे सब जैसे किताबों में पड़ी हुई कल्पित कहानियों की तरह वास्तविकता से दूर मालूम होती हैं। जीवन की वास्तविक आवश्यकताओं से उनका कोई संबंध ही नहीं।

और रही भाभी प्रभामयी, सो जिस परिवार में भाभी की प्रधानता है, जहां हर समय भले-बुरे की आलोचना होती रहती है, वह परिवार उसे अपना नहीं मालूम होता। मां को उसने अनेक बार रोते देखा है। पिता को उदास और अप्रसन्न रहते देखा है, लेकिन इन बातों को उसने स्वयं ही असंगत और अनधिकार चर्चा समझा है। ताई अपने देवर के बेटे की खबर-सुध न ले या बहू अपने सास-ससुर की सेवा न करे तो बड़ा भारी अपराध है–ऐसी धारणा भी उसकी नहीं थी और स्वयं अपनी पत्नी को भी अगर ऐसा व्यवहार करते देखता तो उसे दुःख होता, सो बात भी नही, लेकिन आज उसकी इतने दिनों की धारणा को इन अंतिम पांच दिनों ने जैसे धक्के देकर शिथिल कर दिया। आज शाम की गाड़ी से उसके कलकत्ता रवाना होने की बात थी। नौकर-चाकर सामान बांधकर तैयारी कर रहे थे। कुछ ही घंटों की देर थी। इतने में संतोष ने आकर आड़ में से कहा–"मौसीजी बुला रही हैं।"

"इस समय?"

"हां।" कहकर संतोष वहां से खिसक गया।

विजय ने अंदर जाकर देखा, बरामदे में बाकायदा आसन बिछाकर भोजन के लिए जगह कर दी गई थी। मौसी की गरदन पकड़कर कुमार लटक रहा था। उसके हाथ से अपने को छुड़ाकर अनुराधा रसोईघर में घुस गई।

आसन पर बैठकर विजय ने कहा–"इस समय यहां क्या?"

ऊपर से अनुराधा ने कहा–"जरा-सी खिचड़ी बनाई है–खाते जाइए।"

उत्तर देते समय विजय अपना गला जरा साफ करते हुए बोला–"बेवक्त आपने क्यों कष्ट किया? इसकी अपेक्षा आप चार-छ: पूड़ियां ही उतार देतीं, तो काम चल जाता।"

"पूड़ी तो आप खाते नहीं। घर पहुंचते रात को दो-तीन बज जाएंगे। बिना खाए आप जाते तो क्या मुझे कम दु:ख होता? बराबर यही ख्याल आता रहता कि लड़का बिना खाए-पिए यों ही गाड़ी में सो गया होगा।"

विजय चुपचाप खाता रहा, फिर बोला–"विनोद को कह दिया है, वह आपकी देख-रेख करता रहेगा। जितने दिन आप इस मकान में हैं, आपको किसी तरह की कोई तकलीफ नहीं होगी।" विजय फिर कुछ देर चुप रहने के बाद कहने लगा–"और एक बात आपसे कहे जाता हूं। अगर कभी भेंट हो तो गगन से कह दीजिएगा कि मैंने उसे क्षमा कर दिया, लेकिन वह इस गांव में न आए–आने पर क्षमा नहीं करूंगा।"

"कभी भेंट हुई तो उनसे कह दूंगी।" इतना कहकर अनुराधा चुप हो गई, फिर पल-भर बाद बोली–"मुश्किल है कुमार के कारण! आज वह किसी भी तरह जाने को राजी नहीं हो रहा है और क्यों नहीं जाना चाहता, सो भी कुछ नहीं बताया।"

विजय ने कहा–"इसलिए नहीं बताता कि वह खुद भी नहीं जानता और वह मन-ही-मन यह भी समझता है कि वहां जाने पर उसे तकलीफ होगी।"

"तकलीफ क्यों होगी?"

"उस घर का यही नियम है, लेकिन हो तकलीफ, आखिर इतना बड़ा तो वहीं हुआ है।"

"उसे ले जाने की जरूरत नहीं–यहीं रहने दीजिए मेरे पास।"

विजय ने हंसते हुए धीरे से कहा–"मुझे तो कोई आपत्ति नहीं, लेकिन अधिक-से-अधिक एक महीने रह सकता है। इससे अधिक तो नहीं रह सकता। इससे क्या लाभ?"

दोनों कुछ देर मौन रहे, फिर अनुराधा ने कहा–"इसकी जो विमाता आएगी, सुना है कि पढ़ी-लिखी है।"

"हां, बी.ए. पास है।"

"लेकिन बी.ए. तो उसकी ताई ने भी पास किया है।"

"जरूर किया है, लेकिन बी.ए. पास करने वाली किताबों में देवर के बेटे को लाड़-प्यार से रखने की बात नहीं लिखी होती। इस विषय की परीक्षा उन्हें नहीं देनी पड़ी होगी।"

"और बीमार सास-ससुर की? क्या यह बात भी किताबों में नहीं लिखी रहती।"

"नहीं, यह प्रस्ताव तो और भी अधिक हास्यास्पद है।"

"हैं! जरा भी किसी प्रकार की शिकायत न करना ही हमारे समाज का सुभद्र विधान है।"

अनुराधा पल-भर मौन रहकर बोली–"यह विधान आप ही लोगों तक सीमित रहे, लेकिन जो विधान सबके लिए समान है, वह यह है कि लड़के से बढ़कर बी.ए. पास होना नहीं है। ऐसी बहू को घर में लाना उचित नहीं है।"

"लेकिन लानी तो किसी-न-किसी को पड़ेगी ही। हम लोग जिस समाज के वातावरण में रह रहे हैं, वहां बी.ए. पास किए बिना समाज सुरक्षित नहीं रहता। मन भी नहीं मानता और शायद गृहस्थी भी नहीं चलती। अनाथ बहनौत के लिए पेड़ के नीचे रहना मंजूर करने वाली बहू के साथ हम वनवास तो कर सकते हैं, लेकिन समाज में नहीं रह सकते।"

अनुराधा की आवाज पल-भर को तीखी हो उठी, बोली–"नहीं, ऐसा नहीं हो सकता। आप इसे किसी निष्ठुर विमाता के हाथ नहीं सौंप सकते।"

विजय ने कहा–"सो कोई डर नहीं। कारण सौंप देने पर भी कुमार हाथों से फिसलकर नीचे आ गिरेगा, लेकिन इसका अर्थ यह नहीं कि वह निष्ठुर है–अपनी भावी पत्नी की ओर से मैं आपकी बात का तीव्र प्रतिवाद करता हूं। परिमार्जित रुचि के अनुकूल उदास अवहेलना के कारण मुरझाई हुई आत्मीयता की बर्बरता उनमें रत्ती-भर भी नहीं है। यह दोष आप उन्हें मत दीजिए।"

अनुराधा हसंकर बोली–"प्रतिवाद आप जितना चाहे करे, लेकिन जरा मुझे मुरझाई हुई आत्मीयता का अर्थ तो समझा दीजिए।"

विजय ने कहा–"यह हम लोगों के बड़े सर्किल का पारिवारिक बंधन है। उसका 'कोड' ही अलग है और शक्ल भी अलग है। उसकी जड़ रस नहीं खींचती। पत्तों का रंग हरा भी नहीं हो पाता कि पीलापन आने लगता है। आप गंवई गांव के गृहस्थ घर की लड़की हैं–स्कूल-कॉलेज में पढ़कर पास नहीं हुईं। किसी पार्टी या पिकनिक में सम्मिलित नहीं हुईं, इसलिए इसका गूढ़ अर्थ मैं आपको समझा नहीं सकता। केवल इतना-सा आभास दे सकता हूं कि कुमार की विमाता आकर न तो उसे जहर पिलाने की तैयारी करेगी और न हाथ में चाबुक लेकर उसके पीछे ही पड़ जाएगी, क्योंकि वह आचरण परिमार्जित रुचि से भिन्न है, इसलिए इस संबंध में आप निश्चिंत हो सकती हैं।"

अनुराधा ने कहा–"मैं उनकी बात छोड़े देती हूं, लेकिन वचन दीजिए कि स्वयं भी देखेंगे-भालेंगे। मेरी केवल इतनी ही प्रार्थना है।"

विजय ने कहा–"वचन देने को तो जी चाहता है, लेकिन मेरा स्वभाव और ही तरह का है, आदतें भी दुनिया से अलग हैं। आपके आग्रह को याद करके बीच-बीच में देखने-भालने की कोशिश करता रहूंगा, लेकिन जितना आप चाहती हैं, उतना हो

सकेगा, ऐसा लगता नहीं है। अच्छा, अब मैं खाना खा चुका, जाता हूं। चलने की तैयारी करनी है।"

इतना कहकर वह उठ बैठा, फिर बोला–"कुमार आपके पास ही रहेगा। घर छोड़ने के दिन आ जाए तो विनोद के साथ कलकत्ता भिजवा देना। जरूरत समझें तो उसके साथ संतोष को भी बिना किसी संकोच के भेज दें। आरंभ में आपके साथ जैसा व्यवहार किया है, मेरा स्वभाव ठीक वैसा नहीं है। चलते समय फिर आपको विश्वास दिलाए जाता हूं कि मेरे घर कुमार से अधिक अनादर संतोष का नहीं होगा।"

मकान के सामने ही घोड़ागाड़ी खड़ी थी। सामान लादा जा चुका था। विजय गाड़ी पर चढ़ना ही चाहता था कि कुमार ने आकर कहा–"बाबूजी, मौसी बुला रही हैं।"

अनुराधा सदर दरवाजे के पास खड़ी थी, वहीं से बोली–"प्रणाम करने के लिए बुलवा लिया, फिर कब कर सकूंगी, मालूम नहीं।" कहकर उसने गले में आंचल डालकर दूर से प्रणाम किया, फिर उठकर खड़ी हो गई और कुमार को अपनी गोद के पास खींचकर बोली–"दादीजी से कह दीजिएगा कि चिंता न करें। जितने दिन भी मेरे पास रहेगा, इसे किसी प्रकार की तकलीफ नहीं होगी।"

विजय ने हंसकर कहा–"विश्वास होना कठिन है।"

"कठिनाई किसके लिए है? क्या आपके लिए भी?" कहकर वह हंस दी और दोनों की आंखें चार हो गईं। विजय ने स्पष्ट देख लिया कि उसकी पलकें भीगी हुई हैं। मुंह झुकाकर उसने कहा–"किंतु कुमार को ले जाकर इसे कष्ट मत दीजिए, फिर कहने का अवसर नहीं मिलेगा, इसीलिए कह रही हूं। आपके घर की बात याद आते ही इसे भेजने को जी नहीं चाहता।"

"तो मत भेजिए।"

उत्तर में वह एक निःश्वास लेकर चुप हो गई।

विजय ने कहा–"जाने से पहले आपको वायदे की एक बार फिर याद दिलाता जाऊं। आपने वचन दिया है कि जब कभी कोई आवश्यकता पड़ेगी तो आप मुझे पत्र लिखेंगी।"

"मुझे याद है। मैं जानती हूं कि गांगुली महाशय से मुझे भिखारिन की तरह ही मांगना होगा। अंतर के संपूर्ण धिक्कार को तिलांजलि देकर ही मांगना पड़ेगा, लेकिन आपके साथ ऐसा नहीं है। जब जो भी चाहूंगी, बिना किसी संकोच के आसानी के साथ मांग लूंगी।"

"लेकिन याद रहे!" कहकर विजय जाना ही चाहता था कि अनुराधा ने कहा–"आप फिर भी एक वचन देते जाइए। कहिए कि आवश्यकता पड़ने पर मुझे भी बताएंगे।"

"बताने के योग्य मुझे क्या आवश्यकता पड़ेगी अनुराधा?"

"सो कैसे बता दूं? मेरे पास और कुछ नहीं है, लेकिन आवश्यकता पड़ने पर तन-मन से सेवा तो कर सकती हूं।"

"आप 'वे' करने देंगे?"

"मुझे कोई भी रोक नहीं सकता।"

## 7

कुमार नहीं आया, यह सुनकर विजय की मां मारे भय के कांप उठी—"यह कैसी बात है रे? जिसके साथ लड़ाई है, उसी के पास लड़के को छोड़ आया?"

विजय ने कहा—"जिसके साथ लड़ाई थी, वह पाताल में जाकर छिप गया है। मां, किसकी मजाल है, जो उसे खोज निकाले। तुम्हारा पोता अपनी मौसी के पास है—कुछ दिन बाद आ जाएगा।"

"अचानक उसकी मौसी कहां से आ गई?"

विजय ने कहा—"मां, भगवान के बनाए हुए इस संसार में कौन, कहां से आ पहुंचता है, कोई नहीं बता सकता। जो तुम्हारे रुपये-पैसे लेकर डुबकी लगा गया है, यह उसी गगन चटर्जी की छोटी बहन है। मकान से उसी को निकाल भगाने के लिए लाठी-सोटा और प्यादे-दरबान लेकर युद्ध करने गया था, लेकिन तुम्हारे पोते ने सब गड़बड़ कर दिया। उसने उसका आंचल ऐसा पकड़ा कि दोनों को एक साथ निकाले बिना उसे निकाला ही नहीं जा सकता था।"

मां ने अनुमान से बात को समझकर कहा—"मालूम होता है, कुमार उसके वश में हो गया है। उस लड़की ने उस खूब लाड़-प्यार किया होगा शायद। बेचारे को लाड़-प्यार मिला ही नहीं कभी।" कहकर उन्होंने अपनी अस्वस्थता की याद करके एक गहरी सांस ली।

विजय ने कहा—"मैं तो वहां रहता था। घर के अंदर कौन, किसे लाड़-प्यार कर रहा है, मैंने आंखों से नहीं देखा, लेकिन जब चलने लगा तो देखा कि कुमार अपनी मौसी को छोड़कर किसी तरह आना ही नहीं चाहता था।"

मां का संदेह इतने पर भी नहीं मिटा, कहने लगी—"गंवई गांव की लड़कियां बहुत तरह की बातें जानती हैं। अपने साथ न लाकर तूने अच्छा नहीं किया।"

विजय ने कहा—"मां, तुम खुद गंवई गांव की लड़की होकर गंवई गांव की लड़कियों की शिकायत कर रही हो। क्या तुम्हें शहर की लड़कियों पर अंत में विश्वास हो ही गया?"

"शहर की लड़कियां? उनके चरणों में लाखों प्रणाम!" यह कहकर मां ने दोनों हाथ जोड़कर माथे से लगा लिए।

विजय हंस पड़ा।

मां ने कहा–"हंसा क्यों है रे? मेरा दुःख केवल मैं ही जानती हूं और जानते हैं वे!" यह कहते-कहते उनकी आंखें डबडबा आईं, बोली–"हम लोग जहां की हैं, वे गांव क्या अब रहे हैं बेटा? जमाना बिलकुल ही बदल गया है।"

विजय ने कहा–"बिलकुल बदल गया है, लेकिन जब तक तुम लोग जीती हो, तब तक शायद तुम्हीं लोगों के पुण्य से गांव बने रहेंगे मां। बिलकुल लोप नहीं होगा उनका। उसी की थोड़ी-सी झांकी अबकी बार देख आया हूं, लेकिन तुम्हें तो यह चीज दिखाना कठिन है, यही दुःख रह गया मन में।" इतना कहकर वह ऑफिस चला गया। ऑफिस के काम के तकाजे से ही उसे यहां चला आना पड़ा।

शाम को ऑफिस से लौटकर विजय भैया-भाभी से भेंट करने चला गया। जाकर देखा कि कुरुक्षेत्र का युद्ध छिड़ रहा है। शृंगार की चीजें इधर-उधर बिखरी पड़ी हैं। भैया आरामकुर्सी पर बैठे जोर-जोर से कह रहे हैं–"हरगिज नहीं। जाना हो तो अकेली चली जाओ। ऐसी रिश्तेदारी पर मैं...आदि-आदि।"

अचानक विजय को देखते ही प्रभा एक साथ जोर से रो पड़ी, बोली–"अच्छा देवरजी, तुम्हीं बताओ। उन लोगों ने अगर सितांशु के साथ अनीता का विवाह पक्का कर दिया तो इसमें मेरा क्या दोष? आज उसकी सगाई होगी और ये कहते हैं कि मैं नहीं जाऊंगा। इसके माने तो यही हुए कि मुझे भी नहीं जाने देंगे।"

भैया गरज उठे–"क्या कहना चाहती हो तुम? तुम्हें मालूम नहीं था? हम लोगों के साथ ऐसी जालसाजी करने की क्या जरूरत थी इतने दिनों तक?"

माजरा क्या है? सहसा समझ पाने से विजय हतबुद्धि-सा हो गया, लेकिन समझने में उसे अधिक देर न लगी। उसने कहा–"ठहरो-ठहरो, बताओ भी तो? अनीता के साथ सितांशु घोषाल का विवाह होना तय हो गया है। यही ना? आज ही सगाई पक्की होगी? आई एम थ्रो कंपलीटली ओवर बोर्ड (मैं पूरी तरह से समुद्र में फेंक दिया गया)।"

भैया ने हुंकार के साथ कहा–"हूं और यह कहना चाहती हैं कि इन्हें कुछ मालूम ही नहीं।"

प्रभा रोती हुई बोली–"भला मैं क्या कर सकती हूं देवरजी? भैया हैं, मां है। लड़की खुद सयानी हो चुकी है। अगर वे अपना वचन भंग कर रहे हैं तो इसमें मेरा क्या दोष?"

भैया ने कहा–"दोष यही है कि वे धोखेबाज हैं, पाखंडी हैं और झूठे हैं। एक ओर जबान देकर दूसरी ओर छिपे-छिपे जाल फैलाए बैठे थे। अब लोग हसेंगे और कानाफूसी करेंगे–मैं शर्म के मारे क्लब में मुंह नहीं दिखा सकूंगा।"

प्रभा उसी तरह रुआंसे स्वर में कहने लगी–"ऐसा क्या कहीं होता नहीं? इसमें तुम्हारे शरमाने की क्या बात है?"

"मेरे शरमाने का कारण यह है कि वह तुम्हारी बहन है। दूसरे, मेरी ससुराल

वाले सब-के-सब धोखेबाज हैं, इसलिए उसमें तुम्हारा भी एक बड़ा हिस्सा है, इसलिए...।"

भैया के चेहरे को देखकर विजय इस बार हंस पड़ा, लेकिन तभी उसने झुककर प्रभा के पैरों की धूल माथे पर लगाकर बड़ी प्रसन्नता से कहा–"भाभी, भले ही कितने क्यों न गरजें–न मुझे क्रोध आएगा और न अफसोस होगा, बल्कि सचमुच ही इसमें तुम्हारा हिस्सा हो तो मैं तुम्हारा आजीवन कृतज्ञ रहूंगा।"

विजय फिर भैया की ओर मुड़कर बोला–"भैया, तुम्हारा नाराज होना सचमुच बहुत बड़ा अन्याय है। इस मामले में जबान देने के कोई मायने नहीं होते, अगर उसे बदलने का मौका मिले। विवाह कोई बच्चों का खेल नहीं है। सितांशु विलायत से आई.सी.एस. होकर लौटा है। उच्च श्रेणी का आदमी ठहरा। अनीता देखने में सुंदर है, बी.ए. पास है और मैं? यहां भी पास नहीं कर सका और विलायत में भी सात-आठ वर्ष बिताकर एक डिग्री प्राप्त नहीं कर सका और अब लकड़ी की दुकान पर लकड़ी बेचकर गुजर करता हूं। न तो पद का गौरव है, न कोई डिग्री–इसमें अनीता ने कोई अन्याय नहीं किया भैया।"

भैया ने गुस्से के साथ कहा–"हजार बार अन्याय किया है। तू क्या कहना चाहता है कि तुझे जरा भी दु:ख नहीं हुआ?"

विजय ने कहा–"भैया, तुम बड़े ही पूज्य हो, तुमसे झूठ नहीं बोलूंगा। तुम्हारे पैर छूकर कहता हूं, मुझे रत्ती-भर भी दु:ख नहीं हुआ। अपने पुण्य से तो नहीं, किसके पुण्य से बचा सो भी नहीं मालूम, लेकिन ऐसा लगता है कि मैं बच गया। भाभी, मैं ले चलता हूं। भैया चाहें तो रुठकर घर में बैठे रहे, लेकिन हम-तुम चलें। तुम्हारी बहन की सगाई में भरपेट मिठाई खा आएं।"

प्रभा ने उसके चेहरे की ओर देखकर कहा–"तुम मेरा मजाक उड़ा रहे हो देवरजी?"

"नहीं भाभी, मजाक नहीं उड़ाता। आज मैं अंत:करण से तुम्हारा आशीर्वाद चाहता हूं। तुम्हारे वरदान से भाग्य मेरी ओर फिर से मुंह उठाकर देखे, लेकिन अब देर मत करो। तुम कपड़े पहन लो। मैं भी ऑफिस के कपड़े बदल आऊं।"

यह कहकर विजय जल्दी से जाना चाहता था कि भैया बोल उठे–"तेरे लिए निमंत्रण नहीं है। तू वहां कैसे जाएगा?"

विजय ठिठककर खड़ा हो गया, बोला–"ठीक है। शायद वे शर्मिंदा होंगे, लेकिन बिना बुलाए कहीं भी जाने में मुझे आज संकोच नहीं है। जी चाहता है कि दौड़ते हुए जाऊं और कह आऊं कि अनीता, तुमने मुझे धोखा नहीं दिया। तुम पर न तो मुझे कोई क्रोध है, न कोई ईर्ष्या। मेरी प्रार्थना है कि तुम सुखी रहो। भैया, मेरी प्रार्थना मानो, क्रोध शांत कर दो। भाभी को लेकर जाओ। कम-से-कम मेरी ओर से ही सही। अनीता को आशीर्वाद दे आओ तुम दोनों।"

भैया ओर भाभी दोनों ही हतबुद्धि-से होकर एक-दूसरे की ओर देखने लगे। सहसा दोनों की निगाहें विजय के चेहरे पर पड़ी। उसके चेहरे पर व्यंग्य का वास्तव में कोई चिह्न नहीं था। क्रोध या अभिमान की लेशमात्र भी छाया उसकी आवाज में नहीं थी। सचमुच ही जैसे किसी सुनिश्चित संकट के जाल से बच जाने से उसका मन शाश्वत आनंद से भर उठा था। आखिर प्रभा अनीता की बहन ठहरी। बहू के लिए यह संकेत लाभप्रद नहीं हो सकता। अपमान के धक्के से प्रभा का हृदय एकदम जल उठा। उसने कुछ कहना चाहा, लेकिन गला रुंध गया।

विजय ने कहा–"भाभी, अपनी सारी बातें कहने का अभी समय नहीं आया है। कभी आएगा या नहीं, सो भी मालूम नहीं, लेकिन अगर किसी दिन आया तो तुम भी कहोगी कि देवरजी तुम भाग्यवान हो। तुम्हें मैं आशीर्वाद देती हूं।"

# 6

# विलासी

मृत्यंजय बोला–"ये लोग तो कहते हैं कि एक ही सांप आकर घुसा है। एक ही दिखाई दिया है।"
विलासी ने कागज दिखाते हुए कहा–"देखते नहीं, उन्होंने यहां रहने की जगह बना ली है।"
मृत्युंजय ने कहा–"कागज तो चूहे भी ला सकते हैं?"
विलासी ने कहा–"दोनों बातें हो सकती हैं, परंतु दो सांप हैं, मैं कहती हूं।"
वास्तव में विलासी की बात ही ठीक निकली एवं मर्मांतक भाव से उस दिन ठीक निकली। दस मिनट के भीतर ही एक 'खरिश गोखुरा' सांप पकड़कर मृत्युंजय ने मेरे हाथ में दिया, परंतु उसे पेटी में बंद करके लौटते-न-लौटते ही मृत्युंजय 'आह' कहकर नि:श्वास छोड़ता हुआ बाहर आ खड़ा हुआ। उसकी हथेली के पीछे से झर-झरकर खून बह रहा था।

पक्का दो कोस रास्ता पैदल चलकर स्कूल में पढ़ने जाया करता हूं। मैं अकेला नहीं हूं, दस-बारह जने हैं। जिनके घर देहात में हैं, उनके लड़कों को अस्सी प्रतिशत इसी प्रकार विद्या-लाभ करना पड़ता है। अत: लाभ के अंकों में अंत तक बिलकुल शून्य न पड़ने पर भी जो पड़ता है, उसका हिसाब लगाने के लिए इन कुछेक बातों पर विचार कर लेना काफी होगा कि जिन लड़कों को सवेरे आठ बजे के भीतर ही बाहर निकलकर आने-जाने में चार कोस का रास्ता

तय करना पड़ता है, चार कोस के माने आठ मील नहीं, उससे भी बहुत अधिक-बरसात के दिनों में सिर पर बादलों का पानी और पांवों के नीचे घुटनों तक कीचड़ के बदले धूप के समुद्र में तैरते हुए घर से स्कूल और स्कूल से घर आना-जाना पड़ता है-उन अभागे बालकों को माता सरस्वती प्रसन्न होकर वर दें कि उनके कष्टों को देखकर वे कहीं अपना मुंह दिखाने की बात भी नहीं सोच पातीं।

तदुपरांत यह कृतविद्य बालकों का दल बड़ा होकर एक दिन गांव में ही बैठे या भूख की आग बुझाने के लिए कहीं अन्यत्र चला जाए, उनके चार कोस तक पैदल आने जाने की विद्या का तेज आत्म-प्रकाश करेगा-ही-करेगा। कुछ लोगों को कहते सुना है-'अच्छा, जिन्हें भूख की आग है, उनकी बात भले ही छोड़ दी जाए, परंतु जिन्हें वह आग नहीं है, वैसे सब भले आदमी किस सुख के लिए गांव छोड़कर जाते हैं? उनके रहने पर तो गांव की ऐसी दुर्दशा नहीं होती।'

मलेरिया की बात नहीं छेड़ता। उसे रहने दो, परंतु इन चार कोस तक पैदल चलने की आग में कितने भद्र लोग बाल-बच्चों को लेकर गांव छोड़कर शहर चले गए हैं, उनकी कोई संख्या नहीं है। इसके बाद एक दिन बाल-बच्चों का पढ़ना-लिखना भी समाप्त हो जाता है, तब फिर शहर की सुख-सुविधा में रुचि लेकर वे लोग गांव में लौटकर नहीं आ पाते!

परंतु रहने दो इन सब व्यर्थ बातों को। स्कूल जाता हूं-दो कोस के बीच ऐसे ही दो-तीन गांव पार करने पड़ते हैं। किसके बाग में आम पकने शुरू हुए हैं, किस जंगल में करौंदे काफी लगे हैं, किसके पेड़ पर कटहल पकने को हैं, किसके अमृतवान केले की गहर पकने वाली ही है, किसके घर के सामने वाली झाड़ी में अनानास का फल रंग बदल रहा है, किसकी पोखर के किनारे वाले खजूर के पेड़ से खजूर तोड़कर खाने से पकड़े जाने की संभावना कम है-इन सब खबरों को लेने में समय चला जाता है, परंतु जो वास्तविक विद्या है, कमस्कट्का की राजधानी का क्या नाम है एवं साइबेरिया की खान में चांदी मिलती है या सोना मिलता है-ये सब आवश्यक तथ्य जानने की तनिक भी फुरसत नहीं मिलती।

इसीलिए इम्तिहान के समय 'एडिन क्या है' पूछे जाने पर कहता 'पर्शिया का बंदर' और हुमायूं के पिता का नाम पूछे जाने पर लिख आया तुगलक खां एवं आज चालीस का कोठा पार हो जाने पर भी देखता हूं, उन सब विषयों में धारणा प्रायः वैसी ही बनी हुई है-तदुपरांत प्रमोशन के दिन मुंह लटकाकर घर लौट आता और कभी दल बांधकर मास्टर को ठीक करने की सोचता और कभी सोचता, ऐसे वाहियात स्कूल को छोड़ देना ही ठीक है।

हमारे गांव के एक लड़के के साथ बीच-बीच में स्कूल मार्ग पर भेंट हो जाया करती थी। उसका नाम था मृत्युंजय। मेरी अपेक्षा वह बहुत बड़ा था। तीसरी क्लास में पढ़ता था। कब वह पहले-पहल तीसरी क्लास में चढ़ा, यह बात हममें से कोई नहीं

जानता था–संभवत: वह पुरातत्वविदों की गवेषणा का विषय था, परंतु हम लोग उसे इस तीसरी क्लास में ही बहुत दिनों से देखते आ रहे थे। उसके चौथे दर्जे में पढ़ने का इतिहास भी कभी नहीं सुना था, दूसरे दर्जे से चढ़ने की खबर भी कभी नहीं मिली थी। मृत्युंजय के माता-पिता, भाई-बहन कोई नहीं था, था केवल गांव के एक ओर एक बहुत बड़ा आम-कटहल का बगीचा और उसके बीच एक बहुत बड़ा खंडहर-सा मकान और थे एक-दूसरे के रिश्ते के चाचा। चाचा का काम था भतीजे को अनेक प्रकार से बदनामी करते रहना–"वह गांजा पीता है।" ऐसे ही और भी क्या-क्या! उनका एक और काम था यह कहते फिरना–"इस बगीचे का आधा हिस्सा उनका है, नालिश करके दखल करने-भर की देर है।" उन्होंने एक दिन दखल भी अवश्य पा लिया, परंतु वह जिले की अदालत में नालिश करके ही, ऊपर की अदालत के हुक्म से, परंतु वह बात बाद में होगी।

मृत्युंजय स्वयं ही पकाकर खाता एवं आमों की फसल में आम का बगीचा किसी को उठा देने पर उसका साल-भर खाने-पहनने का काम चल जाता और अच्छी तरह ही चल जाता। जिस दिन मुलाकात हुई, उसी दिन देखा कि वह छिन्न-भिन्न मैली किताबों को बगल में दबाए रास्ते के किनारे चुपचाप चल रहा है। उसे कभी किसी के साथ अपनी ओर से बातचीत करते नहीं देखा, अपितु अपनी ओर से बात स्वयं हमीं लोग करते। उसका प्रधान कारण था कि दुकान से खाने-पीने की चीजें खरीदकर खिलाने वाला गांव में उस जैसा कोई नहीं था और केवल लड़के ही नहीं! कितने ही लड़कों के बाप कितनी ही बार गुप्त रूप से अपने लड़कों को भेजकर उसके पास 'स्कूल की फीस खो गई है', 'पुस्तक चोरी चली गई' इत्यादि कहलवाकर रुपये मंगवा लेते, इसे कहा नहीं जा सकता, परंतु ऋण स्वीकार करने की बात तो दूर रही, उसके लड़के ने कोई बात भी की हो, यह बात भी कोई बाप भद्र-समाज में कुबूल नहीं करना चाहता–गांव भर में मृत्युंजय का ऐसा ही सुनाम था।

बहुत दिनों से मृत्युंजय से भेंट नहीं हुई। एक दिन सुनाई पड़ा, वह मरणासन्न अवस्था में पड़ा है, फिर एक दिन सुना गया, मालपाड़े के एक बूढ़े ओझा ने उसका इलाज करके एवं उसकी लड़की विलासी ने सेवा करके मृत्युंजय को यमराज के मुंह में जाने से बचा लिया है।

बहुत दिनों तक मैंने उसकी बहुत-सी मिठाई का सदुपयोग किया था–मन न जाने कैसा होने लगा। एक दिन शाम के अंधेरे में छिपकर उसे देखने गया–उसके खंडर-से मकान में दीवारों की बला नहीं है। स्वच्छंदता से भीतर घुसकर देखा, घर का दरवाजा खुला है, एक बहुत तेज दीपक जल रहा है और ठीक सामने ही तख्त के ऊपर धुले-उजले बिछौने पर मृत्युंजय सो रहा है। उसके कंकाल जैसे शरीर को देखते ही समझ में आ गया, सचमुच ही यमराज ने प्रयत्न करने में कोई कमी नहीं रखी, तो भी

वह अंत तक सुविधापूर्वक उठ नहीं सका–केवल उसी लड़की के जोर से, जो सिरहाने बैठी पंखे से हवा झल रही थी, वह उठा।

अचानक मनुष्य को देख वह चौंककर उठ खड़ी हुई। वह उसी बूढ़े सपेरे की लड़की विलासी है। उसकी आयु अट्ठारह की है या अट्ठाईस की, सो ठीक निश्चित नहीं कर सका, परंतु मुंह की ओर देखने-भर से खूब समझ गया, आयु चाहे जो हो, मेहनत करते-करते और रात-रात-भर जागते रहने से इसके शरीर में अब कुछ नहीं रहा है। ठीक जैसे फूलदानी में पानी देकर भिगोकर रखे गए बासी फूल की भांति हाथ का थोड़ा-सा स्पर्श लगते ही, थोड़ा-सा हिलाते-डुलाते ही झड़ पड़ेगा।

मृत्युंजय मुझे पहचानते हुए बोला–"कौन न्याड़ा?"

मैं बोला–"हां।"

मृत्युंजय ने कहा–"बैठो।"

लड़की गरदन झुकाए खड़ी रही।

मृत्युंजय ने दो-चार बातों में जो कहा, उसका सार यह था कि उसे खाट पर पड़े डेढ़ महीना हो चला है। बीच में दस-पंद्रह दिन वह अज्ञान-अचैतन्य अवस्था में पड़ा रहा, अब कुछ दिन हुए वह आदमियों को पहचानने लगा है, यद्यपि अभी तक वह बिछौना छोड़कर उठ नहीं सकता, परंतु अब कोई डरने की बात नहीं है।

डर की कोई बात न सही, परंतु बालक होते हुए भी मैं यह समझ गया कि आज जिसमें खाट छोड़कर उठने की शक्ति नहीं है, उस रोगी को, इस वन के बीच अकेली जिस लड़की ने बचा लेने का भार अपने ऊपर उठाया, वह कितना बड़ा गुरुभार है!

दिन के बाद दिन, रात के बाद रात; उसकी कितनी सेवा, कितनी शुश्रूषा, कितना धैर्य, कितना रतजगा है! यह कितने बड़े साहस का काम है, परंतु जिस व्यक्ति ने इस असाध्य साधन को संभव कर डाला, उसका परिचय यद्यपि उस दिन नहीं पाया, परंतु एक दिन दूसरे से पा लिया।

लौटते समय लड़की एक-दूसरे दीपक को लेकर मेरे आगे-आगे टूटी दीवारों के अंत तक आई। इतनी देर तक उसने एक बात तक नहीं कही थी, लेकिन इस बार धीरे-धीरे बोली–"सड़क तक तुम्हें पहुंचा आऊं क्या?"

बड़े-बड़े आम के वृक्षों से सारे बगीचे में जैसे एक जमा हुआ-सा अंधकार लग रहा था, सड़क दिखाई देने की बात तो दूर, अपना हाथ तक दिखाई नहीं देता था, बोला–"पहुंचाने की जरूरत नहीं, केवल दीपक दे दो।"

दीपक मेरे हाथ में देते ही दुबारा उसके उत्कंठित चेहरे पर मेरी दृष्टि पड़ी। धीरे-धीरे वह बोली–"अकेले जाने में डरोगे तो नहीं? थोड़ा आगे तक पहुंचा आऊं?"

एक स्त्री पूछ रही है, डरोगे तो नहीं, अस्तु। मन में चाहे जो हो, प्रत्युत्तर में केवल 'ना' कहकर आगे बढ़ गया।

उसने फिर कहा–"वन-जंगल का रास्ता है, जरा देख-देखकर पांव रखते हुए जाना।"

मेरे शरीर के रोंगटे खड़े हो गए, परंतु इतनी देर बाद समझा कि उद्वेग किसके लिए था और वह उजाला दिखाती हुई इस जंगली रास्ते को पार कर देना चाहती थी! संभव है, वह मेरा निषेध नहीं सुनती। साथ ही आती, परंतु पीड़ित मृत्युंजय को अकेला छोड़कर जाने को शायद उसका मन अंत तक तैयार नहीं हुआ।

बीस-पच्चीस बीघे का बगीचा था, अत: रास्ता भी कम नहीं था। इस भीषण अंधकार में प्रत्येक पांव शायद डरते-डरते ही रखना पड़ता था, परंतु दूसरे ही क्षण उस लड़की की बात से सारा मन इस तरह आच्छन्न हो गया कि डरने का फिर समय ही नहीं मिला। केवल ख्याल आने लगा, एक मृतप्राय: रोगी को लेकर रहना कितना कठिन है! मृत्युंजय तो किसी भी समय मर सकता था, तब सारी रात इस जंगल के बीच अकेली लड़की क्या करती! किस तरह अपनी उस रात को काटती?

इस घटना के बहुत दिन बाद की एक बात मुझे याद आती है। अपने एक आत्मीय की मृत्यु के समय मैं वहां उपस्थित था।

अंधेरी रात, घर में लड़के-बच्चे नौकर-चाकर नहीं थे। घर में केवल उनकी सद्विधवा स्त्री और मैं ही थे। उनकी स्त्री ने शोक के आवेग में छाती पीटकर ऐसा कांड उपस्थित कर दिया कि यह भय हुआ कि कहीं उसके प्राण भी निकल न जाएं।

रो-रोकर बार-बार मुझसे पूछने लगीं, वे जब स्वेच्छा से साथ-ही-साथ मर जाना चाहती हैं, तब सरकार का क्या है? उन्हें अब रत्ती-भर जीने की इच्छा नहीं है, इसे क्या वे लोग (सरकारी आदमी) समझेंगे नहीं? उनके घर में क्या स्त्रियां नहीं हैं! वे क्या पत्थर ही हैं? और यदि इस रात में गांव के पांच लोग यदि नदी के किनारे किसी जंगल के बीच उनके सह-मरण (सती होने) का प्रबंध कर दें तो पुलिस के लोग किस प्रकार जान सकेंगे? इस तरह की कितनी ही बातें कहीं, परंतु मेरा तो और बैठे रहकर उनका रोना सुनने से काम नहीं चल सकता था!

मुहल्ले में खबर देने की जरूरत है, अनेक वस्तुएं इकट्ठी करने की जरूरत है, परंतु मेरा बाहर जाने का प्रस्ताव सुनते वे प्रकृतिस्थ हो गईं। आंखें पोंछकर बोलीं–"भाई, जो होना था, वह हो गया, अब बाहर जाने से क्या होगा। रात बीत जाने दो न!"

मैं बोला–"बहुत काम है, न जाने पर काम नहीं होंगे।"

वे बोलीं–"काम रहने दो, तुम बैठो।"

मैं बोला–"बैठने से काम नहीं चलेगा, एक बार खबर देनी ही पड़ेगी।" कहकर पांव बढ़ाते ही वे चीत्कार कर उठीं–"अरे बाप रे! मैं अकेली नहीं रह सकूंगी।"

अत: फिर बैठ जाना पड़ा। कारण तब समझ में आया। जिस स्वामी के जीवित रहते हुए वे निर्भयतापूर्वक पच्चीस वर्ष तक अकेली घर में रहीं, उसकी मृत्यु को चाहे सह भी लें। उसकी मृत देह के समीप इस अंधेरी रात में पांच मिनट बैठना भी सहन नहीं हो सकता।

यदि छाती किसी बात से फटती है तो इस मृत स्वामी के समीप अकेले बैठने से ही।

परंतु उनके दुःख को तुच्छ करके दिखाना भी मेरा उद्देश्य नहीं है। क्या वे सच्ची नहीं थीं, यह बात कहने का भी मेरा अभिप्राय नहीं है। क्या एक आदमी के व्यवहार से ही उसकी अंतिम मीमांसा हो गई, यह भी नहीं है, परंतु ऐसी और भी अनेक घटनाएं जानता हूं, जिनका उल्लेख न करने पर भी मैं यह बात कहना चाहता हूं कि केवल कर्तव्य-ज्ञान के जोर अथवा बहुत समय तक एक साथ घर-गृहस्थी करने के अधिकार से ही इस भय का कोई स्त्री अतिक्रमण नहीं कर पाती।

वह कोई और ही शक्ति है, जिसका बहुत से पति-पत्नी एक साथ वर्षों तक घर-गृहस्थी चलाते रहने के बाद भी कुछ पता ही नहीं पाते।

अचानक उसी शक्ति का परिचय जब किसी स्त्री-पुरुष के निकट पाया जाता है, तब समाज की अदालत में मुलजिम बनाकर उन्हें दंड देना यदि आवश्यक हो तो हो, परंतु मनुष्य की जो वस्तु सामाजिक नहीं है, वह स्वयं तो उसके दुःख से चुपचाप आंसू बहाए बिना किसी प्रकार नहीं रह सकती।

प्रायः दो महीने तक मृत्युंजय की खबर नहीं ली। जिन लोगों ने देहात को नहीं देखा है अथवा केवल रेलगाड़ी की खिड़की से मुंह निकालकर देखा है, वे तो शायद आश्चर्यपूर्वक कह उठेंगे–'यह कैसी बात है? क्या यह कभी संभव हो सकता है कि इतनी बड़ी बीमारी को आंखों से देख आकर भी दो महीने तक फिर उसकी खबर ही नहीं ली जाए।' उन्हें जताने के लिए यह कहना आवश्यक है कि यह केवल संभव ही नहीं, ऐसा ही हुआ करता है। किसी व्यक्ति की विपत्ति में मोहल्ला-भर झुंड बांधकर उमड़ पड़ता है, यह एक जनश्रुति अवश्य है, पता नहीं वह सतयुग के गांवों में थी या नहीं, परंतु इस काल में तो कहीं भी देखी हो, ऐसा याद नहीं पड़ता, तभी जब तक उसके मरने की खबर नहीं मिलती, तब तक वह जीवित है, यही ठीक है।

इसी बीच अचानक एक दिन सुना, मृत्युंजय के उस बगीचे के भागीदार चाचा शोर मचाते फिरते हैं कि गया, गया, गांव इस बार रसातल में चला गया। नाल्ते के मित्र कहलाकर समाज में अब वे अपना मुंह दिखाने योग्य नहीं रहे, नालायक एक सपेरे की लड़की से निकाह करके उसे घर ले आया है और केवल निकाह नहीं, यह भी न हो चूल्हे में जाए, उसके हाथ का भात तक खाया है। गांव ने यदि इसका दंड न दिया तो वन में जाकर ही रहना पड़ेगा। कोड़ोला और हरिपुर का समाज इस बात को सुनेगा तो...इत्यादि-इत्यादि।

तब लड़के-बूढ़े सभी के मुंह पर एक ही बात–"ऐं! यह क्या हुआ? कलियुग क्या सचमुच ही उलट बैठा है!"

चाचा कहते फिरते हैं–"यह होगा, इसे बहुत लोग पहले से ही जानते थे। वे केवल तमाशा देख रहे थे, कहां का पानी कहां जाकर मरा, अन्यथा यह कोई पराया नहीं,

पड़ोसी नहीं, अपना ही भतीजा है। मैं क्या उसे घर नहीं ले जा सकता था? मुझे क्या डॉक्टर-वैद्यों को दिखाने की सामर्थ्य नहीं थी? तब फिर ऐसा क्यों नहीं किया, इसे अब देख लें, परंतु अब तो चुप नहीं बैठा जा सकता। यह जो मित्तिर वंश का नाम डूबा जा रहा है। गांव के मुंह पर जो कालिख लगाई जा रही है?"

तब हमारे गांव के लोगों ने मिलकर जो काम किया, उसे सोचते ही मैं लज्जा से मर जाता हूं। चाचा चले नाल्ते के मित्तिर वंश के अभिभावक बनकर और हम दस-बारह जने साथ चले, गांव के मुंह पर कालिख न लगे, इसलिए मृत्युंजय के टूटे-फूटे मकान पर जाकर उपस्थित हुए।

उस समय शाम हो चुकी थी। लड़की भग्न-बरामदे के एक किनारे बैठी हुई रोटी बना रही थी, अचानक लाठी-सोटा हाथ में लिये इतने लोगों को आंगन में देखकर भय से नीली पड़ गई।

चाचा ने घर के भीतर झांककर देखा; मृत्युंजय सो रहा है, झटपट सांकल चढ़ा दी, उस भय के कारण मृतप्राय: लड़की से संभाषण शुरू कर दिया। अधिक क्या कहा जाए, संसार के किसी भी चाचा ने किसी भी समय शायद भतीजे की स्त्री से ऐसा संभाषण नहीं किया होगा। वह ऐसा था कि लड़की हीन सपेरे की लड़की होते हुए भी उसे सहन नहीं कर सकी।

वह आंखें उठाकर बोली—"मेरे पिता ने बाबू के साथ निकाह कर दिया है, जानते हो!"

चाचा बोले—"ठहर तो री!" इत्यादि-इत्यादि एवं साथ-ही-साथ दस-बारह लोग वीर भाव से हुंकारते हुए उसकी गरदन पर टूट पड़े।

किसी ने कान पकड़े, किसी ने दोनों हाथ पकड़े एवं जिन्हें ऐसा सुयोग नहीं मिला, वे भी निश्चेष्ट न रहे।

कारण, संग्राम-स्थल पर हम लोग कायरों की भांति चुपचाप खड़े रह सकते हैं, हमारे विरुद्ध इतनी बड़ी बदनामी करते फिरने में शायद नारायण के प्रतिनिधियों की आंखों को भी लाज लगेगी। यहां पर एक अप्रासंगिक बात कह देना चाहता हूं। सुना है, विलायत आदि म्लेच्छ देशों में पुरुषों में एक कुसंस्कार है, स्त्रियों को दुर्बल एवं निरुपाय कहकर उनके शरीर पर हाथ नहीं उठाते। यह भला क्या बात हुई!

सनातनी हिंदू इस कुसंस्कार को नहीं मानते। हम लोग कहते हैं, जिसके शरीर में जोर नहीं है, उसी के शरीर पर हाथ उठाया जाता है। वह स्त्री-पुरुष में से कोई भी क्यों न हो!

लड़की जो पहले ही एक बार आर्तनाद कर उठी थी, उसके बाद एकदम चुप रह गई, परंतु हम लोग जब उसे गांव से बाहर छोड़ आने के लिए घसीटने लगे, तब विनय करती हुई कहने लगी—"बाबू लोगो! मुझे एक बार छोड़ दो, मैं रोटियों को घर में रख आऊं, बाहर रह जाने से सियार-कुत्ते खा जाएंगे, रोगी मनुष्य को सारी रात खाना नहीं मिलेगा।"

मृत्युंजय बंद कमरे के भीतर पागल की भांति सिर धुनने लगा, दरवाजे पर पांव की ठोकर मारने लगा, परंतु हम लोग उससे रत्ती-भर भी प्रसन्न नहीं हुए। स्वदेश के कल्याण के लिए सब कुछ अकातर भाव से सहकर उसे घसीटकर खींचते हुए चल दिए।

चल दिए! इसलिए कह रहा हूं कि मैं भी बराबर उनके साथ था, परंतु मुझमें एक दुर्बलता थी, मैं उसके शरीर को हाथ नहीं लगा सका, अपितु मैं जैसे भीतर-ही-भीतर रो उठा।

उसने अत्यंत अनुचित कार्य किया है एवं उसे गांव से बाहर निकाल देना ही उचित है, परंतु फिर भी हम लोग कोई अच्छा काम कर रहे हैं, यह भी किसी तरह समझ में नहीं आया, परंतु मेरी बात रहने दो। आप यह न सोच लें कि देहात में उदारता का नितांत अभाव होता है। बिलकुल नहीं, अपितु बड़े आदमी होने पर हम लोग ऐसी उदारता प्रकट करते हैं कि सुनकर आप लोग अवाक् रह जाएंगे।

यह मृत्युंजय यदि उसके हाथ से भात खाने का अक्षम्य अपराध नहीं करता तो हम लोगों को इतना क्रोध नहीं आता और कायस्थ के लड़के का सपेरे की लड़की के साथ निकाह, यह तो एक हंसकर उड़ा देने की बात है, परंतु गजब कर दिया इस भात खाने ने! भले ही हो वह ढाई महीने से बीमार, भले ही हो वह शैयाशाही, परंतु इसी से भात! पूड़ी नहीं, संदेश नहीं, बकरे का मांस नहीं! भात खाना तो अन्न-पाप है। वह तो फिर सचमुच ही माफ नहीं किया जा सकता। इसलिए देहात के लोग संकीर्ण हृदय नहीं हैं। 'चार कोस पैदल चली' वाली जो विद्या जिन सब लड़कों के पेट में है, वे ही तो एक दिन बड़े होकर समाज के शिरोमणि होते हैं। देवी वीणापाणि के वर से उनमें संकीर्णता किस तरह आ सकती है?

इसके कुछ दिन बाद ही प्रात: स्मरणीय स्वर्गीय मुखोपाध्याय महाशय की विधवा पुत्रवधु मानसिक वैराग्य से दो वर्ष तक काशीवास करके तब लौटी; तब निंदक लोग कानाफूसी करने लगे कि आधी संपत्ति इस विधवा की है एवं बाद में उसके हाथ से निकल जाए, इस भय से छोटे बाबू प्रयत्न और बड़े परिश्रम के बाद बहूजी को जहां से लौटा लाए हैं, वह काशी ही होगी। जो भी हो, छोटे बाबू ने अपनी स्वाभाविक उदारता से गांव की पंचायती-पूजा में दो सौ रुपये दान देकर, गांव के पांच ब्राह्मणों को दक्षिणा सहित उत्तम 'फलाहार' देने के पश्चात् प्रत्येक श्रेष्ठ ब्राह्मण के हाथ में जब एक-एक कांसे का गिलास देकर विदा किया, तब धन्य-धन्य हो उठी। यही क्यों, मार्ग में आते हुए बहुत से लोग देश एवं विदेश के कल्याण के निमित्त कामना करने लगे कि ऐसे जो सब बड़े आदमी हैं, उनके घर-घर में प्रतिमास ऐसे ही शुभ अनुष्ठान क्यों नहीं हुआ करते!

परंतु रहने दो, हमारे महत्त्व की कहानियां अनेक हैं। युग-युग से संचित होकर प्राय: प्रत्येक ग्रामवासी के द्वार पर वे स्तूपाकार हो उठी हैं। इस दक्षिण बंगाल के अनेक गांवों में बहुत दिनों तक घूमकर गर्व करने योग्य अनेक बड़ी-बड़ी घटनाएं प्रत्यक्ष देखी हैं।

चरित्र बल, धर्म बल, सामाजिक बल और विद्या के बल में शिक्षा बिलकुल पूरी हो गई है, अब केवल अंग्रेजों को कसकर गाली दे सका तो देश का उद्धार हो जाए।

लगभग एक वर्ष हो गया। मच्छरों का काटना अब और नहीं सहा गया, तब संन्यासगिरि से सबको इस्तीफा देकर घर लौट आया हूं। एक दिन दोपहर के समय दो कोस पर मालपाड़े से होकर चला जा रहा था, अचानक देखा, एक झोंपड़ी के दरवाजे पर मृत्युंजय बैठा है। उसके माथे पर गेरुए रंग की पगड़ी, बड़ी दाढ़ी और केश, गले में रुद्राक्ष और कौड़ियों की माला है। कौन कह सकता है, यह हमारा वही मृत्युंजय है!

कायस्थ का लड़का एक वर्ष के भीतर ही जाति खोकर एकदम भली-भांति सपेरा बन गया। मनुष्य कितनी जल्दी अपने चौदह पुरखों की जाति को विसर्जित कर एक अन्य जाति में चला जाता है, यह एक आश्चर्यजनक घटना है। ब्राह्मण का लड़का मेहतरानी के साथ निकाह करके मेहतर हो गया और उनका व्यवसाय अपना लिया, यह शायद आप सभी ने सुना होगा।

मैंने श्रेष्ठ ब्राह्मण के लड़के को एंट्रेंस पास कर लेने के बाद भी डोम की लड़की से विवाह कर डोम बनते हुए देखा है। इस समय वह सूप-डलिया बनाकर बेचा करता है, सूअर चराता है। भले कायस्थ के लड़के को कसाई की लड़की के साथ निकाह कर कसाई होते हुए भी देखा है। आज वह अपने हाथ से गाय काटकर बेचता है, उसे देखकर कौन कह सकता है कि किसी समय वह कसाई से भिन्न और कुछ होगा, परंतु सबका वही एक कारण है।

मैं तभी तो सोचता हूं, इस प्रकार जो आसानी से पुरुष को खींचकर नीचे गिरा सकती हैं, वे क्या उसी प्रकार हंसते-खेलते ऊंचा नहीं चढ़ा सकतीं। जिन ग्रामवासी पुरुषों की प्रशंसा के लिए आज पंच-मुख हो उठा हूं, यह गौरव क्या केवल अकेले उन्हीं को मिलना चाहिए? क्या अपने ही बल पर वे इतनी जल्दी नीचे की ओर गिरते चले जाते हैं। अंदर की ओर से क्या उन्हें तनिक भी उत्साह, तनिक भी सहायता नहीं मिलती?

परंतु रहने दो। जोश में आकर शायद अनधिकार चर्चा कर बैठूंगा, परंतु मुझे कठिनाई यही आ पड़ी है कि मैं किसी भी तरह नहीं भूल पाता कि देश के नब्बे प्रतिशत नर-नारी इन गांवों में रहकर ही मनुष्य बनते हैं एवं इसीलिए हम लोगों को कुछ करना ही चाहिए। खैर, कह रहा था कि देखकर कौन कह सकता है कि यह वही मृत्युंजय है, परंतु मुझे उसने खातिर करके बैठाया। विलासी पोखर से पानी भरने गई थी।

मुझे देखकर वह भी बहुत खुश होकर बार-बार कहने लगी—"तुम्हारे न आने से वे लोग रात में मुझे मार ही डालते। मेरे लिए न जाने तुमने कितनी मार खाई होगी।"

मैंने बातों-ही-बातों में सुना, दूसरे दिन से ही वे यहां आकर क्रमश: घर बनाकर रहने लगे एवं सुखी हैं। यह बात मुझे बताने की आवश्यकता नहीं थी, केवल उन लोगों के चेहरे की ओर देखकर ही मैं समझ गया था।

मैंने सुना, आज कहीं से उन्हें सांप पकड़ने के लिए बयाना आया है और वे तैयार बैठे हैं।

मैं भी उनके साथ जाने के लिए उछल पड़ा। बचपन से ही मुझे दो बातों का बड़ा शौक रहा है। एक तो गोखुरा काला सांप पकड़कर पालना और दूसरा मंत्र सिद्ध करना।

सिद्ध होने का उपाय अब तक ढूंढकर भी नहीं निकाल सका था, परंतु मृत्युंजय को उस्ताद के रूप में पा लेने की आशा से आनंद से उत्फुल्ल हो उठा। वह अपने सुप्रसिद्ध ससुर का शिष्य है, अत: बड़ा आदमी है। मेरा भाग्य अचानक ऐसा चमक उठेगा, इसे कौन सोच सकता था?

"परंतु काम बड़ा है एवं भय का भी है।" कहकर पहले उन दोनों ने आपत्ति की, किंतु मैंने ऐसी जिद पकड़ ली कि महीने-भर के भीतर ही मुझे शागिर्द बना लेने के अतिरिक्त मृत्युंजय को और कोई मार्ग ही नहीं मिला। सांप पकड़ने का मंत्र और तरकीब सिखाकर एवं भुजा में औषधियों वाला एक ताबीज बांधकर बाकायदा सपेरा बना दिया।

मंत्र क्या था, जानते हैं? उसका अंतिम भाग मुझे याद है—

*'ओ रे केवट, तू मनसा का बाहन—*

*मनसा देवी मेरी मां—*

*उलट-पुलट पाताल-फोड़*

*ढोंढा का विष तू ले ले, अपना विष ढोंढा को दे*

*दूधराज, मणिराज!*

*किसकी आज्ञा से?*

*विष हरी की आज्ञा से!'*

इसका अर्थ क्या है, सो मैं नहीं जानता, कारण—जो इस मंत्र के सृष्टा ऋषि थे, अवश्य ही कोई-न-कोई थे, उनका साक्षात्कार कभी नहीं मिला।

अंत में एक दिन इस मंत्र की सत्य-मिथ्या की चरम मीमांसा हो गई, परंतु जब तक नहीं हुई, तब तक सांप पकड़ने के लिए मैं चारों ओर प्रसिद्ध हो गया। सब लोग कहने लगे—"हां, न्याड़ा एक गुणी आदमी है।"

संन्यासी वेश में कामाख्या जाकर सिद्ध हो आया है। इतनी आयु में इतना बड़ा उस्ताद बन जाने से घमंड में भरकर मेरे पांव ही धरती पर नहीं पड़ते थे, यह हालत हो गई।

विश्वास नहीं किया, केवल दो व्यक्तियों ने। मेरा जो गुरु था, वह तो अच्छी-बुरी बात नहीं कहता था, परंतु विलासी बीच-बीच में मुंह बिचकाकर हंसती हुई कहती—"ठाकुर, ये सब भयंकर जानवर हैं, जरा सावधानी से हिलाया-डुलाया करो।"

वस्तुतः मैं विष-दंत तोड़ने, सांप के मुंह से विष निकालने के काम ऐसी लापरवाही से करने लगा था कि वह सब याद करके मेरा शरीर आज भी कांप उठता है।

असल बात यह है कि सांप पकड़ना भी कठिन नहीं है एवं पकड़े हुए सांप को दो-चार दिन हांडी में बंद रखने के बाद उसके विष-दंत भी तोड़े जाएं या न तोड़े जाएं, किसी भी तरह वह काटना नहीं चाहता। फन उठाकर काटने का बहाना भी करेगा, भय दिखाएगा, परंतु काटेगा नहीं।

बीच-बीच में हम गुरु-शिष्यों के साथ विलासी तर्क करती। सपेरों का सबसे लाभदायक व्यवसाय है जड़ी-बूटी बेचना, जिसे देखते ही सांप को भागने का रास्ता नहीं मिलता, परंतु उससे पहले एक मामूली-सा काम करना पड़ता है। जिस सांप को जड़ी दिखाकर भगाना हो, उसके मुंह को एक लोहे की सलाख गरम करके कई बार दाग देना चाहिए। तदुपरांत उसे सलाख दिखाओ या एक सींक ही दिखा दो, उसे कहीं भागकर जान बचाने की ही सूझेगी। इस काम के विरुद्ध विलासी भयानक आपत्ति करती हुई मृत्युंजय से कहती–"देखो, इस तरह मनुष्यों को ठगना मत।"

मृत्युंजय कहता–"सभी करते हैं, इसमें दोष क्या है?"

विलासी कहती–"करने दो सबको। हम लोगों को तो खाने-पीने की फिक्र नहीं है, फिर हम क्यों झूठ-मूठ लोगों को ठगने जाएं?"

एक और बात मैंने बराबर लक्ष्य की। सांप पकड़ने का बयाना आते ही विलासी अनेक प्रकार की बाधा देने का प्रयत्न करती–"आज शनिवार है, कल मंगलवार है।" ऐसे कितने ही।

मृत्युंजय के उपस्थित न होने पर तो वह एकदम भगा ही देती, परंतु उपस्थित रहने पर नकद रुपये का लोभ वह संवरण नहीं कर पाता और मुझे तो एक तरह का नशा-सा हो गया था। अनेक प्रकार से उसे उत्तेजित करने की चेष्टा में कमी नहीं रहने देता। वस्तुतः इसमें मजे के अतिरिक्त कहीं भय भी है, यह बात मेरे मन में ठहरती ही नहीं, परंतु इस पाप का दंड मुझे एक दिन अच्छी तरह भोगना पड़ेगा।

उस दिन डेढ़ कोस की दूरी पर एक ग्वाले के घर सांप पकड़ने गया था। विलासी हमेशा साथ जाती थी, आज भी साथ थी। मिट्टी की मढ़ैया में थोड़ी-सी खोज करते ही एक बिल का चिह्न मिल गया। हममें से किसी ने नहीं देखा, परंतु विलासी सपेरे की लड़की थी, उसने झुककर कुछ कागज के टुकड़े उठाते हुए मुझसे कहा–"ठाकुर, जरा सावधानी से खोदना। एक ही सांप नहीं है, एक जोड़ा तो है ही, शायद और भी अधिक हों।"

मृत्यंजय बोला–"ये लोग तो कहते हैं कि एक ही सांप आकर घुसा है। एक ही दिखाई दिया है।"

विलासी ने कागज दिखाते हुए कहा–"देखते नहीं, उन्होंने यहां रहने की जगह बना ली है।"

मृत्युंजय ने कहा–"कागज तो चूहे भी ला सकते हैं?"

विलासी ने कहा–"दोनों बातें हो सकती हैं, परंतु दो सांप हैं, मैं कहती हूं।"

वास्तव में विलासी की बात ही ठीक निकली एवं मर्मांतक भाव से उस दिन ठीक निकली।

दस मिनट के भीतर ही एक 'खरिश गोखुरा' सांप पकड़कर मृत्युंजय ने मेरे हाथ में दिया, परंतु उसे पेटी में बंद करके लौटते-न-लौटते ही मृत्युंजय 'आह' कहकर निःश्वास छोड़ता हुआ बाहर आ खड़ा हुआ। उसकी हथेली के पीछे से झर-झरकर खून बह रहा था।

पहले तो सब जैसे हतबुद्धि हो गए–कारण, सांप पकड़ने जाते समय वह भागने के लिए व्याकुल न होकर, बिल से एक हाथ मुंह बाहर निकालकर डस ले, ऐसी अमानवीय घटना जीवन में केवल एकमात्र यही देखी थी। दूसरे क्षण विलासी चीत्कार करती हुई दौड़ी और आंचल से उसका हाथ बांध दिया एवं जितनी तरह की जड़ी-बूटी वह साथ लाई थी, उन सबको चबाने के लिए दे दिया।

मृत्युंजय का अपना ताबीज तो था ही, उसके ऊपर मेरा ताबीज खोलकर भी उसके हाथ में बांध दिया। सबको यह आशा थी कि विष इससे ऊपर नहीं चढ़ेगा। मैं अपने उसी 'विषहरी की आज्ञा से' मंत्र का जोर-जोर से बार-बार पाठ करने लगा।

चारों ओर भीड़ जमा हो गई एवं इस पर अंचल में जहां भी जितने गुणी व्यक्ति थे, सबको खबर देने के लिए चारों ओर आदमी दौड़ पड़े। विलासी के पिता को भी समाचार देने के लिए आदमी गए।

मैं अविराम गति से, बिना रुके मंत्र पढ़ता रहा, परंतु पंद्रह-बीस मिनट बाद जब मृत्युंजय एक बार वमन करके नाक के स्वर में बातें करने लगा, तब तो विलासी एकदम पछाड़ खाकर जमीन पर गिर पड़ी। मैं भी समझ गया, मेरी विषहरी की दुहाई अब काम नहीं आने वाली।

आसपास के और भी दो-चार उस्ताद आ पहुंचे। हम लोग कभी तो एक साथ और कभी अलग-अलग तैंतीस करोड़ देव-देवियों की दुहाई देने लगे, परंतु विष ने एक भी दुहाई नहीं मानी, रोगी की हालत बराबर खराब होती चली गई। जब देखा गया कि अच्छी बातों से काम नहीं चलेगा, तब तीन-चार ओझाओं ने मिलकर विष को ऐसी अकथ्य और अश्रव्य भाषा में गाली-गलौज करना शुरू कर दिया कि अगर विष के कान होते तो मृत्युंजय को छोड़ने की तो बात कौन कहे, वह देश को ही छोड़कर बहुत दूर भाग जाता, मगर किसी से भी कुछ लाभ न हुआ।

लगभग आधे घंटे जूझने के बाद, रोगी न अपने पिता-माता के लिए मृत्यंजय नाम और अपने ससुर के दिए हुए मंत्र-औषधि आदि सबको मिथ्या प्रमाणित करके इहलोक की लीला समाप्त की। विलासी अपने पति का सिर गोद में रखकर बैठी थी, वह मानो बिलकुल पत्थर-सी हो गई।

जाने दो, उसके दु:ख की कहानी अब बढ़ाना नहीं चाहता। सिर्फ इतना ही कहकर यह कहानी खत्म कर दूंगा कि वह सात दिन से ज्यादा अपना जिंदा रहना न सह सकी।

वह मुझसे एक दिन उसने सिर्फ यह कहा–"महाराज, मेरे सर की कसम है, इस काम को तुम अब कभी न करना।"

मैं अपना ताबीज और कवच तो मृत्युंजय के साथ ही दफना चुका था, बच रही थी सिर्फ विषहरी की आज्ञा, परंतु वह आज्ञा कोई मजिस्ट्रेट की आज्ञा नहीं और सांप का विष हिंदुस्तानियों का विष नहीं, इस बात को भी मैं समझ गया था।

एक दिन जाकर सुना–घर में जहर की तो कमी थी नहीं, विलासी ने उसे ही खाकर आत्महत्या कर ली है और शास्त्रों के अनुसार निश्चय ही वह नरक गई, परंतु वह कहीं भी जाए, जब मेरा अपना जाने का समय आएगा, तब इतना तो मैं कह सकता हूं कि वैसे ही किसी एक नगर में जाने के प्रस्ताव से मैं कदापि पीछे न हटूंगा।

चचा साहब बगीचे पर सोलहों आने दखल जमाकर, अत्यंत विज्ञ की भांति चारों तरफ कहते-फिरने लगे–"उसकी अपघात मृत्यु न होती तो और किसकी होती? मर्द वैसी एक छोड़ दस करे न, उससे कुछ बनता-बिगड़ता नहीं। बहुत होगा तो जरा निंदा हो जाएगी, मगर उसके हाथ का भात खाकर मौत क्यों बुलाई भला? खुद मरा और मेरा भी सिर नीचा कर गया। न कोई आग देने वाला रहा और न कोई पिंड-पानी देने वाला। श्राद्ध-शांति कुछ भी नहीं हुई।"

गांव के लोग एक स्वर में कहने लगे–"इसमें क्या शक है! अन्न-पाप महापाप है! बाप रे, इसका कोई प्रायश्चित्त है!"

विलासी की आत्महत्या की घटना भी बहुतों के परिहास का विषय हो गई। मैं अक्सर सोचा करता हूं, यह अपराध शायद उन दोनों ने ही किया था, परंतु मृत्युंजय तो एक गांव का लड़का था, देहात के तेल-पानी से ही इतना बड़ा हुआ था, फिर भी उसे इतने दु:साहस के काम में जिसने प्रवृत्त कर दिया था, उसे किसी ने आंखें खोलकर देखा तक नहीं!

मुझे मालूम होता है, जिस देश के नर-नारी में परस्पर हृदय जय करके विवाह करने की रीति नहीं है, बल्कि वह निंदा की चीज है; जिस देश के स्त्री-पुरुष आशा करने के सौभाग्य और आकांक्षा करने के भयंकर आनंद से हमेशा के लिए वंचित हैं, जिन्हें विजय का गर्व और पराजय की व्यथा–इनमें से किसी को भी अपने जीवन में वहन नहीं करना पड़ता, जिनके भूल करने का दु:ख और भूल न करने का आत्म-प्रसाद दोनों में से एक बला नहीं, जिनके प्राचीन और बहुदर्शी विज्ञ समाज ने बहुत ही सावधानी से देश के लोगों को सब तरह के हंगामों से अलग रहकर आजीवन केवल भले आदमी बने रहने की व्यवस्था कर दी है। इसी से विवाह संस्कार जिनके लिए महज एक कॉन्ट्रेक्ट है, फिर वह वैदिक मंत्रों से डॉक्यूमेंट शुदा चाहे जितना पक्का

ही क्यों न हो गया हो, उस देश के लोगों में इतनी सामर्थ्य नहीं कि वे मृत्युंजय के अन्न-पाप का कारण समझ सकें।

विलासी का जिन लोगों ने मजाक उड़ाया था, वे सभी साधु-गृहस्थ और साधु-गृहणियां हैं, उन सबको अक्षय स्वर्ग और सती-लोक प्राप्त होगा, यह भी मैं जानता हूं, परंतु वह सपेरे की लड़की जब एक पीड़ित और शैयागत रोगी को तिल-तिल करके जीत रही थी, उसके उस समय के गौरव का एक कण भी शायद आज तक उसमें से किसी ने आंखों से नहीं देखा। मृत्युंजय, हो सकता है कि एक बहुत ही तुच्छ आदमी हो, किंतु उसका हृदय जीतकर, उस पर कब्जा करने का आनंद तो तुच्छ नहीं था, उसकी वह संपदा तो मामूली नहीं थी!

इस देश के लोगों के लिए इस चीज को ही समझ सकना कठिन है। मैं भूदेव मुखर्जी के 'पारिवारिक निबंधों' को भी दोष नहीं दूंगा और शास्त्री तथा सामाजिक विधि-विधानों की भी निंदा नहीं करूंगा और कहने पर मुंह पर जवाब देते हुए, जो कहेंगे कि यह हिंदू समाज अपने विधि-विधानों के जोर से ही इतनी शताब्दियों के इतने विद्रोह-तूफानों के बाद भी जीवित है, मैं उसकी भी अत्यंत भक्ति करता हूं।

प्रत्युत्तर में उनसे मैं यह हरगिज नहीं कहूंगा कि जीवित रहना ही चरम सार्थकता है, ऐसे तो अतिकाय हाथी तक लुप्त हो गए हैं और तिलचट्टे जीवित हैं। मैं सिर्फ इतना ही कहूंगा कि बड़े आदमी के नंद-गोपाल की तरह दिन-रात आंखों में और गोद-ही-गोद में रखने से वह अच्छा तो रहेगा, इसमें संदेह नहीं, परंतु बिलकुल ही तिलचट्टे की तरह जिलाए रखने की अपेक्षा अगर उसे एक बार गोद से उतारकर और भी पांच आदमियों की तरह दो-चार कदम पैदल चलने दिया जाए तो शायद वह प्रायश्चित्त करने लायक पाप न होगा।

260

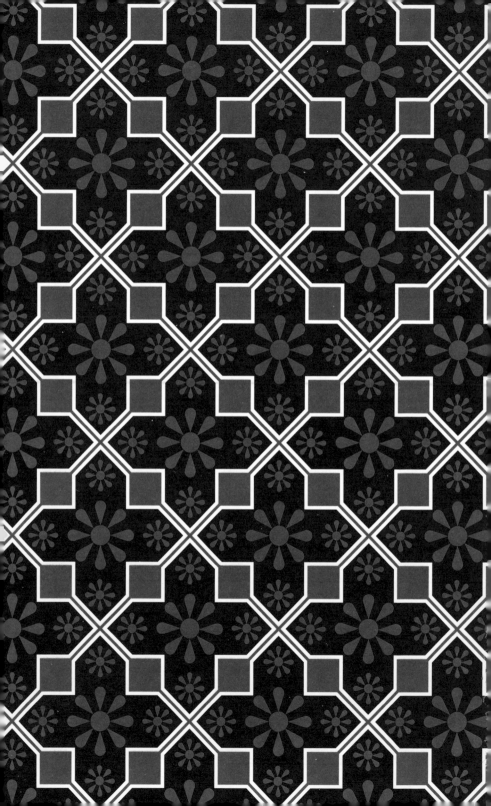